제 3 판

인종과 민족 관계의 이해

Vincent N. Parrillo 저 / 부산대학교 사회과학연구소 역

博 英 社

머 리 말

인종과 민족관계는 흥미롭고, 도전적이며, 역동적인 연구영역이다. 이 분야는 여러 면에서 직접적·간접적으로 우리 모두에게 영향을 주며, 개인적·지역적·국가적 그리고 전 지구적 수준까지도 영향을 준다. 각 세대는 시대 또는 집단 특성들의 "독자성"에 의해 형성되는 것과 같은 독특한 상황을 통해 살아간다고 생각한다. 사실 각 세대는 과거 세대로부터 — 그들 또한 그들의 상황이 유일무이하다고 생각하는 — 전수되는 행태 유형을 포함하는 더 큰 과정의 일부분이다.

집단 간 관계는 평화적이면서도 혼란스러우며, 새로운 집단의 이민자 또는 피난자의 유입, 그리고 국가 내에 함께 존재하는 토착 인종 또는 민족 집단들 사이에서 산발적으로 발생하는 문제들이 번갈아 일어나는 단계를 거쳐 계속해서 변화한다. 우리는 종종 이러한 변화를 경제적·정치적·심리적 그리고 사회적 요인들에 의해 영향을 받고 계속해서 일어나고 감지되는 패턴의 맥락 속에서 가장 잘 이해할 수 있다. 이것은 우리가 1장에서 논의하는 개념으로 밀즈(C. Wright Mills)가 개인적인 삶의 유형과 사회의 더욱 폭넓은 역사적 맥락 간의 복잡한 연결을 언급했던 것의 일부이다.

개인 간 역동성과 집단 간 관계 변화의 더 큰 맥락을 이해하기 위해서는 — 특히 행태의 역사적인 반복 본성 — 우리는 사회과학 이론, 연구, 그리고 분석을 이용해야만 한다. 이 책은 나의 의견을 좀 더 종합적으로 다룬 책인 *이들 국가에서의 이방인들(Strangers to These Shores)*을 개편한 것으로 이러한 이해를 돕기 위한 연구의 틀을 제공한다. 인종과 민족관계학에 대해 간결하지만 면밀한 사회학적 소개서로 의도된 나의 책 *이들 국가에서의 이방인들*에 대한 아시아, 미국, 캐나다, 그리고 유럽 등의 동료 연구자와 학생들로부터의 긍정적인 반응에 대해 기쁘게 생각한다.

첫 장에서는 몇몇의 입문적인 개념의 소개 다음으로 — 특히 하나의 사회적 현상으로서의 이방인과 딜링햄 오류(Dillingham Flaw)의 개념 — 집단 간 갈등의 원인이 되는 문화, 현실 인식, 사회계급, 그리고 권력의 차이를 고찰한다. 이 장에서는 또한 어떻게 소수자들이 지배자의 사회에 "적응"(fit)해야만 하는가에 대한 지배 집단의 다양한 기대를 살펴본다.

2장과 3장에서는 중간범위의 갈등과 상호행동론자 이론의 설명이 포함된다. 4장과 5장은 편견과 차별의 차원과 상호관련성을 탐구하며, 6장은 다른 집단과 시대를 가로지르는 공통적인 주류-소수자의 반응 유형을 설명한다. 이 장에서는 경제적 착취에 관해 역시 중간범위의 갈등이론을 제시한다. 7장에서는 민족적 의식; 사회적·과정으로서 민족성; 현재의 인종적 · 민족적 이슈들, 두려움, 그리고 반응; 그리고 21세기 미국 다양성의 여러 가지 지표들을 토론할 때는 역사적 · 사회학적 개념을 사용한다.

연습문제 그리고 인터넷 자료는 핵심용어 리스트와 함께 각 장의 마지막에 있다. 책의 마지막에서 독자들은 1820-2009년 기간 동안 이민자 수 통계가 있는 부록을 볼 수 있다.

나는 새롭고 다양한 독자들에게 나의 연구를 보여줄 수 있는 한국어 번역본이 출판되는 것에 대해 아주 기쁘게 생각하며, 그리고 이러한 작업이 문화와 지역에 관계없이 서로를 좀 더 완전하게 이해할 수 있도록 우리 모두가 더 가까워지기를 바란다. 나는 이 일을 추진하면서 보여준 리더십과 2010년 5월 대한민국 부산을 방문했을 때 보여준 친절한 호의에 대해 부산대학교 사회과학대학 학장인 박병현 교수에게 감사드린다. 나는 역시 이 책을 번역하는 데 헌신적인 노력을 기울여 주신 번역자들에게도 큰 감사를 드린다. 이뿐만 아니라 내가 부산에 방문했을 때 친절하게 대해 준 부산대학교 사회과학대학 교수진과 대학원생들에게도 고맙게 생각한다. 개인적으로나 집단적으로 그들은 나에게 풍부하고 잊을 수 없는 기억을 주었다.

이 책을 읽는 독자 모두에게 이 책이 우리 삶에서 중요해져 가는 다문화주의를 연구함에 있어 흥미와 정보, 또 도움을 줄 수 있기를 나는 희망한다.

3번째 개정판의 새로운 점

새로운 판에서는 많은 변화를 반영하고 있다.

첫 번째이자 가장 중요한 것은 모든 자료와 정보의 철저한 업데이트를 제공하는 우리 정책의 계속성이며, 그리고 사회학에서뿐만 아니라 다른 많은 관련된 영역에서 가장 최근의 관련된 연구를 포함한다는 것이다.

둘째, 독자들의 이해를 돕기 위해 본 저자는 집단 간 관계를 이해하기 위한 세 가지 주요한 이론들로; 인식의 형성; 사회적 거리감; 딜링햄 오류(Dillingham Flaw)와 토마스 원리(Thomas Theorem) 사이의 관련성; 민족과 인종의 차이점; 인종의 사회적 구성; 빈곤의 문화; 소수자 우대 정책에서의 정의와 평등에 대한 개념 간의 관련성; 그리고 이주 노동자를 고용하는 데 있어 고용주의 역할 등으로 토론을 확장하였다.

셋째, 적절한 장소마다, 학생 자신의 경험과 가까운 이슈에는 학생과 관련된 예제를 덧붙였다.

넷째, 마지막 장이 현대의 장면을 다루고 있기 때문에, 최근과 현재 사건을 반영하기 위해 광범위하게 개정했다. 추가된 것은 초국가주의, 사회적 자본, 분절된 동화, 귀화, 그리고 언어 유지에 관한 새로운 부분이다. 또한 이 장에서는 전체적으로 합법적인 이주아 불법체류 이주자에 관해 일어나고 있는 광범위한 토론과 행동을 학생들의 이해를 돕기 위해 그림을 사용하여 고찰한다.

다섯째, 2005년 프랑스 폭동과 이탈리아와 스페인에서 불법 체류 이주자의 최근 문제점에 대한 새로운 국제적 상황은 인종과 민족관계학에 대한 우리의 이해에 상당한 도움이 될 것이다.

마지막으로, 각 장은 학생들이 특정한 주제에 대해 더 많은 것을 읽기 위해서 또는 직접적으로 적절한 통찰력을 제공하는 쌍방향적인 사이트를 찾도록 하기 위해 링크가 제공되는 인터넷 자료 섹션과 함께 끝을 맺고 있다.

감사의 글

나는 이번 개정판을 위해 유용한 제안들을 해 준 다음의 검토자에게 감사를 드린다: 샌디에고 주립대학의 제이콥스(Mary Ann Jacobs); 네브라스카 대학(Lincoln)의 존슨(Yolanda Johnson); 샌디에고 주립대학의 오수요스(Robert Osuyos); 그리고 뉴햄프셔 대학의 스트라쿠찌(Nena Stracuzzi).

나는 또한 알린(Allyne)과 베이컨(Bacon)과 한 팀을 이루어 일할 수 있는 행운을 가졌다. 그들의 능력, 협력, 그리고 헌신은 이런 간결한 책을 출판하기 위한 가장 만족스런 계획이었다. 특별히 내가 감사하는 것은 선임 편집자인 제프 라져(Jeff Lasser)로서 프로젝트를 받아들이고, 책의 구조와 특징들에 가치 있는 기여를 해 주었다. 마지막으로 나의 아내 베쓰(Beth), 그리고 나의 딸 크리스티(Chrysti), 카라(Cara), 베브리(Beverley), 그리고 리쯔(Liz)에게 감사를 드린다. 그들은 나의 인생에 기쁨이며, 저술을 하는 동안 그들은 계속적인 지지를 보냈다.

Vincent N. Parrillo
William Paterson University
Wayne, New Jersey 07470
E-mail: parrillov@wpunj.edu
역자: 김도경(부산대학교 사회과학연구소 前 전임연구원)

차 례

01

소수자 연구*

"우리는 서로 다른 종교, 다른 언어 다른 피부색을 가지고 있겠지만, 우리 모두는 하나의 인류에 속해 있으며, 기본적인 가치들을 함께 공유한다"

- 코피아난(전 유엔 사무총장)

우리는 우리 스스로 이민자의 나라에 살고 있음을 자랑한다. 여전히 많은 사람들이 미국을 모든 인종과 종교, 국적의 사람들이 자유를 위해 찾아와 그들의 삶을 발전시키는 거대한 용광로라고 부른다. 실로 미국의 많은 이민자들은 미국이 이민자들을 위해 이상적인 국가라는 것을 직접 보여주는 살아 있는 증거이다; 그들을 받아 준 나라에 대한 이민자들의 열광은 엘리스 섬**과 다른 곳에서 행해진 수많은 인터뷰에서 분명히 알 수 있다. 가족들이 미국으로 최근에 이민을 왔거나 오래전에 왔거나 관계없이, 내학생 여러분 대부분도 선택의 자유, 경제적 기회, 그리고 사회적 지위의 상승이라는 "아메리칸 드림"의 증거이다.

하지만, 미국 독립 정신과 자유를 강조하는 역대 대통령들의 독립기념

* 조용완(부산대학교 사회과학연구소 전임연구원)

** 미국 뉴욕만의 작은 섬으로, 과거에 미국 이민자 검역소(1892-1943)가 있었다고 함- 역자 주

일 연설들과 달리, 오랜 기간 동안 다양한 이민자들의 미국 유입과 수많은 성공 스토리는 불안한 진실이 되고 있다. 미국 토박이들은 뉴커머들을 항상 두 팔 벌려 환영하지는 않았다; 실제 미국 토박이들은 종종 이민자들을 외면하거나 심지어 폭력과 살인에 이르는 다양한 차별행위를 해 왔다. 미국 태생의 흑인들과 미국 원주민들에 대한 미국 토박이 집단의 취급은 정복의 지속과 굳어진 불평등으로 불안하게 묘사된다. 오늘날 우리는 보호구역 내 미국 원주민, 도시 빈민가에 사는 가난한 흑인, 최근 크게 결집하고 있는 아시아와 히스패닉 이주민, 그리고 인정을 얻기 위해 투쟁하고 있는 아랍 출신과 무슬림 미국인들에 대한 태도와 대우에 있어 심각한 문제에 계속 직면하고 있다. 누군가에게는 아메리칸 드림이 현실화되고 있지만, 다른 이들에게는 기회를 가로막는 "아메리칸 악몽"이 되고 있다.

수천 년 동안 한 국가 안에서 벌어지는 다른 민족 사이의 긴장과 적의는 세계적으로 불안한 상황을 만들어 왔다. 어떤 사회 내에서, 인종, 종교, 부족, 문화 또는 삶의 양식에 따라 사람들을 집단으로 구별짓는 것은 편견, 긴장, 폭력을 촉발한다. 때때로 그 폭력은 엄청난 규모로 발생한다.

2001년 이후, 무고한 사람들에 대한 테러리스트들의 살해는 아프가니스탄, 영국, 인도, 인도네시아, 이라크, 필리핀, 스페인, 터키, 그리고 미국 등에서 발생해 왔다. 수만 명의 아프리카 사람들이 수단의 다프르 지역에서 학살되었다. 아프리카, 아시아, 중동, 그리고 유럽에서의 종교적 파벌들은 다른 상대에 대한 악의를 가지고 있어서 때때로 폭력행위가 발생하는 일이 지속되고 있다.

사실, 10년 단위로 다른 민족 간, 다른 인종 간의 대규모 살육의 슬픈 역사가 지속되었다. 1990년대에는 보스니아와 코소보에서 수천 명의 기독교인과 무슬림들이 "인종청소"로 희생되었는데, 그 발생지역이 너무 넓어서 결국 나토(NATO)의 군사작전이 시행되었고, 더 심각한 폭력을 막기 위해 현재도 계속 주둔 중이다. 그리고 후투족(Hutu)과 투씨족(Tutsi) 사이의 부족전쟁이 발생한 르완다에서는 수많은 투씨족의 대학살이 발생하였으나, 외부의 개입은 없었다.

1980년대에는 이란과 이라크 사이에 20세기의 재래식 무기 전쟁 중에서 가장 긴 전쟁(1980-1988)이 발생하였는데, 이로 인해 백만 명 이상의 사상자가 생겨났다. 에콰도르에서의 내전과 나이지리아에서의 부족 간 전쟁은 각각 수천 명의 사상자 외에도 심각한 인권 유린과 혹독한 기아를 발생시켰다. 사담 후세인 정권하에서, 이라크는 수도인 바그다드 북동쪽 150마일에 위치한 Halabja의 수천 명의 쿠르드인들을 살상하기 위해 독가스를 사용하였다. 최악의 사건은 1970년대 170만 명의 사망자를 낸 캄보디아 대학살이었다.

우리가 살고 있는 사회의 축소판인 대학 캠퍼스에도 집단 간 관계는 다행스럽게도 위에서 언급한 정도로 무서운 것은 아니지만, 다른 차원에서 때때로 상당히 긴장될 수 있고 종종 더 악화될 수 있다. 기숙사 생활과 사교 행사들은 서로 다른 룸메이트들과의 불편함에 의해 또는 긴장관계에 있는 다른 문화나 인종들 사이의 상호작용에서 촉발된 논쟁, 불평, 다툼, 파괴행위, 악담 등에 의해 손상될 수 있다. 그러나 가장 일반적인 경우는 카페테리아의 자기 분리식 테이블(self-segregated cafeteria tables)이나 대학 캠퍼스의 여러 장소들에서 특정 소수자 집단들의 무리지음에서 볼 수 있는데, 이들 모두는 사회학 격언인 "like likes to be with like"*의 실례를 잘 보여주고 있다. 표면적으로는 위험하지 않은 이 상황은 회피와 제한된 사회적 상호작용이 사회적 고립을 초래하고 동등하게 다른 사람들을 수용하는 것을 막을 수도 있는, 결합력이 낮은 대학사회의 지표이다.

다수 집단의 개인들은 보통 소수자 집단들의 낮은 지위와 문제들에 대한 비난에 대해 스스로를 제외시키는데, 그들은 이러한 문제들을 소수자 집단 자체 내의 어떤 결점들 탓으로 돌린다(예를 들면, 그 사회 주류 언어 학습의 부진이나 이미 알려진 노동관의 결여 등). 그러나 사회학자들은 다른 집단들 사이에 국가적 경계, 특정 기간 또는 특정 집단들의 특성을 초월하는 뚜렷한 상호작용 패턴들을 주장한다. 사회학자들의 의견은 이들 행동 패턴

---

* 익숙한 것을 더 선호한다. 또는 동질적인 것을 더 선호한다- 역자 주

의 원인처럼 다양할 수 있으나, 그것들의 존재에 대한 합의가 이루어지고 있다.

1. 사회적 현상으로서의 이방인

서로 다른 집단들 간의 관계를 이해하기 위해서는, 다양한 사람들 사이의 차이가 각 집단이 다른 집단을 이방인으로 바라보게 만든다는 것을 인식해야 한다. 고립된 개인들 사이에 한 이방인의 출현은 항상 특별한 일이었는데, 간혹 강력한 감정적 반응을 이끌어 내고 있다. 반응은 따뜻한 호의에서부터 회유적 또는 보호적 태도, 적대적 행동까지 다양하다. 도시화되고 이동이 많은 사회에서, 이방인은 아직도 유사한 반응들을 자아낸다. 침입자들을 계속 살해했던 호주 북부의 티위 지역에서부터 계속적으로 "바람직하지 못한 요소들"(undesirable elements)을 들어오지 못하게 하는 어떤 나라나 어떤 시기의 이민 배척주의자(nativist)에 이르기까지, 기본 전제는 동일하다: 외부인들은 이미 거기에 살고 있는 "선택된 사람들"과 함께 땅과 자원을 나누기에 충분히 좋지 못한 사람들이다.

2. 유사성과 이끌림

아리스토텔레스가 "우리는 우리를 닮았고 같은 것을 추구하는 사람들을 좋아한다"고 언급한 이후로, 사회 관찰자들은 유사성과 이끌림 사이의 관계를 주목해 왔다.[1] 많은 연구는 유사한 특성, 가치, 신념, 사회적 지위 또는 신체적 외모 때문에 사람들이 다른 사람을 어느 정도까지 좋아하는지에 대해 연구해 왔다. 처음에 서로에게 이방인이었던 사람들 사이의 이끌림의 발전을 조사하면서, 인상적인 몇몇 연구들은 두 사람 간의 유사성과 그들 상호 간의 선호도 사이에 긍정적인 관계가 있음을 발견하였다. 가장 중요한 발견은 서로 간의 유사성에 대한 그들 스스로의 인식이 실제 유사성보다 더 강력한 결정요인이라는 것이다.[2] 비교문화 연구들 역시 이 결론을 지지한다.[3] 다르다고 인식된 이방인들보다 비슷하다고 인식된 이방인들에 대해 더 높은 인간적 수용성(human receptivity)을 보여주는 상당한 근거들이 존재한다.

1) 사회적 거리

유사성에 대한 인식이 어떻게 더 친밀한 상호작용 패턴을 이끌어 내는지를 측정하기 위한 최고의 기술은 **사회적 거리(social distance)**의 순위를 매기는 것이다. 1926년 에모리 보가더스(Emory Bogardus)에 의해 고안된 이 측정도구는 개발 이후 반복적으로 사용되어 왔다.[4] 50년에 걸치는 5개의 비교연구에서, 연구자들은 18세에서 35세 사이의 학부생과 대학원생(그중 10%는 흑인)으로 고르게 나뉜 집단으로부터 응답을 얻었다. 학생들은 특정 집단의 구성원들에 대해 개인적으로 받아들일 수 있는 사회적 근접도 또는 사회적 거리를 선택하였다.

이 5개의 국가적 설문조사는 대부분이 유럽인들이지만 미국 원주민, 캐나다인, 미국 흑인, 그리고 6개의 아시아 집단(인도인, 중국인, 필리핀인, 일본인, 일본계 미국인, 한국인 등)이 포함된 30개 집단에 대한 학생들의 선호도를 측정하였다.

50년에 걸친 이 설문조사들에서 약간의 변동이 발생하였는데, 가장 주목할 것은 흑인들이 최하 부근에서 중간 정도로 상향 이동하였다는 것이다. 대체적으로, 미국 백인, 캐나다인, 북유럽인과 서유럽인 등이 상위 1/3을, 남유럽인, 중부유럽인, 동유럽인 등이 가운데 1/3을, 그리고 소수 민족들이 하위 1/3을 차지하는 것으로 나타났다.

일부 예외는 있지만, 상대적으로 일관된 응답 패턴은 유사성과 이끌림 관계를 잘 묘사하고 있다. 이탈리아인의 순위는 꾸준히 상승하였는데, 이는 상위 10개국에 포함된 북유럽과 서유럽이 아닌 첫 집단이었다. 최하층

근처에서 중위권으로 도약한 흑인의 경우는 훨씬 더 드라마틱하다. 국제 정세와 전쟁은 대개 일부 집단의 순위를 추락시켰다: 1946년 조사에서 독일인, 이탈리아인, 일본인의 경우와 1946년 조사 이후의 러시아인(냉전, 매카시즘, 베트남 전쟁 등의 영향).[5] 그러나, 1990년대에 진행된 러시아의 정치적 변화는 소규모로 진행된 1993년의 연구에서 러시아인의 순위를 14위까지 끌어올렸다.[6]

2001년에, 본 저자는 문항의 표현과 집단들의 리스트 모두를 갱신하였다.[7] 저자는 거의 균질화된 집단들(homogenized groups), 예를 들면, 아르메니아인, 체코인, 핀란드인, 노르웨이인, 스코틀랜드인, 스웨덴인 등을 제외하였고, 다양한 아시아인, 히스패닉, 서인도 지역(캐리비언 제도)들을 추가하였다. 이 새로운 국가적 차원의 연구에서, 선택가능한 답안은 아래와 같았다.

1. 내 가족과의 결혼을 받아들인다(1점).
2. 내 사교 모임에서 개인적인 친구로 받아들인다(2점).
3. 내가 사는 마을의 이웃으로 받아들인다(3점).
4. 같은 사무실에서 일할 수 있다(4점).
5. 말을 건네는 지인으로서만 받아들인다(5점).
6. 내 나라의 방문자로만 받아들인다(6점).
7. 내 나라의 입국을 금지한다(7점).

기대한 것처럼, 미국 백인이 가장 받아들여지는 집단의 1위를 차지하였고, 그 외 10위권은 본질적으로 1970년대 패턴이 이어지면서 캐나다인, 영국인, 아일랜드인, 프랑스인, 독일인, 그리고 네덜란드인 등이 차지하였다. 그러나 새로운 순위에서 특히 주목할 만한 것은 바로 아프리카계 미국인(미국 흑인)의 드라마틱한 상승이다. 9위를 차지한 아프리카계 미국인이 상위권에 진입하고 다른 백인 집단들보다 상위 순위로 오름으로써 인종 장벽을 무너뜨렸다. 이탈리아인이 이전의 앞선 순위였던 영국인, 캐나다인, 프랑스인들보다 높은 2위를 차지한 것과 그리스인이 7위를 차지한 것 역시 중요한 변화였다. 그러나 13위에서 25위까지는 단지 0.01씩의 차이로 순위가 갈렸다. 그러므로 표 1.1의 순위표의 중간 부분에서 인접한 집단 사이의 순위는 조사별 표집의 차이로 인한 것일 수도 있기 때문에 그리 중요한 의미를 가지지 못한다.

비록 이 분석이 집단들의 리스트의 변화로 인해 표 1.1에 있는 1977년 조사 데이터와 직접적으로 비교할 수 없을지라도, 일부 비교는 여전히 가능하며, 조사결과는 여러 면에서 의미가 있다. (1) 사회 내에서 다양성의 증가, (2) 인구학적 현실을 반영한 개정된 (국가) 리스트, (3) 응답자 구성에 있어 다양성의 증가 등에도 불구하고, 사회적 거리의 폭은 계속해서 줄어들고 있다. 2001년 조사의 전체 평균인 1.44점은 1977년도 조사의 전체 평균인 1.93에 비해 매우 낮아진 것으로, 사회적 거리의 폭도 앞의 조사의 1.38에 비해 2001년의 조사는 0.87로 역시 낮아졌다. 더 유사한 성격의 집단들을 리스트에서 제외하고, 덜 유사한 집단들을 리스트에 추가하였음에도, 사회적 거리에 관한 지표 모두에서 감소추세는 계속되고 있다. 이러한 결과들은 비록 많은 집단들이 최근에 도착하였고, 소수 민족들이며, 비서유럽지역 출신임에도 불구하고, 다양한 집단들에 대한 수용도 수준이 성장하였음을 의미한다.

표 1.1 미국에서 사회적 거리의 변화, 1977-2001

1977		2001	
1. 미국인(백인)	1.25	1. 미국인(백인)	1.07
2. 영국인	1.39	2. 이탈리아인	1.15
3. 캐나다인	1.42	3. 캐나다인	1.20
4. 프랑스인	1.58	4. 영국인	1.23
5. 이탈리아인	1.65	5. 아일랜드인	1.24
6. 스웨덴인	1.68	6. 프랑스인	1.28
7. 아일랜드인	1.69	7. 그리스인	1.32
8. 네덜란드인	1.83	8. 독일인	1.33
9. 스코틀랜드인	1.83	9. 아프리카계 미국인	1.34
10. 미국 원주민	1.84	10. 네덜란드인	1.35

11. 독일인	1.87	11. 유대인	1.38
12. 노르웨이인	1.93	12. 미국 원주민	1.40
13. 스페인인	1.98	13. 아프리카인	1.43
14. 핀란드인	2.00	14. 폴란드인	1.44
15. 유대인	2.01	15. 다른 히스패닉/라틴인	1.45
16. 그리스인	2.02	16. 필리핀인	1.46
17. 흑인(Negroes)	2.03	17. 중국인	1.47
18. 폴란드인	2.11	18. 푸에르토리코인	1.48
19. 멕시코계 미국인	2.17	19. 자메이카인	1.49
20. 일본계 미국인	2.18	20. 러시아인	1.50
21. 아르메니아인	2.20	21. 도미니카인	1.51
22. 체코인	2.23	22. 일본인	1.52
23. 중국인	2.29	23. 쿠바인	1.53
24. 필리핀인	2.31	24. 한국인	1.54
25. 일본인	2.38	25. 멕시코인	1.55
26. 멕시코인	2.40	26. 인도인	1.60
27. 터키인	2.55	27. 아이티인	1.63
28. 인도인	2.55	28. 베트남인	1.69
29. 러시아인	2.57	29. 회교도인	1.88
30. 한국인	2.63	30. 아랍인	1.94
Arithmetic mean of 44,640		Arithmetic mean of 126,053	
Racial reactions	1.93	Racial reactions	1.44
Spread in distance	1.38	Spread in distance	0.87

출처: Carolyn A. Owen, Howard C. Eisner, and Thomas R. McFaul, "A Half-Century of Social Distance Research: National Replication of the Bogardus Studies," *Sociology and Social Research* 66 (October 1981): 89; and Vincent N. Parrillo and Christopher Donoghue, "Updating the Bogardus Social Distance Studies: A New National Survey," *The Social Science Journal*, 42:2 (2005): 257-71.

주목할 만하게도, 아랍인과 무슬림으로 생각한(때때로는 틀리는 경우도 있다) 사람들에 대한 집단 비난과 증오범죄와 같이, 9.11 여파로 인한 우발적인 사건들에 대한 미디어 보도에도 불구하고, 그러한 태도는 이번 조사에 참여한 대부분의 응답자들에게 영향을 주지 못하였다. 무슬림과 아랍인에 대한 격하에도 불구하고, 응답자들은 그들에게 1977년 조사에서 30개 집단 중 17위를 차지한 미국 흑인들이 받은 평균점수보다 더 낮은 평균점수(즉, 더 높은 사회적 수용도)를 주었다. 응답자들은 테러리스트와 아랍인과(또는) 무슬림들을 따로 인식하였는데, 이는 과거 낮은 순위 집단들이 받았던 점수보다 더 낮은 점수로 이어졌다. 이는 정말로 놀라운 결과이다.

2001년 연구에서 무슬림과 아랍인의 순위가 최하위 두 자리를 차지했다는 것은 테러리스트 공격에 영향을 받은 것으로 자연스러운 결과이지만, 그럼에도 불구하고 이 두 집단의 상대적으로 낮은 사회적 거리 점수는 어떻게 설명할 수 있을까? 아마 그 해답은 아프리카계 미국인과 다른 집단들에게도 강력한 해답이 될 것이다. 이 연구는 우리를 공격했던 공동의 적에 대항해 다양한 집단들을 하나로 규합하는 "단결 신드롬"(unity syndrome)에 대한 증거를 가지고 있을 수 있다. 무슬림과 아랍인이 낮은 순위이고 모든 집단들의 사회적 거리 점수가 낮은 상황에서 이 새로운 정신이 얼마나 오랫동안 지속될지는 시간만이 말해 줄 것이다. 이 연구는 9.11의 끝자락이었던 당시의 사회적 수용도를 나타낼 뿐이다. 이 연구는 새로운 패턴들에 대해 확실히 입증하거나 직설적으로 설명하는 것도 아니다. 새로운 집단들을 포함시킨 향후의 사회적 거리 연구들은 미국인들이 계속 성장하는 다인종·다문화 사회에 대해 얼마나 관대한지를 명확히 보여줄 것이다.

때때로 소수자 집단들 간에 유지되는 사회적 거리가 개별 소수자 집단과 주류 집단 간에 유지되는 거리보다 더 크다. 예를 들어, 미국 텍사스 주의 백인 708명, 흑인 249명, 멕시코계 미국인 256명이 참여한 1989년의 한 연구에서, 흑인과 멕시코계 미국인은 서로보다 각각 백인을 더 잘 수용한다는 결과가 나왔다. 그러나 이 세 집단의 상류층(교육수준과 소득수준이 높은)과 젊은 층은 일반적으로 같은 집단 내 하위층보다 타 소수자 집단과의 접촉을 더 많이 수용하는 것으로 나타났다.[8]

사회적 거리는 많은 유형의 선택과 행위에 영향을 주는데, 그중 하나가 다양한 배경을 가진 타인과 대학 캠퍼스나 이웃에서 함께 거주하는 것이다. 2005년의 한 연구는 어떤 공립 대학교의 노력에도 불구하고, 소속

학생들이 학위과정을 마쳐가는 과정에서도 룸메이트나 데이트 상대에 관한 사회적 거리의 감소가 일어나지 않았음을 보고하였다. 비록 다른 인종 간의 친교가 사회적 거리의 수준을 감소시켰지만, 백인학생들은 히스패닉보다 흑인과의 사회적 거리를 더 많이 가지고 있는 것으로 나타났다.[9] 캐나다 토론토 지역에서 수행된 2005년의 한 연구는 집단 간 사회적 거리에 대한 이해가 단지 광범위한 인종과 민족 분류를 시도하는 것보다 거주지역 분리(residential segregation)를 이해하는 데 더 이롭다는 것을 입증하였다.[10] 마크 포셋(Mark Fossett, 2006)은 시뮬레이션 분석을 사용하여 최근 수십 년간의 분리의 지속은 단지 차별에서 비롯된 것만은 아니고 사회적 거리와 상태 역동성(status dynamics)에서도 비롯된 것이라고 밝혔다.[11]

2) 인 지

정의에 따르면, 이방인은 외부인일 뿐만 아니라 자신들과 다르고 개인적으로 잘 알지 못하는 사람을 의미한다. 사람들은 처음에 **범주적 인식**—시각적으로 그리고 아마 구두로 얻어진 제한된 정보에 근거해 타인을 분류—을 통해 이방인들을 인지한다.[12] 사람들은 부족한 정보에 근거해 판단하고 일반화하는데, 이로 인해 사람들은 한 개인의 특성들을 전형적인 집단 구성원의 특성들과 혼동한다. 예를 들어, 스웨덴 방문객이 커피 대신에 차를 요구한다면, 초청자는 아마 모든 스웨덴 사람들은 커피를 싫어한다고 잘못된 결론을 내릴 것이다.

종종 범주적 인식에 근거한 인지는 부분적으로 언론의 묘사에서 비롯되거나 심화된다. 실제, 역사적으로 소수자 집단들은 언론매체들이 대체적으로 자신들을 부정적으로 묘사하여 일반 대중에게 부정적 인상과 공포를 심어준다고 불만을 표시해 왔다. 예를 들어, 매일 뉴스보도의 많은 부분이 부정적인 사건에 관한 것이고, 주류 집단이 대부분 무엇이 어떻게 보도될지를 통제하기 때문에, 이러한 소수자들의 불만은 어느 정도 가치가 있을 수 있다. 교육수준이 높은 사람은 뉴스보도에서 나타날 수 있는 일방적이고 경도된 주장에서 비롯되는 부당한 영향에 대해 항시 깨어 있고 감시할 필요가 있다.

미국 토박이들은 여태까지 이민자들(다른 인종과 민족 집단에서 온 1세대 미국인)을 특별한 종류의 이방인으로 인식해 왔다: 정착할 의도를 가진 사람. 결국, 이민자들의 존재는 그리 새롭지 않은 것이 되었다; 그리고 나서 공포, 의심, 불신 등이 자주 미국 토박이들이 가진 초기의 호기심을 대체하였다. 각 집단들이 자기들만의 개인적 상호작용을 추구했기 때문에, 이방인들은 결국 이방인으로 남게 되었다.

이방인의 역할은 역사의 특정한 시기와 관련 없이 분석될 수 있다. 게오르그 짐멜(Georg Simmel, 1858-1918)은 이방인들은 신체적으로 유사하기 때문에 *친밀함(nearness)*을, 그리고 당면한 상황에 다르게 반응하고 무엇을 함에 있어 다른 가치와 방법을 가지기 때문에 *소원함(remoteness)*을 모두 나타낸다는 이론적 작업을 시도하였다.[13] 이방인은 내부인이자 외부인이다: 육체적으로는 현재 참여하고 있지만, 동시에 다른 곳으로부터 왔기 때문에 상황의 바깥에 있게 된다.

토박이들은 추상적이고 전형화된 방법으로 이방인을 인식한다. 즉, 개인이 한 집단의 *전체* 또는 전형이 된다. 그러나 이방인은 토박이를 구체적이고 개별적인 용어들로 인식한다. 짐멜은 이방인들의 지리적 이동성(geographical mobility)이 그들의 인식에 기동성을 반영하였기 때문에, 토박이에 대해 높은 수준의 객관성을 가진다고 주장하였다. 이방인들은 토착적인 습관, 신앙, 관례로부터 자유롭다. 게다가, 이방인들은 사회에 전적으로 참여하지 않기 때문에, 그들은 어떤 정신적 초연함을 가지는데, 이로 인해 그들은 사물을 더욱 객관적으로 바라보게 된다.

3) 상호작용

짐멜은 삶의 형식적 구조(formal structures)에 대한 분석을 통해 이방인의 역할에 접근하였다. 이와 대조적으로 자신 스스로 미국 이민자였던 알프레드 슈츠(Alfred Schutz, 1899-1959)는 이방인을 상호주체적 이해(intersubjective understanding*)가 부족한 것으로 분석하였다.[14] 이를 통해 그는 같은 사회적 세계에서 온 사람들은 이방인이 보통 잘 알지 못하는 언어(은어 포함), 관습, 신앙, 상징, 그리고 일상적 행동 패턴을 서로 "잘 안다"고 말하였다.

토박이의 경우, 모든 사회적 상황은 역할과 정체성뿐만 아니라 공유된 현실(의식의 상호주관적 구조[the intersubjective structure of consciousness])과 함께 도래한다. 토박이에게는 당연하다고 생각되는 것이 이방인에게는 문제가 되는 것이다. 친숙한 세계에서, 사람들은 질문을 하거나 깊이 생각하지 않고서 매일의 일상생활에 응답하면서 하루를 살아간다. 하지만 이방인에게 매 상황은 새로운 것이며 그래서 위기를 경험하게 된다.

이방인들은 "역사성의 결여"— 그들과 함께 살아가는 사람들이 가지고 있는 공유된 기억이 없다 — 를 경험한다. 일정 시간 동안 함께 상호작용한 인간들은 "함께 늙어간다"; 그러나 이방인은 뉴커머여서 적어도 유년기 때의 신선함 같은 것을 느끼기 때문에 이방인들은 "젊은" 것이다. 그들은 토박이들의 관습, 사회적 제도, 용모, 그리고 생활양식과 같이 토박이들이 알려주지 않은 것들을 알아채고 있다.

이방인은 새로운 환경에서의 일상적 삶에 익숙하지 않기 때문에, 때때로 우스운 농담의 표적이 되기도 한다. 그러나 때가 되면 이방인들은 토박이의 관점을 가진다; 그들 인식의 신선함을 잃어버리기 때문에, 이방인들의 의식은 줄어든다. 동시에 토박이들의 이방인에 대한 **추상적 전형화(abstract typification)**는 사회적 상호작용을 통해 더욱 구체화된다. 슈츠의 말에 따르면, "비어 있는 틀이 생생한 경험에 의해 채워진다." 문화적 적응이 생김에 따라, 토박이들은 이방인들을 더욱 구체적으로 바라보기 시작하고 이방인들은 일상활동에 대한 질문을 덜 하게 된다.

토박이의 특성을 얻기 전까지 사람들은 어떤 점에서 이상하거나 부자

* 사회생활에서 상대방의 인정과 승인을 얻고 싶은 인간의 원초적 소유욕- 역자 주

연스럽다는 것을 의미하기 때문에, 이런 관점에서 보면, 귀화인(naturalized citizen)이란 용어의 사용은 묘한 함축을 가진다.

많은 이방인들이 더 나은 삶을 찾아 미국으로 왔고 오고 있다. 사회학적 이론과 많은 인종과 민족 집단들의 경험에 대한 조사를 통해, 이방인이 사회를 어떻게 인식하고 사회를 어떻게 받아들이는지에 대한 이야기는 계속 언급될 것이다. 이방인으로부터 이웃으로의 적응은 연속적인 움직임으로 보일 수도 있는데, 이 연속성은 마찰이 생길 수도 있으며 그리고 동화는 필수적인 것이 아니다. 오히려, 그것은 다른 집단의 사람들 간의 사회적 상호작용 과정이다.

3. 사회적 관점

사회학은 인간관계와 행동패턴에 관한 학문이다. 과학적 연구를 통해, 사회학자들은 행동에 영향을 주는 사회적 힘을 파악하고, 사회학자들과 다른 사람들이 그 행동을 더 잘 이해할 수 있도록 반복적인 양식을 파악하고자 한다.

역사적 문헌, 보고서, 설문조사, 민족지학, 신문/잡지 자료, 그리고 직접 관찰 등을 활용하여 사회학자들은 집단 간 관계에 대한 경험적 자료들을 체계적으로 수집한다. 그리고 나서 사회학자는 집단 간 조화나 긴장에 대한 원인, 기능, 관계, 의미, 그리고 결과를 발견하고 기술하기 위해 수집된 데이터들을 분석한다. 쉽게 관찰가능한 서로 다른 사람들 간 행동 패턴들의 시작, 지속, 강화, 또는 완화의 원인을 단정하는 것은 복잡하고 난해하여 데이터를 해석할 때 모든 사회학자들이 의견의 일치를 보이지는 않는다. 서로 다른 이론, 사상, 개념, 그리고 이데올로기와 편견조차도 사회학자들의 결론에 영향을 미친다.

사회학자들 간 의견불일치는 우주가 어떻게 생성되었는지, 무엇이 정신장애를 구성하는지 또는 유전이나 환경이 행동을 형성하는 데 더 중요한

지 등을 논하는 다른 영영의 과학적 연구분야에 비해 더 유별나지 않다. 그럼에도 불구하고 서로 다른 사회학적 이론들은 관계들의 패턴에 영향을 주는 데 있어 중요한 역할을 하고, 그러한 관계들에 대한 사회과학자들의 가치에 기반한다. 사회학 연구에 있어, 세 가지 주요 관점들은 소수자 연구 분석의 틀을 제공한다: 기능주의 이론, 갈등 이론 그리고 상호작용 이론. 이들 이론은 각각 그 주제에 대한 고유의 초점을 제공하는 서로 다른 렌즈로 기능하면서 공헌하고 있다.

1) 기능주의 이론

기능주의 이론(functional theory)의 지지자들은 사회의 다양한 부분들은 연대를 장려하고 전체의 안정성을 유지하는 기능들 또는 긍정적 효과들을 가지고 있음을 강조한다. 때때로 "*구조적 기능주의 패러다임* 또는 모델"로 불리는데, 이 이론은 유럽의 오귀스트 꽁뜨(Auguste Comte, 1798-1857), 허버트 스펜서(Herbert Spencer, 1829-1905), 그리고 에밀 뒤르켐(Emile Durkheim, 1858-1917) 등의 저서에서 영감을 받고, 탤컷 파슨스(Talcott Parsons, 1902-1979)와 로버트 머톤(Robert Merton, 1910-2003) 등에 의해 미국에서 더욱 발전된 사회학의 핵심 전통을 대표한다.

이 관점은 사회가 어떤 일을 하는 것에 관한 신념과 전통적 방법들의 구조를 강조한다. 사회는 가치(경쟁, 정직, 성공), **사회적 지위**(직업, 계급 구조, 성 역할), 제도(가족, 교육, 종교, 경제, 그리고 통치)를 포함한다. 비록 매우 적은 사람들이 그들 사회의 모든 다양한 기능들을 사실상 구현하더라도, 이들 각 부분들은 사회의 유지에 있어 어떤 역할을 수행한다. 따라서, 기능주의자들은 사회의 많은 구조들을 파악하고 그들의 기능이 얼마나 원활히 또는 얼마나 잘못되게 운영되고 있는지를 조사하여 사회학적 분석을 체계화한다.

사회적 구조의 일부 구성요소들은 **명시적 기능**(manifest functions, 분명하고 의도된 결과들)을 가지지만, 가끔 **잠재적 기능**(latent functions, 숨겨지고 기대되지 않은 결과들)을 가진다. 예를 들어, 관광 비자 프로그램의 명시적 기능들은 우호를 증진하고 방문지역의 지역경제를 활성화시키기 위해 외국 방문자들을 유치하여 국내총생산(GDP)을 증가시키는 것이다. 하지만 의도되지 않은 결과 중 하나는 수천 명의 방문자들이 비자 만료 후 귀국하지 않고 불법 체류자로 그 지역에 체류하는 것이다.

기능주의자들은 사회의 모든 요소들이 질서와 안정성을 유지하기 위해 함께 기능해야 함을 주장한다. 이상적 조건하에서, 사회는 모든 부분들이 조화롭게 상호작용하면서 균형된 상태로 있을 것이다. 사회문제들은 그 사회의 균형상태가 기능장애를 일으키고 전복되었을 때 발생한다. 이 시스템의 혼란은 다양한 이유로 발생할 수 있지만, 가장 빈번한 원인은 급격한 사회변화이다. 사회 내 한 부분의 변화는 어떤 다른 곳에서 보정적인 조절(compensatory adjustments)을 필요로 하는데, 이들은 보통 충분하게 빨리 진행되지 않아서 긴장과 충돌이 나타나게 된다.

기능주의자들은 역기능을 다른 상호독립적이고 상대적으로 조화로운 사회에 대한 일시적인 부적응으로 본다. 이 관점은 사회의 안정성에 초점을 맞추고 있기 때문에, 사회의 혼란에 대한 분석에 있어 핵심 이슈는 혼란 전의 균형상태를 회복하는지 또는 새롭고 다른 균형상태를 추구하는지에 대한 것이다. 예를 들어, 미등록 이주민 문제를 어떻게 극복하느냐? 그들로 인해 발생하는 노동력 착취 문제, 그들로 인해 생겨날 지역 전체의 임금 폭 저하, 그리고 건강 · 교육 · 복지 혜택의 형태로 납세자들에게 부과되는 높은 비용 등을 제거하기 위해 그들을 추방할 것인가? 아니면 그들을 사면하고 그들이 경제적 주류에 참여하도록 지원하고 더 많은 미등록 외국인의 유입에 맞서 국경을 봉쇄할 것인가? 어떤 해결책이라도 기능주의자들은 소수자들에 대한 모든 문제는 사회시스템을 균형상태로 회복하기 위해, 사회시스템을 조정하여 해결될 수 있다고 강조한다. 사회에서의 큰 변화 대신에, 그들은 이미 기능을 하고 있는 사회 내에서 작은 규모의 수정을 선호한다.

하지만, 비판론자들은 이 이론적 관점이 질서와 안정성에 초점을 두기 때문에 긴장과 갈등을 종종 일으키는 성, 인종, 사회 계급의 불평등을 무시한다고 주장한다. 구조적 기능주의를 지나치게 보수적인 것으로 보는 사람들은 갈등주의 관점을 선호한다.

2) 갈등 이론

갈등 이론(conflict theory) 지지자들은 엘리트들의 대중착취라는 칼 마르크스의 사회경제적 관점에 영향을 받았는데, 이들은 다양한 집단들이 제한된 자원을 차지하기 위해 경쟁하기 때문에 사회에서 지속적인 의견 불일치, 긴장, 갈등이 생기는 것으로 본다. 그들은 다른 사람들을 착취하면서 일부 사람들에게만 이익이 돌아가는 현재의 사회적 양식이 증명하는 것처럼, 사회구조는 사회 전체를 발전시키는 데 실패한다고 주장한다.

사회의 각 부분들이 일상적으로 조화롭게 작동한다는 기능주의 모형을 거부하면서, 갈등 이론가들은 규범으로써 불균형상태와 변동을 본다. 그들은 예를 들어, 백인과 유색인종 간, 남성과 여성 간, 또는 자국 출생자와 외국 출생자 간 등과 같이 사회 내 주류 집단과 하위 집단 간의 지속적인 갈등을 연구한다. 연구되는 범주가 무엇이든 간에, 갈등 분석가들은 보통 갈등의 패턴은 기득권을 보호하기 위해 노력하는 권력을 가진 사람들과 자신이 가진 것보다 더 많은 부분을 얻기 위해 투쟁하는 사회경제적 하층 집단으로 나타난다고 말한다.

갈등 분석가들은 집단 간의 인종적·민족적 적의를 유발하는 불평등에 초점을 맞춘다. 왜 차별이 지속되는지를 설명하기 위해 갈등 이론가들은 이렇게 질문한다: 누가 이익을 얻는가? 이미 힘을 가진 자들(고용주와 부와 자산을 가진 사람들)은 힘없는 사람들을 착취하면서 동화되지 않은 소수자들의 비용으로 추가적인 이익을 얻으려고 한다. 더 낮은 임금은 더 많은 이득을 보장하기 때문에, 인종차별은 노동자들의 교섭력을 약화함으로써 투자자들과 소유자들의 이익을 위해 봉사한다.

경제학적 관점을 도입함으로써, 마르크스주의자들의 분석은 집단 간 관계에 날카로운 통찰력을 제공하지만, 존 솔로모스(John Solomos)와 레스 백(Les Back)은 이 방법론이 현대의 인종주의와 이와 관련된 문제들에 대한 본질적 설명을 제공하지 못한다고 비판한다.[15] 갈등 이론가들은 인종주의가 권력유지와 자원통제에 많이 관련되어 있다며 비판에 대항한다. 인종주의는 **이데올로기**—이해관계(interests)를 가진 사람들의 이해관계를 설명하고 정당화하기 위해 사용되는 일반화된 신념들의 집합—이다.

이런 관점에서, **허위인식(false consciousness)**—상황의 객관적 사실을 정확하게 반영하지 않는 태도를 가지는—이 존재하는데, 노동자들이 그들 고유의 진정한 관심사에 반하는 태도를 수용하도록 강요한다. 만일 노동자들이 다른 집단의 노동자들이 벌어들이는 경제적 소득이 역으로 자신의 생활수준에 영향을 미친다고 믿는다면, 그들은 차별적인 조치들을 종식시키기 위한 활동들을 지지하지 않을 것이다. 만일 자신의 상황을 향상시키기 위해 투쟁하는 노동자들은 더 나은 일자리에 자리잡고 있는 다른 집단들이 자신들을 방해하고 있다고 믿는다면, 그 노동자들은 자신들의 이익 증진은 더 잘 자리잡은 집단들이 희생할 때에만 가능한 것으로 생각할 것이다. 두 경우에서, 다른 인종, 민족 집단 출신의 착취당하는 노동자들을 서로 경쟁시킴으로써 얻어지는 경제적·권력적 이익은 서로가 다른 집단들에 대해 강한 부정적 정서를 가지게 만든다. 이 왜곡된 관점은 집단 간의 충돌과 우발적인 폭력의 발생을 유발하는데, 이는 노동자들이 같이 경험하는 억압에 대한 공동 유대를 인식하지 못하게 하고 억압을 극복하기 위해 단결하는 것을 막는다.[16]

비판론자들은 이 이론적 관점이 지나치게 불평등에 초점을 맞추기 때문에, 사회 구성원 간 공유된 가치들의 사회적 유대와 상호의존을 통해 얻어진 사회의 조화와 협력을 무시한다고 주장한다. 갈등 이론을 지나치게 급진적인 것으로 보는 사람들은 기능주의 관점을 선호한다. 기능주의 관점과 갈등주의 관점과 같은 거시 사회적 이론을 너무 광범위하다고 반대하는 비평가들은 전체적으로 다른 접근법을 선호한다.

3) 상호작용 이론

세 번째 접근법은 **상호작용 이론(interactionist theory)**인데, 이 이론은 사회 제도와의 조화 또는 충돌에 대한 거시 사회적 관점보다는 일상생활에서 개인적 상호작용 패턴과 같은 미시사회적 세계를 연구한다(예를 들어, 대화할 때 사회적 거리, 같이 이해된 용어들의 개인적 사용). **상징적 상호작용**—서로 간에 의사소통할 때 사람들이 사용하는 공유된 상징들과 정의들—은 개인들이 그들이 경험한 삶의 상황들을 어떻게 생성하고 해석하는지를 이해하는 데 초점을 맞춘다. 상징들—우리가 말하는 언어, 표현, 바디 랭귀지, 목소리 톤, 외모, 그리고 TV와 다른 매체의 이미지들—은 우리의 사회적 세계들을 구성한다.[17] 이러한 상징들을 이용하여, 우리들은 의사소통을 하고 느낌을 표현하고 사회에 대해 이해한다. 상징적 상호작용 이론들은 소수자 집단들이 수동적이라기보다 이해가 빠르고 창의적이라고 가정하기 때문에, 인종과 민족 간 관계를 이해하는 데 유용하다.[18]

피터 버거(Peter L. Berger)와 토마스 루크만(Thomas Luckmann)에 따르면, 이 관점의 핵심은 그들이 **실재의 사회적 구성(social construction of reality)**이라고 부르는 과정을 통해 사람들이 자신의 현실/실재를 어떻게 정의하는가이다.[19] 개인들은 자신의 개별적 행위와 타인과의 상호작용을 이해하는 데 대비한 배경을 창조한다. 계속적인 사회적 상황에서, 참가자들의 상호작용은 서로에 대한 **상호전형화(reciprocal typification)**—상호 간의 범주화—로 귀결되는 공유된 역사를 창조한다. 당연하다고 여겼던 일상들이 공유된 기대에 근거해 출현한다. 참가자들은 이 사회적으로 구성된 세계를 그의 "객관적" 존재로 인해 이치에 맞는 것으로 바라본다. 문제가 발생할 때, 어떤 "세계 유지"(universe maintenance) 절차는 종종 안정성 유지를 위해 필요하게 된다. 신화, 신학, 철학, 과학 등과 같은 개념적 장치(conceptual machineries)들은 이런 목적으로 사용될 수 있다. 다시 말하면, 사람들은 문화적 생산물을 생성한다: 물질적 인공물, 사회적 제도, 이데올로기, 기타 등등(외재화). 시간을 거듭하면서 사람들은 그들 자신의 사회적 · 문화적 환경을 창조해 왔다는 인식을 잃게 되고(객관화), 그리고 본질적으로 사람들은 사회화 과정을 통해 이러한 가정된 실재의 객관적 사실들을 학습한다(내재화).

상호주의 이론의 관점은 주류와 소수자관계에서 발생하는 어떤 허위인식(false perceptions)을 이해하는 데 특히 유용할 수 있다. 우리가 짧게 논의할 것이기 때문에, 인종주의는 실재의 사회적 구성에 대한 좋은 본보기가 된다. 이 관점의 다른 차원은 같은 집단 구성원들 간의 공유된 이해라기보다는 다른 집단 간에서 발생하는 오해에 있다. 하나의 예를 들면, 오늘날의 미국 이민자들은 영어 학습을 원하지도 않고 동화되길 원하지 않는다는 불평을 가끔 들을 수 있다. 그렇게 믿는 사람들은 영어 외의 외국어로 진행되는 미디어 프로그램이나 가게와 다른 장소의 간판들을 그 증거로 제시하거나 우연히 듣게 된 영어가 아닌 다른 언어로 진행되는 대화나 다른 옷차림을 인용하거나 또는 자신들의 언어와 함께 "비미국적인" 관습과 습관을 가지고 있어 영구적으로 동화되지 않을 것 같은 민족별 거주지역을 지적할 것이다. 비판론자들은 그러한 불평들을 이전의 이민자들, 즉, 전형적인 유럽인과 비교하는데, 유럽 이민자들은 이와 같지 않았고 사회의 주변부에 고립되어 남는 것보다 동화를 선택하였다.

현실에 있어, 이들 **이민 배척주의자**(nativist, 이민자에 대항해 토박이 거주자의 이해관계를 보호하는 정책을 옹호하는 사람)들은 자신들이 미국으로 들어오는 모든 이민자들 사이의 공통 패턴의 새로운 버전을 목격하고 있다는 것을 깨닫지 못하고 있다. 그들은 뉴커머들의 하위문화에 대한 실재를 일시적이 아닌 영구적인 것으로 만들고 있지만, 이민 배척주의자들이 오늘날 긍정적 역할 모델로 여기고 있는 과거에 동화했던 이민자 집단도 당시에는 다른 이민 배척주의자들에 의해 오늘날 언급되는 같은 이유들로 사실상 동화하지 않은 것으로 인식되었다. 따라서 상호작용론자들은 사람들이 생성한 실재, 그 주관적 실재에 붙여진 의미, 그리고 그것이 다른 사람과의 상호작용에 어떻게 영향을 미치는지를 연구할 것이다.

비판론자들은 일상의 상호작용에 초점을 두는 것은 문화와 사회구조가 수행하는 중요한 역할과 계급, 성, 인종이라는 중대한 요소들을 무시하는 것이라고 비판한다. 상호작용론자들은 자신들은 사회의 거시 요소들을 무시하지 않는다고 말한다. 그리고 그들은 정의에 따르면, 사회는 사람들이 상호작용하는 구조이며, 사람들이 왜, 어떻게 상호작용하는지에 대해 조사하고 설명할 필요가 있다고 말한다.

아마, 당신이 같은 현실을 바라보는 각기 다른 카메라 렌즈로써 이 세 가지 이론적 관점들을 바라본다면, 가장 도움이 될 것이다. 광각렌즈(거시사회적 관점)이든지 또는 망원렌즈(미시사회적 관점)이든지, 각각은 드러내는 것과 관련이 있으며, 그들을 같이 모으면 사회를 더욱 완벽하게 이해하는 데 도움을 줄 것이다. 그림 1.1은 이 세 가지 사회학적 관점을 요약한 것이다.

4. 소수자 집단들

사회학자들은 다른 규모의 집합체들을 일컬어 *집단*이라는 용어를 쓴다. 보통 **집단**이란 말은 규모가 작고 사람들 간의 상호작용이 친밀한 사람들의 집합을 의미한다. **2차 집단**은 어떤 실용적 목적이나 특별한 목적을 위해 개인적 감정이 없거나 제한된 감정적 기반 위에서 상호작용하는 사람들로 구성된다. 여전히 더 크지만, *소수자*와 같은 집단은 수백만 명의 집합으로 언급될 수 있다. 이 책에서, 나는 소수자들을 언급할 때 광의적 관점에서 *집단*이라는 말을 사용할 것이다. 왜냐하면, 집단들과 집단 정체성은 인종과 민족관계의 중요 구성요소이기 때문이다.

그림 1.1 사회학적 전망들

기능주의 이론

- 모든 것이 기능을 가지고 있으면서 조화로운 사회의 기반을 제공하고 있는 안정적이고 협력적인 사회체계.
- 사회적 요소들은 질서, 안정성, 균형상태를 유지하기 위해 함께 기능한다.
- 사회문제들 또는 역기능들은 일시적인 혼란이나 부적응에서 비롯된다.
- 급격한 사회변화는 사회적 평행상태 손실의 가장 빈번한 원인이다.
- 필연적인 적응은 사회체계를 균형상태로 되돌릴 것이다.

갈등 이론

- 사회는 불일치, 긴장, 충돌의 연속이다.
- 이전에 억압받던 집단이 "승리"한 이후에도 새로운 엘리트들이 생겨나기 때문에, 갈등은 필연적이다.
- 사회적 불평등으로 인해 불균형상태와 변화는 일반적이다.
- 착취로부터 누가 이익을 얻는지를 알게 된다면, 우리는 왜 차별이 지속되는지를 이해할 것이다.
- 허위의식은 지배층인 엘리트가 권력과 자원 통제를 유지하기 위한 기법이다.
- 억압에 대한 집단 응집성과 투쟁은 사회적 변화에 영향을 주는 데 필수적이다.

상호작용 이론

- 이 이론은 일상생활에서 개인적 상호작용 패턴이라는 미시적 세계에 초점을 맞춘다.
- 공유된 상징과 정의는 삶의 경험을 해석하는 데 근거를 제공한다.
- 실재의 사회적 구성은 내재화되는데, 그것을 수용하는 사람들에게 마치 그것이 객관적 사실인 것처럼 만든다.
- 공유된 기대와 이해 또는 이것들의 부재는 집단 간 관계를 설명한다.
- 더 나은 소통과 다른 문화 간 인식은 다수-소수 상호작용 패턴들을 증진시킨다.

1) 정의의 개발(Development of a Definition)

사회학자들은 **소수자 집단**이라는 용어를 숫적인 표현을 나타내기 위해서가 아니라 한 사회 내에서 한 집단의 상대적인 파워와 지위를 나타내기 위해 사용한다. 이 용어는 유럽의 동중부 지역에 있는 대략 2,200만에서 1억 1천만 명에 이르는 사람들을 보호하기 위해 제1차 세계대전 평화조약에서 처음 사용되었지만, 생물학적 특색이나 국민적 특성을 표현하기 위해 가장 자주 사용되었다. 1932년에 도날드 영(Donald Young)은 미국인들이 인종과 출신국가에 따라 사람들을 구분하는 것을 관찰하였다.[20]

루이스 워스(Louis Wirth)는 다음의 중요한 특성들을 포함하기 위해 소수자 집단에 대한 영의 원개념을 확장하였다: 집단 의식과 차별적인 취급.[21] 워스의 공헌은 사회학적 질문에 있어 두 가지 중요한 전환점을 만든 것이다. 첫째, 단지 인종 또는 국가 출신에 국한되지 않고, 어떤 신체적 또는 문화적 특성을 포함하도록 소수자 집단의 정의를 확장함으로써, 워스는 노인, 장애인, 다양한 종교나 분파 신도, 그리고 비관습적인 라이프 스타일을 가진 집단들까지도 포함시킬 수 있도록 변수의 범위를 확대하였다. 둘째, 워스는 소수자의 지위에 대한 사회적 중요성을 강조하였는데, 이는 편견, 차별, 억압에 대한 관심을 불러일으켰다. 모든 사람이 이 접근법에 동의하는 것은 아니다. 예를 들어, 리차드 슈마헌(Richard Schermerhorn)은 이 "피해자학적"(victimological) 접근법은 집단 간의 유사성과 차이를 적절하게 설명하지 못하거나 주류 집단과 소수자 집단 간의 관계를 적절하게 분석하지 못한다고 주장하였다.[22]

소수자 집단을 정의하기 위한 세 번째 시도는 사회적 계층구조에서 각 집단들의 지위에 관해서 집단들 간의 관계를 조사하는 것과 관련된다.[23] 이 접근법은 한 집단의 사회적 권력을 강조하는데, 이는 한 나라와 다른 나라에서 각기 다양할 수 있다. 예를 들면, 러시아 내의 유대인과 이스라엘 내의 유대인의 파워는 다르다. 인구 규모에 대한 강조 대신에 계층화에 대한 강조는 상대적으로 작은 집단이 더 많은 집단의 사람들을 복속시키는 상황을 설명한다(예를 들어, 유럽인의 아프리카와 아시아 인구에 대한 식민화). 슈마헌은 이 관점의 변종을 수용한다. 그는 또한 사회적 파워를 위계구조 내에서 한 집단의 위치를 설명하는 데 있어 중요한 변수로 파악하지만, 그는 다른 요소들 또한 똑같이 중요하다고 믿는다. 규모(소수자 집단은 인구의 절반보다 작아야 한다), 민족성(워스의 신체적 · 문화적 특성으로 정의되는), 집단의식 또한 소수자 집단을 정의하는 데 도움이 된다.[24]

2) 소수자 집단의 특징들

사회과학자들은 소수자 집단들에 대한 정의에 어떤 합의에 도달하였는데, 인류학자인 찰스 웨글리(Charles Wagley)와 마빈 해리스(Marvin Harris)는 전 세계의 소수자들이 공유하는 5개의 특징을 파악하였다.

1. 소수자 집단은 집단으로서 불평등한 대우를 받는다.
2. 소수자 집단은 낮게 평가받고 있는 구별되는 신체적 또는 문화적 특성 때문에 쉽게 확인된다.
3. 소수자 집단은 민족의식(peoplehood) 같은 것을 느낀다—각 구성원들은 다른 구성원들과 같이 무엇인가를 공유한다.
4. 소수자 집단의 멤버쉽/회원자격은 **생득지위(ascribed status)**를 가진다—태어나면서부터 그 지위를 얻는다.
5. 집단 구성원들은 **동족결혼(endogamy)**을 한다: 그들은 선택에 의해서나 그들의 사회적 고립 때문에 필연적으로 그들 집단 내에서 결혼하는 경향이 있다.[25]

소수인종과 소수민족의 토론에 있어, 이들 5가지 특징은 유용한 지침을 제공한다. 그러나, 우리들은 뒤의 2가지 특징은 어떤 다른 유형의 소수자 집단에는 적용되지 않는다는 것 또한 이해해야 한다: 여성은 결혼을 했든 안했든 하나의 소수자 집단을 형성하며, 노인이나 장애인도 마찬가지다. 모든 사람이 처음부터 늙게 태어나지 않으며, 모든 장애인이 태어나면서 장애를 가지고 태어나지는 않는다.

다양한 소수자 집단들에 대한 우리의 토론이 더 힘 있는(반드시 더 큰 집단은 아닐지라도) 집단에 대한 소수자 집단의 종속에 관한 것이기 때문에, 우리는 사회의 다른 부분에 대한 소수자 집단의 관계를 언급할 때 **주류 집단**이라는 용어를 사용할 것이다. 또 다른 고려사항은 한 사람이 다른 범주에 있는 주류 집단과 소수자 집단에 동시에 속할 수 있다는 것이다. 예를 들면, 미국의 백인 천주교도는 대표적인 종교적 소수자 집단에 속하지만, 동시에 인종적으로 주류 집단의 구성원이기도 하다.

5. 인종과 민족 집단들

인종(Race)은 눈에 보이는 생물학적 특성들을 공유하는 많은 수의 사람이 그 근거에 따라 자신들을 하나의 집단으로 간주하거나 다른 사람들이 그들을 하나의 집단으로 간주하는 범주화이다. 인종은 겉으로 보기에는 사람들을 집단으로 묶기 쉬운 방법인 것 같지만, 그렇지 않다. 지구상에 살고 있는 60억 이상의 인간들은 체격, 모발, 얼굴 생김새, 그리고 피부색 등의 매우 다양한 신체적 차이들을 보여주고 있다. 수 세기 동안의 이민, 정복, 종족 간 결혼, 그리고 환경에 대한 진화론적 신체적 적응은 이러한 다양성을 만들어 냈다. 인류학자들은 인종 범주화를 시도해 왔는데, 3가지부터 100가지 이상에 걸쳐 다양하다. 심지어 애슐리 몬태구(Ashley Montagu)와 같은 사람들은 인류라는 한 개의 인종만이 존재하다고 주장하였다.[26] 인류학자들이 서로 다른 해석을 생물학적 집단화에 적용한 것처럼, 대부분의 사람들도 다른 해석을 내놓고 있다. 사회학자들은 이러한 사회적 해석을 연구함으로써, 인종 편견을 분석하고 설명하기 위해 시도한다.

인종의 사회적 구성은 문화에 따라, 그리고 시대에 따라 다양하다. 예를 들어, 미국은 라틴 아메리카와 달리, 엄격한 인종 분류를 보유해 왔다(백인과 비백인). 남미는 사람들의 다인종 전통을 반영하여 다양한 인종 분류를 승인하고 있다. 미국의 순혈주의자(US purist)들은 어떤 사람이 조금이라도 백인이 아닌 선조가 가지고 있다면 흑인으로 분류해야 한다는 "피한방울 이론"(one-drop theory)을 지지해 왔다. 그러나 그것은 단지 외부인 분류가 아니다. 때때로 사람들은 DNA의 더 많은 비율이 다른 인종으로 드러나면 사람들은 흑인 또는 미국 원주민으로 파악될 것이다. 이와 같이 인종 분류는 인종에 대해 지나치게 강조하는 개인이나 사회로 인해 가끔 독단적으로 나타난다. 게다가, 어떤 유전학자들은 인종은 의미 없는 개념이고, 다른 인종 사이보다는 같은 인종들 사이에 훨씬 더 많은 유전적 변종이 존재하며, 많은 인종적 특성들이 뚜렷한 경계 없이 겹치고 있다고 주장한다.[27] 더군다나, 미국에는 300만 명 이상의 혼혈 혈통을 가진 사람들이 살고 있기 때문에, 많은 사회과학자들은 인종적 편견을 조장하는 인위적 경계를 반박하는 "인종의 해체"라는 개념을 도입해 왔다.[28]

인종주의(Racism)는 한 인종의 우월성을 주장하기 위해 인간 생명체의 생물학적 조건과 증거 없이 주장된 사회문화적 능력과 행동과의 연결로 정의할 수 있다. 경제적인 우월이나 어떠한 성취 때문에 사람들이 한 인종이 다른 인종에 비해 우수하다고 믿을 때, 인종주의적 사고가 나타난다. 하위 집단은 편견과 차별을 경험하는데, 주류 집단은 그러한 몹시 차별적인 인식에 기대어 편견과 차별을 정당화한다. 단지 그들의 신체적 외모에 근거해 그들의 능력을 사회적으로 범주화하기 때문에, 흑인과 미국 원주민에 더해, 아시아인, 히스패닉, 심지어 남유럽 출신의 백인들도 적개심에 직면한다.

*인종*이 겉으로 드러나는 신체적 특징들에 관련되어 있다면, **민족성**(ethnicity)은 단순한 인종적 유사성을 넘어서 공유된 문화적 특성들과(또는) 출신국가로 확장된다. 사람들은 같은 인종이지만, 아프리카인, 아이티인, 자메이카인과 같이 다른 언어와 문화적 관습을 가질 수도 있다. 민족성에 따른 사회적 집단짓기의 복잡성은 거기서 멈추지 않는다. 벨기에인같이 사람들은 같은 인종 구성원이고 큰 범위에서 같은 민족 집단이지만 나른 언어를 가지고 있을 수도 있고(네덜란드어, 프랑스어 또는 독일어), 다른 하위문화의 민족 집단의 구성원일 수도 있다. 더구나, 만약 우리가 사회계층 요소를 추가한다면, 우리는 같은 하위 민족 집단 내에서조차 훨씬 더 차이를 발견할 것이다.

종교는 민족 집단 구성의 또 다른 결정요소이다. 때때로 종교와 출신국가는 아일랜드와 이탈리아의 가톨릭 신자처럼 민족색의 양 날개적인 속성을 가진 것처럼 보인다(비록 모든 아일랜드인 또는 모든 이탈리아인이 가톨릭 신자는 아닐지라도). 역시 때때로, 아랍의 무슬림처럼 종교와 출신국가는 항상 양 날개적인 속성으로 나타나는 것은 아니다. 예를 들면, 미국에 사는 아랍인들의 대부분은 개신교도이며, 전체 미국의 아랍인 인구의 1/3은 가톨릭신자이다.[29] 종교는 이민자 집단들 사이에서 다른 민족색 요소들 — 출신국가, 문화, 언어 — 과 가장 보편적으로 연결된다. 하지만, 우리는 그러한 집단들 내에서도 광범한 차이가 존재하기 때문에, 어떤 출신국가 집단(또는 인종 집단)의 모든 구성원들을 일반화하지 않도록 노력해야 한다.

*인종*이라는 단어는 종종 생물학적 개념보다는 사회적 개념으로 잘못 사용된다. 힌두인, 아리아인, 집시(원래 인도출신의 방랑민족), 아랍인, 미국 원주민, 바스크인, 유대인 등과 같이 영국인, 일본인 등도 자주 인종으로 분류되는 경향이 있다.[30] 많은 사람들 — 심지어 사회학자, 인류학자, 그리고 심리학자들조차도 — 인종과 민족 집단을 포함하는 일반적 관점에서 인종이란 단어를 사용하는데, 그로 인해 인종이란 단어가 생물학적 의미와 사회적 의미를 함께 가지게 되었다. *민족 집단(ethnic group)*은 인종, 종교, 출신국가라는 3가지 요소를 포함하기 위해 현재 일반적으로 사용되고 있다.[31] 인종적 구분이 신체적 구분에 근거해 사회적으로 정의된 범주들이기 때문에, 이들 용어의 다양한 사용은 끊임없는 혼란으로 이어진다. 아프리카계 미국인과 같은 어떤 집단들은 한때 인종에 근거해 정의되었지만 민족문화적 집단들로서 출현하였다. 다양한 민족 집단들은 가끔씩 아시아인과 미국 원주민 등과 같이, 훨씬 더 넓은 인종적 범주에서 함께 묶여지기도 한다.

이 책에서, *인종*이라는 단어는 신체적 외모에 근거해 만들어진 일반적인 사회적 구분을 의미할 것이다. *민족집단*이라는 용어는 종교적·언어적 또는 문화적 특성들 때문에 주류 집단이 고유하다고 생각하는 사회적 집단 짓기만 의미한다. 두 용어 모두는 인종적·민족적 특성들이 겹쳐지는 집단들을 논하는 경우에 사용될 것이다.

6. 자민족중심주의

이방인의 개념을 이해하는 것은 **자민족중심주의**(ethnocentrism)— "자신의 집단만이 모든 것의 중심이며 다른 모든 집단들은 자신의 집단을 참고해 평가된다고 보는 관점"[32]—를 이해하는 데 중요하다. 자민족중심주의는 자신의 민족 집단이나 출신국가 집단을 집단 소속감과 안전을 위한 요구들을 충족시키는 수단으로서 동일시하는 사람들의 경향을 말한다(이 단어는 두 개의 그리스어 단어에서 비롯되었다: *ethnos*는 사람을 의미하고 *kentron*은 중심을 의미한다). 자민족중심주의의 결과로, 사람들은 보통 다른 집단들보다 자신이 속한 집단의 문화적 가치들이 더욱 대단하고, 그래서 우월한 것으로 생각하며, 어떤 일을 하는 데 있어 그들 자신의 방식을 선호한다. 불행하게도 인간관계에 있어 그러한 자민족중심주의적 사고는 다르다고 인식된 사람들에 대한 태도와 감정에 부정적으로 영향을 줄 때까지 종종 확장된다.

사회학자들은 개인들이 소속되고 충성스럽게 느끼는 집단을 **내집단**으로 정의한다; 따라서, 모든 사람—다수자 집단의 구성원이든 소수자 집단의 구성원이든—은 어떤 내집단의 부분이다. 그리고 **외집단**은 내집단과 관련되는데, 어떤 내집단의 구성원이 아닌 모든 사람들로 구성된 집단을 말한다. 다수자 집단들을 내집단으로서 연구하는 것은 그들의 사회에 들어온 다른 인종 또는 문화 출신의 이방인에 대한 그들의 반응을 이해하는 데 도움을 준다. 역으로, 소수자 집단들을 내집단으로서 고려하는 것은 주류 문화의 한 가운데에서 자신들의 민족적 정체성과 결속을 유지하기 위한 소수자 집단의 노력을 이해하는 것을 가능케 한다.

내집단 편애를 위한 더욱 유망한 설명 중 하나는 유럽의 사회심리학자들로부터 나왔다. **사회정체성 이론**(Social identity theory)은 내집단 구성원들은 거의 자동적으로 외집단보다 자신의 내집단이 더 좋다고 생각하는데, 이는 그렇게 하는 것이 자신의 사회적 지위 또는 사회적 정체성을 강

화하여 그들 개인의 정체성 또는 자기 이미지의 가치를 높이기 때문이다.[33]

다른 문화들을 열등하고, 잘못되었고, 비도덕적이라고 생각해 온 과거의 문명사회에서 온 사람들에 관한 방대한 증거가 있다. *우리*가 *그들*보다 우월하다고 생각하는 이러한 가정은 일반적으로 외집단이 우스꽝스럽고, 경멸적이며, 몹시 싫은 대상이 되는 것으로 귀결된다. 그러한 태도들은 고정관념, 편견, 차별, 심지어 폭력으로 이어질 수도 있다. 실제 무엇이 일어나는지는 많은 요소들에 달려있는데, 여기에는 구조적·경제적 상황이 포함된다; 이러한 요소들은 이어지는 장에서 논의될 것이다.

자민족 중심적 신념에도 불구하고, 내집단은 항상 외집단을 열등하다고 보지는 않는다. 수많이 기록된 사례들에서, 여러 집단들은 다른 집단이 특정 영영에서 우월하다는 것을 인정하면서 자신의 가치와 기준들을 보유해 왔다.[34] 게다가 셀 수 없는 많은 사람들이 “자발적인 망명자, 추방자, 외집단 모방자, 입신 출세주의자, 변절자, 반역자”가 됨으로써 그들 자신의 내집단을 부정한다.[35] 만일 내집단 구성원들이 환경에서의 생존과 적응, 전쟁에서의 승리, 더욱 강력한 정치적 구조, 더 많은 부, 또는 더 높은 직업적 지위 등에 관해 어떤 외집단을 자신들보다 넘어서는 뚜렷한 장점을 가진 것으로 인식한다면, 외집단은 긍정적인 **준거 집단**이 될 수 있다—즉, 모범 모형으로서 기능한다.[36]

자민족중심주의는 사회 내에서 소수자 집단의 지위를 결정하는 데 중요한 역할을 하지만, 집단 간 관계의 다양한 변동 때문에, 그것 하나로만 편견의 원인들을 설명할 수 없다. 예를 들면, 다수자 집단 구성원들은 소수자 집단들을 의심을 가지고 바라볼 수 있지만, 모든 소수자 집단들이 극단적인 편견과 차별의 대상이 되는 것은 아니다.

어떤 사회갈등 이론가들은 내집단이 외집단을 희소한 자원을 놓고 경쟁하는 심각한 위협으로 인식할 때, 내집단은 더욱 증가된 결속과 자민족중심주의—그리고 수반되는 외집단에 대한 편견, 차별, 적개심를 가지고 반응할 것이라고 주장한다.[37] 이 관점에 따르면, 적의의 정도는 여러 경제적·지리적 고려사항에 달려 있다고 한다. 따라서, 내집단이 위협을 느꼈

"자유무역 점심식사"
이주 노동자는 종종 경제적으로 위협적인 존재로 보여져 왔다. 이 그림에서 영국, 이탈리아, 멕시코, 러시아, 독일 이민자들은 미국 노동자의 임금으로 상징되는 고기와 번영으로 상징되는 빵을 걸신들린 듯 먹어치우는 존재로 묘사되었다. 그림 뒤편의 이민자들은 미국 노동자가 자유로운 점심식사의 자기 몫을 얻기 위해 식당으로 들어가는 것을 막고 있는 것으로 보인다. 이 만평은 1888년 7월 28일에 *Judge*에 실린 것이다.

을 때, 자민족중심주의는 부정적인 결과로 이어지는 것으로 보인다. 이 관점에 대한 하나의 반대적 논의는 자민족 중심적 태도들 — 다른 이들은 다르기 때문에, 따라서 그들은 위협적인 존재라고 생각하는 것 — 이 처음에 문제를 야기한다는 것이다. 그러나, 이 접근법의 큰 어려움은 한 사회로부터 다음 사회까지, 또는 다양한 이민자 집단들과 내집단 사이의 집단 간 충돌의 빈도, 유형, 강도에 있어 변화를 설명하지 않는다는 것이다.

1) 미국에서는(In the United States)

종종, 어떤 자민족 중심적 태도는 계획적이라기보다 오히려 친숙한 환경 안에서 성장하고 생활한 결과라 할 수 있다. 비록 그렇다고 하더라도,

그것이 편견이라고 인식된다면, 극복되어야 한다. 예를 들어, 비록 최근까지 미국과 인접한 캐나다 팀들까지도 배타적인 미국 프로 스포츠 프로그램에 포함되지 못하였음에도, 미국인은 자국의 메이저리그 야구 결승전 경기를 *월드시리즈*라고 이름 붙인 것을 생각해 보자. "*American*"은 북미의 다른 지역과, 중앙아메리카, 남아메리카에 사는 사람들을 배제하여 우리 자신들을 식별하기 위해 우리가 사용하는 — 심지어 이 책에서도 — 또 다른 단어이다. 미주기구(Organization of American States, OAS)는 북미, 중미, 남미의 나라들로 구성되는데, OAS는 다른 나라 사람들도 똑같이 자신들을 "American"이라고 부르고 있다는 것을 상기시킨다.

미국 역사의 어떤 지점에서, 많은 주와 국가 지도자들은 마치 신의 섭리가 미국의 구체적인 국경을 정하는 것처럼, "명백한 운명"(Manifest Destiny*)으로 그들의 확장주의 목표를 입증하였다. 실제로, 오랫동안 많은 성직자들은 미국을 위한 신의 특별한 계획에 대해 불같은 설교를 하였고, 모든 대통령들은 그들의 취임연설에서 미국에 특별한 도움을 줄 것을 신에게 간청해 왔다.

2) 다른 시간들과 나라들에서는(In Other Times and Lands)

역사를 통해, 많은 문화의 사람들은 세계에 대한 자민족중심주의적 관점을 보여왔다. 예를 들면, 영국의 빅토리아 여왕 시대의 사람들은 자신들의 삶의 방식이 다른 것보다 우월하다고 믿었는데, 그들은 비서구 국가들을 식민화하고 "문명화"함에 있어 문화적 · 지적 우월성이라는 "(유색인종의 미개발국을 지도해야 하는) 백인의 책무"를 수행해야 하는 의무가 있다고

---

* 이 말은 1845년 미국의 텍사스 병합 당시 *데모크라틱 리뷰* 잡지의 주필이던 J. L. 오설리번(1813-1895)이 이 잡지 7, 8월호에 게재한 논설 중 "아메리카대륙에 확대해야 할 우리의 명백한 운명은 해마다 증가하는 수백만 인구의 자유로운 발전을 위하여 신이 베풀어 주신 것이다"라고 말한 데서 비롯되었다. 그 후 미국의 영토팽창 이념의 표어가 된 이 말은 텍사스 병합에 뒤이은 뉴멕시코 · 캘리포니아 · 오리건의 합병 등 미국의 영토 확장주의 정책의 논거로 이용되었다(두산백과사전에서 인용. http://www.encyber.com)- 역자 주

느꼈다. 하지만, 2천 년 전 로마사람들은 영국의 토착민은 특히 뒤떨어진 사람들이라고 믿었었는데, 당시 웅변가였던 키케로(Cicero)가 자신의 친구 아티코스(Atticus)에게 쓴 편지에는 이렇게 나타나 있다: "영국에서 온 노예를 구하지 말라. 그들은 정말 멍청하고, 완전히 가르쳐질 수 없어서, 아테네 집의 한 부분을 이루는 데 맞지 않는다."

로마 제국보다 앞선 문명을 가졌던 그리스인들은 자신들 주위의 모든 사람들 — 페르시아인, 이집트인, 마케도니아인, 기타 등등 — 을 정말로 열등하다고 생각하여 그들을 미개인이라 불렀다(*Barbarikos*는 그리스 단어로, 그리스어를 말하지 못하고 *바-바[bar-bar]* 같은 소리만 내는 사람들을 일컫는다).

자신의 신앙이 동기가 된 십자군들이 "이교도"들의 점령으로부터 성지를 해방시키는 것이 자신들의 의무라고 생각했을 때인 중세시대에 종교적 쇼비니즘*은 자민족중심주의와 혼합되었다. 십자군들은 육지와 바다를 넘어 엄청난 거리를 여행하였는데, 그들은 "이교도"들이 예수보다 모하메드의 가르침을 따르는 뻔뻔스러움을 가지고 있기 때문에, 토착민들로부터 통제권을 빼앗기 위해 말, 갑옷, 그리고 여러 장비들을 함께 이동하였다. 유럽을 가로지르면서, 십자군들은 유대인들(그들은 "예수 살인자"라고 잘못 낙인 찍혀 있었다)을 모두 그리스도의 이름으로 학살하였는데, 남자와 여자, 어린이를 가리지 않았다. 십자군들은 무슬림과 유대인들을 열등한 인간임과 동시에 적으로 보았다.

다음의 인용문에서, 브루턴 베리(Brewton Berry)는 과거에 있었던 자민족중심주의적 사고의 여러 사례들을 제공한다.

> 어떤 작가들은 그 사람들의 우월성을 유리한 지리적 영향 탓으로 돌려왔지만, 다른 사람들은 생물학적 설명을 하려는 경향이 있다. 로마인인 비트루비우스(Vitruvius)는 남부의 기후에서 사는 사람들은 더 예민한 지능을 가지고 있는데, 이는 공기의 희박성 때문이라고 주장한 반면에, "북부의 나라들은 밀

* 자기 종교만을 옹호하며 다른 종교를 배척하는 경향- 역자 주

> 도가 높은 공기로 둘러싸여져 있고, 진행을 가로막는 공기로부터 나온 습기로 인해 추워지기 때문에, 둔한 지능을 가진다"고 주장했다. … 이븐 할둔(Ibn Khaldun)은 비록 아랍이 더운 지역에 있지만, 냉각효과에 영향을 미치는 물이 둘러싸고 있기 때문에, 아랍인들은 우월한 사람들이었다고 주장하였다. 17세기의 보댕(Bodin)은 민족 집단의 차이에 대해 점성학적으로 설명하였다. 그는 행성들이 프랑스가 차지하고 있는 천체의 그 부분에 최고의 영향력을 행사하였고, 따라서, 프랑스인들은 세계의 지배자가 될 운명을 타고 났다고 생각하였다. 말할 필요도 없이, 이븐 할둔은 아랍인이었고, 보댕은 프랑스인이었다. 이탈리아인인 세르지(Sergi)는 지중해 사람들을 문명의 진정한 전달자로 간주하였고, 독일인과 아시아인들만이 지중해 나라들이 만든 것을 파괴한다고 주장하였다. 마찬가지로, 북유럽인, 알프스 지역인, 튜턴인, 아리안인, 그리기 기타 사람들의 우월성은 이들 집단의 각 구성원들에 의해 주장되었다.[38]

다른 사람들의 문화를 연구하는 인류학자들은 수많은 자민족중심주의의 태도의 사례를 파악해 왔다. 빈번한 한 사례는 지리적 참조와 지도제작이었다. 예를 들어, 일부 상업적으로 준비된 호주의 세계지도는 자기 대륙을 세계의 다른 지역의 관계에 있어 중심으로 묘사하였다.

> 이러한 유형의 사고는 일반적이다: 자신의 나라를 중화(the Middle Kingdom*)이라고 부른 중국인들은 중국이 세계의 중심이라고 확신했는데, 이런 믿음은 다른 나라에서도 과거부터 가지고 있었고, 현재도 가지고 있다. 영국은 런던 인근의 그리니치를 통과하는 경도의 본초자오선을 그었다. 유럽인들은 중앙에 유럽이 있는 세계지도를 그렸고, 미국인들은 중앙에 신세계**가 있는 지도를 그렸다.[39]

그러나, 생활에 대한 집단 중심적 접근법을 넘어, 자민족중심주의는 인종적, 또는 민족적으로 다른 집단의 구성원들과 상호작용할 때 동기, 태

---

* 중국인들이 자기 나라를 일컫는 말로, 세계의 중심에 있고 가장 문명이 발달한 나라라는 의미이다- 역자 주

** 아메리카 대륙- 역자 주

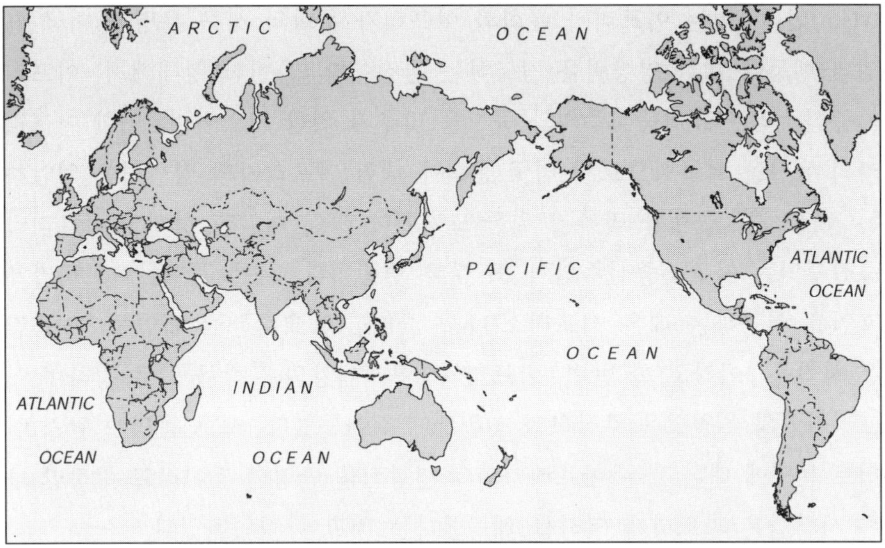

아메리칸 대륙이 왼쪽에 있는 대부분의 미국판 세계지도와 달리, 이 지도—많은 아시아 국가에서 일반적이다—는 아메리칸 대륙을 오른쪽에 놓는다. 이렇게 하면, 아시아 국가들(일본과 같은)이 지도의 가장자리가 아니라 중심에 놓이게 되는데, 그 결과 대서양이 아닌 환태평양이 강조된다. 이러한 재배치는 자민족중심주의의 한 형태인데, 세계의 나머지 부분에 대한 인식을 형성한다.

도, 행동을 이해하는 데 있어 최고로 중요하다. 왜냐하면, 자민족중심주의는 자주 오해, 편견, 차별을 설명하는 것을 돕기 때문이다.

3) 유럽중심주의와 아프리카중심주의

최근 몇 년간, 많은 학자들과 소수자 집단 리더들은 학교와 대학에 비유럽 교과목 자료들의 낮은 대표성을 비판해 왔는데, 이 접근법을 유럽 중심적이라 불렀다. **유럽중심주의**(Eurocentrism)는 역사, 문학, 그리고 다른 인문학 속의 내용이 주로 서구 문화를 강조하거나 서구 문화에 관련된 자민족중심주의의 한 변형이다. 비판론자들은 이 관점은 그리스와 로마의 고대 문명에서부터 세익스피어, 디킨스, 그리고 다른 영문학 관련 시인과 작가들의 작품에 걸쳐서 다른 사람들의 성취와 중요성을 무시한다.

유럽중심주의에 대한 대척점 중 하나는 **아프리카중심주의**(Afrocentrism)인데, 이는 아프리카 문화와 아프리카 문화의 서구 문명과 미국 흑인의 행동에 대한 영향력을 강조하는 관점이다. 온건한 형태에서, 아프리카중심주의는 유럽중심주의와 균형을 맞추기 위한 노력이며, 또한 아프리카의 유산을 교육함으로써 미국 문화에 대한 아프리카의 영향력을 억압하는 것에 대해 균형을 맞추기 위한 노력이다.[40] 더 대담한 형태의 아프리카중심주의는 자민족중심주의의 또 다른 변종이다. 예를 들어, 아프리카계 흑인을 연구하는 레온 제프리스(Leon Jeffries) 교수는 유럽인을 "얼음같은 사람들"*이라고 한 반면, 아프리카인을 "태양의 사람들"**로 칭하며 아프리카인의 우월성을 주장하면서 논쟁에 뛰어들었다. 서구 문명이 단지 이집트 문명에 대한 검은 아프리카인의 영향력을 반영한 것이라고 주장한 다른 사람들은 과도하게 역사를 왜곡한다는 비판에 직면하였다.[41]

하지만, 대부분의 다원주의 옹호자들의 경우, 모든 형태의 자민족중심주의는 잘못된 관점들을 생산한다. 필요한 것은 모든 사람들의 문화, 문명, 공헌에 대해 배타적이지 않고 포용적인 균형된 접근법을 우리의 커리큘럼과 우리의 사고 모두에 가지는 것이다(첨부된 국제적 상황 1.1 참조).

4) 객관성

우리는 통계나 생물학 같은 어떤 다른 영역에 대해 토론할 때보다 사람들(보통 우리와 다른 사람들)과 대화할 때, 더 쉽게 (근거 없는) 추측을 하고 우리의 의견을 제시한다. 하지만, 만일 우리가 민족색에 대한 사회학 연구를 수행하고 있다면, 우리는 우리의 추측과 의견 — 우리가 의심 없이 항상 믿어 왔던 모든 것 — 에 대해 이의를 제기해야 한다. 만일 우리가 이미 어떤 결론에 도달했다면, 어떻게 그 문제를 과학적으로 조사할 수 있겠는가?

사회학자들은 집단 간 관계를 객관적으로 연구하도록 노력해야 하지

* 폭력적이고 잔인한 사람들의 의미이다- 역자 주

** 인정많고 평화로운 사람들의 의미이다- 역자 주

국제적 상황 1.1
독일인의 자민족중심주의를 극복하기

CDS International은 교환 프로그램을 운영하는 단체인데, 1990년대에 미국 회사에 인턴으로 일하러 온 독일인들에게 "독일인을 위한 미국 문화 정보안내"라는 팜플렛을 배포하였다. 그 팜플렛은 이전에 왔던 독일인 인턴들의 경험과 다른 동료들과 실시한 그들의 인터뷰를 바탕으로 하였다; 이 팜플렛의 의도는 미국 문화에 대한 통찰력을 제공하고 자민족 중심주의적 대응을 극복하기 위한 것이었다.

- 미국인들은 다른 사람과 만났을 때 "Hello" 또는 "How are you?"라고 말한다. "How are you?"는 "Hello"와 같다. 긴 대답은 필요하지 않다; 그냥 "Thank you, fine. How are you?"라고 대답하라.
- 체취 방지용 화장품을 반드시 사용하라.
- 미국 여성들은 보통 다리와 겨드랑이를 면도한다. 그것을 원하지 않는 여성들은 그런 부위들을 가리는 옷을 입는 것을 고려해야 한다.
- 다른 미국인처럼 대접받기를 기대하라. 당신은 독일인이기 때문에 특별한 대접을 받지 않을 것이다. 미국인들이 주위에 있다면 다른 독일인과 독일어로 대화하려고 하지 마라; 이것은 다른 사람들을 불편하게 만들 수 있다.
- 미국인과 독일인 사이의 대화 커뮤니케이션 스타일의 차이를 고려하라. 독일인이 말하는 전형적인 스타일은 미국인들에게 무뚝뚝하고 무례한 것처럼 들린다. 미국인들과 대화할 때 이것을 명심하라.
- 예의바르게 행동하라. "please"와 "Thank you"와 같은 단어들을 사용하라. 이런 말들은 부족한 것보다는 과하게 쓰는 것이 차라리 낫다. 또한, 당신의 목소리와 얼굴에 나타나는 표현을 신경을 쓰라. 사람들의 친절함과 느긋하고 흥분을 잘 하지 않는 속성에 혼란을 느끼지 말라. 그들은 사려 깊고 독립적으로 사고하며, 자기만의 방식으로 일을 한다. 미국인들은 자신들의 독립성을 자랑스럽게 생각한다.
- 인종, 성, 종교 또는 정치에 관해 직장에서 어떤 토론에도 참여하지 말라. 오픈 마인드를 가져라; 독일에서의 과거 경험을 도내로 판단하지 말라.
- 미국 내에는 많은 문화들이 있다는 것을 잊지 말라. 또한 많은 다른 종류의 교회들이 있는데, 그것은 많은 신도들이 있다는 것을 의미한다. 그들의 문화에 대해 빨리 판단하지 말라; 그렇게 한다면 사람들의 감정을 상하게 할 수 있다.
- 미국인 방식으로 일을 하고 미국인들과 뒤섞여 지내도록 노력하라. 긍정적으로 생각하라.

비판적 사고를 위한 질문: 미국인들이 다른 나라에서 여행을 하거나 일을 할 때, 자민족중심주의를 피하기 위해 어떠한 지침들을 따라야 하는가?

만, 연구자들이 가진 주관성을 완전히 배제하는 것은 불가능하다. 모든 인간은 **가치**—무엇이 좋고 바람직하고 적절한지 또는 무엇이 나쁘고 바람직하지 않고 적절하지 않은지에 대해 사회적으로 공유된 생각—를 가지고 있다. 우리는 인간이기 때문에, 우리는 완전히 객관적일 수 없는데, 이는 이러한 가치들이 우리의 태도, 행동, 반응, 해석 등에 영향을 미치기 때문이다. 예를 들어, 흥미롭고 관심 있는 한 영역으로서 집단 간 관계를 정했을 때, 이 주제에 대한 사회학적 관점을 강조하고 이 책에 있는 자료를 주제별로 정리하는 것은 모두 우선순위에 따른 가치판단을 나타낸다.

사실, 우리는 모두 여러 집단의 구성원들이고 많은 다른 사람들이 우리의 인식과 경험에 영향을 미쳐왔기 때문에, **가치중립성**을 획득하기는 불가능할 수 있다. 그럼에도 불구하고, 가능한 객관적으로 이 주제를 연구하기 위해 열린 마음을 유지할 수 있도록 진지하게 노력하는 것이 중요하다. 여러분은 이러한 문제들에 대한 여러분 자신의 강한 느낌들을 잘 알고 있어야 하고, 새로운 개념들이 이전에 가지고 있던 신념에 도전하는 것이라 할지라도 그 개념들을 기꺼이 연구할 수 있어야 한다. 이 주제를 올바르게 연구하기 위해, 여러분은 여러분이 친숙한 세계에서 이방인이 되기 위해 노력해야 한다. 그저 당연한 것으로 생각하는 것보다 그것이 어떻게, 왜 그러한지를 이해하도록 노력하면서, 모든 것들을 마치 처음 보는 것처럼 바라봐야 한다. 또한, 여러분은 여러분 모두가 여러 집단의 구성원이라는 사실을 인식해야 한다; 결과적으로 집단 간 관계에 대한 논쟁과 연구는 그 자체로 우리가 공부하고 있는 것의 한 부분이다. 내집단의 한 부분으로서, 우리는 우리의 준거 집단과 같지 않은 다른 모든 외집단을 발견한다; 이런 이유 때문에, 이들 "외부인"에 관한 우리의 판단은 이미 알고 있는 "내부인"에 관해 판단하는 것과 달리 완전히 알고 있으면서 행하는 것이 아니다.

인종과 민족관계에 관해 *객관적*이고자 노력하는 것은 거대한 도전에 직면하는 것을 의미한다. 사람들은 자신의 가치와 일치하는 정보만을 받아들이고, 다른 집단들에 대한 자신의 태도를 강화하는 방향으로 데이터를 해석하면서, 선택적으로 인식하는 경향이 있다. 삶의 많은 변수들이 소수자 집단의 관계에 대해 사람들의 주관성에 영향을 준다. 어떤 관점들은 개인적 또는 감정적 사고를 바탕으로 하는 것도 있고, 심지어 잘못된 전제를 근거하기도 한다. 그러나 때때로 합리적이고 책임감 있는 사람들은 감정적이 아닌 방법으로 그 문제에 이견을 나타낸다. 상황이 무엇이든 간에, 소수자 집단관계에 대한 연구는 객관적 조사에 대한 도전을 내포하고 있다.

인종과 민족관계라는 주제는 복잡하며, 많은 방법으로 우리의 삶을 건드린다. 우리가 연구하고 있는 여러 집단의 구성원으로서, 이 책의 많은 독자들은 선입견을 가지고 이 주제와 마주친다. 많은 개인들은 동의하지 않는 정보를 받아들이지 않는 강력한 성향을 가지고 있기 때문에, 여러분은 열린 마음을 유지하고 새로운 데이터 받아들이려는 계속적인 노력을 기울여야 한다.

7. 딜링햄 오류

현재 미국 내 외국 태생자의 존재에 관한 불만과 관련된 문제의 한 부분은 비판자들이 자신 스스로 객관적으로 판단하고 있다는 잘못된 신념을 가지고 있는 것에 있다. 과거 이민자들과 동화되지 않을 것으로 추측한 뉴커머들을 비교함에 있어, 많은 비난자들은 내가 **딜링햄 오류**(Dillingham Flaw)라고 부르는 사고의 오류를 저질러 희생자들을 만들고 있다.[42]

상원의원 윌리엄 딜링햄(William P. Dillingham)은 1907년부터 1911년까지 당시의 엄청난 미국 이민에 대한 광범위한 청문회를 수행했던 의회 이민위원회의 의장이었다. 41권짜리 보고서를 발행하는 과정에서 그 위원회는 극단적으로 단순화된 범주를 사용하고, 세 가지 중요한 요소들((1) 이민자 출신국가들에 있어 기술적 진화의 차이; (2) 과거의 이민자들이 동화되는데 가졌던 시간보다 더 길어진 시간차; (3) 산업화와 도시화가 만든 미국 내 구조적 조건의 변화)을 무시한 채 불공평한 과거와 현재 이민자 간 비교를 사용함으로써, 데이터 해석에 있어 오류를 범하였다.[43]

따라서 딜링햄의 결함은 극단적으로 단순화된 범주화와 시대착오적 판단에 근거한 부정확한 비교를 의미한다. 딜링햄의 결함은 우리가 현대의 분류 또는 감각을 그것들이 존재하지 않았을 때나 존재했더라도 다른 형태나 의미를 가졌을 과거 시점에 적용하는 경우에도 발생한다. 딜링햄의 결함를 피하기 위해서, 우리는 동시대의 사람들이 매우 다르게 보았던 과거를 설명하기 위해 현재의 인식을 이용하는 유혹에 빠져서는 안 된다.

이 개념에 대한 설명은 다음과 같다. 미국화되고 영어를 배우고 미국사회의 일부분이 되는 데 있어 과거의 이민자들보다 현재의 이민자들이 더 느리다고 비판하는 사람들은 과거의 현실을 간과하고 있다. 과거의 이민자 집단들은 동일하게 점진적인 적응과정을 거쳤고 동일한 불만에 직면했다. 현재의 이민자의 역할 모델과 현재의 이민자와 대비한 연구를 위해 지금 예로 들고 있는 민족 집단들도 한때는 스스로 경멸과 비난의 대상이었다.

오늘날 일어나고 있는 것을 이해하기 위해, 우리는 더 큰 맥락에서 현재를 바라볼 필요가 있다 — 사회역사적 관점에서 — 그것은 이 책에서 부분적으로 채택하고 있는 접근법이다. 집단 간 관계의 과거 패턴들을 이해함으로써, 우리는 현재 일어나고 있는 것을 더 잘 이해할 것이고 딜링햄의 결함에 빠져 남을 비판하는 희생양이 되는 것을 피할 수 있을 것이다.

8. 개인적 문제들과 공적 쟁점들

자민족중심주의와 주관성 모두는 집단간 관계를 포함하는 문제들에서 흔하게 생긴다. *사회학적 상상력*이라는 책에서 라이트 밀즈(C. Wright Mills)는 개인들의 삶의 패턴들과 사회의 더 큰 역사적 맥락은 서로 얽혀 있는 관계에 있다고 설명하였다. 그러나 보통 사람들은 이것을 깨닫지 못하고 그들의 개인적 문제들을 사적인 것으로 바라본다. 그들의 인식은 그들의 "다른 사람들과의 직접적 관계," 그리고 "개인적 경험과 어느 정도까지는 그들의 의도적인 활동에 직접적으로 열려 있는 사회적 환경"에 제한되어 있다. 개인적 문제들은 개인들이 그들의 가치들이 위협당한다고 믿을 때 일어난다.

그러나, 밀즈가 말한 것처럼, 다양하고 개별적인 사회적 환경에서 우리가 경험하는 것은 종종 구조적 변화와 제도적 모순까지 거슬러 올라갈 수 있다. 사회적 구조의 공적인 사안들은 이러한 개인의 지역적 환경을 초월한다; 많은 지역적 환경들은 더 큰 사회적·역사적 삶의 구조를 형성하기 위해 중첩되고 상호침투한다. 하나의 사안은 자신의 소중한 가치들 중 하나가 위협받고 있다고 믿는 대중의 여러 부분에 관련된 공적 문제이다.[44]

만일 소수의 미등록 이주민이 미국으로 밀입국하여 사실상 노예의 몸으로 노동착취 공장에 자리 잡는다면, 그것은 그들 개인의 문제이고, 우리는 그 특정 문제에 대한 해결책을 찾는다. 그러나 대규모의 미등록 이주민이 미국으로 밀입국하여 많은 지역에서 불법적인 노동착취 공장들의 지하경제가 형성된다면(실제로 일어나고 있다), 우리는 "단지 흩어져 있는 개인들의 개인적 상황이나 특성이 아닌 사회의 경제적·정치적 제도를 고려" 할 필요가 있다.[45]

유사하게, 일부 도시지역의 아프리카계 또는 히스패닉계 미국인 청년들이 학교를 중퇴한다면, 그들을 중퇴하게 만든 개인적 문제들과 그들의 삶에서 경제적 안정을 위한 수단은 우리의 관심사가 된다. 그러나 만일 대부분의 미국 도시에서 그들의 중퇴율이 지속적으로 국가적 평균보다 훨씬 더 높으면(실제로 그러하다) 우리는 우리의 도시 제도가 직면한 경제적·교육적·정치적 사안들을 조사해야 한다. 이들은 더 큰 규모의 사안들인데, 우리는 몇몇 개인들을 위한 동기부여, 훈련, 기회를 증진하는 것으로 그 사안들을 해결할 수 없다.

이 책을 통해, 특히 2장과 3장을 통해, 우리는 문화와 사회구조, 민족색과 사회계급의 상호작용을 살펴볼 것이다. 종종 지정된 또는 가정된 집단의 특성들로 받아들여지는 것 — 또는 개인적 성격의 결함이나 문제로 받아들여지는 것 — 은 사회적 구조와 상호작용 패턴들을 포함하는 공적 사안이라는 더 큰 맥락에서 이해될 필요가 있다.

밀즈 역시 “모든 사회학다운 사회학은 ‘역사적’ 사회학”이라고 썼다.[46] 그러므로, 우리는 우리가 연구하는 모든 집단들을 사회역사적 관점 내에 두어야 하며, 그래야 집단 간 관계에 영향을 주는 역사적인 사회구조와 현 시대의 사회구조 모두를 이해할 수 있다.

9. 집단 간 관계의 역동성

집단 간 관계에 대한 연구는 관계들이 계속적으로 변화하기 때문에 매력적이면서 동시에 도전적이다. 관계를 맺는 방식들은 여러 가지 이유로 변화할 수 있다: 산업화, 도시화, 이주 패턴의 변화, 사회운동, 상향적 또는 하향적 경제 동향, 기타 등등. 그러나 때때로 변화하는 관계들은 백인과 미국 원주민 간의 상호작용에서 나타나는 것처럼 변화하는 태도들을 반영한다. 백인들은 강조점을 지속적으로 변화시켰다: 착취; 몰살; 고립; 분리; 온정주의; 강요된 동화; 그리고 최근에는 다원주의와 어느 정도(하지만 전부가 아닌) 미국 원주민 방식의 부활에 대한 용인. 유사하게, 아프리카계 미국인, 아시아계 미국인, 유대인, 가톨릭 신도, 그리고 다른 소수자 집단들은 모두 주류 사회와 변화하는 관계를 가지고 있다.

어떤 최근의 세계적 사건들은 9.11 이후 아랍인과 무슬림과 같은 소수자 집단들에 대한 주류 집단의 변화하는 경향을 역시 묘사하고 있다. 벨기에, 덴마크, 프랑스, 독일, 네덜란드, 스웨덴, 영국 등의 나라로 다양한 사람들의 대규모 이주는 각 나라에서 반발을 불러일으켰다. 1993-1994년에 이들 대부분의 나라에서 제정된 엄격한 새로운 법규들은 눈에 띄게 증가하는 강제추방으로 귀결되었다. **민족간 폭력**(Ethnoviolence) — 단지 인종, 종교, 민족색, 또는 성적 성향 등 때문에 행하는 적대적 행동 — 역시 촉발되었는데, 특히 신 나찌주의 청년들이 외국인을 모욕하고 소수자 집단의 거주지에 화염병 공격을 했던 독일과 이탈리아에서 그러하였다.

다른 곳에서도 남아프리카에서 흑인과 백인 사이에, 인도에서 힌두교도와 무슬림 사이에, 레바논에서 무슬림과 개신교도 사이에, 중동에서 아랍인과 유대인 사이에, 북아일랜드에서 천주교도와 신교도 사이에, 그리고 많은 다른 집단에서 집단 간 관계가 변화하고 있다.

인종과 민족관계 영역은 변화하는 사건들과 이주 패턴을 연구하는 이론가와 연구자들로 풍성하다. 매년 학술회의에 제출된 보고서와 학술논문, 단행본, 기타 다른 정보원으로부터 막대한 양의 정보가 생산되고 우리의 지식을 증가시키고 있다. 오래된 지식에 대한 새로운 통찰력, 새로운 개념, 그리고 새로운 해석은 관심 있는 연구자들을 불러모은다. 따라서 사회학자와 학생들 모두가 이해하려고 노력해야 하는 것은 고정되고 정적인 현상이 아니라 역동적이고 계속 변화하는 현상이다.

10. 요 약

사람들은 이방인들과 반응할 때, 어떤 패턴들을 따른다. 새 이주자에 대한 사람들의 인식은 범주적 인식을 반영한다; 만일 사람들이 새 이주자들이 자신들과 닮았다면, 사람들은 이주자들의 존재를 더 잘 받아들일 것이다. 이방인들과의 상호작용을 어렵게 만드는 것은 서로 간의 실재에 대한 공유된 인식과 이해가 없는 상태에서 각 개인이 다양한 인식을 가지기 때문이다.

소수자들에 대한 사회학적 연구에서, 세 가지 관점은 분석을 구성한다: 기능주의 이론은 사회의 질서정연한 상호독립성을 강조하며 역기능이 일어났을 때, 균형상태를 회복하기 위해 필요한 적응을 강조한다. 갈등 이론은 제한된 자원에 대한 착취와 경쟁에서 비롯된 긴장과 투쟁을 강조한다. 상호작용 이론은 실재에 대해 사회적으로 구성된 인식 안에서 운영되는 일상의 상호작용 패턴들을 강조한다.

정의에 따르면, 소수자 집단은 ―그 크기에 관계없이― 불평등한 취급을 받고, 신체적 또는 문화적 특성들을 낮게 평가받고 있으며, 그들의 생득지위를 잘 인식하고 있으며, 동족결혼을 하는 경향이 있다. 인종 집단들은 생물학적으로 유사한 집단들이며, 민족 집단은 학습된 문화적 유산을 공유하는 집단들이다. 그리고 집단 간 관계는 역동적이며 계속 변화한다.

자민족중심주의 — 자신이 속한 집단과 동일시하려는 경향 — 는 외부 집단과 관련한 잠재적인 문제의 원인이 되는 인간의 보편적인 정서이다. 자민족 중심주의적 사고와 행위의 사례들은 역사적으로 모든 사람에게서 발견될 수 있다. 유럽중심주의와 아프리카중심주의는 자기 문화나 문명을 다른 것보다 우월하다고 강조하는 관점들이다.

우리의 가치 지향과 삶의 경험이 우리의 객관성을 손상시키기 때문에 소수자 연구는 쉽지 않다. 훈련된 사회학자들조차도 그들이 인간이기 때문에, 가치 중립성을 유지하는 데 어려움을 겪는다. 실제로, 어떤 사람들은 사회학자들은 어떤 편에 서야 하고 이 주제에 대한 중립적 접근을 시도해서는 안 된다고 주장한다. 딜링햄의 오류 — 매우 단순화된 범주들과 시대에 뒤쳐진 판단에 근거해 부정확한 비교를 사용 — 는 예정된 객관적 평가의 과학적 가치를 심각하게 손상시킨다. 자민족중심주의와 주관성은 모두 집단 간 관계를 포함하는 문제에서 흔하게 발생한다.

핵심용어

추상적 전형화
생득지위
갈등 이론
주류 집단
민족성
민족 간 폭력
허위 인식
집단
내집단
아프리카중심주의
범주적 인식
딜링햄의 오류
동족 결혼
자민족중심주의
유럽중심주의
기능주의 이론
이데올로기
상호작용 이론

잠재적 기능
소수자 집단
외집단
인종주의
준거 집단
실재의 사회적 구성
사회정체성 이론
상징적 상호작용
가치
명시적 기능
이민 배척주의자
인종
상호전형화
2차 집단
사회적 거리
사회적 위치
가치중립성

연습문제

1. 자민족중심주의란 무엇인가? 그것은 왜 주류 집단과 소수자 집단 사이의 관계에서 중요한가?
2. 인종적 · 민족적 소수자에 대한 객관적 연구가 왜 어려운가?
3. 딜링햄의 오류를 설명하고 다른 사례를 제시하라.
4. 기능주의 이론, 갈등 이론, 상호작용 이론의 핵심적 내용은 무엇인가?
5. 소수자 집단은 민족 집단과 어떻게 다른가? 인종 집단은 민족 집단과 어떻게 다른가?

읽을 거리

Asante, Molefi K. *The Afrocentric Idea*, rev. ed. Philadelphia: Temple Univeristy Press, 1998.

아프리카 문화가 서구의 문명과 미국의 흑인행태에 침투하였다는 도발적인 주장을 하고 있다.

Berger, Peter L., and Thomas Luckmann. *The Social Construction of Reality*. Carden City, N.Y.: Doubleday, 1967.

사람들이 그들의 현실을 어떻게 정의하고, 공유된 기대에 근거해 어떻게 상호작용하는지에 대해 논의하는 매우 영향력 있는 연구이다.

Doob, Christopher B. *Racism: An American Caldron*. New York: HarperCollins, 1993.

인종주의를 만드는 경제적 · 정치적 · 사회적 원동력들과 오늘날 그것들이 어떻게 기능하는지 그리고 그 결과가 어떠한지에 대해 연구하였다.

Gilroy, Paul. *Against Race: Imaging Political Culture Beyond the Color Line*. Cambridge, Mass.: Belknap Press, 2002.

인간은 피부색에 근거해 집단으로 나뉘어서는 안 된다는 전제에 기반한 사실적이면서 이상적인 도발적인 책이다.

Parrillo, Vincent N. *Diversity in America*, 2d ed. Thousand Oaks, Calif.: Pine Forge Press, 2005.

딜링햄의 오류를 설명하고 미국 역사를 통해 다문화주의를 연구하였다.

Schutz, Alfred. "The Stranger," *American Sociological Review* 69 (May 1944): 449–507.

초창기에 작성된 영향력 있는 에세이로, 오늘날에도 높은 영향력을 가지고 있다. 이방인의 상호작용 문제를 연구하였다.

Simmel, Georg. "The Stranger," in Kurt H. Wolff (ed.), *The Sociology of Georg Simmel*, New York: Free Press, 1950.

삶의 형식적 구조를 분석하여 이방인의 역할에 대한 고전적 분석을 시도하였다.

Waters, Mary. *Ethnic Options: Choosing Identity in America*. Berkeley: University of California Press, 1990.

미국과 같은 다원적인 사회에서 민족성이 수행하는 역할과 집단 정체성 정치학의 잔화에 대해 유익한 논의를 제공하고 있다.

인터넷 자료

인종의 사회적 구성에 관해 관심이 있으면, 사회과학연구평의회(the Social Science Research Council)가 후원한 포럼 사이트인 http://race-andgenomics.ssrc.org의 "Is Race 'Real'?"을 방문하라.

02

문화의 역할*

"만일 문화가 배타적이라면, 어떠한 문화도 살아남을 수 없다"
- 마하트마 간디

무엇이 사람들로 하여금 모든 이방인들은 아니더라도 어떤 이방인들은 수용하도록 하는지를 이해하기 위해선 문화가 인식과 반응패턴에 어떻게 영향을 주는가에 관한 지식이 필요하다.

문화는 사람들이 직면하게 되는 상황에 대한 해석과 그들이 적절하다고 생각하는 그에 대한 반응을 위한 지침을 제공한다. 또한, 문화들 간의 차이와 상호작용은 동화작용에도 중요하다. 예를 들면, 소수자 집단과 주류 집단의 문화적 성향은 둘 다 소수자 집단이 사회 속에서 어떻게 적응해야 하는지에 관한 기대를 형성한다. 이 장에서는 우선 주류-소수자관계에 영향을 미치는 문화의 다양한 측면을 검토하고, 소수자 통합에 관한 각기 다른 문화적 전망을 제시한다.

* 나금실(부산대학교 사회과학연구소 전임연구원)

1. 문화의 개념

인간들은 그들 자신의 사회적 세계를 창조하기도 하고 또 그것으로부터 벗어나기도 한다. 우리는 환경, 새로운 지식 그리고 기술에 적응함으로써 우리 사회 안에서 생활 방식을 배운다. 우리는 우리의 삶을 형성하는 행동의 규칙과 패턴, 그리고 우리 주위의 세계를 경험하는 방법을 개발하고 공유한다. 그것이 물질적이든 비물질적이든 간에 우리가 *문화*라고 일컫는 사회의 공유된 산물들은 우리의 사회생활을 가능하게 해 주고 우리의 삶에 의미를 부여한다. **물질문화**는 사회 구성원들이 창조한 모든 물질적 사물과 그것에 부여된 의미/중요성으로 구성된다(예, 자동차, 휴대전화, 아이팟, 목이 긴 운동화, 옷 등). **비물질문화**는 추상적 인간 창조물과 삶에 있어서의 그것들의 의미/중요성으로 구성된다(예, 신념, 관습, 관념, 언어, 규범, 사회제도, 그리고 가치). 그러므로 **문화**는, 물질적인 물체들뿐만이 아니라 사회 구성원들에 의해 공유되고 또 다음세대에 전달되는 비물질적인 사고방식, 신념, 관습, 생활방식, 그리고 가치들로 구성된다.

이러한 문화적 속성들은 구성원들을 연결하는 민족적 귀속감과 유대감을 제공한다. 그러므로 대부분의 사회과학자들은 행태를 형성하는 데 미치는 문화의 영향을 강조한다.[1] 언어 그리고 다른 형태의 상징적 상호작용을 통해서 사회 구성원들은 한 민족으로서의 그들의 공통성을 이루는 사고와 행동의 패턴을 배운다.[2] 이러한 점에서 문화는 사회를 함께 묶어 주는 사회적 접합제이다.

공유된 문화적 규범은 연대감을 촉진하고 내집단 구성원들의 행동 방향을 정해준다. **규범**이란 사회의 본질적 기대를 구현하는 — 구성원들에 의해 내면화된 — 문화의 행동규칙이다. 내집단 (다수자 또는 소수자) 구성원들은 외집단 구성원들이 그들을 놀라게 하고, 충격을 주거나 괴롭히는 행동들 또는 어떤 식으로든지 그들의 공유된 기대를 거슬리는 행동들에 대해 대처하는 방법을 규범을 통해서 안다. "규범적" 상태에서 벗어나는 것은 무엇이든지 부정적이거나 일탈로 간주한다. 소수자 집단 구성원들이 "건방지게 행동하거나," "분수를 모를" 때, 다수자 집단 구성원들은 종종 화를 내게 되고 때때로 그들의 분노를 행동으로 옮긴다. 규범의 위반은 공동체나 사회의 기본틀을 위협하는 것으로 보기 때문에 대체로 강력한 반응을 불러일으킨다. 결국, 대부분의 소수자 집단들은 그들의 독특한 문화적 특성을 **문화적응(acculturation)**이라고 부르는 과정을 통해서 주류 사회의 문화적 특성에 적응한다. 하지만 민족 집단 구성원들은 다른 준거 집단들을 역할모델로 사용하기 때문에 내집단 다양성은 남아 있다.

문화적응과정의 하나는 거의 아니지만, 종교는 내집단 변화의 중요한 구성요소이다. 종교는 미국에 있어서 이민자의 경험뿐만 아니라 아프리카계 미국인 노예제도와 미국 토박이(Native Americans)에 대한 화해 노력과도 강하게 연결되어 있다. 또한 편견과 사회갈등과도 다른 많은 연관이 있다. 실로 과거 유럽 이민자들의 천주교와 유대교 신앙은 토착 개신교(Protestant nativism)에 대해 꽤 폭력적이고 악의 있는 태도를 표명하였다. 마찬가지로 힌두교, 이슬람교, 라스타파리아교 또는 부두교와 같은 종교를 믿는 최근의 이민자들은 과거 미국 내의 아미쉬, 몰몬, 퀘이커 그리고 다른 많은 종교인들이 경험했던 것처럼 종종 그들의 신앙에 대한 편견과 갈등을 경험한다. 종교적 갈등은 세계 곳곳에서 겪는 슬픈 현실이다. 단지 몇몇만 나열하자면, 발칸, 인도, 중동 그리고 북아일랜드가 예가 되겠다.

프로 스포츠는 문화의 또 다른 측면이며, 편견과 인종차별에 대한 연구영역이다. 역사적으로 스포츠는 남성을 선호해 왔다. 이것은 여성이 운동선수가 되기에는 체력과 지구력이 부족하거나 또는 여성이 체력과 지구력을 갖췄다면 "덜 여성적이다"라는 잘못된 믿음에 의해서 강요된 관행이었다. 각종 스포츠 메이저리그에서 오랫동안 배제되었던 유색인종은 현재 야구, 농구, 권투, 축구, 그리고 육상에서 탁월한 참가자들이 되었다. 사실상 아프리카 미국인들은(미국 인구의 13%) 전미 미식 축구연맹(NFL) 선수들 중 69%를, 그리고 전미농구협회(NBA) 선수들 중 76%를 차지한다. 그

그림 2.1 기본적인 미국의 가치

다양한 미국 사회 내에서 특유한 가치를 가진 인종, 민족, 그리고 종교 집단은 공통의 핵심 가치를 가진다. 사회학자 로빈 윌리엄스(Robin Williams)는 10년간의 연구에서 15가지의 가치 지향—신념, 행태, 사회 목표 정의, 삶의 기대에 기초한—을 발견하였다. 어떤 것은 모순적이다—자유주의와 개인주의를 지향하지만 외적 동조주의를 가지고 있고, 민주주의와 평등을 지향하지만 인종주의와 집단우월주의를 가지고 있고, 민족주의를 지향하지만 개인주의를 가지고 있는—그리고 이러한 것들은 사람들 사이에서 분리를 조장할지도 모른다. 또한 다른 사회가 이러한 대부분의 가치에 동의할지라도, 이것의 특별한 가치 결합은—사실상 국가의 형성부터 현재까지—있어 왔고 우리 사회를 만드는 데 막대한 영향력을 지속하고 있다.

1. **성취와 성공.** 경쟁지향적인 우리 사회는 권력, 지위, 부를 얻는 데 더 많은 가치를 부여한다.
2. **활동과 일.** 모든 사람은 일을 해야 한다고 굳게 믿고 있으며 일을 하지 않는 사람을 게으르다고 비난한다.
3. **도덕 지향.** 절대적으로 옳고 그름으로 세계를 보는 도덕적 지향을 추구한다.
4. **인도주의적 법규.** 시혜적인 위기지원을 통해, 불운한 사람과 낙오자를 돕는 것을 배운다.
5. **효율성과 실용주의.** 가장 적은 비용 수단으로 가장 빠르게 문제를 해결하려고 노력한다.
6. **진보.** 기술이 모든 사회문제를 풀 수 있다고 생각하며 미래에 대한 낙관적인 전망을 가지고 있다.
7. **물질적 안녕.** 높은 수준의 삶과 많은 물질적 재화를 제공하는 아메리칸 드림을 공유한다.
8. **평등.** 평등하게 상호 비공식적으로 관계하면서 평등의 추상적인 이상을 믿는다.
9. **자유.** 타인의 지배로부터 개인적인 자유를 중요시한다.
10. **외적 동조주의.** 개인주의라는 공언된 신념에도 불구하고, 집단에 결합하고, 동조하고, 함께 한다. 그리고 그렇지 않는 사람들을 의심한다.
11. **과학과 합리성.** 과학을 통해서 우리는 우리의 환경을 지배할 수 있고, 더욱 안전한 생활방식을 얻을 수 있다고 믿고 있다.
12. **민족주의.** 미국 생활양식이 최고이며, "비미국식" 행동은 불신한다.
13. **민주주의.** 누구나 정치에 참여할 권리가 있으며, 정부가 매우 민주적이라고 믿는다.
14. **개인주의.** 집단보다 개인에게 우선적으로 주어지는 개인의 권리와 책임을 강조한다.
15. **인종주의와 집단우월주의.** 태도와 행동을 통해서 다른 나머지 집단보다 몇몇 인종적, 종교적, 민족적 집단에게 호의를 보인다.

출처 : Robin M. Williams, Jr., *American Society: A Sociological Interpretation*, 3d ed. (New York: Knopf, 1970).

러나 모든 스포츠의 소유주, 관리자, 감독의 대부분은 백인이다. 그리고 축구와 같은 몇몇 스포츠에서는, 선수의 인종과 경기장에서의 담당 포지션은 긴밀한 연관이 있다: 공격 수비 양쪽 모두에서 백인이 지도적 역할을 하면서 백인은 공격 위치를, 그리고 흑인은 수비 위치를 지배적으로 차지하고 있다.[3] 그럼에도 불구하고, 많은 흑인들과 라틴아메리카계인들, 그리고 증가하는 아시아인들은 그들의 많은 동료 집단 구성원에게 인종적/민족적 자존심을 심어 주면서 운동경기에서 탁월하게 잘하고 있다.

2. 현실 구조

현실에 대한 우리의 인식은 우리의 문화와 관련되어 있다: 우리는 우리의 문화를 통해서 우리 주위의 세상을 인식하는 법을 배운다. 문화적인 정의는 우리가 주변 환경에서 받는 감각적 자극을 이해하는 것을 도와주고, 우리가 어떻게 환경에 반응해야 할지를 가르쳐 준다. 그러므로 "문화는 인간과 환경 사이에 개입하는 어떤 것이며, 그 환경은 행동을 만들어 낸다."[4] 우리는 스크린을 통해서 "보고," 그리고 스크린을 제거할 수는 없다(그림 2.2).

언어와 다른 상징들. 문화는 학습된 행동이며 주로 의사소통과 언어를 통해 습득된다. 단어는 단지 상징에 — 다른 부언가를 표현하는 것 — 불과하다. 그것이 만져지는 것(*의자*) 또는 만져지지 않는 것(*명예*)이건 간에, 말은 경험적인 현실에 기초한 정신적 개념을 나타낸다. 그러나 말은 문화를 반영하고 어떤 단어는 문화에 따라 다른 의미를 가질 수 있다. 만약 당신이 영국에서 *carrying the torch*라고 한다면, 그것은 회중전등을 들고 있다는 뜻이지, 옛 사랑에 대한 갈망이 아니다: 만약 당신이 *lift*라는 단어를 사용한다면, 당신은 엘리베이터를 원하는 것이지, 탈 것이나 사기 고취를 원하는 것이 아니다. 단어는 세상을 상징적으로 해석하기 때문에 한 언

그림 2.2 문화적 현실

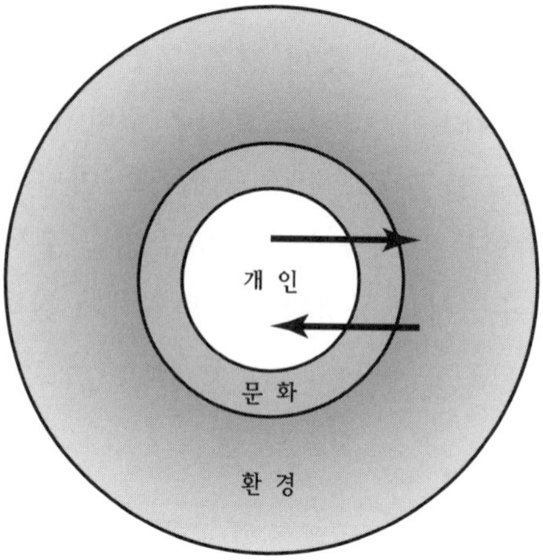

각 개인들은 감각 인식을 통하여 세상을 관찰한다. 그것은 문화라는 말로 평가되어진다—가치, 태도, 관습, 그리고 신념들이다.

어의 **언어학적 상대성**(linguistic relativity)은 의도된 그리고 의도되지 않은 편견을 담을 수도 있다. 예를 들어, *검은색*은 어둠(빛이 없다는 의미에서) 혹은 악을 상징하고, *흰색*은 깨끗함 선을 의미한다. 어떤 사회에서는 교묘하게(혹은 대놓고) 이런 상징적 의미를 백인과 흑인에게 적용하기도 한다.

저명한 정치 칼럼니스트 월터 립만(Walter Lippmann)은 "일단 우리는 보고, 그 다음에 이름을 붙이고 나서야 알 수 있다"고 평했다. 즉 그는 우리가 세상의 상징을 배우기 전까지는 세상을 이해할 수 없다고 하였다. 립만의 주장은 1950년대 초반에 유행하던 "드루들"(Droodles)이라는 만화에서 잘 드러난다. 그 목적은 그림 2.3과 같은 그림들을 해석하는 것이었다. 대부분의 사람들은 그림을 설명하기 전까지는 그것의 의미를 알지 못했다. 사람들은 보기만 할 뿐 "이름"을 알기 전까지는 무엇을 보는지 이해하지 못했다. 당신은 그림들이 무엇을 의미하는지 알 수 있는가?[5]

상징을 해석한다는 것은 단지 즐거운 놀이에 불과한 것이 아니라 실제

삶에 있어 중요한 것이다. 인간들은 자극에 반응하는 것이 아니라 문화를 매개로 한 자극에 대한 정의에 반응한다.[6] 아름다움의 정의가 한 예이다. 개인적인 취향의 영역을 넘어 아름다움의 정의는 문화적으로 다양하다. 예를 들면, 시공간의 차이에 따라 사회들은 여성의 아름다움에 대한 기준을 입술의 두께, 흉터, 문신, 점, 풍만함, 그리고 날씬함에 두기도 하였다.

비언어적 의사소통—혹은 바디랭귀지—역시 매우 중요하다. 몸동작, 제스처, 신체적 거리, 얼굴표정(독특한 의미를 전달하는 얼굴 표정은 대략 100-136개가 있다)[7] 그리고 **준언어적 신호들**(paralinguistic signals, 한숨, 입맞춤 혹은 맛을 볼 때 *음음* 거리는 소리와 같이 말이 아닌 소리들) 모두 관찰자-청취자에게 정보를 전달한다. 바디랭귀지는 집단 간 대화, 상호작용, 혹은 서로를 인식하는 데 중요하다. 바디랭귀지는 어떤 사람의 말을 지원하거나 착각하게 만들 수도 있다. 바디랭귀지는 친근감, 무관심 혹은 존중(deference)을 나타낼 수도 있다.

그림 2.3 "Droodles"

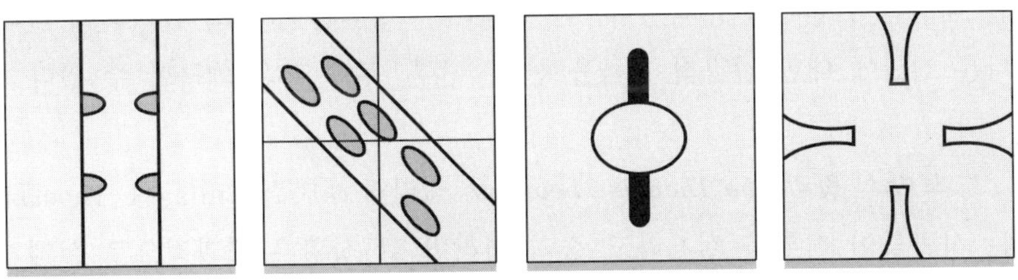

어떤 형태의 바디랭귀지는 공정하게 보편적인 데 반해(예를 들면, 대부분의 얼굴표정), 바디랭귀지 자체와 그 의미를 해석하는 것에는 많은 문화적인 차이가 있다. 자세, 행동거지, 걸음걸이와 같은 몸동작 역시 문화마다 다르다. 이러한 비언어적인 의사소통은 한 개인의 환경에 있는(과거와 현재 둘 다에 있어서) 격식의 정도와 다른 문화적 요소에 의해 영향을 받는다. 우리는 학생이 선생님의 눈을 똑바로 보지 않으려 하는 것에 대해 여러 가지 다른 의미로 해석할 수 있다는 것을 고려해야 한다. 교사는 이런 행동이 부끄러움, 죄의식, 소심함, 부주의, 심지어 무례함을 반영한다고 생각할지도 모른다. 그러나 만약 학생이 아시아계이거나 히스패닉계라면 그와 같은 태도는 존경을 의미한다. 이 경우 학생의 바디랭귀지가 의미하는 것에 대한 교사의 해석에서 문화를 매개로 한 상징의 정의는 교사가 생각하는 의미를 결정한다.

한 문화에 익숙하지 않은 사람은, 그 문화권의 구성원들이 사회화를 통해 배웠던 것처럼, 언어뿐만 아니라 나머지 상징체계를 반드시 배워야 한다. 어떤 특정 몸짓들은 한 문화에서는 친절함을 뜻하기도 하지만 다른 문화에서는 외설적이거나 복수심의 상징이 될 수 있다. 예를 들면, 미국에서 엄지와 검지로 원을 만들고 다른 손가락들을 위로 펴는 행동은 모든 것이 괜찮다는 것을 뜻하나, 일본에서는 돈을 뜻하며, 그리스에서는 항문을 뜻하는 욕설이 된다.[8] 키스, 눈물, 춤, 상징적 문양. 침묵, 감정의 솔직한 표현, 그리고 수많은 다른 상징들은 서로 다른 문화에서 종종 다른 의미를 가진다. 언어를 포함한 상징들은 외집단에게는 알려지지 않거나 완전히 다른 내집단의 현실을 구축한다. 한 집단의 구성원들은 문화적 정의에 따라 다른 집단에 대한 감각적 자극을 선택, 거부, 무시 혹은 왜곡할 수 있다.

토마스 정리(The Thomas Theorem). 윌리엄 토마스(William I. Thomas)는 사람들이 상황을 실제라고 정의 내리면 그 상황은 결과적으로 실제가 된다는 것을 관찰했다.[9] **토마스의 정리**라고 알려진 그의 발언은 1장에서 언급된 *딜링햄 오류(Dillingham Flaw)*와 바로 연관된다. 토마스는 정의가 어떻게 애초에 잘못된 정의에 기반한 결과를 만들어 내는지를 강조했다. 반면 딜링햄 오류는 애초에 그런 정의를 낳는 불완전한 사고과정을 지적한다.

그러므로 토마스의 정리는 나아가 현실구조의 진실에 대한 추가 증거이다: 인간은 자극에 반응하는 것이 아니라 그들이 내린 자극의 정의에 반응한다.

사람들은 종종 이미지(예를 들어, "황화 현상," "인디언 위협," "밀입국자들")를 특정 소수 집단과 연관시킨다. 그리고 사람들은 그들이 상황에 부여한 의미에 따라 행동하고, 그들의 행위의 결과는 그 의미를 다시 강화시킨다. 정의는 곧 자기 충족적 예언(a self-fulfilling prophecy)이 된다. 예를 들어, 백인들이 흑인은 열등하다고 정의하고 그 열등성 정의 때문에 기회가 적게 제공된다면 흑인들은 불리해지고 그 결과 최초 정의를 뒷받침하게 된다.

첫 정의에 영향을 미치는 변수는 여러 가지가 있지만 이 중에서 가장 중요한 것들 중의 하나가 바로 문화이다. 문화는 한 개인이 다른 사람들을 인식하고 집단으로 분류하고 그들에게 일반적인 특성을 부여하는 것을 통해 토대를 확립한다. 자민족중심주의(ethnocentrism)는 사람들이 자신들의 삶의 방식이 가장 좋고 가장 자연스럽다고 생각하게 만들기 때문에 그들의 문화로 정의한 다른 집단들에 대한 인식은 종종 타집단에 대한 의심과 차별대우를 낳는다. 사실상 각 집단은 타집단들에 대한 신화를 만들어내고 내집단의 연대감과 타집단에 대한 적개심으로 그 신화를 뒷받침한다. 각 집단이 타집단들에 대한 태도와 행동이 지속될 때 **악순환 현상(vicious-circle phenomenon)**이 나타난다.[10] 이러한 경우 사람들은 문화적으로 정의된 현실세계를 창조하고 그들의 행동은 그들의 신념을 강화시킨다. 그러나 사회적 상호작용이나 사회변화는 그와 같은 상황들을 거스르면서 그들이 (타집단에 대한 문화적) 정의를 다시 내리도록 한다.

그레고리 라자흐란(Gregory Razran)은 문화적 정의가 어떻게 인식에 영향을 주는가를 보여주는 연구를 했다.[11] 2달 간격을 두고 두 번, 그는 100명의 남자 대학생과 50명의 대학생이 아닌 남자들로 구성된 똑같은 집단에게 똑같은 30장의 알려지지 않은 젊은 여성의 사진을 보여주었다. 5점짜리 척도를 사용하여, 대상자들은 각 여성의 아름다움, 성격, 지성, 야망, 일반적 호감도를 평가하였다. 첫 번째 제시에서 사진들은 민족을 확인하는 것이 없었으나 두 번째 제시에서 그 사진들은 아일랜드인, 이탈리아인, 유대인, 옛 미국인(영국) 이름(성)들로 표시되었다. 첫 번째 제시에서는 모든 여성들이 동등하게 평가되었으나, 이름들이 주어지자 그 평가는 바뀌었다. "유대인" 여성들은 야망과 지성에서 높은 점수를 받았다. "유대인"과 "이탈리아인" 여성들은 모두 일반적 호감에서 큰 점수하락을 또 아름다움과 성격 평가에서 약간의 점수하락을 경험했다. 이 연구는 문화적 정의가 다른 사람들에 대한 판단에 어떻게 영향을 미치는지 보여주는 많은 실례들 중의 하나이다.

문화적 전달(cultural transmission)을 통해서 각각의 세대는 그들의 문화를 다음 세대에 전하고, 다음 세대는 어린나이에 그들의 문화적 정의를 배운다. 이러한 사실은 로저와 해머스타인(Rodgers and Hammerstein)의 뮤지컬 *남태평양*에서 극적으로 나타난다. 케이블(Cable) 중위와 젊은 통킹여자 리타(Liat)와의 감동적인 사랑이야기는 비극적인 부차적 줄거리이다. 케이블과 리타가 진정으로 사랑하고 있지만, 케이블의 친구들은 그들 부부의 삶이 미국에서는 똑같이 지속되지는 않을 거라는 것을 그에게 상기시켜준다. 인종과 문화의 차이가 그들의 행복한 결혼생활과 필라델피아 상류사회에서 그를 받아들이는 것에 불리하게 작용할 것이었다. 그의 문화적 가치가 그에게 강요한 선택 때문에 비참해진 그는 어떻게 아이들이 편견을 배우는지에 대한 신랄한 노래 "조심스럽게 가르쳐진"(Carefully Taught)을 노래한다. 그 가사는 사람들에게 눈이 "이상하게 생긴"(oddly made) 또는 "피부색이 다른" 사람들을 미워하고 두려워하라고 끊임없이 가르치는가를 말해 준다. 다른 가사들은 이 교육이 너무 늦기 전에 행해져야만 하는지, 아이가 8살이 되기 전에 친척들이 미워하는 모든 사람들을 미워하는 것을 배워야 하는지를 말해 준다.

이 가사들은 앞서 논의되었던 그리고 그림 2.2에서 보여주었던 현실구조를 다시 한 번 보여준다. 우리는 우리의 가치, 태도, 신념을 가족, 친구, 학교, 매체, 그리고 다른 모든 정보 투입원으로부터 배운다. 우리가 배운 것의 일부는 타자에 대한 편견을 반영하고 있는데, 그것은 우리 자신의 태도와 행동과는 불일치할지 모른다.

3. 문화 변화

문화는 지속적으로 변화한다. 발견, 발명, 기술적 진보, 혁신, 자연재해는 사회의 관습, 가치, 태도, 신념을 바꾼다. 이 장에서는 문화적 변화의 두 가지 공통 과정에 초점을 맞춘다. 사회 전체에서의 문화적 확산과 그 사회의 독특한 하위문화 내에서의 변화이다.

1) 문화 확산

역설적으로, 주류문화의 구성원들은 그들의 사회가 이질적 요소들과의 접촉으로 인해 더럽혀지지 않고 유지되기를 바라지만, 문화는 다른 문화들에 의해서 불가피하게 영향을 받게 된다. 이러한 현상을 **문화 확산**이라 일컫는다. 비록 확산의 속도가 다르더라도, 이념, 발명, 관행은 하나의 문화에서 다른 문화로 퍼진다. 그러나 집단들 사이의 부정적인 태도와 커다란 거리감은 만만치 않은 장벽을 만들기도 한다. 그리고 때때로 문화 확산은 단지 일시적으로 유리한 조건하에서만 일어나기도 한다. 20세기 초 몇몇 라틴아메리카 원주민 부족들이 자동차 타이어에 대한 애호를 나타냈을 때와 같이, 때때로 이념은 받아들여지기 전에 변경되거나 재해석되었다. 그들은 자동차를 소유하지도 운전하지도 않았기 때문에, 타이어를 샌들 만드는 데 사용했다.

빌려온 요소들(Borrowed Elements). 미국 인류학자 랄프 린톤(Ralph Linton)의 계산에 의하면, 어떤 문화라도 약 90퍼센트의 빌린 요소들을 담고 있다. 그는 문화 확산의 엄청남과 미묘함 둘 다를 보여주기 위해서 "100퍼센트 미국인" 남성의 전형적인 모습을 보여준다.

우리 순수한 미국시민은, 가까운 동부에서 시작되었지만, 미국으로 전파되기 전에 북유럽에서 개조된 양식으로 만들어진 침대에서 깨어난다. 그는 인도에서 재배된 면, 가까운 동부에서 재배된 마, 또는 역시 가까운 동부의 양으로부터 만들어진 모, 또는 중국에서 그 사용법이 발명되었던 비단으로 만들어진 이불을 젖히고 일어난다. 이 모든 천재료들은 가까운 동부에서 발명된 방법으로 방적되고 직조되었다. 그는 동쪽삼림지대의 인디언들이 발명한 모카신을 신고, 유럽과 미국의 최근 발명품이 혼합된 내부설비를 갖춘 욕실로 들어간다. 그는 인도에서 발명한 의복인 잠옷을 벗고 고대 갈리아 사람들이 발명한 비누로 씻는다. 그러고 나서 그는 수메르나 고대이집트에서 유래되었던 것처럼 보이는 자학적 의식인 면도를 한다.

침실로 돌아와서 그는 남부 유럽식의 의자에서 집어든 옷을 입기 시작한다. 그는 원래 아시아 대초원의 유목민의 가죽의복에서 유래된 형태의 옷을 입고 고대 이집트에서 발명된 방법으로 무두질된 가죽으로 만들어지고 지중해인들의 고전적 문명으로부터 유래된 모양으로 재단된 신을 신는다. 그리고 17세기 크로아인들이 걸쳤던 숄에 남아 있는 흔적인 밝은 색깔의 기다란 천 조각을 목주위에 둘러맨다. 아침식사를 하러 나가기 전에 그는 이집트에서 발명된 유리로 만들어진 창문으로 힐끗 밖을 내다본다. 그리고 비가 오고 있으면, 중앙아메리카 인디언들이 발견한 고무로 만들어진 방수용 덧신을 신고 동남아시아에서 발명한 우산을 챙겨든다. 머리에는 아시아 대초원에서 발명된 천인 펠트로 만들어진 모자를 쓴다.

아침식사하러 가는 길에 그는 신문을 사려고 멈추고, 고대 리디아인의 발명품인 동전으로 지불한다. 식당에서 그는 완전히 새로운 일련의 빌린 요소들에 직면한다. 그의 접시는 중국에서 발명된 도자기의 한 형태이다. 그의 칼은 인도 남부에서 처음으로 만들어진 합금인 강철로 만들어졌고, 그의 포크는 중세 이탈리아 발명품이며 그의 숟가락은 로마 것의 파생물이다. 그는 동쪽 지중해에서 온 오렌지나 페르시아의 칼탈루프 멜론 또는 아프리카 수박 한 조각으로 아침식사를 시작한다. 이것과 함께 그는 아비시니아 식물인 커피를 크림과 설탕을 넣어서 마신다. 소 사육과 우유를 짜는 아이디어는 모두 가까운 동부지역에서 유래된 반면에, 설탕은 인도에서 처음으로 만들어졌다. 과일을 먹은 뒤 커피를 마시고, 다음에 그는 소아시아에서 재배된 밀로 스칸디나비아 기술에 의해 만들어진 케이크인 와플을 먹는다. 이 와플 위에 그는 동부삼림지대 인디언들이 개발한 단풍나무시럽(메이플시럽)을 뿌린다. 곁들여 먹는 요리로 그는 인도차이나에서 길러진 일종의 새 종류의 알을 먹거나 또는 동아시아에서 길러진 동물의 살코기를 북유럽에서 발전시킨 방법으로 소금에 절이고 훈제한 얇고 긴 살코기 조각을 먹는다.
그는 식사를 마치면 편히 기대서 버지니아 인디언들로부터 유래된 파이프로 브라질에서 재배된 식물을 말아서 아메리카 인디언 습관인 담배를 핀다. 그가 충분히 건장하다면 안틸레스 제도에서 스페인을 통해 우리에게 전파된 시가를 피우려고 시도할지도 모른다. 담배를 피우면서 그는 독일에서 개발된 방법으로 중국에서 인쇄된 오늘의 뉴스를 읽는다. 그는 외국의 문제들에 대한 기사에 몰두하면서, 만일 그가 보수적 시민이라면, 그가 100퍼센트 미국인이라는 것을 인도유럽어로 유대 신에게 감사할 것이다.

출처: Ralph Linton, *The Study of Man* (1936), 326-27. Reprinted by permission of Prentice Hall Inc., Upper Saddle River, N.J.

문화 확산(cultural diffusion)은 다원적 사회 내의 민족관계에 있어 중요한 요소이다. 그것은 타코나 버리도와 같은 광범위한 음식 선호를 포함하는, 또는 작업 목표를 정하는 데 있어 고용인이 참여하는 일본 관리기술을 미국 기업에 적용하는 것을 포함하는 다양한 형태를 취할 수 있다. 그 형태가 무엇이든지 간에, 문화 확산은 우리 문화의 다양한 양상에 영향을 주면서 그리고 때때로 다른 사람들의 문화에 대한 우리의 관점을 바꾸면서 계속 진행 중인 과정이다.

문화 접촉(Cultural Contact). 문화는 또한 다른 문화를 가진 사람들끼리 서로서로 접촉함으로써 변화를 겪는다. 사람들은 자신의 문화를 당연한 것으로 생각하는 경향이 있기 때문에, 문화는 잠재의식적 차원에서 그들의 기대를 형성하는 방식으로 작용한다. 사람들의 가정(assumptions)이 다른 기대를 지지하는 생소한 문화와의 접촉으로 동요되었을 때, 그들은 종종, 방향감각 상실과 불안 그리고 위협당한 느낌으로 특징지어지는, **문화 충격(culture shock)**을 경험한다.

문화 충격은 언제나 나타나는 것은 아니다. 두 개의 다른 문화를 가진 사람들이 상호작용할 때, 가능한 유형들이 많이 나타날 수 있다. 그 두 개의 집단에서 점차적인 문화 확산이 발생하면서 평화적으로 공존할지도 모른다. 역사는 이주와 혁신 간의 탁월한 예들을 제공한다. 그래서 침략, 정착, 선교에도 불구하고, 지리적 조건과 토착민의 태도는 한 집단이 문화적 혁신에 저항하는 범위를 결정하게 된다. 베두인족의 끈질긴 유목과 미국 토박이의 오랫동안 지속된 산업화에 대한 저항이 두 개의 사례이다. 그러나 스탠리 레이버슨(Stanley Lieberson)은 권력만이 한 집단이 주류적이 되고, 또 다른 집단이 추종하도록 만드는 결과를 결정한다고 주장한다.[12] 만일 종속 집단이 비이주 집단이라면, 그 사회조직에서의 변화는 대단히 파괴적일 수 있다. 한때 누렸던 유연성과 자율성을 더 이상 소유하지 못하게 되면, 그것은 물질적 궁핍을 겪을 것이고, 그 제도가 약화된 것을 알 수도 있을 것이다.

만약 이주 집단이 종속적인 위치에 처한 것을 알게 되면, 그들은 살아남기 위해 새로운 환경에 적응해야만 한다. 가장 일반적으로, 소수자 집단이 주류적인 상황에 대처하려고 시도할 때 그들을 그들의 친밀한 세계로부터 빠져나온다. 집단 구성원들은 좀 더 큰 사회나 그들의 오랜 문화의 것들이 아닌 — 독특한 행태와 관심사들을 가진 하위문화권을 형성한다. 예를 들어서, 천주교와 유대교는 미국에 정착한 이래로 그 형태와 표현에 있어서 중요한 변화를 겪어 왔다. 미국 민족 하위문화는 일단 집단 구성원들이 그들의 새로운 환경에 적응하게 되면 모국문화의 요소들과 주류적인 미국의 문화의 요소들을 혼합하였다.

2) 하위문화

보통 이주자들은 이미 가족, 친구, 또는 거기에 일찍이 정착하고 있는 동포들이 있는 지역에 정착하면서 **연쇄이주**(chain migration)의 유형을 따른다. 민족공동체는 낯선 땅에서 좀 더 나은 삶을 구축하려 애쓰는 이방인들에게 정서적 지원 체계를 공급하면서 발전한다. 그들 자신과 같은 다른 소수자 집단 사이에서 문화적 보호 과정의 일부는 그들이 두고 온 세상의 축소판을 재생산하는 것이다. 따라서 그것이 이주자이든 토착민 집단이건 간에, 소수자 하위문화 안에서 응집력을 창조하면서 **평행 사회 제도들**(parallel social institutions)이 — 주류 사회의 제도들을 복제한 그들 자신의 클럽, 조직, 신문, 상점, 교회, 학교 — 나타난다.

미국에서 이주자들 중 **민족적 하위문화**(ethnic subcultures)가 주류 사회 안의 상황에 반응하여 발전할 때, 이주자들은 때때로 그들의 옛 조국에서는 경험하지 못했던 집단의식을 나타낸다. 제 1 세대 미국인 대부분은 국민적 정체성보다는 그들 모국 지향성(a village orientation)을 가지고 있다. 그들은 다른 방언을 사용하고 다른 지역과 반목하고 다른 가치를 가지고 있을지도 모른다. 그러나 미국에서 그들의 공통된 경험은 그들로 하여금 민족 집단으로 합체하도록 하는 원인이 된다. 칼라브리아, 팔레모, 나폴리, 제노아, 산레모 등등 그들의 출신 도시와 우선적으로 동질감을 가졌던 이탈리아 출신 미국인들이 한 예이다. 부분적으로, 주류 사회가 그들을 그렇게 분류했기 때문에, 한 세대 내에서, 많은 이들이 그들 자신을 이탈리아인으로 여기게 되었다.

하지만, 새로 도착한 집단이 공동체와 하위문화를 구축할 때조차도, **민족생성**(ethnogenesis)이라고 불리는 과정이 일어난다.[13] 어떤 요소들을 선택적으로 흡수하고 또 다른 요소들을 변경하는 동안 핵심문화의 일부분이 된 집단은 새로운 국가에 적응할 때도 자신의 문화적 유산의 일부를 유지, 변경하거나 빼버린다. 주류자이든 또는 소수자이든, 유입국 안에서 다른 집단들과는 다른 독특하고 새로운 민족 집단이며, 모국에 살고 있는 사람들과도 다르다. 예를 들면, 제 1 세대 독일계 미국인들은 다른 민족 집단들과 다르며 미국에서 태어난 시민들과도 다르다. 그러나 그들은 또한 비이주 독일인들로부터 그들을 구별해 주는 문화적 특성과 가치를 소유하고 있다.

수렴적 하위문화들(Convergent Subcultures). 몇몇 민족 하위문화들은

수렴적 하위문화들이다; 즉, 몇몇 민족 하위문화들은 주류 사회에 동화하려는 경향이 있다. 비록 주거의 군집(residential clustering), 그리고 모국의 언어, 의복, 문화적 규범을 고수함으로써 알아볼 수 있지만, 이러한 민족 집단들은 그럼에도 불구하고 동화되기 시작한다. 해가 감에 따라서—어쩌면 여러 세대를 거쳐서—주류문화와 수렴적 문화 사이의 구분은 점차로 약화되고 있다. 결국, 이러한 형태의 하위문화는 완전하게 주류문화 속으로 통합된다.

하위문화가 변화를 겪고 있기 때문에, 그것의 구성원들은 동시에 두 개 문화 안에서 스트레스를 받으며 살고 있는 **주변성(marginality)** 문제를 경험할지도 모른다. 구세대는 전통과 유산을 보존하려고 할지 모른다. 반면에 젊은 세대는 주류 사회에 완전히 수용(full acceptance)되려고 조급해 할지도 모른다. 동화를 향한 추진력 때문에 시간은 명백하게 젊은 세대에게 호의적이다. 오늘날 거의 보이지 않지만, 네덜란드인, 독일인, 아일랜드인의 하위문화는 한때 널리 보급됐던 민족 하위문화의 사례이다. 이탈리아인, 폴란드인, 그리고 슬로바키아인의 하위문화들 역시 더욱 충분히 수렴되었다. 이러한 민족 집단들은 아직 여러 면에서 민족적 자존심을 드러내고 있으나, 대부분 그들의 거주 지역에서 하위문화적인 행태는 더 이상 눈에 띄지 않는다. 여러 세대에 걸친 주거기간 때문에 이러한 민족 집단들은 밀집된 주거 방식으로 서로 모여서 살 가능성이 더 적어졌으며, 또는 나머지 다수자 집단보다도 갈등, 일탈, 동족결혼(endogamy)과 같은 행동이 더 많이 나타날 가능성이 적다.

끈질긴 하위문화(Persistent Subcultures). 모든 하위문화들이 동화되는 것은 아니다. 어떤 하위문화는 동화하려고하지 않고, 또 다른 것들은, 특히 비백인(non-White) 집단들은 동화되는 데 있어서의 어려움에 직면한다. 이러한 동화되지 않은 하위문화들은 **끈질긴 하위문화**로서 알려지고 있다. 몇몇 하위문화들은 그들 자신의 삶의 방식을 가능한 많이 고수하고 주류문화로의 흡수에 저항한다. 아미쉬, 몇몇 후터파 교도들, 하시딕 유대교와

같은 종교적 집단들은 현대성을 거부하고 그들의 전통적 생활방식을 유지하기를 고집한다; 그들은 미국 사회에서 끈질긴 하위문화의 순수한 형태를 보여주는건지도 모른다. 다른 민족 집단들은 약간의 주류문화를 채용하긴 하지만 그들 자신의 생활방식을 완강하게 보존하려 한다. 보호구역에 살고 있는 대부분의 북미 원주민과 남서부의 많은 *스페인계 미국인들*이 그 실례이다. 차이나타운 역시 여러 면에 있어서 중국식 생활방식을 유지하고 있다.

소수자 집단의 다름에 대한 권리의 주장은 일반적으로 주류 집단 구성원들 사이에서 잘 받아들여지지 않았다. 이러한 의지의 충돌은 때때로 갈등을 이끈다. 적어도 그것은 고정관념을 야기하고 양쪽에 편견을 갖게 한다(첨부된 국제적 상황 2.1 참조).

수렴적 하위문화들이 동화를 보여주는 것처럼, 끈질긴 하위문화들은 다원주의를 보여준다. 우리는 이제 소수자 집단 통합의 이러한 두 가지 형태뿐만 아니라, 세 번째 형태도 검토할 것이다.

4. 소수자 통합 이론

미국이 국가로서 건국된 이래로 7천만 명 이상의 이주자가 미국에 왔다. 이러한 광대한 이주가 이루어지는 동안, 민족적으로 다른 사람들이 어떻게 미국 사회에 적응해야만 했는지 또는 어떻게 적응했는지에 관한 세 가지의 다른 이론들이 생겨났다. 이러한 이론들은 (1) 동화 또는 다수-순응(assimilation, or majority-conformity) 이론; (2) 융합, 또는 용광로(amalgamation, or melting pot) 이론; (3) 수용, 또는 다원주의(accommodation, or pluralistic) 이론이다.

소수자 사람들과 주류문화 간의 상호작용의 유형은 공동체에 이미 만들어진 이데올로기와 소수자 집단 이데올로기에 부분적으로 의존해 왔다. 사람들은 그들이 수용한 가치에 기반을 둔 태도와 기대를 만들어 냈다. 만일 그러한 가치들이 "미국인"이 어떻게 보고, 말하고, 행동해야 하는지에 대한 명료한 이미지를 포함한다면, 그 모델과 다른 사람들은 다른 사람을 조정해야 하고 좀 더 어렵게 수용해야 한다는 것을 알게 될 것이다. 반대로, 만일 그러한 가치들이 다양성을 허용한다면, 잘 조화된 관계가 진전될 더 큰 가능성이 존재한다.

1) 동화(다수-순응) 이론

일반적으로 말해서, **동화(다수-순응) 이론**은 다수자 집단 사람들과 어떤 독특한 문화적 사회적 또는 개인적 차이들이 없는 인종적 또는 민족적 소수자 집단 구성원들의 사회 내에서 기능을 다하는 것을 의미한다. 신체적 또는 인종적 차별은 지속될지 모르나, 그것들은 집단 편견이나 차별을 위한 근거로 쓰이지는 않는다. 사실상, 소수자 집단들의 구성원들은 더 이상 이방인으로 보이지 않는다. 왜냐하면 그들은 그들 자신의 문화적 전통을 버렸고 주류 집단을 충분히 모방했기 때문이다. 따라서 동화는 A+B+C=A라고 묘사될 수 있다.[14]

앵글로-순응(Anglo-Conformity). 18세기에 미국에서 권력을 가진 사람들의 대부분은 영국 혈통(descent)이었다. 새로운 국가의 문화에 대한 영국의 영향력은 언어, 제도 형태, 가치, 태도에 있어서 막대했다. 19세기 첫 4분기에는 독특한 국민적 의식이 나타났고, 다수의 미국 시민들은 그들의 영국 혈통과 영향력이 덜 강조되기를 원했다. 그러나 1880년대에 이주 패턴이 미국의 인구 구성을 변화시켰을 때, "양키"들은 앵글로 색슨을 우월한 전형(superior archetype)으로 재확립시켰다.[15] 앵글로-색슨주의는 뉴커머들(newcomers)이 적응해야만 하는 모델로서 20세기 들어서도 지배적으로 남아 있었다.

앵글로 색슨의 유산을 보존하기 위해서, 미국 사람들은 종종 비앵글로 색슨 이주자들을 많이 축소시키려고 시도했고, 때로는 성공했다. 사회의 압력은 새로 도착한 사람들이 가능한 빨리 그들의 문화와 애착을 벗어버리고 자애로운 앵글로 색슨 계열과 함께 "미국인"으로 다시 만들어질 것을 요구했다. 학교는 문화적 차이를 벗어 버리는 것을 촉진하는 중요한 사회화 행위자 기관으로의 역할을 수행하였다.

국제적 상황 2.1
끈질긴 하위문화를 제거하려는 시도

2천만 쿠르드인들은 그들 자신의 언어를 쓰는 (하나의) 민족 집단이다. 그들은 대부분 이란, 이라크, 그리고 터키 국경지대에—쿠르디스탄 또는 "쿠르드인의 땅"이라고 알려진 지역에 살고 있다. 제1차 세계 대전 후 이 영토는 터키, 시리아, 이라크로 분할되었다. 한때 유목민들은 양과 염소 떼를 위해 계절적 이동을 해야 해서 촌락 생활과 정착농업의 전통적 생활 방식을 포기해야 했다.

쿠르디스탄 지역에서 쿠르드인은 끈질긴 하위문화인 채로 남아 있는 반면에, 도시지역에서 살고 있는 쿠르드인들은 적어도 명목상으로는 동화되었다. 결혼은 강력한 대가족 네트워크로 전형적인 동족결혼형태를 띠었다. 쿠르드인은 한때 족장이나 장군의 엄격한 지도력하에 있었던 부족사람들이었다. 그러나 그러한 사회적 삶의 양상은 지금은 아주 작은 정도로 감지될 수 있을 뿐이다.

1924년 터키 정부는 쿠드르인의 언어를 금지하고, 독특한 쿠르드 전통의상을 주요 도시나 근처에서 입는 것을 금지하고, 쿠드드인을 "산 터키인"이라고 개명하면서 문화적 억압을 실행했다. 또한 정부는 그들의 인구집중을 약화하기 위해서 서부 터키의 도시화된 일부 지역으로 이주하도록 많은 사람들에게 권장하였다. 1925년, 1927-1930년, 그리고 1937-1938년의 봉기는 진압되었다. 그때 수십만의 쿠르드인들이 죽임을 당했거나 그 지역에서 추방되었다.

1988년 사담후세인은 화학무기로 이라크 쿠르드인 수천 명을 살해했다. 이 사실로 인해 비교적 알려지지 않았던 쿠르드인들이 서방세계의 관심을 받게 되었다. 그러고 나서 1991년 봄, 눈 덮인 산을 가로 질러서 후세인 군사력으로부터 쿠르드인들의 극적인 탈출이 있었다. 유엔 연합군의 걸프전 승리에 고무되어 쿠르드인은 억압하는 바그다드 정권에 대항하여 반란을 일으켰으나, 그 결과는 후세인의 남아 있는 군사력이 그들을 몰아내버렸을 뿐이었다. 이란은 백만의 피난민이 안전지대를 향해 국경을 넘도록 허용하였으나, 터키는 국경을 봉쇄해서 약 50만 명의 쿠르드인들이 가혹한 기상 조건하에 산속에 갇히게 되었다. 2달 후, 연합군은 쿠르드인을 이라크의 "안전한 피난처"로 지정된 지역으로 돌아오도록 유도했다.

2003년, 이 쿠르드인은 이라크 정부에 대항해서 미국 군대와 함께 싸웠다. 그리고 대표를 가진 새로운 정부하에서 좀 더 나은 삶을 희망하였다.

오늘날 쿠르드인은 동화주의자와 민족주의자 목표로 양분되었다. 다양한 수위의 정부의 억압과 관용에 처해 있으며, 그들은 계속해서 불확실한 미래에 직면하고 있다.

비판적 사고를 위한 질문: 어떤 다른 끈질긴 하위문화들이 가혹한 억압적인 행동에 직면했었는가? 이러한 정부가 지지하는 행동들에 일반적 동기가 있는가?

제1차 세계대전 중 **미국화 운동**(Americanization movement)에 의해서 입증된 것처럼, 가끔 동화의 강조는 과열된 단계에 도달했다. 지난 30년 동안에 다수의 "열등한" 사람들의 유입과 유럽인의 충돌 속에 있는 미국의 참여는 "100퍼센트 미국인"이 아닌 국민들에 관한 문제를 제기했다. 많은 사적 기구들과 함께 모든 수준에서의 정부 기관들은, 외국인들에게 미국적 관습에 보다 즉각적인 적응을 할 수 있도록 행동을 취했다. 그것은 시민권, 미국 제도에 대한 존경, 그리고 영어의 사용을 장려하는 것이었다.[16] 이 정책은 모든 소수자 집단들이 그들의 독특한 민족적 특성을 스스로 포기하게 하고 주류 집단의 특성에 적응할 것을 요구했기 때문에, 조지 스튜어트(George R. Stewart)는 몇십 년 후에 동화를 "변화시키는 도가니"(transmuting pot) 이론으로 명명할 것을 제시하였다.[17]

다른 동화의 노력들은 매우 성공적이지는 못했다 — 예를 들면, 한 지역에서 조상 대대로의 역사가 있는 사람들은 그 지역으로의 국가 확장보다 앞서 살아왔다 — 남서부의 히스패닉은 물론 미국 전역에 걸친 대부분의 토착 원주민 부족들은(Native American tribes) 문화적 패권(hegemony)에 저항했다.

동화유형(Types of Assimilation). 밀튼 고든(Milton Gordon)은 동화의 여러 단계를 제시했다.[18] 중요한 단계는 **문화적 동화(문화적응)**로 유입국 사회의 문화에 맞도록 문화 패턴을 바꾸는 것이다. **결혼동화(혼혈)** — 다수자 사회의 구성원들과의 대규모 교혼(intermarriage) — 그리고 **구조적 동화** — 제1차 집단수준에서 유입국 사회의 패거리, 동호회, 제도 속으로의 대규모 진입 — 는 좀 더 큰 사회에서 소수자 집단의 수용 정도를 가장 잘 드러낸다.

동화의 다른 형태들은 *동일화적 동화(identificational assimilation)*로 민족의식(a sense of peoplehood) 또는 민족성의 발전을 모국이 아니라 전적으로 유입국 사회에 기반을 두고 있는 경우이다: *태도-수용의 동화(attitude-receptional assimilation)*는 편견적 태도가 없는 지점에 도달하는 것이다: *행태-수용의 동화(behavior-receptional assimilation)*는 차별적 행위가 없는 만남에 도달하는 것이다. 그리고 *시민적 동화(civic assimilation)*는 토박이 주민(native-born population)과의 가치와 권력의 갈등이 없는 것이다.

고든은 "문화적응과 동시에든 또는 그 직후이든 간에, 일단 구조적 동화가 일어나면 모든 형태의 동화가 자연스럽게 뒤따를 것"이라고 말했다.[19] 다른 사회학자들은, 문화적 동화가 구조적 동화로부터 반드시 기인되는 것은 아니라고 주장하면서 동의하지 않는다. 연구들은 유럽 이주자들의 후손들이 주목할 만한 수준의 구조적 동화를 이루었다는 것을 보여준다. 비유럽 이주자들의 후손들은, 사회경제적 위계의 최하층에서 시작하였으며, 이들은 초기 유럽인들보다는 훨씬 더 느린 속도지만, 어느 정도 구조적 동화를 이루었다.[20]

루이스 워스(Louis Wirth)는 소수자 집단의 동화에 있어서 상황적 변수가 중요함을 주장했다.[21] 워스는 다수자 집단의 편견과 차별에 대해서 소수자들의 대응방식을 다원주의(pluralism), 동화(assimilation), 분리(secession), 호전성(militancy)으로 구분하였다. 집단들이 권력을 얻기 시작하면, 그들은 일반적으로 집단의 차이에 대한 사회적 관용을 얻기 위한 시도를 한다(*다원주의*). 그리고 주류 사회에 의해 흡수되기 시작한다(*동화*). 동화되는 것을 거부하는 집단들은 결국 사회의 주류로부터 물러나지만(*분리*), 만일 그때 갈등이 생기면 그들은 좀 더 극단적인 처방을 추구한다(*호전성*).

동화는 아마 다수자 집단과 소수자 집단 둘 다의 목표일지 모른다. 그러나 그중 하나 또는 둘 다 어떤 경우에 있어서는 동화를 바람직하지 못한 것으로 간주할지도 모른다. 따라서 이전의 유형분류체계가 주류-소수자

관계를 검토할 때 반드시 유용한 것은 아니다. 고든은 동화 과정의 복잡성을 보여준다. 워스는 상황의 역학이 전 동화 과정을 통하여 주류-소수자관계의 진화의 방향을 결정한다고 보았다. 그보다 더 큰 문제는 동화과정이 선형적인지 아닌지에 관한 것이며, 이것은 모든 사례에 남아 있다. 모든 집단들이 동화를 추구하지는 않는다. 그리고 동화를 추구하는 모든 집단들은 그것을 이루지는 못한다.

신념, 목표, 또는 유형으로서 동화는, 특히 수용과 조정과 같은 주류-소수자관계의 많은 양상들을 설명하는 데 도움이 된다. 주류 사회의 많은 구성원들에게 있어서, 소수자의 동화는 바바라 솔로몬이 "앵글로 색슨 고정관념"이라고 부르는 것을 반영하면서, 틀 속에 흡수되는 것을 의미했다.[22] 신체적으로 또는 문화적으로 구별되는 집단들(예, 흑인, 아메리카 원주민, 아시아인, 이슬람교도)에게 이 개념은 외견상 극복할 수 없는 장벽을 형성했다. 앵글로 색슨 역할 모델 없이도 동화는 새로 온 사람이 다수자 집단 구성원들과 점차적으로 조화를 이루게 되는 과도기를 거치면서 진전된다. 그렇게 함으로써, 개인은 아마도 개인적인 대가를 치르고서 새로운 행동적 정체성을 획득하게 될 것이다.

2) 융합(용광로) 이론

미국에서의 민주적인 경험은 많은 상상력을 불타오르게 했다. 새로운 사회가 모습을 갖추고 있었고, 다른 유럽 국가들로부터 온 이주자들로 가득 채워지고, 과거의 관습과 전통에 맹종적으로 의존하지 않았다. 이 일련의 환경들은 용광로로서 미국이라는 낭만적 개념을 만들어 냈다. **융합(용광로) 이론**은 모든 다양한 사람들이 그들의 생물학적 그리고 문화적인 차이를 새로운 유형의 미국인 속으로 혼합하여 어우러지게 하는 것을 말한다. 이 개념은 A+B+C=D로 표현될 수 있다.[23]

옹호자(Advocates). 뉴욕에 정착한 프랑스인 헥터 세인트 존 크레브퀘르(J. Hector St. John de Crèvecoeur)는 용광로의 개념을 처음으로 대중화했다. 미국을 기회의 땅 이상으로 마음속에 그리면서, 크레브퀘르는 1782년 새로운 사회에서 부상하는 새로운 유형의 인간성에 대해 말하였다. 그가 단지 백인 유럽인들만을 포함했다는 것은 소수자 통합에 대한 용광로 이론의 단점을 부분적으로 설명한다:

> 미국인이란 무엇인가? 그는 유럽인이거나 유럽인의 후손이기 때문에 다른 어떤 나라에서도 이처럼 이상한 혈통의 혼합물을 찾아볼 수 없다. 나는 당신에게 할아버지는 영국 사람이었고, 아내는 네덜란드 사람, 그의 아들은 프랑스 여자와 결혼했고, 그리고 현재 4명의 아들은 4명의 각기 다른 국적의 아내를 가진 그러한 한 남자를 지적해 줄 수가 있다. 그는 미국인이다. 그의 오랜 편견과 태도를 모두 버리고, 그가 포용한 새로운 삶의 방식으로부터 새로운 것들을 수용하며, 그는 새로운 정부에 순종하고, 그가 차지하고 있는 새로운 지위를 받아들이는 사람이다. … 여기에서 모든 민족들의 개개인들은 새로운 인종으로 녹아든다. 그 새로운 인종의 노동자와 후손이 언젠가 이 세상에 커다란 변화를 일으키게 될 것이다.[24]

이 이상주의적인 개념은 지난 수년간 많은 옹호자들을 얻었다. 1893년에 프레드릭 잭슨 터너(Frederick Jackson Turner)는 그것을 그의 개척지 이론(frontier thesis)과 함께 갱신하였다. 그 개념은 반세기 동안 역사학 에 지대한 영향을 미쳤다. 터너는 개척지 삶의 도전이 발전하는 사회질서 안에서 이주자를 복합적인 새로운 국민적 집단 속으로 융합시키는 촉매제라고 믿었다:

> 따라서 중서부 지역에서는 오래된 구성요소들을 변형하지 않거나 고립된 채로 놔두는 것이 아니라, 경계를 부수면서, 공통의 산물(인류애)에 개인적 삶을 통합함으로써, 민족적 적대감 대신에 국가적 상호교류의 교훈을, 더 새롭고 더 풍부한 문명화의 가능성을 가르치고 있었다.[25]

1908년 영국 작가 이즈라엘 쟁윌(Israel Zangwill)의 연극 *용광로(The*

*Melting-Pot)*는 동화론자의 관념에 영원한 상징으로 아로새겨졌다.

> 여기 저 거대한 용광로가 있다. 들어봐라! 표호하고 부글부글 끓는 소리가 들리지 않는가? 그것이 입을 크게 벌리고 있다 — 천 명의 메머드 사육자들이 그들의 인간 화물을 부어 넣으려 세상 끝에서 오는 항구. 아 이 뒤섞임과 펄펄 끓음 — 켈트와 라틴, 슬라브와 튜톤, 그리스와 시리아. 미국은 신의 도가니(God's Crucible)이다. 유럽의 모든 종족들이 녹고 재형성되는 거대한 용광로! 여기 당신이 서 있다, 선량한 사람. 내가 엘리스(Ellis) 섬에서 당신을 볼 때 나는 생각한다. 여기 당신이 서 있다. 당신의 50개의 집단들 속에서 당신의 50가지 언어들과 역사들과, 그리고 당신의 50가지의 증오와 경쟁과 함께. 그러나 형제여 당신은 오랫동안 그렇게 있지는 않을 거다. 왜냐하면 이것들은 당신이 도달한 신의 불길이니까 — 이것들은 신의 불길이다! … 독일인들과 프랑스인들, 아일랜드인들과 영국인들, 유대인들과 러시아인들, 모두 모두 도가니 속으로!! 신이 미국인을 만들고 있다! … 진정한 미국인은 아직 당도하지 않았다. … 그는 모든 인종들의 결합체, 아마도 다가오는 초인일 것이다. … 아, 베라(Vera), 로마와 예루살렘의 영광은 무엇인가, 모든 인종들과 민족들이 일하고 앞을 내다보기 위해 오는 곳, 미국의 영광과 비하면, 모든 인종들과 민족들이 숭배하고 되돌아보려고 오는 곳.[26]

그 이후 개척자 이론과 용광로 개념 둘 다 심각한 비판을 받아 왔다. 많은 주석자들이 여전히 용광로 개념에 존경을 표하고는 있지만, 소수자의 사회로의 통합에 대해 사회학자들은 이 설명을 소수자 사회통합 이론으로 거의 받아들이지 않았다. 비록 그들이 민족적 하위 집단의 사람들이 동화되기를 원한다는 뜻으로 말할지라도, 다양한 문화를 거부하고, 다른 사람들과 "섞이는" 것을 원하는 몇몇 미국 시민들은, "영어 전용"(English-only) 운동, 즉 이중 언어교육에 반대하며, 서부사회의 유산만을 배타적으로 강조하였다.

우리는 융합되었는가? 여러 세대에 걸쳐서, 이민족 간의 결혼(intermarriages)은 종종 서로 다른 국적의 사람들 사이에서 일어났으며, 다른

종교를 가진 사람들 사이에서는 그 빈도가 덜하다. 또한 다른 인종의 사람들 사이에서는 더욱더 그 빈도가 낮게 일어났다. 따라서 이전에는 확연히 구별되는 민족 혈통(ethnic stocks)과 그만큼 자주는 아니지만 인종 간의 생물학적 융합이 일어났다고 주장할 수 있다.[27] 그러나 용광로 이론은 서로 다른 집단들 사이에서 이루어지는 이민족 간 결혼뿐만이 아니라 모든 다른 문화들의 요소들로부터 생성되는 독특한 새로운 민족문화를 말한다. 여기서 이 이론은 비현실적인 것으로 판명되었다. 국가를 건설할 때부터 미국은 앵글로 색슨과 영어, 앵글로 색슨 제도가 지배해 왔었다. 다양한 문화 유형들이 새로운 미국문화 속으로 녹아드는 것보다는 오히려, 소수자 문화들의 요소들이 앵글로 색슨적 형태로 탈바꿈되었다.

고든은 오직 종교의 제도 안에서만 소수자 집단들이 국가의 문화를 바꿨다고 주장했다.[28] 초기 역사에서는 주로 개신교 국가였던 미국은 4가지 주요한 믿음의 땅이 되었다: 개신교, 천주교, 유대교, 그리고 이슬람교이다. 20세기 중반에 몇몇 사회 관찰자들은 미국을 **삼중 용광로(triple melting pot)**로 생각하였다. 뉴 헤븐 코네티컷의 연구에서 루비 조 리버스 케네디(Ruby Jo Reeves Kennedy)는 다양한 민족들 간의, 그렇지만 단지 3개의 주요한 종교 집단들(개신교, 천주교, 유대교) 안에서만 일어나는, 광범위한 이민족 간의 결혼에 대해 발표했다.[29] 윌 헤르베르그(Will Herberg)는 종교적 집단들의 정체성과 상호작용이 주된 초점이 되면서 민족적 차이들은 사라지고 있다고 주장하면서, 이 분석을 그대로 지지했다.[30] 오늘날 상당히 높은 종교적 교혼율과 점점 증가하는 상당한 수의 미국 내 이슬람교, 힌두교, 그리고 다른 비서구권 종교를 믿는 사람들은 삼중 용광로의 개념을 더 이상 쓸모없는 것으로 만든다.

다른 분야에서, 다양한 소수자 집단들의 미국 사회 속으로의 진입은 새로운 사회적 구조 또는 더 큰 사회 안에서의 제도적 형태를 만들어 내지는 않았다. 대신에, 하위문화적 사회 구조들과 제도들은 집단의 필요를 충족하기 위해 발전하였고, 또 주류문화는 이미 존재하고 있는 주류문화 내에서 소수자 집단의 노동과 문화적 양상으로부터 이익을 얻었다. 예를 들면, 소수자의 영향은 언어사용법, 장소 이름, 요리, 건축, 예술, 오락 활동, 그리고 음악에서 발견된다.

사회학자 헨리 플랫 페이차일드(Henry Pratt Fairchild)는 어떻게 다양한 문화적 요소들 혹은 사람들의 흡수가 융합이 아닌 동화를 만들어 내는지를 묘사하는 생리학적 추론을 제공했다. 유기체는 음식을 소모하고 그것에 의해 다소 자양분을 받는다. 음식은 유기체의 필수불가결한 부분이 된다는 의미에서 동화되지만 그것은 어떠한 본래의 특성도 보존하고 있지 않다. 이것은 일방적인 과정이다. 유사한 방법으로, 미국문화는 많은 소수자 집단들의 유입에도 불구하고, 근본적으로 변화하지 않고 유지되어 왔다.[31]

대부분의 사회과학자들은 용광로 이론이 하나의 신화라고 믿고 있다. 그럼에도 불구하고 용광로 이론의 이상적인 수사학은 많은 추종자들을 계속 끌어들인다. 현실에서 융합은 헤르베르그가 말한 것처럼 이상화된 앵글로 색슨 틀에 따라 만들어지는 **앵글로-순응**을 의미한다.

> 그러나 미국인 자신의 이미지 — 그리고 그가 민족 집단 구성원인 미국인이 되면서 그 자신의 이미지를 의미한다 — 가 미국인을 만드는 데 투입된 민족 요소들의 합성물 또는 통합체로 추론하는 것은 잘못이 될 것이다. 그건 결코 그런 것이 아니다. 미국인 그 자신의 이미지는 여전히 미국이 처음으로 독립했을 때부터 가졌던 앵글로-아메리카인의 이상이다. 이념으로서의 "민족적 유형"은 과거에도 그랬고 지금도 잘 정착되어 왔다. *메이플라워호*, 존 스미스(John Smith), 데비 크로켓(Davy Crockett), 조지 워싱턴(George Washington), 그리고 에이브라함 링컨(Abraham Lincoln)은 미국인의 자화상이다. 그리고 문제의 미국인이 순례자의 후손이든지 또는 남동부 유럽으로부터 온 이주자의 손자이건 간에 이것은 진실이다.[32]

용광로 이론에 대한 많은 사람들의 거부는 민족적 의식과 결합하여 제 3 의 이데올로기를 생산했다: 그것은 수용(다원주의) 이론이다.

3) 수용(다원주의) 이론

수용(다원적) 이론은 정부가 공식 정책으로 다문화주의를 채택한 캐나다에서처럼, 인종적 · 민족적 다양성의 유지를 인정한다. 다원주의 이론가들은 소수자들이 그들의 독특한 하위문화들을 유지할 수 있고 또 동시에 더 큰 사회에서 상대적으로 평등하게 상호작용할 수 있다고 주장한다. 스위스와 미국과 같은 나라에서 이러한 다양성과 공존의 결합은 다양한 수준에서 가능하다. 왜냐하면 사람들이 어떤 기본적인 가치들에 동의하기 때문이다(그림 2.1 참조). 동시에 소수자들은 주로 그들끼리 상호작용하며, 정의가 명확한 공동체 안에서 살고, 그들 자신의 조직을 가지고 유사한 업종에서 일하고, 그들 자신의 집단 안에서 결혼한다. 우리의 기술적인 등식을 적용하면, 다원주의는 A+B+C=A+B+C가 될 것이다.[33]

선행분석들(Early Analysis). 호레이스 캘런(Horace Kallen)은 일반적으로 문화 다원주의의 첫 번째 옹호자로 인정된다. 1915년 그는 *민주주의와 용광로(Democracy Versus the Melting pot)*를 출판하였다. 거기에서 그는 동화와 융합이론들을 거부했다.[34] 각각의 집단이 그 자신의 언어, 제도와 문화적 유산을 보존하려고 하였을 뿐만 아니라, 민주주의가 각각의 집단에게 그렇게 할 권리를 부여했다고 그는 주장했다. 물론, 소수자 집단들은 영어를 배웠고 미국 제도에 참여했다. 그러나 사실 미국이 이룬 것은 "문화적 다양성의 협력"(cooperation of cultural diversities)이었다. 미국화 운동을 소수자 집단에 대한 위협으로 보고, 또 용광로 개념을 비현실적인 것으로 보면서, 캘런은 문화적 다원주의가 위대한 민주주의적 연합을 위한 기반이 될 수 있을 거라고 생각했다. 캘런은 사회학자가 아니라 철학자임에도 불구하고 오래된 미국 유형에 사회학적 관심을 유도했다.

다원적 현실(Pluralistic Reality). 식민지 시대가 시작될 때부터 미국

은 다원적 국가였었다. 초기 정착은 소규모 민족 집단 거주지에서 시작하였으며, 각각 다른 국적이나 종교 집단의 사람들이 살고 있었다. 뉴암스텔담(후에 뉴욕)과 필라델피아는 예외였다; 두 지역 모두 그들의 경계 내에서 매우 다원적이었다. 연쇄이주 유형은 이주자들이 밀집해서 정착하도록 하는 결과를 낳았다. 중서부의 독일인들과 스칸디나비아인들, 시카고의 폴란드인들, 뉴욕과 보스턴의 아일랜드인들, 루이지아나의 프랑스인들, 캘리포니아의 아시아인들, 마이애미의 쿠바인들 그리고 많은 다른 이주자들은 집단들이 어떻게 그들이 떠나온 세상의 축소판을 재창조하면서 새로운 나라에 쉽게 적응하는지를 보여준다. 현재 이주자 집단들과 과거 이주자 집단들의 후손들은 미국 사회의 다원주의를 입증한다.

문화적 다원주의(Cultural Pluralism)— 같은 사회에서 비교적 조화롭게 살고 있는 두 개 또는 그 이상의 문화적으로 독특한 집단들— 는 훨씬 더 뚜렷한 다원주의 형태이다. *구조적 다원주의(Structural pluralism)*— 사회계급과 지역적 경계 내에서 하위 사회에 있는 인종적 · 민족적 집단들의 공존— 는 덜 주목할 만한 것이다.

고든이 관찰했던 것처럼, "문화적 다원주의는 미국 사회에서 하나의 이론— 적어도 국가들을 한 개체로 보는 명백한 관련성을 가지고 일반적으로 영어권(English speaking circles)의 미국 지성인들 사이에서 토의되고 논의된 이론— 이 되기 전에 하나의 사실이었다."[35] 대부분의 소수자 집단들은 그들이 다른 문화에 성공적으로 동화되었을 때 그들의 존재감을 잃어버린다. 그렇지만, 그들은 그들의 유산과 정체성을 갖고, 그것을 자랑스러워하고, 그리고 주로 그들 민족 집단의 구성원들과 우선적 관계를 유지할 수도 있다. 그러나 이러한 다원적인 현실에도 불구하고, 다양성에 대한 편협성은 미국 사회 내에서 문제점으로 남아 있다.

이중의 현실들(Dual Realities). 비록 미국인들이 용광로 개념에 대해 입에 발린 말을 하지만, 그들은 전형적으로 외국인들이 가능한 빠르게 동화할 것을 기대한다. 많은 사람들이 지속적인 다원주의는 동화의 적이고

"샘 아저씨의 골치 아픈 침대친구들"
이 만화는 샘 아저씨가 동화되지 않는 집단으로 인해서 짜증내는 모습을 풍자하고 있다. 인종적(흑인, 중국인, 북미 원주민) 차이와 종교적(천주교, 몰몬교) 차이가 상징적 침대로부터 추방되는 원인이다. 이 만화는 1879년 2월 8일자 샌프란시스코 주간지 *The Wasp*에 실렸다.

미국 사회의 응집력에 대한 위협이라고 믿기 때문에, 주류 미국인들은 종종 다원주의를 단지 단기간의 현상으로서 용인한다.

그렇지만 동화와 다원주의는 상호 배타적인 것이 아니다; 그것들이 반드시 적이 되는 것도 아니다. 사실, 그것들은 다른 수준에서 다른 집단들 사이에서 항상 동시에 존재해 왔었다. 끈질긴 하위문화이거나 또는 여러 세대에 걸쳐서 점차적으로 주류문화에 융합되는 수렴적 하위문화이거나 간에 문화적으로 독특한 집단들은 항상 존재해 왔다. 다시 언급될 내용이지만 그들의 규모가 지대했을 때조차도 그들은 핵심문화를 결코 위협하지 않았었다. 동화는 이민반대 공포유포자와 급진적 다문화주의자들의 주장에도 불구하고 소수자 집단에 영향을 미치는 강력한 힘이다(한 쪽의 지지자가 다른 쪽을 반대할지라도 다원주의와 동화는 미국 사회 내의 두 개의 현실이다).

리차드 알바(Richard D. Alba)가 우리에게 상기시켰던 것처럼, 동화는 다른 방식과 다른 수준에서 일어나고, 그것은 모든 차원에서의 민족적 기원의 말살을 반드시 의미하는 것은 아니다. 동화는 민족 공동체가 거대 도시에 계속해서 존재할 때, 그리고 수많은 개인들이 계속해서 그들의 민족 조상과 동일시할 때 일어날 수 있다.

> 〈*동화*〉는 우선 민족적 특징이라는 사회적 토대를 차츰 깎아내리는 장기적인 과정들을 말한다. 이 과정들은, 교육적 자질과 명망 있는 직업들과 같은 그러한 사회경제적 산물을 차지하기 위한 다소 뼈대만 갖춘 동등한 기회를 가져왔고, 민족적 배경과 특정한 경제적 지위 사이의 연결을 느슨하게 했고, 다른 사람들에게 민족 구성원임을 보여주고 민족적 연대를 유지하는 데 기여해 왔던 문화적 차이를 감소시키고, 도심의 민족적 중심구역으로부터 민족적으로 혼합된 교외로 주거지를 옮겼으며, 마지막으로, 높은 비율의 민족적 이민족 간의 결혼과 민족적으로 혼합된 조상을 만들어 내면서 민족적 혈통을 가로지르는 사회적 혼합을 쉽게 조장했다.[36]

허버트 갠스(Herbert Gans)는 동화와 다원주의 사이의 조화(reconciliation)는 문화적응과 동화의 특징을 상기함으로써, 구현할 수 있다고 말한다. 문화적응은 전통적 동화주의자의 이론과 최근 다원주의자 — 또는 민족유지(ethnic retention) — 이론 모두를 보더라도 언제나 동화보다 빨리 진행되어 왔다. 더구나 과거와 현재의 이민 연구자들은 세대가 다른 뉴커머들을 연구했으며, 그들의 연구를 각각 “내부자”(insider)와 “외부자”(outsider)의 가치를 기준으로 접근해 왔다.[37] 리차드 D. 알바와 빅터 니(Victor Nee)는 동화가 비록 균등하지는 않지만, 최근에 도착한 이주민들에게서 일어난다는 것을 보여준다고 덧붙인다. 그리고 정착과 언어습득, 이동패턴에서의 이러한 차이를 설명하는 동화 이론에서의 약간의 미세한 조정이 현재의 민족적·인종적 상황에 대한 우리의 이해를 향상시킬 수 있다고 제안한다.[38]

마지막으로 우리는 다원주의의 여러 다른 긍정적 모델들이 세계 어디에서나 존재한다는 것에 주목해야만 한다. 앞서 언급된 스위스는 공식적으로 세 개의 언어를 사용하고, 국가 입법기관 내에 있는 비례적 소수자 대표제를 실시하는 연방공화국이다. 벨기에 역시 세 개의 공식 언어를 가지고 있다. 그리고 헌법에서는 북쪽의 네덜란드어권 플레밍 지역과 남쪽의 프랑스어권 왈룬 지역에 공식 승인과 자치권을 부여하고 있다. 스칸디나비아 북쪽 지역(핀란드, 노르웨이, 스웨덴)에는 유럽에서 가장 큰 토착 집단들 중의 하나인 사미족이 살고 있다(약 85,000명). 한때 라플란드인(더 이상 사회적으로 용인되지 않는 용어)으로 알려진 사람들에게 동화를 강요하려 애썼던 과거를 보상하기 위해서, 삼국 정부들은 적극적으로 사미족 문화와 언어를 장려하고 민주적으로 선출된 사미족 의회의 권위를 지지하고, 2월 6일을 사미족 국경일로 공식 인정하였다. 신문, 라디오 프로그램 그리고 국영 TV의 매일뉴스방송 — 모두 사미어로 된 — 게다가 사미어를 모국어로 하는 교육 — 은 그들의 언어와 문화를 보존하는 또 다른 조치들이었다.

5. 백인문화가 있는가?

1990년대 중반 백인 연구에 대한 관심이 상당했다. 백인미국문화가 간단히 "미국문화"로 불린다는 점에서 백인 연구는 본질적으로 백인성이 어떻게 인종적 지배와 주도권으로 이어졌는지에 초점을 맞추었다. 그 때문에 흑인, 토착 원주민, 아시아인 또는 히스패닉 문화들은 "미국문화"가 아니고 대신 인종적 그리고/또는 민족적 하위문화들로 여겨진다. 백인문화가 존재한다는 관념은, 마치 물고기가 물 밖으로 나오기 이전에는 그것의 환경적 보편성 때문에 물을 의식하지 못하는 것처럼, 사람들이 그 관념을 이해하는 것이 어렵다고 백인 연구 옹호자들은 말한다.

백인문화가 "미국인" 문화와 독립적으로 존재한다는 전제는 모든 인종 집단들이 시간이 경과함에 따라 변화하는 커다란 사회적/문화적 특성을 가지고 있다는 것이다. 이러한 백인의 가치, 태도, 공유된 이해력, 그리고 행동 패턴 — 문화의 다양한 양상들처럼 — 은 집단 구성원들에 의해서 종종 실현되지 않는다. 왜냐하면 그것들이 당연하다고 여기는 세상의 일부이기 때문이다. 그러나 백인문화가 구성원들에게서 발견되지 않을지라도, 그것은 사실이며, 비백인들에 의해 쉽게 인식될 수 있다. 예를 들면, 제프 히치콕(Jeff Hitchcock)이 그의 책 *흰 베일 걷어 올리기(Lifting the while veil)*에서, 흑인문화를 "느낌은 감성(sensibilities)에 우선한다"고 말한다. 그는 어떤 느낌이 한 사람에게 엄습할 때, 흑인문화는 그것을 표현하는 것이 타당하다고 말하지만 백인문화는

> 우리가 서로에게 자제력을 요구하면서 우리 모두 미쳐버릴까봐서, 그 (감정적) 수위를 낮추기 위해 노력한다. 문화에서의 경험이 도움이 된다. 우리는 평생 어떻게 남의 권리를 침범하지 않을지, 다른 사람들의 "느낌"을 해치지 않을지, 소란을 피우지 않을지, 그리고 모든 다른 작은 사회적 규칙들과 습관들을 배운다. 우리는 그것을 억제하고, 그리고 자발적 행위와 … 단정한 품행과 일반적으로 예상할 수 있고 통제된 일상의 존재를 교환한다.[39]

백인문화의 존재에 대한 이해 부족은, 주류 집단이 대안적 문화경험을 인종과 같은 혹은 유색인 누군가의 개인적 실패로 잘못 오인하는 결과를 낳는다고 백인문화 지지자들은 말한다. 그것의 존재를 인식하는 것이 진정한 다인종적(multiracial) 사회를 세우는 첫걸음이 될 수 있다.

6. 요 약

문화는 규범적 정의를 제공한다. 그것에 의해서 사회 구성원들이 그들을 둘러싸고 있는 세계를 인지하고 해석한다. 언어와 다른 형태의 상징적 상호작용은 이 축적된 지식이 전달되는 수단을 제공한다. 문화적응은 새로운 사회의 언어와 상징체계 둘 다를 배우는 것을 요구한다. 하지만 때때로 상황은 그 결과에 있어 실제가 된다. 왜냐하면 사람들이 그것들을 이미 실

제로서 정의했기 때문이다(토마스 정리). 나머지 세상으로부터 격리되어 있지 않는 한, 사회는 문화 접촉과 이념, 발명, 그리고 관습의 확산을 통해서 변화를 겪게 된다. 거대한 사회 내에서, 보통 하위문화는 존재한다. 그들은 점차적으로 동화될 수 있거나(수렴적 하위문화들) 또는 여전히 독특할 수 있다(끈질긴 하위문화들).

소수자 통합의 세 가지 이론들이 나타났다. 동화 또는 다수자-순응은 토착민과 외국에서 태어난 많은 이들의 목표가 되었다. 그러나 모든 사람들이 이 목표를 추구하거나 그것을 성취할 수 있는 것은 아니다. 독특한 문화를 지닌 새로운 계통의 사람들이 발생되게 하는, 융합 또는 용광로라는 낭만적 개념은 비현실적인 것으로 입증되었다. 마지막으로, 수용 또는 다원주의는 공통적으로 공유된 핵심문화를 가진 사회에서 민족 다양성의 지속을 인식하는 학파에서 발생했다. 동화와 다원주의는 상호 배타적인 것이 아니다. 즉 동화가 끊임없는 강력한 힘을 발휘하면서, 둘 모두 언제나 동시에 존재해 왔다.

핵심용어

수용(다원주의) 이론	민족생성
문화적응	언어적 상대성
융합(용광로) 이론	주변성
미국화 운동	결혼동화
앵글로-순응	물질문화
동화(다수-순응) 이론	비물질문화
연쇄이주	규범
수렴적 하위문화	준언어적 신호
문화적 동화(문화 적응)	끈질긴 하위문화
문화적 다원주의	구조적 동화
문화적 전달	토마스 정리

문화 삼중 용광로
민족 하위문화 악순환 현상

연습문제

1. 문화, 현실 그리고 집단 간 관계의 연관성은 무엇인가?
2. 언어는 우리가 현실을 인식할 때 어떻게 영향을 미치는가?
3. 토마스 정리는 집단 간 관계에서 발생하는 문제들을 이해하는 데 우리에게 어떻게 도움을 주는가?
4. 외국인들이 미국문화를 바꾸고 있다고 주장하는 사람에게 어떻게 대답할 것인가?
5. 하위문화란 무엇인가? 그것들은 어떤 형태를 취하고 있는가? 이러한 형태는 집단 간 관계에서 어떤 의미를 가지는가?
6. 소수자 통합의 주요한 이론들에 대해 논의하시오.

읽을 거리

Gordon, Milton M. *Assimilation in American Life*. New York: Oxford University Press, 1964.

이 책은 미국인의 삶에서 인종과 민족성의 역할에 관한 분석을 적절하게 제공하게 준다.

Griswold, Wendy. *Cultures and Societies in a Changing World*, 2d ed. Thousand Oaks, Calif.: Pine Firge Press, 2003.

이 책은 문화의 요소와 동태에 대해, 그리고 기술과 세계 경제에 의한 문화확산 보급에 관해 면밀히 조사하고 있다.

Hall, Edward T. *Understanding Cultural Differences*. Yarmouth, Me.:

Intercultural Press, 1990.

이 책은 관리기법과 기업 조사를 통하여 프랑스, 독일, 미국 간의 민족문화를 비교하는 데 초점을 맞추고 있다.

Harrison, Lawrence E., and Samuel P. Huntington (eds.). *Culture Matters: How Values Shape Human Progress*. New York: Basic Books, 2001.

이 책은 문화가 국가와 이민자 사이에서 번영, 민주주의, 사회적 정의에 미치는 영향에 관한 사회과학자들의 에세이 모음집이다.

Hitchcock, Jeff. *Lifting the White Veil: An Exploration of White Culture in a Multiracial Context*. Roselle, N.J.: Crandall Dostie & Douglass Books, 2003.

이 책은 개인과 함께 미국 사회에서 백인의 역사에 관한 개관이다.

Ritzer, George. *The McDonaldization of Society*, 4th ed. Thousand Oaks, Calif.: Pine Forge Press, 2004.

이 책은 사회학적인 상상력의 훌륭한 사용이 세계적으로 일의 조직의 문화적 확산임을 보여준다.

인터넷 자료

북부 스칸디나비아에 있는 사미족에 관해 더 자세히 알고 싶으면, www.google.com/top/society/ethnicity/sami 검색.

백인문화에 관한 자세한 내용은 백인미국문화연구센터(CSWAC) 홈페이지 www.euroamerican.org/ 참조.

03

민족과 인종의 계층화*

"가난은 위대함을 가리는 장막이다"

- 칼릴 지브란

다수자 집단과 소수자 집단의 관계는 문화적 차이만큼이나 구조적 상황에 의해 영향을 받는다. **사회 구조**—기본적인 사회적 시스템 요소들의 조직화된 행동의 패턴—는 상대적으로 한 사회에서 다양한 사람들 간의 예측 가능한 사회관계를 만든다.

사회 구조의 특성은 (경제적·정치적 그리고 사회적) 권력자원의 배분뿐만 아니라 경제적 지위를 향상하고자 하는 집단들의 권력자원에 대한 접근성에 영향을 미친다. 경기 확장과 개방적 사회 시스템은 소수자 집단의 구성원들의 기회를 증가시켰고, 따라서 긴장이 일어날 가능성을 줄였다. 반대로, 경기가 침체되었거나 위축되었을 때 지위 향상을 위한 많은 노력들은 헛되게 되고 부족한 자원을 두고서 다른 집단의 경쟁으로 가장 위협받는다고 느끼는 사람들을 적으로 만든다. 그와 같은 상황은 다수자 집단과 소수자 집단의 충돌보다도 소수자 집단끼리의 충돌의 온상이 될 가능성

* 김현숙(부산대학교 사회과학연구소 전임연구원)

이 훨씬 더 많다. 왜냐하면 사회경제적 계층 구조에서 최고층 다음에 있는 집단이 아래로부터 더 빠르게 위협을 인식하고 부정적으로 반응할 수도 있기 때문이다.

경제 상태는 사회적 지위상승을 위한 기회에 영향을 미치는 단지 하나의 중요한 요소일 뿐이다. 또 다른 것으로는 한 소수자 집단의 낡은 사회와 새로운 사회 사이의 변화의 정도이다. 전통 사회 또는 농업 사회는 전형적으로 산업화로 변화를 겪는 사회보다 훨씬 더 안정적인 사회 구조였다. 산업 사회는 모든 것이 더 나은 것은 아니지만, 기회나 라이프스타일에 드라마틱한 변화를 제공한다. 이주한 소수자 집단과 새로운 정착지 사회 구조와의 양립 가능성은 새로운 국가와 그들 모국의 구조적 환경의 유사성에 달려 있다. 농업 사회에서 산업 사회로 떠난 사람은 새로운 사회로 진입하기 위한 준비가 거의 되지 않아, 이주 사회에서 낮은 보수를 받는 직업에 종사하며 가장 낮은 사회적 지위에 놓이게 된다. 만약 새로 정착한 사회의 경제가 빠르게 성장한다면, 경제적 지위 상승을 위한 기회가 있을 수도 있다. 이러한 의미에서 1880년에서 1920년까지의 미국의 구조적 상황은 현재와 비교할 때 미숙련 이주노동자에게는 더 나은 편이었다. 오늘날 미숙련직은 덜 풍부하여, 힘들고 어려운 일을 하면서 가족을 부양하고자 하는 미숙련 노동자의 욕망은 그렇게 하고자 하는 기회로 연결되지 않았을 수 있다.

그동안 과학기술의 발전은 세계를 더 가깝게 만들었다. 급속한 교통, 통신(라디오, 텔레비전, 컴퓨터, 인터넷, 팩시밀리, 그리고 당일 배달)의 발달은 과거보다 더 강하게 세계의 다른 부분들을 연결하도록 한다.[1] 그들의 모국과 친구들 혹은 친척들에 대한 접근성은 새로운 땅에서 충분히 동화되는 데 이민자들이 관심을 덜 가지도록 만들 수도 있다. 새로운 국가에서 낯선 사람과 친구가 되는 것이 덜 필요할지도 모른다. 게다가 사람들의 세계에 대한 더 많은 지식, 사회에 대한 사회적 인식의 증가, 그리고 이주의 구조적 기회 모두는 소수 집단 구성원들에게 훨씬 더 개방적인 환경을 만드는 것을 돕는다.

1. 계층화

사회계층화는 자원, 권력, 위신의 불평등한 분배를 바탕으로 하는, 사회 구성원의 계층 분화의 결과이다. *자원*은 수입, 재산, 그리고 대출 능력과 같은 요소들을 말한다. *권력*은 보통 계층을 반영하며, 다른 사람에게 영향을 미치거나 통제하는 능력을 의미한다. *위신*은 지위와 관련되는데, *타고 나거나*(연령, 성별, 인종 혹은 가족 배경을 바탕으로 한다) *얻어지는 것이다*(개인적 성취를 바탕으로 한다).

계층화의 과정은 계층화 형태에 따라 집단들 간의 압력과 충돌을 완화시킬 수도 혹은 악화시킬 수도 있다. 계층화 형태는 엄격하고 분명한 형태에서 유연하고 미묘한 형태까지 다양하다; 노예 제도, 카스트 제도, 그리고 강제 노동과 같이 공공연하고 엄격한 것에서부터 인종이나 민족 집단에 근거한 잘 드러나지 않는 계급 구별과 차별까지 다양하다. 인종과 민족 집단이 사회적 지위 상승을 달성하는 데 있어 이겨내기 어려운 장벽이나 작은 어려움에 직면하는지 여부는 계층화의 형태에 달려 있다. 계층화가 엄격할수록, 인종적·종교적 혹은 현존하는 배열을 정당화하는 다른 이데올로기가 출현하는 경향이 더 높다 — 미국에서 노예시대에 인종주의가 더 많이 증가했던 것처럼.

계층화의 형태는 사회의 다양한 계층 집단들이 다른 집단을 보는 방법에 영향을 미친다. 몇몇 사람들은 구조적 차이와 문화적 차이를 혼동한다. 예를 들어, 사람들은 한 집단의 낮은 사회경제적 지위가 인종주의, 경기 침체, 높은 도시 실업과 같은 구조적 상황보다는 그들의 가치와 태도에서 기인한다고 믿고 있을 수 있다. 계층화 형태는 집단 간 충돌 가능성에 영향을 미치는 중요한 결정요인이다. 미국에서 사회적 지위상승의 가능성과 그 가능성에 대한 구조적 장벽이 모두 존재해 왔다. 아메리칸 드림에 대한 인식과 그것을 성취하는 것의 어려움이라는 현실 사이의 불일치가 너무 클 때, 충돌의 가능성은 증가한다.

2. 사회계급

사회계급은 사회학자들이 계층적 위계 구조에서 사람들의 위치를 나타내기 위해 사용하는 하나의 범주이다. 즉 특정한 사회계급에 속하는 사람들은 수입, 재력, 권력, 지위, 그리고 라이프스타일 등에서 유사하다. 많은 요소들이 한 개인의 사회적 계급을 결정하는 것을 돕는데, 여기에는 특정 인종적·종교적·신분적 집단에 대한 개인의 소속 여부가 포함된다. 비록 미국에서 계급 집단 간에 뚜렷하게 정의된 경계가 있는 것은 아니지만, 사람들은 어떤 사회경제적 유사성을 기준으로 같은 집단으로 묶는 경향이 있다. 사회계급의 실재에 대한 개념이나 이미지는 사는 곳, 소유하는 것과 같은 변수들에 근거해 사람들이 서로에 대해 만든 사회심리학적 구별로 거슬러 올라갈 수 있고 그 구별 때문에 생기는 상호작용으로 거슬러 올라갈 수 있다.

1930년대에 로이드 워너(W. Lloyd Warner)는 미국에서의 사회계급 차별에 대한 연구를 주도했다.[2] **평판 연구방법(reputational method)**— 사람들에게 그들과 비교했을 때 다른 사람들을 어떻게 생각하는지를 질문함—을 이용하여, 워너는 잘 만들어진 계급 시스템을 발견했다. 워너는 "양키들의 도시"라고 부른 매사추세츠(Massachusetts) 주에 있는 인구 17,000명 정도의 작은 도시인 뉴버리포트(Newburyport)에서, 사람들을 6개 계급—상상층(upper-upper), 하상층(lower-upper), 상중층(upper-middle), 하중층(lower-middle), 상하층(upper-lower), 하하층(lower-lower)—으로 구분하였다.

스테판 턴스트론(Stephan Thernstrom)이 지적한 것처럼, 워너가 사회역사적 접근을 하지 못했기 때문에 몇 개의 잘못된 결론에 도달했을지라도, 그의 연구 결과 중 몇 개는 우리들의 관점에도 유효하다.[3] 그와 그의 동료가 다양한 계급 속에서 민족 집단의 분포를 조사했을 때, 특정 요인들이 나타났다. 첫째, 민족 집단의 거주기간과 계급 지위 사이에는 중요한 관계가 존재하였다; 최근 이주민일수록 더 낮은 계급에 놓이는 경향이 있다. 게다가 그 사회 내에 한 민족 집단의 인구가 상대적으로 클수록, 그들의 모국이 가까울수록(예를 들어, 프랑스계 캐나다인의 사례), 영구 정착자가 아닌 임시체류자인 경우, 그 사회 내에서 한정된 성취기회만이 주어진다면, 민족 집단은 덜 동화되고 덜 신분이 상승하는 경향이 있다.[4]

사회계급은 예측을 위한 기반을 제공하기 때문에 집단관계에서 중요하다. 알랜 컬크호프(Alan Kerckhoff)가 주장하듯이, 사회계급은 아이의 성격발달에 중요한 경험, 아이에 대한 다른 사람의 기대, 그리고 아이들이 닮고자 하는 어른상 등이 상호작용하는 특별한 배경이 된다.[5] 이 의미심장한 측면 이외에 사회계급은 또한 타인의 반응 그리고 자기 인식의 평가기준이 된다. 결과적으로 사회계급은 현실에 대한 개인의 세계를 형성하도록 하고 집단의 상호작용에 영향을 미친다. 사회계급 틀 안에 형성된 태도와 행동을 변경할 수 없는 것은 아니다; 만약 환경이 변한다면 그들도 변할 수 있다.

3. 계급의식

워너와 다른 학자들이 보고했던 민족적 요인들은 사회계급에 대한 인식을 형성하는 데 얼마나 중요한가? 민족적 요인들의 중요성은 수많은 변수들에 달려 있는데, 경제적 상태, 이주 패턴, 우세한 태도와 같은 많은 변수들에 의존한다. 존 레깃(John Leggett)은 계급의식이 민족적 요인에 의존한다는 것을 발견하였다: 사회에서 집단의 민족적 지위가 낮을수록 계급의식 수준은 높아진다.[6] 다른 연구들은 노동계급 민족 집단이 그들의 계급보다 더 높은 지위계급에 대해 그리고 그들의 정치적 통제에 대해 적대적으로 보는 경향이 있다는 것을 보여준다.[7]

소수 민족 집단이 과도하게 하층계급으로 대표되기 때문에 그리고 미국 사회에서 중간계급의 가치가 지배적이기 때문에, 적어도 각 집단의 일부 태도는 사회계급에 대한 사람들의 가치 판단의 결과로 가정하는 것이 바람직할 것 같다. 즉, 아마도 소수 민족 집단에 대한 주류 집단의 비판과 고정관념은 부분적으로 계급 구분에 의지하는 것 같다.

사회-계급 지위는 소수자 집단의 적응과 수용에 중요한 역할을 한다. 예를 들어, 미국에 도착한 쿠바(1960년대)와 베트남(1970년대) 난민의 첫 번째 물결은 중간계급의 교육과 직업 경험이 있었기 때문에 초창기 원주민의 우려를 극복했고, 초창기 난민 집단이 부딪쳤던 것과 같은 수준의 부정적 인식에 직면하지 않았다. 반면에 특별한 기술이 없고 종종 글을 읽거나 쓸 줄 모르는 소작농은 미국 사회에서 하층계급으로 편입되었으며, 많은 미국 시민들은 그들의 열등한 방식 때문에, 그들을 얕보고, 피하고, 그리고 차별하였다. 종종 이러한 태도와 행동들은 문화적 차이뿐만 아니라 계급 차이에 대한 인식을 반영한다. 사회계급 위계에서 다수자 집단이 보통 더 높은 계층을 차지하기 때문에, 사회계급의 가치와 라이프스타일에 있어서의 차이 — 민족적 · 문화적 차이점들에 덧붙여서 — 는 마찰의 원인이 될 수 있다.

4. 민족성과 사회계급

지금까지 많은 학자들이 그렇게 하려고 시도했지만, 다양한 집단계층화의 차이는 하나의 요인만으로 설명될 수 없다. 예를 들어, *민족의 신화(The Ethnic Myth)*에서 스테판 스테인버그(Stephen Steinberg)는 문화요인을 최소화하면서 사회 구조의 중요성을 강조했다.[8] 그에게 미국에서 유대인의 성공은 유대인의 가치보다는 도시화된 나라에서 그들의 직업 기술 때문이다. 반대로 토마스 소웰(Thomas Sowell)은 *에스닉 아메리카(Ethnic America)*에서 특정 집단의 문화적 특성과 주류문화의 특성과의 공존 가능성은 특정 집단의 경제적 성공 수준을 결정한다고 주장했다.[9] 실제로, 구조적 요소들과 문화적 요소들은 밀접하게 연관되어 있다. 사회 구조만을 강조하는 것은 교육에 관한 가치와 같은 중요한 문화적 변인들을 무시한다. 문화만을 강조하는 것은 성공하지 못한 사람을 비난하는 것으로 연결될 수 있다.

콜린 그리어(Colin Greer)는 민족 중심적 분석을 지나치게 강조하고 더 큰 계급의 문제를 무시한다고 비판했다:

> 이러한 종류의 민족 환원주의는 우리에게 사회가 미리 결정한 것을 진실로 받아들일 것을 강요한다. 정체성은 민족성을 통해서만 확실하게 얻어질 수 있다. 그 결과는 사실 개인과 사회 구조의 관계에 대한 우리의 이해를 발전시키는 민족적 문제들은 항상 우리를 공통의 유산인 비참한 불평등과 중재시키는 방법으로 제기된다는 것이다. 잘 정의된 계층 구조의 결여는 정당화된 귀족 전통과 연결되어 있으며, 이는 미국인들로 하여금 사회계급으로 직접 구분하는 대신 민족적 다원주의의 언어를 사용하도록 이끌었기 때문에 우리는 우리 사회 내의 진정한 계급 요인들을 계속 무시하고 있다. 우리가 궁극적으로 이야기해야 하는 것은 계급이다. 지각된 민족성의 신호는 이 사회에서 계급 위치를 인식할 수 있는 특성으로 밝혀지고 있다: 흑인, 아일랜드인, 이탈리아인, 유대인이라고 느끼는 것은 도착하자마자 그리고 곧 그 이후에 미국에서 욕구와 기회에 부합하는 당시의 유산의 일부와 타협하여 살아가는 방법을 의미해 왔다.[10]

1964년에 그리어의 연구가 있기 10년 전, 밀톤 고든(Milton Gordon)은 다수자 집단과 소수자 집단관계가 더 큰 사회 구조의 맥락에서 조사되어야 함을 제안했다.[11] 이 제안은 인종과 민족 연구에서 중요한 터닝 포인트로 기록되었다.[12] 비록 그가 모든 집단이 결국 동화될 것이라고 믿었지만, 고든은 현재의 다원적 사회에 대해 설명했다. 그의 중심 주제는 네 가지 요인들 혹은 사회 범주들이 국가 내에서 하위 사회를 형성함에 있어 부분적 역할을 수행한다는 것이다: 즉, 민족성, 사회계급, 시골 혹은 도시 거주지 그리고 지역적 특성(regionalism) 등이 그것이다.[13] 이러한 요소들은 수많은 **민족계급** — 사회계급의 계층과 인종과 민족 집단의 계층이 상호교차해서 만들어지는 하위사회 — 을 생성하기 위한 다양한 조합의 결합이다. 추가적 결정요인은 집단이 살고 있는 시골의 혹은 도시의 환경과 특정한 지역이다. 민족계급의 예는 북동부 도시의 하층-중간계급의 백인 가톨릭교이고 남부 시골은 하층계급의 흑인 침례교이고, 서부 도시 지역은 상층계급의 백인 유대인들이다.

많은 연구들은 사회계급과 함께 인종과 민족성이 사회 구조와 집단 내 충돌에서 중요하다는 것을 지지한다.[14] 예를 들어, 토마스 페티그로(Thomas Pettigrew)와 찰스 윌리(Charles Willie)는 인종과 계급의 교차지점을 이해하는 것이 계속되는 흑인 빈곤을 이해하는 데 중요한 요소임을 주장한다.[15] 민족계급 집단화가 존재할 뿐만 아니라 사람들은 그들의 친밀한 1차적 관계를 유지하기 위해 같은 민족계급 내부에서 상호작용을 하는 경향이 있다. 이것이 사실이라면, 복합적인 충성과 충돌은 불가피하다. 이러한 관점에 따라 문화적 다원주의와 구조적 다원주의가 현재 존재한다; 수많은 집단들이 현재 사회계급과 문화적 구분을 기초로 하여 하위 사회로 분리되어 공존하고 있다. 심지어 몇 세대 동안 미국에서 살아 온 사람들조차, 하위 사회에 연계되어 있고 참여하고 있다. 그럼에도 불구하고 고든은 구조적 동화가 결국 일어날 것이라는 단선적 과정으로 동화를 본다.

가난한 사람 때문인가 사회 때문인가?

1932년에, 프랭크린 프레이저(E. Franklin Frazier)는 비체계적이고 병리학적인 하층계급문화라는 개념들을 만들었다. 이 논문은 1960년대 논란이 많이 되었던 **빈곤문화**에 대한 관점을 제공한다.[16] 두 명의 학자 다니엘 모니한(Daniel P. Moynihan)과 오스카 루이스(Oscar Lewis)는 오늘날까지 계속되고 있는 열띤 논쟁을 촉발시켰다. 1965년 정부보고서 "검둥이 가족: 민족 행동의 사례"(The Negro Family: The case for national Action)에서 모니한(Moynihan)은 "병리학적 혼란"이 흑인 사회에 만연하여 오직 외부의 개입만으로 극복될 수 있는 빈곤과 박탈의 악순환을 영구히 할 것이라고 주장하기 위해 그 출발점으로 프레이저의 연구결과를 인용

했다.[17]

가족 해체. 모니한은 가족 해체가 높은 실업, 복지 의존, 불법, 낮은 성취, 청소년 범죄, 그리고 성인 범죄의 핵심적 원인이었음을 주장했다:

> 흑인 가족의 해체가 흑인 사회 조직의 해체의 핵심이다. 그것은 현재 흑인 공동체의 약화의 근본적인 원인이다. 백인 가족은 높은 수준의 안정성을 성취했고 그 안정성을 유지하고 있다. 반대로 하층계급의 흑인 가족 구조는 매우 불안정하고, 많은 도시에서 완전히 붕괴되고 있다.[18]

모니한은 흑인 남성이 불안정한 직업에 고용되고, 그것이 강한 아빠와 남편으로 역할하는 것을 방해한다고 주장했다. 이러한 환경은 지속적이고 잔인한 순환의 온상이 되고 있다고 주장한다: 여성은 종종 그녀의 자녀를 양육할 뿐만 아니라 가족을 위해 일을 한다. 그 결과 아이들은 제대로 관리되지 못하고 불안정한 환경 속에서 자란다; 아이들은 종종 학교에 제대로 다니지 않거나 중퇴한다; 아이들은 단지 저임금 직종에만 고용된다 — 그리고 그 순환은 다시 시작된다.[19] 모니한 보고서는 도심에서 흑인 남성을 위한 직업창출을 위한 국가적 조치(federal action)가 필요하다고 지적한다:

> 병리학적 혼란의 중심에 가족 구조의 유약함이 있다. 한 두 세대가 지나면서, 그것은 빈곤과 박탈의 악순환을 영구히 하는 탈선적이고 부적합하고 또는 반사회적인 행위 대부분의 주요한 원천으로 밝혀질 것이다. …
> 그러면 무엇이 문제인가? 우리는 해답이 분명하다는 것을 안다. 3세기 동안의 부정의(불평등)는 미국 흑인의 삶에서 심각한 구조적 왜곡을 초래하였다. 이 지점에서, 현재의 병리학의 왜곡은 백인 사회가 거들지 않아도 스스로 영구화할 수 있다. 그 순환은 이 왜곡이 제자리로 돌아갈 때만 깨어질 수 있다.[20]

논란이 많았던 1986년의 TV 다큐에서 빌 모이어(Bill Moyers)는 특정한 문화적 가치와 하층계급 흑인 가족의 악화된 상황이 관계가 있다는, 모니한의 관점을 부르짖었다.[21] 1990년에 모니한은 1960년대 이후 사회적 악화가 심화되었음을 주장하면서, 그리고 특히 1963년에는 백인 출생의 3% 그리고 흑인 출생의 24%가 사생아였는데, 1987년에는 각각 16%와 63%라는 놀랄 만한 증가에 주목하였다.[22] 이 비참한 통계는 모니한이 1965년 보고서의 주장을 되풀이하도록 한다:

> 19세기 동부 해안지방의 불결한 아일랜드인 빈민가에서부터 폭동이 할퀴고 간 LA 교외지역에 이르기까지, 미국역사에는 한 가지 분명한 교훈이 있다: 수많은 젊은 남자들이 여성이 주도하는 해체된 가족에서 성장하도록 하는 사회는 결코 남성 권위와의 안정된 관계를 얻지 못하며, 미래에 대한 어떤 기대도 할 수 없을 것이다—그 사회는 혼란 그 자체이다. 범죄, 폭력, 불안, 무질서—특히 대부분이 전체 사회 구조에 대해 분노와 무절제한 비난을 퍼붓는다—그것은 단지 미래의 일이 아니다; 곧 일어날 것이다.[23]

빈곤의 영속화. 모니한의 입장은 *산체스의 아이들(The Children of Sanchez, 1961)*과 *라 비다(La Vida, 1966)*에서 상세히 묘사되었던, 빈곤의 하위문화에 관한 오스카 루이스(Oscar Lewis)의 이론적 전제와 같다.[24]

> 그러나 빈곤문화는 단지 더 큰 사회의 일련의 객관적 환경에 대한 적응이 아니다. 빈곤문화가 발생하기만 하면, 그것은 아이들에게 영향을 미치기 때문에 세대에서 세대로 영속화하면서 존재하게 된다. 일반적으로 빈민가 아이들은 6-7살이 될 때까지 그들 하위문화의 기본적인 가치와 태도를 흡수하며, 그들의 삶에서 생길 수도 있는 상황 변화나 늘어난 기회를 완전히 이용할 수 있도록 심리적으로 준비되지 못한다.[25]

루이스는 정치적으로 좌파이고, 몇몇 비판들이 잘못 해석하는 것처럼, 가난한 사람들 책임으로 보지 않는다. 오히려 그는 빈곤의 일상화를 강조하면서 사회체계가 가난한 사람들에게 악영향을 미친다고 주장하였다.[26] 보수주의자인, 에드워드 밴필드(Edward Banfield)는 루이스의 입장을 재

구성하여, 빈곤이 하위문화 패턴 때문에 지속된다고 주장한다. 그러나 루이스가 이익을 목적으로 하는 자본주의 생산 메카니즘이 빈곤의 원인이라고 본다면, 밴필드는 빈곤의 원인을 빈곤 피해자의 습관에서 찾고 있다. 밴필드는 좋은 직업, 좋은 주택, 3배의 생활보호지원금, 새로운 학교, 양질의 교육, 그리고 경찰서가 문제를 멈출 수 있는 것이 아니라고 주장한다. 그는 덧붙여서 주장한다:

> 그러나 만일 하층계급들이 사라진다면—만약 그들이 하루 만에 노동계급의 태도, 동기, 그리고 습관을 갖게 된다면—가장 심각하고 다루기 힘든 도시의 문제가 모두 사라질지도 모른다. … 하층계급의 모든 문제는 실제로는 단 하나의 문제이다: 미래관과 라이프스타일은 과도하게 현재 지향적이고, 그러므로 일하고, 희생하고, 자기향상 혹은 가족, 친구, 공동체를 위한 봉사 등에 어떠한 가치도 부여하지 못한다.[27]

대부분의 미국 사람들은 가난한 사람들이 그들 가난에 책임이 있다고 생각해 왔다. 1972년과 1986년의 국가 여론조사에서 국민의 다수는 열심히 일하는 모든 사람에게 경제적 기회가 있으며, 개인은 사회에서 그들의 지위에 책임이 있고, 그들이 벌어들인 수입을 누릴 만한 자격이 있다고 응답하였다.[28] 2001년 국가 여론조사에서, 응답자의 70%는 약물남용이 가난의 주요한 원인이고, 응답자의 반 이상이 의료비와 도덕적 해이가 가난의 주요 원인이지 직업의 부족이 원인이 아니라고 생각하였다.[29] 약물 남용과 도덕적 가치가 직업 부족과 같은 구조적 원인에서 개인적 원인으로 바뀌면서, 미국 사람들은 여전히 가난한 사람들에게 그들의 빈곤한 환경에 대한 책임을 전가한다.

또 다른 형태의 "책임전가 게임"(blame game)은 복지정책이 논의될 때마다 일어나는 정치적 논쟁에서도 발생한다. 예를 들어, 1996년 미국 의회가 복지개혁법을 통과시켰을 때, 복지개혁법의 명칭이 "개인적 책임과 노동기회법"(Personal Responsibility and Work Opportunity Act)이었는데, 가난한 사람들이 만약 가난으로부터 도망쳐 나오기를 원한다면 그들의 삶의 방식을 변화시켜야만 한다는 것을 감지하는 것이 어렵지 않다. 그 법의 중요한 규정은 생활보호지원금에 대한 시간제한과 2년 후 생활보호지원금 수령자가 반드시 일해야만 한다는 요구 조건이다. 몇몇 게으른 사람이 일하는 것보다 정부 지원금에 의지해서 살기를 선호한다는 것은 의심할 여지가 없다. 그러나 생활보호지원금 수령자 중에서 극히 적은 사람들만이 그렇게 할 뿐이다. 가난 속에 살고 있는 사람들의 대부분은 일을 하지만 그들의 낮은 교육 수준과 직업 기술은 그들이 낮은 임금과 종종 불안정한 일에만 머물도록 한다.[30]

비판. 비록 그들이 같은 것을 말한 것이 아님에도 불구하고, 모니한, 루이스, 그리고 밴필드는 1960년대와 1970년대 — 시민권 운동 전성기 — 에 그들을 탓하고 있다고 느꼈던 비평가로부터 심한 비판을 받았다. 비평가들은 세대 간 빈곤이 차별, 구조적 상황, 혹은 계층화 강도에 의해 초래된다고 주장하였다. 하층계급문화에서 발견되는 운명론, 무관심, 낮은 열정, 그리고 다른 유사한 경향은 세대 안에서의 상황에 따른 반응이지 부모에서 자녀에게로 이어진 문화적 결핍의 결과가 아니다.

윌리엄 라이언(William Ryan)은 피해자를 탓하는 것이 적절하지 못한 사회 프로그램을 야기한다고 주장한다. 만약 우리가 사회적으로 발생하는 빈곤이라는 오점을 하위문화의 특성으로 표현한다면, 우리는 지금 피해자를 괴롭히는 사회적 힘의 계속되는 영향을 무시하게 된다. 그 결과 우리는 인종차별주의를 극복하는 대신 "엉망 상태"인 흑인 가족을 돕는 데 집중하거나 저소득계층 어린이들이 다니는 매우 형편없는 학교들을 수리하기보다 그 어린이들의 "더 나은" 태도와 기량을 발전시키는 데 노력하게 된다.[31]

찰스 발렌티노(Charles A. Valentine)는 빈곤문화에 대한 연구와 루이스에 대해 감정적으로 공격했다.[32] 그는 루이스가 주장한 가난한 사람들의 "계급 구별적 특성들" 중 많은 것이 "외부적으로 부가된 상황"(실업, 붐비고 열악한 주택, 그리고 교육의 결핍) 혹은 "피할 수 없는 상황적 편의주의에 관한 문제"(사회 제도에 대한 적대감 그리고 낮은 기대와 자기 이미지)라고 주장했다.[33] 오로지 전체 사회 구조와 자원들을 가난한 사람들이 이용할 수 있도록 변화시켜야만 우리는 생존에 관한 하위문화의 특성을 제거할 수 있다.

하지만 루이스도 이렇게 말하고 있었다.[34] 미국 연방정부의 "빈곤과의 전쟁"을 촉발시키는 데 일조한 *또 다른 미국(The Other America, 1963)*의 저자 마이클 해링톤(Michael Harrington)은 루이스를 옹호했다.[35] 루이스처럼 해링톤은 사회가 빈곤문화에 책임이 있다고 말했다: 왜 가난한 사람들이 거기에 있는가에 대한 실질적 설명은 그 나라에서 안 좋은 분야에, 안 좋은 사업에, 안 좋은 인종적 혹은 민족적 집단에 있는, 안 좋은 부모 밑에 태어나는 실수를 했다는 것이다.[36]

루이스처럼, 발렌티노, 해링톤, 그리고 다른 사람들은 만일 모든 사람들이 그렇게 하는 경제적 위치에 있었다면 그들은 아마 같은 것을 바라고 같은 가치들을 소중히 여겼을 것이라고 주장하였다. 그들이 그렇지 않기 때문에 그들은 생존을 위해 다른 가치들을 가져야 했다.[37] 엘리엇 리보우(Eliot Liebow)는 하층계급 흑인 남성에 대한 참여관찰연구에서, 그들은 더 큰 사회의 많은 목표를 성취하고자 노력했지만 그들의 아버지들과 같은 이유로 실패했다고 결론 내렸다: 그 이유에는 차별, 준비 안 됨, 직업 기술의 부족, 그리고 자기회의 등이 있다.[38] 세대 간의 유사성은 문화적인 전달이 아니라 같은 실패에 대한 자식의 독립적 경험 때문이다. 독자적인 문화과정처럼 보이는 것은 사실 구조적 한계를 극복하기 위한 성인의 무능력에 대한 2차적 적응이다.

비슷한 방식으로 하이먼 로드만(Hyman Rodman)은 모든 사회계급이 한 사회의 일반적 가치를 공유하지만 하층계급은 이러한 가치를 거부하는 것은 아니지만, 현실적인 성취 수준을 대표하는 추가적인 가치를 채택한다고 말했다. 하층계급은 주류 사회의 조금 더 성취하기 어려운 가치들을 거절하는 것이 아니라, 더 넓은 범위의 가치들까지 포괄하는 **가치-확장적 접근(value-stretch approach)**을 이용한다:

> 하층계급 사람들은… 그들이 이룰 수 없는 중간계급의 가치에 강하게 전념하지 않으며 그들은 단지 다른 사람들이 중간계급의 가치들에 맞게 살고 있는지 여부에 근거해 보상하거나 벌주는 방법으로 다른 사람들에게 계속 반응하지 않는다. 변화는 일어난다. 그들은 중간계급 가치로부터 어떠한 일탈을 인내하고 결국 호의적인 평가를 얻게 된다. 이 방식으로 그들은 도달하기 불가능한 가치에 부응하기 위해, 그들의 실패에 대해 지속적으로 좌절감을 느낄 필요가 없다. 그 결과가 확장된 가치 시스템(a stretched value system)이다.[39]

리차드 델라 페이브(L. Richard Della Fave)는 가난한 사람들이 이상적으로 선호하는 가치와 기대하는 성취 사이의 갭이 너무 클 때 가치-확장적 접근을 취한다고 덧붙인다.[40] 환원하자면 가난한 사람들은 다른 가치를 가지는 것이 아니라 실용적인 대응 메카니즘(pragmatic coping mechanisms)을 반영하는 다른 행태를 취한다. 그들은 덜 기대하기 때문에 덜 만족하는 것을 배웠다.

빈곤의 문화가 **경제적 결정론**(구조적 장벽이나 차별)의 결과이냐 **문화적 결정론**(문화적 불충분함의 전승)의 결과이냐를 둘러싼 논쟁은 계속된다.[41] 원인이 무엇이든지 간에 복지와 도시 빈민(대개 인종적·민족적 소수자들)에 대한 대부분의 사람들의 태도는 한 위치에서 혹은 나머지 위치에서 있는 신념을 반영한다. 흥미롭게도 두 가지 견해 모두 어떤 종류의 결정론이 가난한 사람들의 운명을 결정한다는 신념을 공유하고, 그러므로 이 둘은 서구적 사고에서 대중적인 "자유-의지" 테제 — 모든 개인이 그 혹은 그녀 자신의 운명을 "만든다"는 개념 — 를 반영한다. 두 사회학적 관점은 또한 빈곤의 지속을 극복하기 위한 고용과 교육 기회의 확대를 지지한다.

그러나 불평등과 빈곤의 조건에 대한 기능론적 설명은 갈등론적 관점과 상당히 다르다. 빈곤은 개인적 부족함의 결과인가? 장기간의 빈곤은 한 세대에서 다음 세대로 전달되는 부정적 가치들의 개발로 이어지는가? 가난한 사람의 개인적 특성은 오랜 기간의 빈곤의 결과인가 혹은 그들이 빈곤의 상태에 간단히 적응한 것인가? 가난한 사람들을 비난하는 질문들과 특히 소수자 집단을 빈곤하게 하는 사회경제적 시스템의 존재에 대한 질문들은 두 관점과 다른 분석적 해답을 떠올리게 한다. 둘 중 하나를 선택하는 대신에 두 가지 관점 모두를 선택한다면? 그때 우리는 이러한 문제에 어떻게 대답할 것인가?: 불평등은 사회에 불가피한가?

5. 집단 간 충돌

문화적으로 구별되는 집단들이 상호작용할 때 갈등은 불가피한가? 구조적 상황이 갈등의 가능성을 증가시키는가 아니면 줄이는가? 로버트 파크(Robert E. Park)는 보편적이고, 돌이킬 수 없고, 가능한 한 느리게 진화하는 사건의 순환은 갈등을 만들고 그 다음 필연적인 동화에 의한 해결로 이어진다고 주장했다. 이 "인종관계 순환"은 4가지 단계가 있다: (1) 집단들 사이의 충돌; (2) 경쟁; (3) 적응과 타협; 그리고 (4) 동화와 융합이 그것이다. 파크가 있던 당시에 *인종* 개념은 인종적 그리고 민족적 집단을 의미하므로 그의 언급은 이 광의적 관점에서 이해되어야 한다. 파크에 의하면:

> 추상적으로 말하자면, 접촉, 경쟁, 타협, 그리고 궁극적으로 동화의 형태를 취하는 인종관계 순환은 분명히 연속적이며 거꾸로 되돌릴 수 없다. 출입국 규제, 이민 제한, 그리고 인종 장벽은 (순환)운동의 템포를 늦출 수도 있다; 아마도 한동안 전체적으로 그 순환을 중단할 수도 있다; 그러나 순환방향을 변경할 수 없으며, 어쨌든 그 방향을 거꾸로 되돌릴 수 없다. … 동화 그리고 궁극적으로 인종 융합의 경향이 존재하기 때문에, 그들은 저항해서는 안 되고, 만약 가능하다면 억제해야 한다는 것을 따르지 않는다. … 유색인과 동양인 배제 법규를 제정하는 흐름이 일어나는 것은 단지 이 줄어드는 격차로 인해 부수적으로 발생하는 증거들이다. … 태평양의 모든 인종들이 만나고 섞이는 하와이에서 원주민은 사라지고 있으며 새로운 사람들이 생겨나고 있다. 인종과 문화는 사라지지만—항상 그렇게 해 왔다—문명은 이어 나갈 것이다.[42]

파크의 이론은 그가 살던 시대에 유행하던 동화주의자들의 사고에 적합하지만 그의 인종관계 순환은 몇 가지 문제가 있다. 본질적으로 한 사회의 하위 집단 간 상호작용의 모든 사례들이 동화로 끝난다는 주장은 검증될 수 없다. 왜냐하면 반동화(nonassimilation)의 어떤 사례는 인종관계 순환이 아직 완전하지 않다는 것을 보여주는 예시로 잘 설명될 수 있기 때문이다.[43] 더구나, 파크는 그의 순환모형이 완성에 도달했다는 것을 보여주는 어떠한 사례도 결코 제시한 바가 없다; 하지만 파크와 다른 순환 이론가들은 자신들의 이론을 반박하는 그런 부정적 데이터를 찾는 대신에 동화되지 않는 것은 일시적인 장애나 방해 때문이라고 보았다. 스텐포드 라이먼(Stanford M. Lyman)은 그러한 중복되는 추론으로 인해 이 이론은 경험과학의 핵심요소가 결여된 상태라고 주장한다: 그 순환모형은 증명할 수 없거나 틀렸음을 입증할 수 없다.[44] 비록 우리가 앵글로 색슨 거주자와 노르만계 프랑스인(Norman-French) 침략자 간 상호작용을 하나의 사례로 고려해 볼 수 있을지라도 그 두 집단은 "영국"이 출현했을 때 점진적으로 사라졌다.

한편 파크의 순환 이론에서 입증된 것으로 본 각 단계들의 보편성은 서로 다른 집단이 만날 때 충돌과 경쟁이 일어나지 않는 반대사례에 의해 논박되어 왔다. 브라질과 하와이는 서로 다르고 동화되지 않는 사람들 사이에 상대적으로 평화롭고 조화로운 상호작용이 존재하는 두 장소이다. 그러나 많은 다른 집단 간 관계에서 어떤 형태의 스트레스, 긴장 혹은 충돌 같은 것들이 일어난다. 이 장에서 우리는 그와 같은 충돌의 기저가 되는 주요한 요인들을 조사할 것이다: 문화적 차이와 구조적 차이가 그것이다.

1) 문화적 차이

이주한 소수자 집단과 토착민 집단 간의 유사성이 있을 때, 그 관계는 비교적 조화로운 경향이 있고 결국 동화가 발생할 것이다.[45] 반대로 **문화적 차이**가 크면 클수록 그리고 더 드러날수록 충돌이 일어날 가능성은 더 크다. 많은 독일인들과 아일랜드 가톨릭인들이 19세기 중반에 미국에 도착했을 때, 개신교들은 불안해했다. 신부와 수녀들이 도착했고 가톨릭인들이 성당, 수녀원, 학교를 세웠을 때, 개신교인들은 교황(가톨릭교)이 국가를 지배하려는 것에 놀랐다. 감정이 고조되었고 시민 소요와 폭력이 뒤따랐다.

몰몬교(Mormons), 유대교(Jews) 그리고 케이커교도(Quakers)가 경험한 차별적 대우의 역사가 증명하듯이, 종교는 종종 미국에서 문화 충돌의 기반이 된다. 그러나 문화적 시계의 다른 여러 측면들은 또한 논란의 근원이 될 수 있다. 문화적 차이들은 의복(예를 들면, 시크교도 터번과 힌두교도 사리)에서 여가 활동(예를 들면, 히스패닉 닭싸움)에까지 다양하다. 비록 영국이 아편을 중국에 전파하고, 하층계급 중국인에게 아편 흡연을 조장하고, 심지어는 수익성이 좋은 무역을 유지하기 위해 중국 정부와 전쟁을 했을지라도, 미국인들은 한때 중국인들을 아편 흡연자라고 비난하였다.

문화적 차이가 반드시 집단 간 충돌의 원인은 아니다. 문화적으로 구별되는 집단들 간의 관계에서 불일치(편차)에 대한 부분적 설명은 상호작용 이론에서 가능한데, 이 이론은 상호소통하는 집단들 간의 공유된 상징과 정의의 범위(정도)는 그들의 상호작용 패턴의 속성을 결정한다고 주장한다. 비록 실질적 차이가 충돌을 야기할지라도, 상호작용주의자들은 조화롭거나 조화롭지 못한 관계의 핵심은 이러한 차이에 대한 정의와 해석에 놓여 있음을 주장한다. 관용 혹은 불관용 — 타자에 대한 수용 혹은 거부 — 은 그러므로 타자가 위협적으로 인식되느냐 그렇지 않느냐, 동화할 것으로 인식되느냐 그렇지 않느냐, 가치 있게 인식되느냐 그렇지 않느냐에 달려 있다.

2) 구조적 차이

기능주의 이론과 갈등 이론은 사회에 대해 거시 사회적 분석을 하기 때문에, 이 두 이론은 구조적 상황이 집단 간 관계에 어떻게 영향을 미치는지를 이해하기 위한 토대를 제공한다. 기능주의자들은 다른 변화에 대해 보완하기 위해 사회 시스템에 필요한 적응에 대한 설명을 추구한다. 갈등주의 이론가들은 불평등 시스템을 유지하려는 주류 집단의 의식적이고 의도적인 행동을 강조한다.

기능주의자들은 때때로 경제적 그리고 기술적 상황이 어떻게 소수자 집단의 통합을 용이하게 하는지를 설명한다. 경제가 건강하고 직업이 풍부할 때, 새로 온 이주민들은 보다 쉽게 자리를 잡으며 그리고 사회경제적 지위를 상승시키기 더 수월하다는 것을 알게 된다. 그러나 오늘날 미국 사회에서 기술적 진보는 수많은 하층계층의 블루칼라 직업을 감소시켰고, 매우 높은 기술과 교육수준의 노동자를 요구하는 상층 지위의 화이트칼라 직업을 증가시켰다. 그 결과 소수의 직업만을 미숙련의, 외국인의, 사회 주변부의, 그리고 동화되기 어려운 사람들이 이용할 수 있다.

아마도 경제적 안정과 지위의 원천으로서 직업이 가지는 중요성 때문에, **직업이동성** — 개인이 그들의 직업 지위를 향상시킬 수 있는 능력 — 은 편견이 증가할 것인지 감소할 것인지를 결정하는 데 중요한 요소가 되는 것처럼 보인다. 많은 연구들은 사회적 지위의 하향이동은 민족 적대감을 증가시켰다는 것을 보여준다. 미국 노동자에 관한 한 연구에서 문화적 규범 혹은 경제적 복지에 대한 인식된 위협은 이민자에 대해 더욱 부정적인 태도로 이어진다는 것을 발견했다.[46] 다른 연구들은 경제적 상황이 좋지 않을 때 이민자에 대해 편견적 고정관념과 태도를 강화시킨다고 한다.[47] 또한 사회적 지위가 상승한 사람들은 그러지 못한 사람들보다 일반적으로 더 관용적이다. 지위상승 획득이 사람들이 타인에게 더 자비로운 태도를 가질 수 있도록 하는 반면, 지위와 위신의 상실은 외부 집단에 대한 적대감을 증가시킨다.

6. 민족적 계층화

만약 한 집단이 지배하고 다른 집단이 피지배상태에 있다면 한 집단이 다른 집단보다 더 많은 권력을 가지게 된다. 사회계급 지위는 부분적으로

이 불평등한 권력 분배를 반영하는데, 이는 인종이나 민족적 계통에 따라 정해질 수도 있다. **민족적 계층화**는 사회적 위계구조 안에서 그들의 지위에 따라 사회적 보상에 대한 다른 접근권을 가지게 하는 다른 집단에 대한 구조적 불평등이다. 대부분의 미국인들은 민족성을 주류 사회와 다른 어떤 것이라고 생각하기 때문에 그들은 민족성이 최상층에 존재한다는 것을 깨닫지 못한다. 애슐리 도언 주니어(Ashley W. Doane, Jr.)는 다음과 같이 우리를 일깨웠다. 주류 집단의 민족성은 "숨겨져" 있는데, 왜냐하면 그 지위가 주류 집단의 정체성이라는 당연한 속성으로 귀결시키기 때문이다.[48]

계층화는 모든 사회에서 지극히 평범한 요소이지만, 전형적으로 다인종·다민족 사회에서 인종적·민족적 위치에 따라 정해진다. 모든 사람들에게 동등한 사회적 지위상승의 기회가 있다고 가정하는 민주 국가에서 민족적 계층화는 어떻게 지속되는가? 기능주의자들은 주류 사회의 자민족중심주의가 그들의 인종적·문화적 차이에 의해 결정되어지는 것처럼 외부 집단 사람들에 대한 차별을 초래한다고 말한다. 갈등주의 분석가들은 주류 집단이 민족적 계층화로부터 이득을 얻기 때문에, 주류 집단에 의한 소수 집단의 종속을 강조한다. 두 가지 중범위 갈등 이론은 이러한 인식에 훨씬 더 유용한 시각을 제공한다. 권력-차이 이론은 지배와 갈등의 초기 단계를 설명하는데 적합하고, 반면 내부-식민지 이론은 그와 같은 종속이 지속되는 이유를 조사한다.

1) 권력-차이 이론

스텐리 리버슨(Stanley Lieberson)은 집단 간 관계가 이주민 집단과 토착민 집단 간의 상대적 권력에 의존한다는 **권력-차이 이론**을 제시했다.[49] 두 집단들은 보통 같은 문화를 공유하지 않기 때문에, 각 집단은 자신의 제도를 유지하기 위해 노력한다. 어떤 집단이 *상위*인지(서열, 계급, 또는 지위에서 우월한) 그리고 어떤 집단이 *하위*인지(서열, 계급, 또는 지위에서 열등한)는 차후관계를 결정한다.

만약 새로운 이주민들이 우월한 기술(특히 무기)과 사회 조직을 가지고 있다면, 충돌은 초기 단계에서 일어날 수 있는데, 그 결과 전쟁, 질병, 또는 생계활동 붕괴로 인한 인구 감소가 일어난다. 그들의 제도가 손상되었거나 흡수된 것을 발견한다면, 지역 거주자들은 주류 집단의 제도에 결국 참가할 수도 있다. 때맞춰 어떤 민족의식이 생겨날 수 있으며, 집단의식이 일어날 수 있으며, 때때로 토착민 집단은 우월한 이주민 집단을 축출하는데 성공한다. 이러한 것이 일어났을 때 이전에 식민지였던 많은 아프리카 국가들과 동남아시아 지역에서 있었던 많은 토착민 집단들 사이의 민족 간 충돌은 여러 국가 내부에서 상위 집단과 하위 집단이라는 새로운 형태로 이어진다(부룬디와 르완다에서 후투[Hutu]와 투시[Tusi]처럼).

리버슨은 갈등과 동화 어느 쪽도 인종과 민족 간 접촉의 필연적 결과가 아님을 주장했다. 대신에 관련된 두 집단 사이의 특별한 관계에 따라 다른 대안이 나타날 수 있다. 우월한 이주민 집단과 열등한 토착민 집단 간의 갈등은 즉각적이고 폭력적으로 될 수 있다. 만약 관계가 역전되어, 토착민 집단이 우월한 집단이면 충돌은 제한될 것이고 산발적일 것이다. 이주자를 받아들이는 사회는 열등한 이주민 집단이 동화되거나, 순종하거나, 떠나도록 상당한 압력을 가할 것이다.

게다가 우세한 토착민 집단은 인구 혹은 제도적 불균형의 위협을 감소하기 위해, 유입되는 숫자와 그 집단을 제한할 수 있다. 1882년 중국인과 1921년과 1924년의 북유럽과 서유럽을 제외한 모든 사람들에 대한 미국 이민제한법은 이러한 과정을 분명히 보여준다. 아시아 노동자들을 쫓아내려는 폭력노조의 시도, 아프리카 미국인들에 대한 노동조합의 적개심, 외국인(예: 인도인, 일본인, 필리핀인)을 추방하려는 노력, 또는 사회질서를 대변혁하려는 노력(토착미국인전용학교와 미국화운동)은 소수 민족 집단에 대한 제도적 권력의 행사를 보여준다.

윌리엄 윌슨(William J. Wilson)과 같은 사회학자는 우세한 집단과 열등한 집단의 권력관계가 가부장적이고 경쟁적 시스템 안에서는 다르게 나타난다고 제안했다.[50] **가부장적 가족주의**(paternalism, 남아프리카와 미국의 옛 남부지역을 지배했던 체제)에서, 지배 집단은 피지배 집단에 대해 거의 절대적인 통제를 하였고 사회 질서를 유지하기 위해 사실상 무제한적 강제를 휘둘렀다. 경쟁적 시스템에서(예를 들면, 오늘날 미국) 어느 정도의 권력 분점이 존재하기 때문에, 지배 집단은 정치적 압력과 경제적 거부에 의해 어느 정도 공격받기 쉽다.

급격한 사회 변화—산업화, 노조화, 도시화, 이주, 그리고 정치적 변화—는 보통 사회 구조를 느슨하게 하는데, 두 집단들이 새로운 권력 자원을 추구하려고 하기 때문에 새로운 긴장으로 이어진다. 만약 소수자 집단이 자신의 권력 자원을 증가시킨다면, 보호적인 법규들과 향상된 기회들을 통해 자신의 상황을 훨씬 더 향상시키려 할 것이 예상된다. 이 고조된 인식은 추가적 이득이 마련되지 않는다면 충돌로 나타날 것 같다. 예를 들어, 1960년 중반 시민권 운동은 노동, 주택, 교육, 그리고 생활의 다양한 차원에서 소수 집단의 권리와 기회를 보장하는 법을 제정하도록 했다. 그러나 이것은 새로운 긴장을 낳았다. 1960년대는 저소득 주택 지구의 개발, 백인과 흑인의 학교버스 공동이용 논란, 그리고 노동차별에 대한 도전을 멈추기 위한 폭동과 방화, 항의 시위와 인간 바리케이트로 기록된다.

2) 내부-식민지 이론

1960년 후반에 흑인 무장주의(Black militancy)를 분석하면서, 로버트 블라우너(Robert Blauner)는 신분제(caste), 인종주의, 민족성, 문화, 그리고 경제적 착취 등의 요소들을 통합하려고 했다.[51] 그의 주요 요지는 흑인에 대한 미국의 대응이 과거 유럽인들이 그들 소유의 땅에서 비서유럽인을 종속시키고 착취한 것과 닮아 있다는 것이다. 비록 그는 미국에서 흑인-백인관계에 초점을 맞추었지만, 그는 멕시코계 미국인들 역시 그의 **내부-식민지 이론**에 잘 들어맞고, 미국 원주민들도 또 하나의 잘 들어맞는 사례로 추가될 수 있다고 제안했다:

> 물론 미국에서 많은 민족 집단이 게토에 살고 있다. 흑인 게토를 식민지화된 상태라고 표현하게 만드는 것은 세 가지 특별한 특징이 있다. 첫째, 민족 게토는 미국으로의 이주는 선택한 것 그리고 자신의 민족과 함께 살기를 결정한 것이라는 의미에서 자발적 선택으로부터 발생했다. 두 번째는 이민자 게토는 1세대, 2세대의 현상인 경향이 있다; 민족 게토는 실제로 문화적 적응과 동화 과정의 중간 기착지이다. 민족 게토가 샌프란시스코의 차이나타운처럼 계속 유지될 때 그것은 민족 게토가 그 민족 구성원 스스로를 위한 거대한 비지니스이기 때문이며 이는 이민의 새로운 흐름이 된다. 반면에, 흑인 게토는 일부 개인들이 그곳을 빠져나왔다고 하더라도 더욱 영구적인 현상이 되어 왔다. 그러나 가장 관련성이 있는 것은 세 번째이다. 폴란드인, 이탈리아인, 유대인과 같은 유럽 민족 집단은 아파트, 상점, 그리고 다른 기업이 외부 사람에 의해 소유되는 기간을 아주 짧게만 경험하는데 보통 한 세대보다 짧았다. 중국인과 일본인은 흑인이 직면했던 것만큼 강력한, 피부색 편견이라는 핸디캡에 직면했다. 그러나 그들의 전통적 민족문화와 사회 조직이 노예 제도와 내부 식민화에 의해 파괴되지 않았기 때문에 곧 그들 내부 공동체의 통제를 확보했다. 그러나 아프리카계 미국인들은 앞의 것과 구분되는데 이는 그들의 분리된 공동체가 경제적으로, 정치적으로, 그리고 행정적으로 외부사람들로부터 통제를 받는 상태로 남아 있기 때문이다.[52]

이러한 주장의 몇 개는 수정될 필요가 있다. 차이나타운이 오랫동안 유지된 것은 어떤 사업 이익 때문이 아니라 인종적 차별 때문이다. 차이나타운 인구 중 단지 몇몇 중국인만이 관광업으로 이익을 얻는다. 또한 비록 그들이 그들의 구조와 응집력에서 서로가 매우 다르다 할지라도 중국인과 일본인은 *항상* "그들 내부 공동체의 통제"를 받아 왔다.

블라우너는 다른 집단에게는 일시적이었지만 흑인과 치카노(멕시코계 미국인)에게는 거의 영구적이었던 착취단계를 고려한다. 내부적으로 식민화된 집단이 주류 사회에 대항할 수 있는 유일한 방법이기 때문에 현실적인 또는 명백한 혼돈과 무질서뿐만 아니라 충돌과 대치는 지속될 것이라고 그는 믿었다. 이 충돌 경향은 어떤 집단에 대한 세대에 걸친 착취가 독특한 상황과 우리 도시에서 이따금씩 확 타오르는 폭력적 충돌의 기반을 만든다는 것을 제시한다.

3) 민족적 계층화의 기원

계층화의 기반이 되는 민족성에는 몇몇 요인들이 필요하다:

> 구별되는 민족 집단들이 지속적인 접촉을 유지할 때 여러 집단들이 높은 정도의 자민족중심주의, 경쟁 *그리고* 권력 차이에 의해 특징화되어야만 민족적 계층화는 나타날 것이다. 경쟁은 계층화에 대한 동기를 제공한다; 자민족중심주의는 민족 계통 간 경쟁의 문을 연다; 그리고 권력 차이는 집단이 다른 집단을 종속시킬지 여부를 결정한다.[53]

이 **권력 차이**는 인종과 민족관계에서 매우 중요하다. 만약 계층화 시스템이 노예제나 카스트 제도처럼 엄격하다면, 그래서 사람들은 그들의 지위를 향상시키기 위한 어떠한 희망과 방법을 가지지 못한다면, 집단 간 관계는 아마도 상호 만족스럽지 못함에도 불구하고 안정된 상태로 남을지도 모른다. 지배 권력은 합법적 방법으로 표현하거나 구조적 차별, 위협, 또는 강압을 통해 표현되든지 간에 사회 시스템을 유지한다.

현재 상황에 대한 도전. 계층화 시스템이 사회적 지위 상승을 허용할지라도, 주류 집단의 몇몇 구성원들은 하층계급 인종적·민족적 집단이 "좋은 삶"에 대한 주류 집단의 몫을 나눠 갖기 위해 사회 질서에 도전하고 있다고 믿는다. 만약 주류 집단이 위협을 느끼지 않는다면 변화는 평화로울 것이다. 만약 소수 민족 집단이 저항에 부딪치지만 희망과 더 큰 사회에 대한 소속감을 갖고 있다면, 더 많은 권력을 위한 투쟁은 즉각적인 폭력보다는 사회 시스템 내에서 일어날 것이다(예, 시위, 보이콧, 유권자 등록 운동, 혹은 로비 등의 방법을 통해).[54] 19세기 후반 중국인과 일본인 노동자에 대항한 서부해안의 인종 공격 폭동과 1919년 정육산업에 진입하려는 흑인에 대항한 시카고 인종 폭동은 권력자원을 둘러싼 주류 집단의 소수자

집단에 대한 폭력적 대응을 잘 보여준다. 유사하게 1992년 L.A. 폭동뿐만 아니라 지난 몇십 년 동안 몇몇 도시에서 발생한 흑인과 한인 간 폭력 그리고 1988년 마이애미에서 일어난 흑인과 쿠바인 간의 폭력은 제한된 자원을 둘러싼 민족 소수 집단 충돌의 전형이다.

사회계급 적대감. 랄프 다렌도르프(Ralf Dahrendorf)와 같은 갈등 이론가들은 사회계급이 갈등에 영향을 미치는 중요한 변수임을 주장한다. 다렌도르프는 한 집단의 경제적 지위와 주류 집단과의 갈등 강도 간의 연관성을 살펴본다. 경제적 자원, 사회적 지위, 그리고 사회적 권력에서 박탈이 클수록, 약한 집단은 이 세 개 영역 중 어느 한 영역에서라도 이익을 얻기 위해 극심하고 폭력적인 충돌에 더 의지할 것이다. 한 집단의 사회계급 지위가 높아질 때, 집단 간 충돌은 덜 격렬하고 덜 폭력적으로 될 것이다.[55]

일찍이 막스 베버는 경제 자원이 계급 간에 좀 더 공평하게 배분될 때, 만약 충돌이 일어난다면 충돌의 지점은 상대적 지위가 될 것이라고 주장했다.[56] 충돌은 하위계급 집단이 박탈을 종식시키고자 하기 때문에 그리고 사회경제적으로 더 높은 위치에 있는 집단이 위협을 느끼기 때문에 발생한다. 종종 노동계급 집단은 사회 내 안정된 모든 집단 중에서 가장 큰 적대감과 편견을 사회적 지위 상승을 위해 애쓰는 소수자 집단에 대해 드러내 보인다. 다른 요인들이 작용하고 있을지도 모르지만 지위 경쟁이 갈등의 중요한 원천이다.

사회계급 적대감은 인종적·민족적 집단에 대한 사람들의 인식에 영향을 미친다.[57] 몇몇 사회 과학자들은 흑인-백인관계의 문제가 인종주의보다 사회계급의 더 중요한 문제라고 주장한다. 제임스 오케인(James M. O'kane)은 이러한 관점을 조망한다:

> 인종이 아니라 계급 간에 격차가 존재한다; 격차는 한편으로 백인과 흑인 중간계급과 다른 한편으로 백인과 흑인 하층계급 사이에 있다. 피부색과 노예의 역사로 현재 계급의 양극화를 설명하기 어렵다. 인종 간 차이가 아니라 계

급 차이가 도시 흑인계층에서의 빈곤의 존재와 빈곤의 지속을 설명한다.[58]

오케인은 아일랜드, 이탈리아, 폴란드 이민자와 북부 도시에서 이주해 온 남부 흑인들 간의 몇몇 유사성을 제시한다(중국인, 일부 일본인, 그리고 나머지 이주민들 역시 이 모델에 적합하다). 이 모든 사람들이 농촌의 빈곤 지역에서 도시 산업 슬럼으로 이주해 왔다. 편견과 차별에 부딪치면서, 물질적 성공을 위한 다른 대안적 경로를 찾았다: 범죄, 민족 정치 혹은 안정적이지만 미숙련 고용.[59] 그러나 다른 사회과학자들은 흑인의 경험이 유럽 이민자들의 경험과 동일하지 않다고 주장하였다. 그 사회과학자들은 1960년대 후반의 도시폭동을 조사한 커너 위원회(Kerner Commission)가 했던 것처럼 흑인에 대해 주류 사회가 내부 식민주의를 실행하는 것은 다른 집단이 가졌던 강력한 사회적 조직들을 흑인으로부터 박탈하게 된다고 주장하였다. 게다가 그들은 오늘날의 노동시장은 초창기 다른 이주민 집단에 제공한 것보다 더 적은 미숙련 일자리를 흑인들에게 제공하고 있으며 이로 인해 흑인들로부터 사회적 지위 상승을 시작할 수단을 박탈하는 것이라고 믿는다.[60]

인종 혹은 사회계급이 미국에서 흑인에 대한 충분한 통합을 가늠하는 데 있어서 기본적 요소인지 아닌지를 둘러싼 이 논쟁은 특히 흑인 사회 과학자 사이에 맹렬히 계속되고 있다.

7. 요 약

구조적 상황은 사람들이 살고 있는 세계 — 산업화된 혹은 농업의 사회, 폐쇄된 혹은 개방된 사회 시스템, 성장하는 혹은 수축하는 경제, 우호적인 혹은 비우호적인 환경에 살고 있는지, 그리고 모국, 친구들, 친척들이 접근하기 쉬운지 혹은 멀리 떨어져 있는지 — 에 대한 인식에 영향을 미친다. 권력 자원의 분배와 현존하는 사회 구조와의 양립 가능성은 다수-소수 집단관계에 영향을 미친다. 상호작용주의자들은 집단 간 관계에 영향을 미치는 문화적 차이에 주목한다. 기능주의자들과 갈등 이론가들은 구조적 상태를 강조한다.

인종, 민족 집단 그리고 사회계급이라는 변수들 간의 상호작용은 문제와 충돌이 어떻게 일어나는가를 이해하는 데 중요하다. 인종과 민족 집단의 속성으로 이해되는 특징은 사실 광범위한 의미에서 사회계급의 단면이다. 많은 태도와 가치들은 사회경제적 지위에 대한 상황적 반응이기 때문에, 지위와 기회의 변화는 태도와 가치의 변화를 야기한다. 조사 연구는 가족 붕괴에 대한 빈곤문화 가설과 저절로 유지되는 빈곤 가치 기원을 지지하지 않는다.

핵심용어

문화적 결정론
문화적 차이
빈곤문화
경제결정론
민족계급
민족적 계층화
내부-식민지 이론
직업 이동성
온정주의
권력 차이
권력-차이 이론
평판이론
사회계급
사회계층화
사회 구조
구조적 차별
가치-확장적 접근

연습문제

1. 집단 간 관계에 영향을 미칠 수 있는 경제적 요인은 무엇인가?
2. 사회계급 인식은 민족의식에 영향을 미치는가?

3. 민족성과 사회계급의 관계는 무엇인가?
4. 빈곤의 문화가 의미하는 것은 무엇인가? 이러한 사고에 관해 어떤 비판이 있는가?
5. 문화적 차이와 구조적 차이의 차이는 무엇인가?
6. 기능론적 관점과 갈등론적 관점은 집단 간 갈등에 영향을 미치는 요인들에 대해서 어떻게 접근하는가?

읽을 거리

Anderson, Elijah, and Douglas S. Massey (eds.). *Problem of the Century: Racial Stratification in the United States*. New York: Russell Sage Foundation, 2004.

다양한 인구학적 · 경제적 그리고 교육적 지표로 측정된 인종적 차이에 관한 16개 에세이를 제공한다.

Hooks, Bell. *Where We Strand: Class Matters*. New York: Routledge, 2000.

인종과 계급의 딜레마가 어떻게 뒤엉키고, 일상적 상호작용이 어떻게 계급위계를 재생산하는지에 대한 예리한 조사.

Mangum, Garth L., Stephen L. Mangum, and Andrew M. Sum. *The Persistence of Poverty in the United States*. Baltimore: Johns Hopkins University Press, 2003.

빈곤의 원인과 중요성에 관한 간결하고 일관성 있는 토론, 그리고 문제를 해결하기 위한 전략적 제안을 한다.

Reitz, Jeffrey G. *Warmth of the Welcome: The Social Causes of Economic Success for Immigrants in Different Nations and Cities*. Boulder, Colo.: Westview Press, 1999.

사회제도적 접근과 사회 구조에 대한 분석을 통해 호주, 캐나다, 그리고 미국에서 이민자 불평등의 경향을 비교한다.

Russell, James W. *After the Fifth Sun: Class and Race in the North America*. Upper Saddle River, N.J.: Prentice Hall, 1994.

계급과 인종적 불평등의 패턴이 캐나다, 멕시코, 그리고 미국에서 어떻게 다른지 탐구한다. 그리고 인종의 의미에 대한 다른 정의로 이끈다.

Steinberg, Stephen. *The Ethnic Myth: Race, Ethnicity, and Class in America*, 3d ed. New York: Scibner, 2001.

"민족"으로 고려된 특성들이 직접적으로 계급, 지역성, 그리고 다른 사회적 상황과 관련되어 있음을 주장한다.

인터넷 자료

계급과 계층화에 대한 보다 다양한 읽을 거리를 위해, www.sociosite.net/topics/inequality.php#CLASS에서 Sociosite readings를 참조.

04

편 견*

"편견은 바보들이 변명을 위해 사용하는 것이다"

- 볼테르

다른 집단의 이방인들이 서로서로 접촉하게 될 때, 그들의 상호작용 유형은 다양하게 나타날 수 있다. 지금까지, 우리는 자민족중심주의(ethnocentrism), 사회적 거리(social distance), 문화, 그리고 사회 구조가 외부 집단의 인식 형성에서 차지하는 역할을 논의해 왔다. 편견과 차별은 집단 간의 관계를 이해하는 데 있어서 중요한 고려사항으로 역시 부상한다. 왜 편견과 차별이 존재하는가? 왜 그것이 지속되는가? 왜 어떤 집단들이 보다 자주 편견과 차별의 대상이 되는가? 어떻게 편견적 태도를 없앨 수 있는가?

*편견(Prejudice)*이라는 말은 라틴어의 *praejudicium*에서 파생되었는데, 원래는 "사전판단"(prejudgment)을 의미했다. 따라서 어떤 학자들은 편견을 가진 사람을 사실을 검토하기 전에 성급하게 결론에 이른 사람으로 규정한다.[1] 그러나 이러한 정의는 부적절한 것으로 판명됐는데, 왜냐하면 사회과학자들은 편견이란, 종종 집단들이 서로 접촉하고, 서로서로에 대해

* 최송식(부산대학교 사회과학대학 사회복지학과 교수)

최소한 약간의 지식을 가진 *후에* 일어난다는 것을 발견했기 때문이다. 이러한 이유로, 루이스 워스(Louis Wirth)는 편견을 "감정적 선입견(bias)이 있는 태도"로 묘사했다.[2]

감정이 우리의 태도를 형성하기 때문에, 감정은 태도를 바꿀 수 있는 부가적 정보를 우리가 쉽게 받아들이는 것을 막는다. 랄프 로스로우(Ralph Rosnow)는 이러한 사실을 염두에 두면서 편견의 정의를 "이성적 영향에 대해 이상하게 저항하는 비이성적인 태도"로 확장하였다.[3] 사실상, 편견이 깊은 사람은 거의 전체적으로 정보에 영향을 받지 않는다. 고든 앨포트(Gordon Allport)는 아래의 대화를 통해서 그러한 개인의 고전적 예를 제시한다.

> Mr. X: 유대인들이 가진 문제는 그들이 단지 그들의 집단만 돌본다는 것이야.
>
> Mr. Y: 그러나 지역 사회 공동모금 캠페인 기록은 지역 사회의 일반적 자선에 비례하여 그 사람들이 다른 비유대인들보다 더 관대하다는 걸 보여주고 있잖아.
>
> Mr. X: 그것은 그들이 언제나 총애를 얻으려고 하고, 기독교의 일에 개입하려고 하는 것을 보여주는 일이지. 그들은 돈을 제외하고는 아무것도 생각하지 않아. 그것이 유대인 은행가가 많은 이유야.
>
> Mr. Y: 그러나 최근의 연구는 보여주지. 은행사업에서 유대인의 비율은 비유대인의 비율보다 더 적어서 무시할 만하잖아.
>
> Mr. X: 그게 문제야. 그들은 존경받을 만한 사업에는 뛰어들지 않아. 그들은 단지 영화산업을 하거나 나이트 클럽을 운영한단 말이야.

출처: Gordon W. Allport, *The Nature of Prejudice* (Reading, Mass.: Addison-Wesley, 1954), pp. 13-14.

Mr. X는 마치 "나의 마음은 이미 정해져 있기에 어떤 사실로도 나를 혼란시키지 마시오"라고 말하는 것 같다. 그는 논의에 대해 반박하지 않지만, 새롭고 모순적인 정보를 무시하고, 유대인에 대한 그의 편견을 뒷받침하기 위해 다른 사실을 왜곡하게 되는 새로운 영역으로 옮겨가게 된다.

편견적 태도는 긍정적일 수도 부정적일 수도 있다. 사회학자들은 주로 후자에 대해 연구하는데, 왜냐하면 부정적 태도만이 주류 집단(dominant group)과 소수 집단(minority group) 사이에서 혼란스러운 사회적 관계를 초래하기 때문이다. 그러므로 다양한 저자들은 편견을 "어떤 집단이나 집단의 사람들에 대한 부정적인 믿음, 감정, 행동지향성으로 이루어진 태도적 체계"로 정의해 왔다.[4] 이방인들의 지위는 부정적 태도를 발달시키는 중요한 요소이다. 편견적 태도는 주류 집단과 소수 집단 둘 다의 구성원들 사이에 존재한다. 그러므로 주류 집단과 소수 집단 사이의 관계에서, 집단 서로서로에서 느껴지는 반감(antipathy)은 종종 주고받는 측면이 강하다.

편견에 대한 심리학적 관점은 — 행동주의자, 인지적, 혹은 정신분석적이든 간에 — 개인의 주관적 마음상태에 초점을 둔다. 이러한 관점에서, 사람의 편견적 태도는 모방, 혹은 조건형성(행동주의자), 인식된 믿음의 유사성-비유사성(인지적), 혹은 구체적 인성특성(정신분석적)으로부터 생겨날 수 있다. 대조적으로 사회학적 관점은 편견적 태도의 이면, 인종적 · 민족적 관계의 이면에 존재하는 사회적 힘으로서 사회의 객관적 조건에 초점을 둔다. 개인들은 진공상태에서 살아가지 않는다. 사회적 현실이 마음의 상태에 영향을 끼친다.

두 관점이 편견을 이해하는 데 모두 필요하다. 심리학자 앨포트가 논의하기를, 습관, 인식, 동기, 인성에 대해 면밀하게 연구할 필요가 있는데다가, 사회적 상황(social settings), 상황적 힘, 인구학적 및 생태학적 변수, 법적 및 경제적 경향에 대해 분석할 필요가 있다고 한다.[5] 심리학적 관점과 사회학적 관점은 서로서로 보완을 해 주면서 집단 간의 관계에 대해 보다 완전한 설명을 제공한다.

1. 편견의 심리학

우리는 편견의 수준, 자기 정당화, 성격, 그리고 좌절이라는 4영역에 초점을 둠으로써 개인들 가운데 있는 편견을 더 잘 이해할 수 있다.

1) 편견의 수준

버나드 크라머(Bernard Kramer)가 제시하기를 편견은 인지적, 정서적, 행동 성향이라는 세 가지 수준이 존재한다.[6] **편견의 인지적 수준(cognitive level of prejudice)**은 다음과 같이 집단에 대한 개인의 믿음이나 인식을 포함한다. 즉 위협적 혹은 비위협적, 열등한 혹은 동등한(예를 들어, 지성, 지위, 생물학적 구성의 관점에서), 은둔적 혹은 간섭하기를 좋아하는, 충동에 잘 따르고, 욕심이 많은, 혹은 다른 긍정적이거나 부정적인 특징을 포함한다. Mr. X의 인지적 믿음이란 유대인이 간섭을 좋아하고 욕심이 많다는 것이다. 인지적 믿음에 대한 다른 예들은, 아일랜드 사람들이 술을 많이 마시거나 잘 싸우는 사람들이라는 것, 아프리카 사람들은 음악적이고 게으르다는 것, 폴란드 사람들은 머리가 둔하고 지적이지 못하다는 것이다. 일반화는 자민족중심주의면서도 편견적인 태도 둘 모두를 내포하지만, 차이가 있다. *자민족중심주의(ethnocentrism)*는 내부 집단 초점에 바탕을 둔, 모든 외부 집단에 대한 일반화된 거부를 뜻한다. 반면에 **편견**은 특정한 집단의 회원자격만을 바탕으로 특정 사람에 대해 거부하는 것을 말한다.

많은 사회에서 다수 집단의 구성원들은, 특별히 낮은 지위의 소수 집단이 더럽고, 비도덕적이고, 폭력적이고, 법을 위반하는 것으로 믿을 수 있다. 미국에서는 아일랜드계, 이탈리아계, 아프리카계 미국인, 멕시코 사람들, 중국 사람들, 푸에르토리코 사람들, 그리고 여타의 사람들이 특정한 시기에 혹은 또 다른 시기에 전부는 아닐지라도, 대부분 이러한 형용사들을 꼬리표로 달게 된다. 대부분의 유럽 국가와 미국에서, 사회경제적 사다리의 가장 바닥에 있는 집단들은 진화의 사다리(evolutionary ladder)에서 가장 낮은 단계에 있는 것으로 묘사되어진다. 미국에서 아일랜드와 아프리카계 미국인들과 농부들 그리고 유럽의 다양한 민족 집단들은 과거에 원숭이처럼 다음과 같이 묘사되어져 왔다:

아일랜드 사람들에 대한 빅토리아시대 이미지는 "화이트 니그로"(white Negro*와 원숭이 같은 켈트족(simian Celt), 혹은 두 개의 조합으로 나타나는데, 이러한 이미지에 대한 힘과 영감은 관상학적 믿음에서 파생되었다. … 유럽의 모든 나라가 "화이트 니그로"나 원숭이 같은 사람(simianized man)과 동등한 이미지를 가지고 있었는데. 이것은 그들이 범죄자, 살인자, 정치적 급진론자, 혁명론자, 노예, 집시, 유대인, 농부에 대한 고정관념들이 있든 없든 상관이 없었다.[7]

편견의 감정적 수준(emotional level of prejudice)은 어떤 한 개인에게 소수 집단이 불러일으키는 감정을 지칭한다. 비록 이러한 감정들이 인지적 수준에서 나오는 고정관념에 바탕을 둔다 할지라도, 그것들은 보다 강한 단계의 개인적 관여를 나타낸다. 정서적 태도는 두려움/부러움, 불신/신뢰, 역겨움/찬양, 혹은 멸시/공감과 같이 부정적일 수도 혹은 긍정적일 수도 있다. 집단에 관한 믿음을 바탕으로 한 이들 감정들은 사회적 상호작용 혹은 상호작용의 가능성에 의해 촉발될 수 있다. 예를 들어, 백인들은 학교나 이웃의 통합에 대해 두려움이나 분노로 반응할 수 있고, 프로테스탄트들은 아주 성공적인 가톨릭 사업경영주의 생활방식을 부러워할 수도 있다.

편견의 행동성향 수준(action-orientation level of prejudice)은 차별적 행태에 참여하는 긍정적 혹은 부정적인 성향이다. 어떤 인종적/민족적 집단의 구성원에 대해 강한 감정을 품는 사람은 그들에 대해 우호적으로 혹은 적대적으로 행동하는 경향을 가질 수 있다 — 공격적 혹은 비공격적일 수 있고, 도움을 제공하거나 혹은 도움을 중지할 수 있다. 이러한 개인은 집단의 구성원들을 친근한 사회적 관계에 있는 사람과 주변적인 사회적 관계에 있는 사람으로 배제하거나 포함시키기를 원할 것 같다. 예를 들어, 어떤 사람은 싫어하는 집단의 구성원을 사업동료나, 이웃사람으로는 배제하기를 원할 것이다. 편견의 행동성향 수준을 보여주는 또 다른 표시는 두 집단 사이(집단은 경제적 · 정치적 · 교육적 · 사회적, 혹은 이것들이 조합된 분

---

* 60년대 흑인문화를 즐기는 백인 히피들- 역자 주

야에 있을 수 있다)의 차별적 혹은 불평등한 지위를 변화시키거나 유지하기를 원하는 욕구이다. 행동성향은 행동 그 자체가 아니라 행동하려는 경향성이라는 것을 명심하자.

2) 자기정당화

자기정당화(self-justification) 행동은 사람들을 학대하는 것을 정당화하기 위해 사람 혹은 집단을 폄하하는 것을 포함한다. 이러한 상황에서 자기정당화는 또 다른 집단의 구성원에 대한 편견이나 차별을 이끌어 낸다.

몇몇 철학자들이 논의하길, 인간은 합리적 존재라기보다는 합리화하는 존재이다. 사람들은 스스로가 하는 행동이나 살아가는 삶이 적당하다는 확신이 필요하다 — 어떤 행동에 대해 합당한 이유들이 존재한다는 확신이 필요하다. 만약 다른 집단들이 열등하거나, 비도덕적이거나, 위험하다는 것에 대해 스스로 확신할 수 있다면, 우리는 그 구성원들을 차별하거나, 노예로 삼거나, 심지어 그들을 죽이는 것이 정당하다고 느낄 수 있다.

역사는 타인에 대한 학대가 정당하고 필요하다고 생각하는 사람들의 예로 가득 차 있다. 즉 "진정한 신념"(true faith)의 옹호자로서, 십자군들은 "예수살인자"(Christ killers: 유대인들)과 "무슬림들"(infidels)을 죽였다. 스페인 종교재판 참가자들은 "이단자," "악마의 제자들"을 투옥하고, 고문하고, 사형했다. 마찬가지로 청교도들은 마녀들을 불태웠는데, 그들은 그들이 악마였다는 것을 인정하는 자백을 거부했던 사람들이다; 개척자들은 비종교인이자 미개인이었던 아메리카 원주민들을 착취하거나 죽였다; 백인들은 열등한 인종이었던 흑인들을 학대하거나 노예로 삼고, 죽였다. 미국의 육군 장교에 의하면, 미 라이(My Lai)라는 베트남 도시의 민간인들은 아마도 베트콩을 돕고 있었을 것이다; 그래서 1968년에 베트남전쟁에서 미군들은 여자, 아이들, 노인들을 포함해서 300명 이상의 비무장 민간인들을 학살하는 것을 정당화해 왔다. 하이타(Haditha)에 있는 24명의 이라크 시민에 대해 미국해군이 저지른 2005년의 학살은 비슷한 보기이다.

어떤 사회학자들은 자기정당화가 다른 방식으로 작동한다고 믿는다. 즉 자기정당화가 타인을 종속시키는 토대로서 작용하는 것 대신에, 종속이 먼저 일어나고 자기정당화가 연이어지며, 따라서 편견이 만들어지고 그것이 차별로 연결되는 것이다.[8] 아프리카노예무역이 생겨난 후의 개념으로서 인종차별주의의 진화는 이러한 생각을 뒷받침하는 것 같다. 필립 메이슨(Philip Mason)은 이러한 견해에 대해 다음과 같은 통찰력을 제공한다.

> 전문화된 사회는 보다 단순한 사회를 해체시키고 보다 낮은 계층의 노예화되고 정복당한 사람들을 제공할 것 같다. 지배자들과 조직가들은 그들 자신과 아이들을 위해서 안전보장을 추구했다. 즉 권력과 자존감과 그들이 성취한 편안함을 오랫동안 유지하기 위해 장인이나 노동자들이 일해야 할 뿐만 아니라, 지배자들은 나쁜 꿈을 꾸지 않고 잠자는 것이 필요했다. 이러한 신화가 어떻게 생겨났는지를 어떤 사람도 확실하게 말할 수 없다. 그러나 서양식 사고의 창시자 중의 한 사람은 사회적 정의를 구현할 수 있는 이상상태를 스스로 만들었는데, 가장 초기의 도시거주자들처럼 그는 계층화된 사회를 고안했을 뿐만 아니라, 신의 칙령에 의해 무역업자나 노동자 같은 사람들이 놋쇠와 철로 만들어졌고, 전사들은 은으로 만들어졌으며, 통치자들은 금으로 만들어졌다고 사람들을 설득하는 것이 필요하다고 믿었다.[9]

편견의 근원을 제공하는 자기정당화의 또 다른 보기는 타집단에 대해 지배 집단이 가지는 우월한 태도에 대한 전제이다. 이러한 점에서, 위신의 위계를 수립하는 것 — 다양한 민족집단의 지위를 서열화 시키는 것 — 은 차별적인 관계를 야기한다. 자존감을 향상시키거나 유지하기 위해서, 사람들은 열등하게 인식되는 집단들과의 사회적 접촉을 피할지 모르고 높은 지위를 가진 것으로 인정되는 사람들하고만 어울릴 수 있다. 그러한 행동을 통해서, 자기정당화는 집단들 간의 사회적 거리를 강화시킬 수 있다. 1장에서 논의한 것처럼, *사회적 거리*는 집단 내부 구성원들이 다양한 외부 집단 구성원들과의 사회적 관계 혹은 중요한 관계에 개입하지 않는 정도를 지칭하는 것이다.

3) 성 격

*'권위주의 성격'(The Authoritarian Personality)*이라는 책에서 아도르노(T. W. Adorno)와 그의 동료들은 초기 아동기에 엄격한 부모훈육을 경험한 개인과 성인기 **권위주의적 성격**의 발달 사이에 상호관계를 연구했다.[10] 만약 부모가 아이들에게 지나치게 지배적인 자세를 취하고, 엄한 조치를 행사하고 그리고 아이가 약함과 복종을 가지고 반응하지 않는다고 사랑을 주지 않을 것처럼 위협한다면, 아이는 불안하고 부모에 대해 잠재된 적개심을 키우는 경향이 있다. 이런 아이들이 성인이 될 때, 그들은 **전치된 공격성(displaced aggression)**을 나타낼 수 있는데, 이는 그들의 불안감과 두려움을 보상하기 위해 힘없는 집단에 대해 적대감을 돌리는 것이다. 매우 편견이 높은 사람은 복종을 강조하는 집안출신자일 경향이 크다.

저자들은 F scale(F는 잠재적인 파시즘을 상징한다)이라고 불리는 도구를 사용해서 권위주의를 증명했다. 다른 검사는 the A-S(anti-Semitism: 반유태주의)과 E(ethnocentrism: 자민족중심주의) 척도를 포함하는데, 후자는 다양한 소수자들에 대한 태도를 측정하는 것이다. 주된 연구발견들 중의 하나는 권위주의 점수가 높은 사람들이 일관되게 소수 집단에 대한 편견이 높게 나타날 것이라는 것이다. 편견을 많이 가진 사람들의 특징은 관점의 엄격성, 모호함에 대한 혐오, 지도자에 대한 엄격한 복종, 그들 자신이나 타인의 약점에 대한 과민함 등이다.

*권위주의 성격*이라는 책이 출판되자마자 곧 논쟁이 시작되었다. 하이만(H. H. Hyman)과 쉬츨리(P. B. Sheatsley)는 방법론과 분석에 도전을 하였다.[11] 솔로몬 애쉬(Solomon Asch)는 F scale 응답이 하나의 신념체계를 표현한다는 가정에 의문을 제기하였고, 구조적 변수들(예를 들어, 이념, 계층화, 이동성)이 성격을 형성하는 데 별로 중요한 역할을 하지 않는다는 가정에 의문을 제기했다.[12] 실즈(E. A. Shils)가 논의하길, 저자들이 단지 정치적 권리에 대한 권위주의를 측정하는 데만 관심이 있고, 반면에 정치적

스펙트럼의 다른 편에 있는 경향들은 무시한다고 했다.[13] 다른 연구자들은 권위주의적 성격에 대한 대안적 설명을 추구했다. 스튜워트(D. Stewart)와 홀트(T. Hoult)는 다른 사회적 요소를 포함시키기 위해서 아동기 가족경험을 뛰어넘는 분석틀을 동원했다.[14] 켈만(H. C. Kelman)과 자넷 바클레이(Janet Barclay)는 낮은 지능과 낮은 교육(less education)이 F scale상의 높은 권위주의 점수와 상관관계가 있음을 보여주는 상당한 증거가 있다고 지적했다.[15]

비판적 공격에도 불구하고, *권위주의 성격*의 기초가 되는 개념은 중요하며, 편견의 한 요소로서 성격에 대한 연구가 계속되었다. 후속 연구자들은 원래의 연구를 개선하고 수정했다. 응답편자(response bias)에 대한 점수를 수정하기 위해서, 그들은 비교문화연구를 시작했다. 보다 권위주의적 사회문화가 존재하는 독일과 근동(Near East*)의 응답자들은, 권위주의와 집단 간의 사회적 거리에서 보다 높은 점수를 보였다. 일본, 독일, 미국에서는 권위주의와 사회적 거리가 중간 정도로 관련이 있었다. 다른 연구들은 사회적 계급과 F scale 점수에서 역관계가 존재한다고 제시했다. 사회적 계급이 높을수록, 권위주의는 더 낮게 나타났다.[16]

권위주의적 성격에 대한 연구가 비록 편견의 어떤 양상을 이해하는 데 도움을 준다 할지라도, 그것이 인과적 설명을 제공하지는 못한다. 이 분야에서 나온 대부분의 연구 결과물들은 상관관계를 보여주지만, 그 결과가 어린이에 대한 엄격한 훈육이 편견에 찬 성인이 되게 한다는 것을 입증하지는 않는다. 아마도 엄격한 부모는 그들 스스로 편견에 차 있으며, 아이들은 편견에 찬 자기 부모에게서 이러한 태도를 배웠을 것이다. 그렇지 않으면, 조지 심슨(George Simpson)과 밀턴 잉거(J. Milton Yinger)가 다음과 같이 말하고 있다:

사람들은 편견과 상호관련된 어떤 경향—예를 들어, 엄격한 마음—이 반드

---

* 이란, 아라비아, 이라크, 터키 등 유럽과 가까운 동쪽 지역을 의미함- 역자 주

시 편견을 불러일으킨다고 너무 빨리 가정하지 않도록 유의해야 한다. 이러한 절차는 반대방향으로 일어날 수도 있다. … 둘 다 근본적인 요소와 훨씬 더 관련이 있을 것 같다.[17]

어떤 사람들에게, 편견은 정말로 잠재적인 아동기 긴장에 뿌리를 두고 있을 수 있다. 그러나 우리는 이러한 긴장이 직접적으로 성인들에게 높은 편견을 불러일으키는지, 다른 강력한 힘이 결정적 요소인지 알지 못한다. 어떠한 설명이든 간에 권위주의는 계속해서 연구해 볼 만한 가치가 있는 중요한 현상이다. 그러나 연구는 편견과 차별의 주요한 원인으로서 성격보다는 사회적 요인과 상황적 요인을 강조한다.[18]

그러나 성격 구성요소의 다른 차원은 자존감이 낮은 사람들이 높은 자존감의 사람들보다 더 편견적이라는 것이다. 어떤 연구자들은 자존감이 낮은 개인들은 그들 자신에 대한 감정을 좋게 하기 위해서 타인을 비난한다고 주장한다.[19] 어떤 한 연구는 "자존감이 낮은 개인들은 일반적으로 그들 자신, 그들의 내부 집단, 외부 집단, 그리고 아마도 세상에 대해서 부정적인 견해를 가질 것 같다"고 주장한다. 그러므로 보다 편견적인 그들의 경향은 그들 내부 집단과 비교해서 외부 집단을 부정적으로 평가하기 때문이 아니다.[20]

4) 좌 절

좌절은 기대가 충족되지 못한 상대적인 박탈의 결과이다. **상대적인 박탈**(relative deprivation)은 표준적인 사회생활에서 타인의 자원·보상과 비교했을 때 이것들이 결핍되는 것이다. 많은 연구자들은 좌절이 타인에 대한 공격을 증가시키는 경향이 있다고 지적했다.[21] 좌절을 겪은 사람들은 좌절의 원인을 인식할 때 쉽게 대항할 수 있다. 그러나 이러한 반응이 나타나지 않을 수도 있는데, 왜냐하면 좌절하는 진짜 이유가 종종 너무 시시해서 증명할 수 없거나 너무 강력해서 대항해서 싸울 수 없기 때문이다. 그러한 경우에 나타나는 결과는 전치된 공격성(displaced aggression)이다; 이러한 상황에서, 좌절된 개인이나 집단들은 주로 보다 더 눈에 잘 띄고, 더 취약하며, 반격을 가할 수 없는 것으로 사회적으로 승인된 대상들에게 더 분노를 되돌린다. 소수자 집단들은 이러한 기준을 충족시키므로 지배 집단에 의해서 주로 전치된 공격의 대상자들이 된다.

자기들의 잘못이 아닌 일로 타인을 비난하는 것은 **희생양 삼기(scapegoating)**로 알려져 있다. 이 용어는 사람들의 죄의 상징으로서 속죄의 날(the Day of Atonement) 동안에 염소를 사용하는 고대 히브리의 관습에서 유래한다. 성직자는 연례 기념식에서, 염소의 머리에 손을 얹고, 죄의 식의 상징적 이전으로서 사람들의 죄를 목록으로 만들었다.[22] 그리고 나서 그는 염소를 공동체 밖으로 내쫓고, 사람들을 죄로부터 자유롭게 만들었다. 그때 이후로, 힘 있는 집단은 주로 희생양 집단이 도망가도록 허락하기보다는 그들을 처벌해 오고 있다.

고대 로마에서의 기독교인들, 프랑스의 위그노 교도들(Huguenots), 유럽과 러시아의 유대인들, 영국의 청교도와 퀘이커 교도들을 포함해서 희생양으로 삼게 되는 소수자 집단의 예들은 세계역사에서 많이 있어 왔다. 앨포트(Gordon Allport)는 한 집단이 적합한 속죄양이 되는 데 필요한 어떤 특징들이 있다고 주장한다. 그 특징으로는 집단들은 (1) 외모에서 매우 눈에 띄거나 혹은 관찰할 만한 관습과 행동을 가지고 있고; (2) 반격을 해 올 만큼 충분히 강하지 못하며; (3) 지배 집단이 쉽게 접근할 수 있는 곳에 거주하는데, 이상적으로는 한 지역에 집중되어 있고; (4) 잠재적인 적대감이 여전히 존재하는 과거의 적대감 대상이며; (5) 인기 없는 개념의 상징이 되어야만 한다.[23]

어떤 집단은 다른 집단보다 이러한 유형분류에 잘 맞는다. 그러나 소수자인 인종적·민족적 집단은 계속해서 반복적으로 선택되어 왔다. 아일랜드인, 이탈리아인, 가톨릭, 유대인, 퀘이커, 몰몬, 중국인, 일본인, 흑인, 푸에르토리코인, 멕시코계 미국인, 그리고 한국인들은 모두 때때로 미국에서 희생양으로 취급받아 왔다. 특히 경제위기에 나타나는 일반적 상황을 이들 집단의 잘못으로 비난하는 경향이 있는데, 종종 이러한 상황들은 좌절의 표현으로서 집단에 대한 공격적인 행동을 불러일으킨다. 예를 들어, 하블랜드(Carl Hovland)와 시어즈(Robert Sears)가 실시한 연구에서는 1882년과 1930년 사이에 면 가격의 하락과 흑인에 대한 린치수의 증가 사이에 분명한 상관관계가 존재한다는 것이 발견되었다.[24]

몇 가지 통제된 실험연구에서, 사회과학자들은 희생양 이론의 타당성을 측정하고자 노력해 왔다. 밀러(Neal Miller)와 부겔스키(Richard Bugelski)는 정부 캠프에서 일하는 18-20세 사이의 젊은 남자들을 대상으로 다양한 소수자 집단에 대한 그들의 느낌을 조사했다. 젊은 사람들은 길고 어려운 시험을 의무적으로 치르는, 그리고 지역극장에서 영화를 보는 기회가 거부되는 좌절을 경험하게 했고 그 후에 이러한 감정에 대해서 재검사를 받았다. 이 집단은 몇 가지 증가된 편견적 감정의 증거를 보였는데, 반면에 통제 집단 — 어떠한 좌절도 경험하지 않은 집단 — 은 편견적 태도에서 변화를 보이지 않았다.[25]

도널드 웨덜리(Donald Weatherley)는 특별하게 싫어하는 집단에 대한 공격과 좌절 사이의 관계를 측정하기 위해서 일군의 대학생들을 대상으로 실험을 행했다.[26] 매우 반유대주의적(anti-Semitic) 학생과 그렇지 않은 학생으로 구분하고 그들이 강한 좌절을 경험하도록 한 후에, 학생들에게 사진을 보여주고 그 사진에 대한 이야기를 적도록 요구했다. 몇몇 학생들에게는 유대인 이름이 적힌 사진을 보여줬다. 다른 학생들에게는 이름이 없는 사진을 보여줬다. 사진이 판독되지 않을 때, 반유대주의적 학생들의 이야기는 다른 학생들의 이야기와 다르지 않았다. 그러나 사진이 판독되었을 때, 반유대주의적 학생들은 다른 학생들이 썼던 것보다 사진의 유대인에 대해서 더 많은 공격성을 반영하는 이야기를 썼다.

20년 이상 동안, 레오나드 버코위츠(Leonard Berkowitz)와 그의 동료들은 공격적인 행동을 연구하고 실험했다. 그들은 좌절을 겪는 상황에 똑같이 직면하더라도, 편견이 높은 개인들이 비편견적인 개인들보다 더 많이 희생양을 찾을 것 같다고 결론 내렸다. 또 다른 개입변수는 개인적 좌절(결혼 실패, 부상, 혹은 정신질환)은 공유된 좌절(홍수나 허리케인으로부터 위험)

보다는 사람들로 하여금 더 많이 희생양을 찾게 만드는 것이다.[27]

어떤 실험들은 만약 좌절이 당연하면 공격성이 증가하지 않는다는 것을 보여준다.[28] 다른 실험들은, 공격성이 직접적으로 좌절을 없애 줄 경우에만, 사람들은 공격적이게 된다는 것을 발견했다.[29] 또 다른 연구들은, 좌절적인 상황에 책임이 있는 사람이 반대로 행동할 수 있었다면, 분노가 더 많이 일어날 수 있다고 보여준다.[30] 확실히, 주어진 사회적 상황 내의 변수에 따라서 결과는 혼합적이다.

비록 좌절-공격성 이론은 유용할지라도, 완전히 만족스럽지는 않다. 그것은 문화의 역할, 실제적 · 사회적 갈등의 현실을 무시하고, 인과적 관계를 보여주는 데 실패한다. 이들 연구에서 측정된 대다수의 반응들은 이미 편견을 가진 사람들이었다. 왜 다른 집단이 아닌 한 집단이 공격의 대상이 되었는가? 게다가 좌절은 반드시 공격성을 선행하지 않고, 공격성은 반드시 좌절로부터 나오지 않는다.

2. 편견의 사회학

사회학자 탤컷 파슨즈(Talcott Parsons)는 좌절-공격성 이론에서 하나의 변수로서 사회적 힘(social forces)을 도입함으로써 심리학과 사회학 사이에 다리를 놓았다. 그는 가족과 직업 구조가 좌절을 야기하는 불안과 걱정을 만들어 낼 수 있나고 주상했다.[31] 이러한 견해에 따르면, 성장과정(부모의 애정과 승인을 얻는 것, 성역할모델을 동일시하기, 성인기에 타인과 경쟁하기)은 때때로 심각한 정서적인 긴장을 내포하고 있다. 그 결과는 — 편리한 희생양이 되기 쉬운 — *막연하게 떠다니는(free-floating)* 억압된 공격성의 커다란 저장고를 가진 성인기의 성격이다. 마찬가지로 직업 체계가 좌절의 한 근원이다. 즉 경쟁과 개인적 성취에 대한 강조, 직위 수여의 기능, 직장에서는 사람들이 그들의 자연적인 충동을 금지해야 하는 의무, 경제 상태와의 관계, 이 모든 것이 정서적 불안을 만들어 내는 요소들이다.

파슨즈는 소수자들이 전치된 공격성에 대한 대상으로서 기능적 "필요성"을 충족시키고 계속해서 표적이 될 것이라는 비관적인 결론을 내렸다.[32]

아마도 편견에 대한 사회학적 입장을 견지함에 있어 가장 영향력 있는 사람은 허버트 블루머(Herbert Blumer)였는데, 그는 편견이 언제나 "집단지위의식"(sense of group position)을 포함한다고 제시했다. 크라머(Kramer)의 세 가지 수준의 편견 묘사에 동의하면서, 블루머는 편견이 믿음, 감정, 행동의 경향을 포함할 수 있고, 그러므로 사회적 위계질서를 만들어 내는 행동의 동기가 된다고 논의한다.[33] 블루머는 역사적으로 형성된 집단지위(group position)와 관계를 강조함으로써 그의 초점을 개인의 태도와 성격구성으로 바꾸었다. 다른 집단의 지위와 비교하여 한 집단의 지위를 변화시키는 이슈에 따라(서) 사회적 현상인 편견은 증가하거나 혹은 줄어든다.

1) 사회화

사회화 과정에서, 개인들은 종교, 국적, 사회계급을 포함하는 문화나 하위문화에 내재된 가치, 태도, 믿음을 획득하고 인식한다. 일반적으로 아동은 세상과 사람들에 대해 이해하는 데 있어서 부모의 기대에 순응한다. 세상에 대해 인상적이거나, 대안적 개념을 알지 못하기 때문에 아동은 보통 의심의 여지없이 이들 개념을 수용한다. 그러므로 우리는 부모와 타인들의 편견을 배우고, 그 다음에 그것이 우리의 가치와 믿음의 일부가 된다. 심지어 잘못된 고정관념에 근거할 때조차, 편견은 다양한 사람에 대한 우리의 인식을 형성하고, 특정 집단에 대한 우리의 태도와 행동에 영향을 미친다. 예를 들어, 유대인들은 약삭빠르고, 욕심이 많고, 배타적 — 너무 친숙한 고정관념 — 이라고 배웠기 때문에, 우리가 유대인에 대한 부정적 태도를 발달시킨다면, 우리는 성인기에 그들과의 사업이나 사회적 관계를 피하게 될지도 모른다. 심지어 유대인을 "왜" 피하는지 그 이유를 깨닫지 못할 수도 있을 만큼, 우리 안에 스며든 편견은 그만큼 미묘하다.

사람들은 만연한 편견(pervasiveness) 때문에 어떤 편견을 배울 수 있다. 우리가 개발하거나, 우리가 세상을 바라보는 문화적 스크린이 언제나 정확한 것은 아니다. 그러나 그것은 타인에 의해 강화되는 공유된 가치와 태도의 전달을 허용한다. 문화적 가치처럼 편견은 사회화 과정을 통해서 가르쳐지고 배우게 된다. 만연한 편견적 태도와 행동은 관습과 법에 깊이 뿌리를 내릴 것이다(예를 들어, 1890년대의 **짐 크로우법**[Jim Crow laws: 흑인차별법]과 20세기 초 남부전역의 공공시설에서의 격리차별 등이 있는데, 후속 세대들은 그들의 성인생활에서 이러한 차별을 적합한 것으로 수용하고 유지했다).

비록 사회화가 어떻게 편견적 태도가 한 세대에서 다음 세대로 옮겨질 수 있는지를 설명한다고 할지라도, 편견의 근원이나 편견이 시간을 따라 왜 강화되고 줄어드는지를 사회화는 설명해 주지 못한다. 편견의 이러한 측면은 또 다른 방식으로 설명되어져야 한다.

2) 경제적 경쟁

사람들은 그들의 안전이 위협받는다고 느낄 때 타인에게 더 적대적으로 되는 경향이 있다. 그러므로 많은 사회과학자들은 경제적 경쟁(Economic Competition)과 갈등이 편견을 키워낸다고 결론 내린다. 확실히 이용할 만한 직업에 대한 경쟁이 증가할 때마다, 부정적 고정관념, 편견, 차별이 현서하게 증가한다는 것을 보여주는 상당한 증거가 있다.

19세기 미국에서 일어난 중국인 체류자에 대한 차별의 훌륭한 예가 있다. 1870년대 이전에, 대륙 간 철도가 건설 중이었고, 중국인들은 인구가 드문 서양의 이곳 프로젝트에 이용될 수 있었다. 비록 그들이 그 지역의 금 광산과 학교로부터 쫓겨나고 법정에서 불만사항에 대한 어떤 시정도 얻지 못했을지라도, 그들은 용케도 몇몇 백인들에게 깨끗하고, 열심히 일하며, 법을 잘 지키는 사람이라는 이미지를 전달하였다. 철도의 완성, 남북전쟁 때 군인이었던 사람들의 직업전선으로의 이동, 1873년의 경제 공황은 중국인들의 상황을 악화시켰다. 중국인들은 공개적인 차별과 적대감의 피해자로 더 자주 시달렸다. 몇몇 백인들 사이의 그들에 대한 긍정적 고정관념도 곧 부정적인 고정관념으로 널리 대체되었다. 그들은 이제 "음해적이고," "교활하고," "범죄를 저지르는," "황색의 위협적인 존재"가 되었다. 그들이 차이나타운으로 후퇴하고 백인들과의 경쟁을 최소화하는 특정 직업으로 들어간 후에야 강한 적대감이 완화되었다.

편견에 대한 과학적 연구의 한 선구자인, 돌라드(John Dollard)는 실제로는 있지도 않은 독일인에 대한 편견이 미국의 작은 산업도시에서 어떻게 경기가 나쁠 때 일어났는지를 연구했다:

> 근처의 농장에 모인 지역의 백인들은 새로 이주해 온 사람들에 대해 상당히 직접적인 적대감을 표명했다. 비꼬고 경멸적인 의견이 독일인에 대해 표현되어졌고, 토착백인들은 그들에 대해 만족스러운 우월감을 가졌다. … 독일인에 대해 공격적이게 되는 주요한 요소는 지역의 목제품(woodenware) 사업에 대한 직업과 직위에 대한 경쟁 때문이었다. 토착백인들은 독일 집단이 들어와서 그 지역의 직업이 붐비게 된 것을 분명히 느꼈으며, 경기가 나쁠 때는 보다 희귀한 직업에 대해 보다 많은 경쟁자를 제공하는 독일인의 존재에 대해 비난하는 기회를 가졌다. 만약 모든 외부 집단 사람들에 대한 주요한 의심이 (항상 존재했지만) 이곳에서 일어나지 않았다면, 독일인에 대한 편견의 전통적 패턴은 없었을지 모른다.[34]

경험적 연구들과 역사적 분석들은 경제적-경쟁 이론(economic-competition theory)에 대한 신빙성을 부여해 준다. 무자퍼 세리프(Muzafer Sherif)는 소년 캠프그룹의 내부 경쟁이 어떻게 갈등을 유발하고 적대감을 높였는가를 보여주는 여러 가지 시험을 하였다.[35] 도널드 영(Donald Young)이 지적하기를, 미국역사를 통틀어 높은 실업으로 구직경쟁이 치열했던 시대에는 소수자에 대한 토착미국인들의 운동이 활발했었다.[36] 이러한 패턴은 지역적 —서해안의 아시안들, 루이지애나의 이탈리아인들, 뉴잉글랜드의 프랑스계 캐나다인들에 대한— 으로 그리고 국가적으로 경제적 침체의 시기에 반외국인 운동이 절정을 이루면서 딱 들어맞았다. 1830년대의 토착아메리카당(Native American Party), 1850년대의 부지당(Know-Nothing Party, 혹은 American Party*), 1890년대의 미국인 보호협회(American Protective Association), 제1차 세계대전 후의 KKK(Ku Klux Klan**)가 다 그러했다. 20세기, 고용에 대한 공민권법***이 통과된 이후로, 연구자들은 지속적으로 노동계급과 백인들의 사회경제적 집단으로 들어오는 흑인들로 인해 위협을 받고 있다고 느끼는 중산층 백인들 사이에 존재하는 가장 강력한 반흑인편견에 대해 조사했다.[37] 다른 집단에게 구직경쟁의 압력을 아주 직접적으로 발휘하는 어떤 집단도 편견의 대상이 되는 것 같다.

다시 말해서, 편견에 대한 훌륭한 통찰력을 제공하는 이론 — 어떤 반대되는 경제적 조건이 소수자에 대한 적대감의 증가와 상호상관관계를 지닌다 — 도 또한 심각한 단점을 가진다. 적대감의 대상이 되는 모든 집단들이 경제적 경쟁자가 되지는 않는다(예를 들어, 퀘이커와 몰몬교도들). 게다가 왜 적대감이 어떤 집단보다 다른 집단들에게 더 큰가? 집단의 숫자가 매우 작아서 경제적 위협을 가질 수 없는 집단에 대해서 왜 어떤 지역 사회는 부정적인 감정을 가지는가? 경제적인 경쟁과 더불어 가치들(values)이 실제적 혹은 잠재적 위협으로서 인식되는 집단들을 적대적이 되도록 만든다는 것은 분명한 것 같다.

---

* 1850년대에 번창했던 미국의 정당으로 1840년대에 나타나기 시작했던 강력한 반(反)이민, 특히 반가톨릭 감정의 산물이다. 주로 중서부의 독일계와 동부의 아일랜드계가 대부분을 차지하는 이민들의 급증으로 말미암아 본토박이 프로테스탄트 미국인들의 정치적·경제적 안정이 위협을 받게 된 것처럼 보였다. 1849년 '성조기단'이란 비밀결사가 뉴욕시에서 결성된 뒤, 곧 미국 내 거의 모든 주요도시에 지부가 생겨났다. 단원들은 그들이 가입해 있는 이민배척 조직에 대해 질문을 받을 경우 아무것도 모른다고 대답하게 되어 있었으며, 이 때문에 부지당이라는 이름을 얻게 되었다. 1850년대에 회원수와 영향력이 커지면서 이 단체는 차츰 비밀스러운 성격에서 벗어나 '아메리카당'이라는 공식 명칭을 쓰게 되었다- 역자 주

** 1865년 남북전쟁 후 해방된 흑인에 대한 차별과 공격을 행하던 단체가 점차 백인우월주의 단체로 변모해 감- 역자 주

*** 시민적 권리에 관한 법률- 역자 주

3) 사회적 규범

몇몇 사회학자들은 편견과 사회적 기대에 순응하는 사람들의 성향 사이에 관계가 있다고 주장해 왔다.[38] **사회적 규범(social norms)** — 사람들의 문화에 대한 규범 — 은 무엇이 적절한 행동이고, 무엇이 적절하지 못한 행동인지를 규정하는 일반적으로 공유된 규칙을 만든다. 만연한 편견을 배우고 자동적으로 수용함으로써, 개인은 단순히 이들 규범에 순응하고 있다.

이 이론은 순응의 정도와 편견의 정도 사이에 직접적 관계가 있음을 제시한다. 만약 그렇다면, 사람들의 편견은 편견적 규범이 많거나 적은 지역으로 이동을 할 때 의미 있게 줄어들거나 증가하여야 한다. 이러한 견해를 지지하는 증거가 있다. 페티그루(Thomas Pettigrew)는 편견이 덜한 사회적 규범을 지닌 군대에서 생활했던 남부인들은 흑인에 대해 덜 편견적이었다고 밝혔다.[39] 또 다른 연구에서 왓슨(Jeanne Watson)은 뉴욕의 반유대주의 이웃으로 이사한 사람들이 더 강하게 반유대주의가 되었다는 것을 보여주었다.[40]

존 돌라드(John Dollard)의 연구인, *남부도시의 카스트제도와 계급(Caste and Class in a Southern Town)*은 엄격한 사회적 규범에 대한 백인과 흑인의 감정적 적응에 대해서 높은 통찰력을 보여준다.[41] 적응의 과정, 기능, 유지에 대한 연구에서, 돌라드는 사회 집단들이 사용하는 "당근과 채찍" 방법을 설명했다. 협박 — 때때로 사회적 규범에 저항하면 심한 보복을 받을 것이다 — 은 순응을 보장한다. 그러나 보복은 통상 필요가 없었다. 심리적 · 경제적 · 행동적 관점에서 백인과 흑인들이 얻는 이점은 신분질서를 영구화시키는 데 기여했다. 개인적 안전과 안정성에서 이러한 이득은 악순환을 불러일으킨다. 그것들은 이러한 공동체의 사회체계에 대한 근거를 강화하는 생활방식을 고무시켰다.

1994년에 행해진 두 개의 연구는 사회적 규범의 강력한 영향에 대한 또 다른 증거를 제공하였다. 조아킴 크루거(Joachim Krueger)와 럿셀 클레멘트(Russell W. Clement)는 편견(bias)에 관한 통계적 자료와 지식을 활용할 수 있는데도 불구하고 여론과 관련된 편견(consensus bias)이 지속된다고 밝혔다.[42] 마이클 리페(Michael R. Leippe)와 도나 에이젠스타트(Donna Eisenstadt)는 유도된 순응이 사회적으로 의미 있는 태도를 변화시킬 수 있고, 이러한 변화는 보다 광범위한 믿음으로 일반화되고 있음을 보여주었다.[43]

비록 사회적 규범 이론이 지배적인 태도를 설명한다 할지라도, 이 이론은 어떤 집단이 한 지역에 이사해 올 때, 새로운 편견이 발생하는 이유나 그 근원을 설명하지 못한다. 게다가 이 이론은 왜 특정한 집단에 대한 편견적 태도가 몇 해에 걸쳐서 주기적으로 일어나고 또 줄어드는지를 설명하지 못한다.

비록 많은 사회과학자들이 편견의 원인을 밝히려고 시도했지만, 어떤 하나의 요인이 모두 적절한 설명을 제공해 주지는 못한다. 편견은 복잡한 현상이고 그것은 한 개 이상의 원인적 요소로 이루어진 결과물이다. 오늘날 사회학자들은 복합적인 원인 설명을 강조하거나 혹은 구체적이고 비슷한 상황에서 만나는 사회적 힘을 강조하는 경향이 있는데, 사회적 힘이란 경제적 조건, 계층화, 외부 집단에 대한 적대감을 말한다.

3. 고정관념

이방인에 대한 하나의 공통된 반응은 그들을 넓게 범주화하는 것이다. 인지적 수준에서 편견은 문화적 혹은 인종적 고정관념에 의해 강화되는 잘못된 지각으로부터 나온다. **고정관념**(stereotype)은 개별적 차이를 고려하지 않고 집단에 어떤 특성이나 특징을 부여하는 지나치게 단순화된 일반화이다. 때때로 어떤 고정관념은 긍정적이다 — 예를 들어, 아프리카계 미국인들은 훌륭한 운동선수이고 아시아인들은 수학을 잘한다는 것이다. 그러나 여기에서조차 고정관념은 압박감과 문제들 — 예를 들어, 운동선수가 아닌 아프리카계 미국인이나 수학을 잘 못하는 아시아인들에 대한 — 을 만들 수 있다. 그러나 그럼에도 불구하고 사회적으로 인정된 이미지가 한 집단에 의해 유지된다.[44]

일상의 생각 속에 쉽게 새겨지는 고정관념은 한 집단의 자긍심과 사회적 정체성을 강화시킨다 — 이것은 집단 지위의식으로서 블루머의 편견에 대한 개념과 조화를 이룬다. 비록 외부 집단이 경제적으로 성공한다고 할지라도, 그들을 배타적이고, 돈만 알고, 부도덕한 것이라는 고정관념을 부여함으로써 다른 집단들은 그들 자신의 도덕적 우월성을 확신할 수 있다.

고정관념은 개인이 자신의 개인적인 장점을 토대로 판단되고 대우받는 권리를 부정할 뿐만 아니라, 집단에게 특정한 이미지를 부여함으로써, 차별적인 행동을 위한 정당화가 이루어진다. 부정적인 고정관념은 또한 일상생활에서 그들이 관찰하는 것에 대한 사람들의 평가에 중요한 준거로 작용한다. 다음 예는 어떻게 편견이 이미 존재하는 고정관념과 일치하여 다른 사람의 행동동기와 이유에 기여하도록 사람들을 이끄는지를 보여주는 아주 훌륭한 보기이다:

> 편견에 찬 사람은 그들의 편견과 일치되는 방식으로 세상을 본다. 만약 비곳(Bigot)씨가 수요일 오후 3시에 공원 벤치에서 햇빛을 쬐고 있는, 잘 차려입은 백인 앵글로 색슨 청교도를 본다면, 그는 그 사람에 대해 아무것도 생각하지 않는다. 만약 그 사람이 같은 행동을 하고 있는 잘 차려입은 흑인이라면, 비곳씨는 그 사람이 실업자라고 비약해서 결론을 내리고는 격분하기 쉽다. 왜냐하면 그는 자신이 힘들게 벌어서 낸 세금이 게으르고 쓸모없는 사람이 복지보조금을 많이 받아 옷만 잘 차려입도록 지출되고 있다고 가정하기 때문이다. 만약 비곳씨가 앵글로(Anglo)씨의 집을 지나서 쓰레기통이 뒤집어져서 쓰레기가 쏟아져 있는 것을 보면, 그는 지나가던 개가 음식을 찾다가 그렇게 했을 것이라고 결론 내리기 쉽다. 만약 그가 가르시아(Garcia)씨의 집을 지나다가 똑같은 것을 보게 된다면, 그는 짜증이 쉽게 나고, "이 사람들이 돼지처럼 산다"고 주장하는 경향이 있다. 단지 편견이 그의 결론에 영향을 미치지는 않지만, 그의 오류투성이인 결론은 이러한 부정적 감정을 정당화하고 강화시킨다.[45]

"상호적: 둘 다 그들 사이에 창살이 있어 기뻐한다"
아일랜드 남자를 꼬리 없는 원숭이라고 시각적인 고정관념을 부여함으로써 아일랜드 사람은 정서적으로 불안정하고 도덕적으로 미숙하다는 널리 퍼져 있는 신념을 더 강화하였다. 이 만화풍자는 1891년 11월 7일자 *Judge*라는 잡지에 실렸으며, 소수자들을 꼬리 없는 원숭이로 묘사하는 세계적 경향을 대표한다.

고정관념이 일단 만들어지면, 다음 세대에서도 없애기가 어렵다. 고정관념의 만연성과 지속성에 대한 증거가 3세대에 걸친 대학생들의 반응을 비교한 연구에서 나온다. 84개의 형용사가 들어 있는 목록을 제공하고, 연구자들은 그중에서 10개의 인종적 · 민족적 집단의 특징으로 가장 적합한 것을 5개 고르도록 학생들에게 요구했다.[46] 모든 집단에 대해 일반화를 시키기는 어렵지만, 그럼에도 불구하고 높은 수준의 일관성 있는 응답으로 나타났다.

눈에 띄는 점은, 학생들은 이전의 연구에서 다른 사람들이 뽑아 놓은 것과 동일한 형용사에 동의하거나, 비슷한 새로운 형용사를 뽑는 경향이 있다. 직업성취에 관한 긍정적인 고정관념은 "미국인," "독일인," "일본인," "유대인들"에게 지속적으로 나타났다. 아일랜드 사람과 이탈리아인들에게는 감정적인 고정관념, "흑인"(Negro)에게는 속편한 이미지, 터키인들에게는 부정적인 고정관념, 영국 사람들에게는 긍정적이고 보수적인 이미지, 중국인들에게는 가족과 전통에 대한 헌신의 이미지가 부여되는데, 35년간의 연구에 걸쳐 모두가 지속적인 일반화를 고수했다. 다른 연구들도 비슷한 결과를 보고해 오고 있다.[47]

주류 집단과 소수 집단 성원들 둘 다 서로서로에 대해 고정관념을 가질 수 있다. 그러한 일반화된 꼬리표는 특정한 몇몇 개인에게 적용되었던 것으로서, 사실 몇 개의 사소한 근거에서 종종 시작되며, 그 집단에 있는 모든 사람에게 잘못 적용된다. 두 집단들 사이의 사회적 장애물, 고정관념을 강화하는 대중매체 묘사(133면의 민족적 경험 참조), 그리고 고정관념을 고수하기 위한 사회적 압력은 사람들이 반대의 증거를 무시하도록 촉구하면서 그런 사고가 타당성을 못 갖추는 것으로 결부시킨다.

1) 타민족혐오주의

타민족혐오주의(ethnophaulism)는 어떤 인종 혹은 민족 그룹을 묘사하기 위해 사용되는 경멸적인 단어나 표현이다. 이것은 편견의 언어이며, 사회의 과거·현재의 편협과 편견을 반영하는 부정적인 고정관념을 말로 나타낸 표현이다. 하워드 얼리치(Howard J. Ehrlich)는 타민족혐오주의를 세 개의 유형으로 구분한다. (1) 폄하하는 별명(예를 들어, chink[아시아 사람을 모욕하는 말. 특히 중국인], dago[이탈리아 사람을 모욕하는 말], polack[폴란드 사람의 무식함을 빗대어 모욕하는 말], jungle bunny[흑인, 피부가 검은 원주민을 경멸하는 표현], honky[흑인들이 백인을 경멸하는 말]); (2) 분명한 집단 평가절하(예를 들어, 어떤 것에 대해 더 낮은 가치를 줄려고 하는 것에 대해 "jew him down"[값을 깎다 — 욕심 많고 속임수를 많이 쓴다는 유대인의 특성 내포], 행운을 평가절하하기 위해서 "luck of the Irish"[아일랜드인의 행운 — 아일랜드인들이 쉽게 행운을 얻는다는 것을 내포], 곤란을 겪는다는 의미로, 네덜란드인에 나쁘게 비유하는 표현 "to be in Dutch"); (3) 가벼운 폄하로서 사용되는 상관없는 민족이름(예를 들어, 두드러진 부리를 가진 검은 뻐꾸기를 표현하는 것으로 "jewbird," 돈 떼어먹는 놈[welsh: 빚 갚기에 실패하는 것을 뜻함], 싸움에서 던져진 벽돌을 뜻하는 것으로 "Irish confetti").[48]

주류와 소수 집단 둘 다 외부 집단을 폄하하기 위해 타민족혐오주의를 사용한다. 그러한 용법은 차별, 불평등, 주류를 위한 사회적 특권을 정당화하는 것을 돕고, 소수 집단이 타인에 의해 만들어진 사회적 부정의에 대응하는 것을 돕는다. "니편과 내편"식의 편 가르기(Them-versus-us name-calling)는 분열을 초래하며 또한 내집단 관계의 상태를 가리킨다. 예를 들어, 어드만 팔모어(Erdman Palmore)는 모든 인종적 · 민족적 집단들이 타민족혐오주의를 사용한다고 결론 내렸다. 그는 집단편견의 정도와 사용된 타민족혐오주의의 빈도 사이에서 상관관계를 발견했고, 집단들이 가장 눈에 띄는 인종 혹은 문화적 차이에 대해 부정적 고정관념을 표현하고 지지하는 것을 관찰했다.[49]

타민족혐오주의는 이민물결, 급속한 도시화, 기술적 변화, 경기침체와 공황, 혹은 전쟁과 같은 주요한 사회적 변화와 경제적 변화의 시기 동안에 가장 자주 나타나는 것 같다. 언어학자들은 미국인의 연설에서 역사적으로 사용된 대략 1,200개의 민족을 비방하는 이름과 별칭을 밝혔다.[50] 비록 몇 개가 아직도 남아 있고, 거의 해마다 새로운 것이 나타날지라도, 그것들 대부분은 오늘날 더 이상 쓸모가 없다.

민족적 경험
미디어의 영향

사회적 가치의 반영자로서 매체는 개인과 집단의 정체성을 형성하는 데 지대한 영향력을 지닌다. 라디오, 텔레비전, 영화, 신문, 잡지 그리고 코미디는 다원적 사회의 풍부한 텍스트를 전달하며, 그것들은 (왜곡 그리고 배제를 통해서) 직간접적으로 다른 민족 집단에 대한 인식을 바꿀 수 있고, 우리 자신의 문화적 배경에 대한 우리의 방어와 양면감정(애증[愛憎]이 반반씩 섞여 있는 상태)을 강화시킬 수 있다. 이탈리아 미국인으로서, 나는 50년대 텔레비전에서의 민족적 비가시성(ethnic invisibility)

과 마피아집단, 무솔리니에 집중하는 현대쇼 프로그램을 비교했을 때, 이러한 점을 깨달았다. 나는 이 묘사들을 지켜보면서 불편함을 느꼈는데, 악랄한 사람으로 표현되는 것에 분노하는 아랍인들에게 공감할 수 있고, 유대인들은 진실을 말하지 않는 거물급으로, 혹은 러시아식 악센트가 어떤 멍청이 같은 악한과 동일시되는 현대의 유행에 공감한다. 비록 이러한 고정관념이 정치적 목적에 이용되거나 혹은 이용되지 않을 수도 있지만, 이것들은 집단 구성원의 다양성과 인간성을 무시하는 몇 개의 특징만을 부각시킨 만화 같은 장면을 연출한다.

사람들이 그들 자신에 대해 어떻게 느끼고 그들이 다른 민족 집단에 대해서는 어떻게 인식하는지에 관한 텔레비전과 영화에 나타나는 민족적 고정관념의 영향은 무엇인가?

비록 이 분야의 연구가 제한적일지라도 이용할 수 있는 연구는, 민족성에 대해서 텔레비전과 영화가 표현하는 것이 자신과 타인의 인식에 해로운 영향을 끼친다고 한다. 나의 임상작업에서, 나는 소수민족 아이들과 성인들이 그들 자신의 집단에 대해 종종 부정적인 고정관념을 내면화하는 것을 발견한 적이 있다. 다른 연구들은 텔레비전과 영화에서의 고정관념이 특정 집단에 대한 편견의 원인이 될 수 있음을 보여준다 — 특히 어떤 사람이 그 집단 구성원을 잘 알지 못할 경우에 더 그렇다.

혐오행동(hate acts)을 보이는 청소년들에 대한 연구에서 — 종교기물/조직의 훼손, 인종적이고 반유대적인 사건들 — 많은 청소년들은 비슷한 행위를 방영하는 방송매체로부터 야만적 행위를 모방할 생각을 하게 되었다고 보고했다(copy cat syndrome: 모방범죄증상). 그들은 대중매체의 보도가 그들에게 인정과 명성을 부여하고, 일시적으로는 낮은 자존감을 향상시키는 것으로 보았다.

텔레비전 영화와 뉴스에 더하여, "정말로 재미없는" 농담책들의 범람, 편협한 청취자들이 참여하는 라디오 전화참여프로, 민족 집단을 폄하하는 늦은 밤 텔레비전 쇼의 사회자나 코미디언들, 이 모든 것들이 사람들의 인식에 미치는 영향은 상당하다. 대중매체가 편협함을 창조한다고 비난받을 수 없는 반면에, 그들의 선동적인 말과 둔감한 보고는 편견적 태도와 행동에 정당성을 부여하는 사회적 규범을 만든다.

출처: Joseph Giordano, "Identity Crisis: Stereotypes Stifle Self-Development," assessed at www.sicilianculture.com/news/2002-idcrisis.htm on December 27, 2006.

때때로 인종적 · 민족적 소수 집단의 구성원들은 서로서로 간의 대화에서 그들 자신을 겨냥해서 사용해 왔던 타민족혐오주의를 사용한다. 그들은 그 용어를 무의식 중에 고정관념을 표현하는 그들 스스로의 유형 중에 하나인 질책으로서 사용하거나, 어떤 때는 우정과 애정의 유머러스한 표현으로 사용하기도 한다. 그러나 외부인이 똑같은 용어를 사용할 때엔 그것은 편견을 함축하고 있기에 분노하게 된다.

타민족혐오주의의 사용은 행태적으로 중요하다. 예를 들어, 미국역사 150년에 걸쳐 조성된 문서자료에 대한 연구에서, 브라이언 뮬란(Brian Mullen)은 민족적 이민 집단에 대한 표상에서 타민족혐오주의를 사용하는 영향성을 탐구했다.[51] 그는 보다 소규모이고, 덜 친숙하고, "보다 이국적인" 민족의 이민 집단이 전형적으로 주류 사회로부터 그들 집단을 배제하기 위한 경향에 상응하여 단순하고 부정적인 방식으로 표현되고 있음을 밝혔다. 그의 연구는 이민한 민족을 경시하기 위한 용어로 앞에서 언급되었듯이 "그들"과 "우리"를 구분해서 사용했음을 드러냈다.

이제는 더 이상 비하하는 것으로 인식되지 않는, "각자부담의 회식"(Dutch treat)와 "운이 좋은"(luck of the Irish)과 같은 단어의 내용은 중요하다.

2) 민족적 유머

왜 어떤 사람들은 민족적 농담이 재미있다고 느끼고, 반면에 다른 사람들은 그것들이 불쾌하다고 느끼는가? 연구들은 조롱을 당하는 집단 쪽으로 향하는 청취자의 태도를 종종 반영하는 반응을 보여준다. 만약 당신이 농담의 표적이 되는 집단 쪽으로 우호적이고 긍정적인 태도를 가진다면, 만약 낭신이 재미없거나 부정적인 견해를 유지하는 것보다 당신은 그것이 재미있다고 느끼지 못할 것이다. 만약 당신이 그 집단을 싫어하고 그 집단에 대한 농담이 부정적 의미를 품는다면, 당신은 그 농담을 감상하는 경향을 가지게 될 것이다.[52]

소수자 집단의 일반적인 관행(minority practice)은 민족성을 긍정적으로 규정하기 위한 전략으로서 민족적 유머를 사용하는 것이다. 루이스 레빈(Lois Leveen)은 제시하기를, 자신의 집단에 대한 민족적 농담을 이야기할 때, 화자는 지배문화 내의 고정관념에 도전한다.[53] 만약 한 민족의 사람이 그 민족 내부 집단에게 농담을 말한다면, 농담 공유를 통하여 다 함께 웃는 것은 "우리"(we-ness)라는 의식을 발달시키는 "민족화된 현상"이다. 만약 한 민족사람이 외부자에게 농담하면, 그것은 농담을 조롱함으로써 고정관념을 부수는 수단으로 기여할 수 있다. 따라서 민족 유머는 지배문화 내의 개인을 위해서 긍정적이고 권한을 갖는 지위를 촉진시키는 강력한 힘으로 기여할 수 있다. 물론 우리는 농담이 고정관념을 부수는 게 아니라 강화시킬 수 있는 잠재적 위험도 있음을 깨달아야 한다.

4. 텔레비전의 영향

궁극적으로 미국의 모든 가구는 적어도 텔레비전을 한 대씩 가지고, 미국가족들은 하루 평균 7시간 이상 텔레비전을 시청한다. 이러한 시청 때문에 우리가 다르게 생각하고 다르게 행동하는가? 그것은 소수 집단에 관한 우리의 태도를 바꾸거나 소수 집단에 관한 우리의 감정과 반응을 형성하는가? 혹은 그것은 인식과 행동에 아무런 영향을 끼치지 않는 단지 예능물일 뿐인가? 풍부한 연구증거들이 텔레비전 프로그램이 현실을 왜곡하고, 고정관념적 역할모델을 증가시키며, 중요하게는 남성, 여성, 소수 집단에 대한 우리의 태도를 만들고 강화시킨다고 보고하고 있다.

1) 고정관념의 영구성

1970년대 말에는 미국인권위원회(U.S. Commission on Civil Rights)는 프로그램이나 뉴스에서 인종적 및 성적 고정관념을 영구화하는 텔레비전산업을 두 번 고발했다.[54] 앞선 6년에 걸친 경찰쇼 프로그램에 나타난 거의 배타적으로 부정적인 인종적 표현 외에도 보고서는 다음과 같이 표현하는 텔레비전산업을 공격했다.

> 남성이 자신들의 삶을 통제하는 사회적 구조에서 … 남성은 보다 나이가 많고, 보다 진지하고, 보다 독립적이고, 보다 명망높은 직업을 가지는 것으로 나타나며, 이에 반해 여성은 보다 젊고, 종종 실업자이며, 보다 가족 구속적이며, 종종 코믹한 역할에 나타난다. 일하는 여성들은 고정관념적으로 표현되며, 때때로 종속적인 직업에 고용되어진다.

1982년에 미디어 전문가 조지 거버너(George Gerbner)는 위원회의 보고서 이후로 아무 변화도 없다고 주장하면서 비판을 계속했다.[55] 예를 들어, 아주 적은 비율의 흑인 등장인물은 "비현실적으로 낭만적으로" 묘사되었으나, 흑인 등장인물의 압도적인 다수는 백인 주인공의 코믹한 조수와 같은 종속적이고 후원적인 역할을 담당한다. 거버너가 평하기를:

> 흑인아이가 황금시간대에 볼 때, 그들이 보는 흥미 있는 활동을 하는 대다수의 사람들은 백인이다. 이러한 부조화는 젊은 흑인들이 그들의 소수자 지위를 자연히 불가피하고 심지어 그럴 만한 소수적 지위를 수용하게 만드는 경향이 있다.[56]

그때 이후로 몇몇 개선점에도 불구하고, 3개의 최근 연구는 광고에서 고정관념의 지속성을 드러냈다. 하나의 내용분석은 21세기의 황금시간대 광고가 여전히 남성과 여성의 전통적인 고정관념을 영구화한다고 밝혔다.[57] 또 다른 연구는 실제 세계에서는 남성이 감소하고 있음에도 불구하고 어린이 만화 프로그램시간대의 광고에 나타나는 내개의 주요하고 적극적인 등장인물은 남성이며, 이것은 고정관념화된 성적 행동을 영구화한다고 드러냈다.[58] 세 번째 연구는 황금시간대 광고에서 "뚜렷한 인종적 차별"(racial segregation)을 발견했는데, 부유해 보이며, 아름답거나 가정용 제품을 위한 광고에서는 백인이 등장하고, 대조적으로 유색인종들은 낮은 가격, 저영양 물품(예를 들어, 패스트푸드와 음료수)과 운동과 스포츠 장비를 위한 광고에 나타났다. 그러한 묘사들은 인종적 고정관념의 지속성에 대해서 의문을 제기하게 하는데, 특히 저가 물품의 주요 소비자로서 유색인종

을 묘사하는 다소 일차원적 견해에서 뚜렷하다.[59]

2) 태도에 대한 영향

텔레비전은 인종적 혹은 민족적 집단에 대한 태도에 영향을 미치는데, 이는 텔레비전이 각 집단 구성원들에게 지위를 할당하고, 그 지위 내에서 어떤 종류의 행동을 하고, 심지어 각 집단이 홍보하는 생산품의 유형도 태도에 영향을 미친다. 텔레비전은 아이들의 태도에 크게 영향을 미친다. 아이들은 하루 중 다른 어떤 시간보다도 황금시간대에 텔레비전을 본다. 그러나 2002년 현재 아동에 대한 연구(2002 Children Now's study)에 따르면, 황금시간은 압도적으로 백인들이 나타나며, 유색인종은 대개 2차적이고 손님격인 역할로 나온다. 백인들은 황금시간대 인구의 73%를 차지하고 아프리카계 미국인(16%)이 2위이고, 라틴계(4%), 아시안/태평양계(3%), 그리고 미국 원주민(0.2%)으로 나타난다. 그러나 저녁시간이 됨에 따라 황금시간대의 다양성은 극적으로 증가하는데, 저녁 8시에는 가장 인종적으로 덜 다양한 반면, 밤 10시에는 가장 인종적으로 다양하게 나타난다. 그러므로 어린이와 청소년들은 저녁에 더 늦게 텔레비전을 보는 어른들보다는 보다 동질적인 황금시간대의 세상을 더 많이 볼 것 같다.[60]

유색 등장인물의 비가시성 때문에(그리고 종종 그들이 나타날 때 부정적으로 고정관념화되어 표현되기에), 광범위하게 텔레비전을 보는 유색인종 아동들은 낮은 자존감을 가지거나, 소외감을 느끼며, 그들 지역사회 외부의 활동에 참여하는 것을 더 많이 꺼릴 것이다.[61] 정체성 발달에 대한 이러한 영향은 라틴계, 아시아인, 그리고 미국 원주민 아동들에게 특히 강할 수 있는데, 이 아동들은 자기들과 같은 사람이 텔레비전에 나오는 것을 거의 보지 못한다. 이러한 집단에 속해 있는 아동들은 주류문화가 그들을 가치롭게 여기지 않거나 존중하지 않는다는 메시지를 강하고 확실하게 받을 수 있다.[62]

1970년대의 인기 있는 코미디 시리즈이며 아직도 재방영되고 있는 *가*

*정에서 모든 것이(All in the family)*라는 프로그램은 인종관계에 대한 공헌으로 NAACP(미국흑인지위향상협회) 상을 받았지만 이 시리즈가 인종적 편협을 줄였는지 혹은 강화했는지에 대한 문제에 대해서는 비판이 나누어진다.[63] 닐 비드마(Neil Vidmar)와 밀턴 로키치(Milton Rokeach)는 두 견해에 대한 설명을 제공하면서, 스크린상의 상황에 대한 반응을 결정하는 선택적 인식과 이전의 태도가 시청자의 감정적 반응을 지배한다는 연구물을 보고했다.[64] 자유주의적 시청자들은 양아들인 마이크(Mike)가 아키(Archie)의 무지와 편협을 효과적으로 반박하고 소수 집단이 프로그램이 끝날 때 아키를 이기기 때문에 그 프로그램을 풍자적인 것으로 본다. 반면, 편견이 있는 시청자들—특히 청소년들—은 마이크보다는 아키를 더 많이 찬양할 것 같고, 아키를 궁극적으로 승자로서 인식하였다. 비록 대부분의 반응자들이 마이크가 아키보다 더 의식 있다고 생각했다 하더라도, 아주 편견에 차 있는 청소년들은 아키를 더 훌륭한 사람으로 인식하였다. 그러므로 프로그램은 아마도 편견과 싸우기보다는 편견과 차별을 더 많이 강화하고 있었다.

3) 내집단과 외집단 인식

1986년이 되기 두 달 전 뉴욕에 있는 퀸즈(Queens)의 하워드(Howard) 해변가에서 일어난 인종적 공격은 전국적 뉴스가 되었고, 이 지역의 공립 고등학교에 있는 1,200명 학생을 대상으로 한 연구는 일상생활과 텔레비전상에서 인종과 민족에 대한 학생들 태도를 밝혔다.[65] 이 지역학교는 다민족 인구를 포함하고 있는데, 많은 수의 흑인들, 히스패닉, 이탈리아계 미국인 학생들과 소집단의 아일랜드와 아시아인 조상의 학생들이 있기에 연구를 위해 이 학교가 뽑혀졌다. 텔레비전을 보는 이유는 민족 집단에 따라 다양했다.

이들 학생들의 4분의 1이, 텔레비전은 생활이 어떠하고, 사람들이 정말로 어떠한지를 정확하게 묘사한다고 말했다. 또한 텔레비전이 그들의 인종적 · 민족적 태도에 영향을 끼친다고도 말했다. 20여 개의 TV의 민족적 등장인물에 대한 그들의 부정적 혹은 긍정적 응답은 둘 모두 현실적이고 또 광범위한 일관된 응답유형으로 드러났다. 일반적으로 집단 구성원들은, 텔레비전에서 표현된 그들 집단의 구성원에 대해서 타집단 구성원들보다 더 호의적이고 더 전형적인 것으로 보았다.

5. 광고와 음악의 영향

사회과학자들은 남녀에 대한 태도와 관련된 기업체광고, 랩 음악가사, 그리고 뮤직비디오의 영향력에 더 많은 관심을 주목하고 있다. 유혹의 힘, 이미지, 태도의 조건형성은 상품마케팅과 오락성의 명백함을 뛰어넘어 존재한다.

1) 광 고

보통 미국인은 일주일에 3,000개 이상의 광고에 노출되고 평생에 걸쳐서 3년 정도에 해당하는 텔레비전 광고를 본다. 그것들은 우리의 태도에 어떤 영향을 끼치는가? 특정한 청중을 대상으로 삼아 만들어진 1990년대의 텔레비전 상업광고에 대한 내용분석을 통해서 연구자들이 발견한 것은, 만약 광고의 캐릭터들이 백인이거나 남성이라면 그들은 보다 많은 권위를 휘두르고, 보다 많은 우월성을 뽐낸다는 것이었다. 낭만적이며 가정적인 충족감에 대한 이미지는 인종과 성별에 따라 달랐는데, 여성과 백인들이 가족적 환경이나 성별교차적(cross-sex) 상호작용에서 불균형적으로 나타났다. 일반적으로 연구자들은 이들 광고들이 백인 남성을 더 힘이 있는 것으로 표현하고, 반면에 백인 여성은 성적인 대상으로서, 흑인 남성은 공격적인 것으로, 흑인 여성은 하찮은 대상으로 표현하는 경향이 있다고 밝혔다. 이들 광고 이미지는 문화적 차이를 과장하고 긍정적 감정을 부정함으

로써 아프리카계 미국인들에 대한 미묘한 편견을 영구화시키는 것을 돕는다고 연구자들은 제시했다.[66]

2001년의 황금시간대 텔레비전 광고에 대한 또 다른 연구는, 백인들에 비해서 흑인들은 보다 다양하고 평등한 방식으로 표현되었으나 아시아인들, 히스패닉들, 그리고 토착 원주민들은 실제보다 적게 표현되어지거나, 때때로 부정적으로 묘사된다고 밝혔다. 라틴계 사람들은 종종 도발적으로 옷을 입고, 유혹적인 행동을 보이거나 성적인 응시를 하는 것으로 보여져서, 그들의 지성보다는 신체적인 외모와 성(sexuality)이 강조된다. 아시아인들은 대개 가장 젊으며, 기술광고에서 수동적인 성인으로 일하는 것으로 묘사되어 자기 가치의 척도로 우수한 성취와 복종성에 대한 고정관념을 증진시킨다.[67]

잘 알려진 다큐영화인 *우리를 서서히 죽이는 것: 거짓말 꾸러미(Killing Us Softly: Pack of Lies)*와 대학강연으로 유명한 장 킬본(Jean Kilbourne)은 예전보다 광고에서의 여성에 대한 착취가 심해졌다고 지적한다. 킬본의 연구는 여성, 특히 소녀들이 광고의 영향력에 주목할 필요가 있다고 지적한다. 칫솔부터 전기톱까지 모든 것을 팔기 위해 여성의 신체는 흔히 머리가 없는 몸통으로 오랫동안 표현되어져 사용되었다. 게다가 여성잡지에서 끝없는 내용의 겉치레적인 보급은 미를 위한 생산품, 유행, 다이어트를 특징으로 해서 여성들이 외적 "문제"에 집중하도록 만든다. 그녀는 뚱뚱한 여자를 악마취급하고, 지나친 음주, 십대임신, 여성에 대한 폭력을 불러일으키는 광고만을 비난하지는 않는다. 그녀를 소름끼치게 하는 것은 축적된 효과이다. 이 모든 것들과 함께 그녀에 의하면, 광고는 피할 수 없는 독성이 있는 환경을 만들어 내는데, 이러한 환경 내에서 성차별적 고정관념, 냉소주의, 자기혐오는 번성하고, 그리고 재빠른 조사는 허세를 확립시킨다. 소비자들은 광고가 영향이 없다고 생각할 수도 있지만, 광고업자들은 젊은 여성들에게 그들이 "신체의 털을 뽑고, 윤을 내고, 화장을 할 때"만이 그들은 매력적으로 보여지게 된다는 잘못된 의식을 만드는 데 성공하고 그렇게 여성들에게 가르친다.[68]

2) 음 악

랩 음악에 대한 주요한 비판 중의 하나는, 그것이 폭력, 특별히 여성에 대한 폭력의 사용과 태도에 영향을 미칠 수 있다는 것이다. 비록 어레스티드 디벨럽먼트(Arrested Development)와 퀸 라티파(Queen Latifah)와 같은 몇몇 랩 음악가는 인류에 대한 관심을 반영하고 영감과 희망을 제공하지만, 에미넴(Eminem), 투라이브크루(2 Live Crew), 아파치(Apache), 엔더불유에이(N.W.A) 그리고 스카페이스(Scarface)와 같은 랩 음악가는 폭력, 동성애공포증을 찬양하고, 여성을 주먹질의 대상이나 단순히 정자받이 그릇으로 묘사한다. 그러한 표현은 전국흑인여성정당대회(National Black Women's Political Caucus)가 랩 음악에 대한 접근을 통제하는 법안을 추진하도록 하는 원인이 되었다. 2005년에는 흑인 여성을 위한 선도잡지인, *에센스(Essence)*가 랩 음악의 반여성적 가사에 대항해서 "음악을 복원시켜라"(Take Back the Music) 캠페인을 1년 동안 벌였다.

팝(대중가요)문화는 젊은 남녀가 그들 자신을 어떻게 보고 성(sexuality)과 성역할(gender)의 관점에서 서로서로를 어떻게 인식하는지에 거대한 영향을 끼친다. *꿈의 세상(Dreamworlds,* MTV가 상영중지하려고 노력했다) 이라는 다큐영화로 유명한 셧 잘리(Sut Jhally)는 남성에 의해 생산된 수백의 뮤직비디오에 나타난 강력한 성적 이미지는 여성을 남성의 성적 만족을 주기 위한 존재로 묘사하면서 여성을 대상화하고 비인간화시킨다고 말한다. 사실상, 한 연구는 랩 음악 비디오에 노출 증가와 법적 문제, 마약, 성병과의 사이에 강한 연관이 있음을 밝혔다.[69]

사회과학자들과 활동가들은 텔레비전쇼와 상업광고, 음악가사, 비디오가 알리는 편견을 제거하기 위해 이러한 공격에 싸우고 있다.

6. 편견은 줄어들 수 있나?

편견을 줄이기 위해 헌신해 온 많은 조직들과 운동들이 수년에 걸쳐 존재해 왔다. 비록 그들의 활동경향과 중심활동이 다양하다 할지라도 그들은 주로 두 가지 기본적인 접근법을 채택해 왔다. 하나는 자발적인 혹은 비자발적인 수단으로 모든 생활의 측면에서 지배 집단과 소수 집단 사이의 보다 큰 상호작용을 증진시키기이고, 다른 하나는 고정관념을 파괴하고 합리화(자기정당화)를 드러내는 정보를 제공하기이다. 어떤 접근도 모든 경우에 성공적이지는 못하였는데, 아마도 편견적인 태도를 불러일으키는 불평등이 여전히 존재하기 때문일 것이다.

1) 상호작용

다른 인종적·민족적 배경을 가진 사람들 사이의 접촉이 반드시 더 친절한 태도를 불러일으키지는 않는다. 학교나 이웃이 다른 집단출신 사람들의 유입을 경험할 때, 빈번하게 일어난 일처럼, 사실 상황이 더 악화될 수도 있다. 그러나 많은 경우에 있어서, 상호작용은 편견을 줄인다.[70] 또한 많은 다른 변수들이 접촉의 빈도와 지속기간을 포함한 상호작용의 효과를 결정하는데, 이에는 두 당사자의 상대적 지위와 그들의 배경, 즉 그들의 만남이 자발적인가? 강제적인가? 경쟁적인가? 혹은 협동적인가? 그리고 그들이 정치적·종교적·직업적·주거적 혹은 오락적 상황에서 만나는지의 여부가 있다.[71]

접촉의 종류가 중요하다는 것을 보여주는 좋은 예는, 엘리엇 아론슨(Elliot Aronson)과 닐 오서로우(Neal Osherow)의 **협동학습(cooperative learning)**에 대한 실험에서 찾아볼 수 있다.[72] 이 연구팀은 교사의 인정과 승인에 대한 학생경쟁이 수업참여에 대해 자신감이 낮거나 영어가 덜 유창한 소수민족 아동들에게 특별한 곤란을 더 준다는 것을 관찰했다. 연구자들은 5-6명의 아동들로 이루어진 상호의존 학습팀을 구성하고 각각의 구성원들은 그날 배운 특별과목 수업 중에서 한 부분을 특별주제로 배우는 과제를 받았다. 아이들은 서로에게서 완전한 내용을 배웠고, 그 다음에 모든 내용의 시험을 쳤다. 이 연구팀이 상호의존집단을 만들기 때문에 이러한 테크닉은 미국학교에서 흔한 협동학습접근과 똑같은 것은 아니다. 사실 호주 연구자들은 4-6학년 아이들 사이에서 두 접근법의 유용성을 비교했는데, 협동학습 방법이 학업성취의 정도, 또래집단을 좋아하기, 인종적 편견에서 중요한 개선을 이루었고, 대조적으로 협동적 접근은 이미 존재하고 있는 집단 간의 긴장을 악화시켰다[73](145면의 민족적 경험 참조).

2) 정 보

많은 사람들은 교육이 편견을 줄일 거라는 희망을 오랫동안 품어 왔다. 어떤 연구들은 교육수준과 관용수준 사이에서 분명한 상관관계를 발견해 왔다.[74] 그러나 찰스 스터번(Charles Sternber)의 연구는 더 높은 교육을 받은 사람들이 더 관대한 것은 아니라는 결론을 얻었다. 교육수준이 높은 사람들은 편견의 측정에서 보다 세련되었으며, 편견을 표현하는 데 있어서 보다 미묘했다.[75] 종합하면 한 가지, 공식적 교육이 편견을 줄이는 완전한 수단은 결코 아닌 것 같다.

이러한 실패의 한 가지 이유는 사람들이 **선택적 지각**(selective perception)을 사용하는 경향이 있기 때문이다; 즉, 사람들은 그들 자신의 믿음과 일치하는 정보를 흡수하고, 그렇지 않은 정보는 합리화해서 무시한다. 또 다른 이유는 교실에서부터 실제 생활까지의 거의 엄청난 비약 때문이다. 일상생활에서 동떨어진 관점(detached perspective)으로부터 편견을 다루는 것과 실제적으로 편견을 다루는 것은 꽤 다른데, 왜냐하면 정서, 사회적 압력, 많은 다른 요소가 편견에 관련되기 때문이다.

이런 비판에도 불구하고, 인종과 민족관계를 다루는 수업은 확실히 가치가 있는데, 왜냐하면 그 수업은 집단 간의 역동성에 대한 학생들의 의식

수준을 향상시키기 때문이다. 그러나 편견을 상당히 감소시키고, 없애는 것은 편견적 태도를 증진하고 유지하는 불평등의 구조적 조건을 변화시킴으로써 더 많이 가능해질 것 같다. 블루머가 제시한 것처럼, 사회질서에서의 중요한 변동이 집단특성에 대한 일반적인 정의를 바꿀 때, 집단지위의식이 해체되고 인종적 편견이 줄어든다.[76] 주류 집단이 두려움을 가지고 반응하지 않고, 반대운동을 하지 않는다면, 소수자의 사회적 지위개선은 권력관계를 변화시키고, 부정적인 고정관념을 줄인다. 그러므로 공적인 계몽에 대한 지속적인 노력과 인종, 종교, 국적에 관계없이 모든 미국인들에게 헌법상의 권리와 동등기회를 확장하는 것이 편견 없는 사회를 만들기 위한 가장 유망한 수단인 것 같다.

집단지위를 전환시키는 한 방법은 미국의 주류 내부 집단의 포괄성을 확장하는 것이다. 한때 편견의 희생자였으며 이전에 배제되었던 소수 집단이 구조적 동화에 의해 사회적으로 수용되고 있다. 200년이 넘는 역사에 걸쳐서 미국은 *주류 "미국인"*에 대한 정의가 변하는 것을 경험하고 있다. 즉 그들의 조상이 유일하게 잉글랜드인이었던 것에서부터, 영국인 전체에게까지(잉글랜드인, 웨일즈인, 스코틀랜드인, 스코틀랜드계 아일랜드인), 북서유럽출신의 사람들까지, 그리고 모든 유럽인을 다 포함하는 것으로 정의가 변하였다. 그러나 유색인종들은 아직 이러한 국가적인 문화적 정체성 집단으로의 진입을 획득해야만 한다. 그리고 그 진입이 우리 앞에 놓여 있는 하나의 도전이다.[77]

민족적 경험

협동학습을 통해서 편견을 줄이기

우리 집단 중의 하나인 멕시코계 미국아동의 경험은 하나의 유용한 예가 된다. 우리는 그를 칼로스라고 부른다. 칼로스는 그의 제2언어인 영어를 분명하게 말하지 못하였다. 과거에 그가 영어로 말했을 때, 종종 조롱을 당했기에, 수년 이상 그는 수업시간에 조용히 있는 것을 배웠다. 그는 선생님에게 교실에서 침묵하겠다는 암묵적인 약속을 하면서 교실에 들어갔던 학생 중의 한 명이었다. 그래서 그는 교실에서 보이지 않는 존재가 되었으며, 선생님은 그를 거의 부르지 않았다.

칼로스가 학교를 싫어하고, 전통적 교실상황에서 거의 아무것도 배우지 않는 동안, 최소한 그는 홀로 남겨졌다. 따라서 그는 급우들에게 말을 하도록 요구하는 직쇼(jigsaw) 체계에 꽤 불편함을 느꼈다. 그는 의사소통을 하는 데 많은 어려움을 느꼈고, 그래서 더듬거리거나 머뭇거렸다. 다른 학생들은 오랜 습관으로부터 그를 모욕하거나 놀렸다. "어, 너는 그것을 모르는 구나," "너는 바보야. 너는 바보 같구나. 너는 네가 무엇을 하고 있는지도 모르는구나"라고 수잔은 비난했다.

집단 과정을 관찰하는 것을 책임 맡은 연구자 가운데 한 연구자가, 그녀가 한 말을 우연히 들었을 때, 약간의 충고를 하면서 그 집단에 개입했다. "그래, 만약 네가 원한다면 너는 그 애를 놀릴 수 있다. 그게 너에게는 재미 있을 수도 있지만, 네가 루즈벨트(Eleanor Roosevelt)의 젊은 성인기에 대해서 배우는 데는 도움이 되지 못할 거야. 그리고 시험 칠 시간이 한 시간도 남지 않았다는 걸 너에게 알려주고 싶어." 이런 진술은 강화유관성이 상당히 변화되었다는 사실을 어떻게 집으로 가져가는지를 주목하라. 이제 수잔은 칼로스를 깎아내려서 별로 얻는 게 없다. … 그리고 교사가 그녀를 비판했기 때문이 아니라 그녀가 칼로스의 정보를 알 필요가 있기 때문에 그녀는 상당한 입지를 상실한다.

그러나 점점 거침없이, 칼로스가 맡은 부분을 배울 수 있는 유일한 기회는 칼로스가 말해야만 하는 것에 주목해야 한다는 사실이 학생들을 끌어들이기 시작했다. 만약 그들이 칼로스를 무시하거나 혹은 계속해서 그를 조롱한다면, 칼로스가 맡은 부분을 그들은 이용할 수 없고, 그들이 시험에서 희망할 수 있는 최고의 점수는 80%일 것이다. 이것은 모든 아동들에게 매력적이지 못한 전망이다. 이러한 깨달음과 함께, 아이들은 꽤 실력 있는 면접자가 되기 시작했고, 칼로스에게 주목하고, 그를 끌어들이고, 면밀하게 질문하는 것을 배웠다. 역으로 칼로스는 보다 이완된 태도를 취하기 시작했고 그의 머릿속에 있는 것을 크게 설명하기가 좀 더 쉬워지는 것을 깨닫기 시작했다. 아이들이 칼로스에 대해 알게 된 것이 칼로스에게서 배운 학습 정보보다 훨씬 더 중요하다. 이틀 후에, 아이들은 칼로스가 그들이 생각했던 것처럼 바보가 아니라고 평가하기 시작했다. 몇 주 후에는 칼로스에게서 예전에는 발견하지 못했던 그만의 재능을 깨달았다. 그들은 칼로스를 좋아하기 시작했고, 칼로스는 학교생활을 더 많이 즐기고, 그의 백인급우들은 괴롭히는 사람으로서가 아니라 잘 도와주는 친구이자 관심 있는 동료로 여겨지기 시작했다.

출처: Elliot Aronson and Neal Osherow. "Cooperation, Prosocial Behavior, and Academic Performance: Experiments in the Desegregated Classroom," *Applied Social Psychology Annual* 1 (1980): 174-75. Reprinted by permission.

7. 다양성 훈련

집단 간 긍정적인 상호작용을 조성하는 작업 환경에서는 능률이 높고, 사기가 더 올라가고, 숙련된 인력을 갖게 된다. 역으로 적대적인 작업환경에서는 생산성이 더 내려가고, 직원들의 기분을 상하게 하고, 이직률은 높아진다. 게다가 만약 조직이 다양성에 대해 민감하지 못한 것으로 평판이 나면, 그 조직은 여성과 유색인종 사람들 중에서 자격 있는 구직자를 끌어들이지 못할 것이다. 그리고 사업은 자기 회사의 재화와 서비스에 대한 다양한 사회출신의 고객을 끌어들이는 데 실패하게 되면서 시장점유율을 잃게 될 것이다.[78]

여성과 비백인 남성들이 미국노동력의 75%를 구성하고, 스스로 소수자로 규정하는 사람들은 미국군사인력의 거의 36%를 구성하고 있기에, 모든 조직들이 편견으로 인해 일상생활이 역기능적으로 되는 것을 예방하는 조치를 취하는 것은 중요한 일이 되고 있다.

군대지도자들과 회사경영진(보건의료를 포함하여)을 위해 수많은 다양성 훈련교육을 행해 온 사람으로서, 나는 당신에게 이들 프로그램에 대한 약간의 통찰력을 주겠다. 가장 좋은 점은, 피고용인과 고객에 대한 현재와 미래의 인구학적 구성뿐만 아니라 문화적 가치의 다양성에 대한 정보적 통찰력을 제공함으로써 각성을 높이라는 것이다. 인식을 확대하는 데 있어 가장 가치 있는 것은 어떤 상황에 대해서 옳고 나쁨을 역할극으로 해 보는 상호적인 학습 과정을 포함시키고, 가설적이지만 현실적인 문제에 대한 해결책을 토의하고 제공하기 위하여 소집단을 만드는 것이다.

비록 프로그램의 시간, 구조, 내용이 매우 다양할지라도, 가장 효과적인 프로그램들은 포괄적이며, 조직의 일반적인 사명의 한 부분으로서 경영진에 의해 적극적으로 후원되며, 조직의 모든 측면에 완전히 통합된다. 후자는 신입 노동자들을 위한 다양성 지향훈련, 계속 고용되어 있는 노동자를 위한 간헐적 강화훈련을 포함하며, 모든 수준의 경영이 함께 노력하여 포용적이며 쾌적한 노동환경을 증진시키는 것도 포함한다. 그러한 노력은 작업장에서의 편견을 줄이는 데 중요한 공헌을 할 수 있다.

8. 요 약

편견의 심리학은 개인의 주관적 마음상태에 초점을 두고서, 견지된 편견의 수준, 자기정당화, 성격, 좌절, 희생양의 요소를 강조한다. 편견의 사회학은 편견적 태도 이면에 존재하는 사회적 힘(사회를 움직이게 하는 힘)으로서 사회의 객관적인 조건을 검토한다. 즉 사회화, 경제적 경쟁, 사회적 규범이 주요한 고려사항이다.

고정관념은 종종 집단지위의식으로서 편견을 반영한다. 일단 만들어지면, 고정관념은 뿌리뽑기 어렵고 종종 타민족혐오주의와 민족적 유머로 표현된다. 텔레비전은 태도를 형성하고 강화시키는 데 지대한 영향을 끼친다. 불행히도 텔레비전은 인종 및 성적 고정관념과 싸우는 대신에 그것을 영구화시키는 경향이 있다.

집단 간의 접촉증가와 정보의 향상이 편견을 반드시 줄이지는 않는다. 접촉의 본질, 특히 그것이 경쟁적인가 혹은 협동적인가 하는 것이 주요한 결정요소이다. 정보는 관계를 개선하는 수단으로서 각성을 높이는 것이지만 외적인 요소(경제적인 조건과 사회적 압력)가 이성적인 생각보다 더 중요할 수 있다.

광고, 랩 음악가사, 뮤직비디오의 이미지가 남성과 여성에 대한 가치를 형성하는 데 축적된 효과를 가질 수 있다. 이들 이미지와 말들이 미묘한 편견과 잘못된 의식을 영구화시키는 것을 돕는다.

회사이든 군대이든, 일터에서의 다양성은 많은 조직들이 다양성 훈련을 통해서 보다 긍정적이고 포괄적인 환경을 만들도록 촉구한다. 가장 효과적인 훈련은 포괄적이며, 경영진에 의해 적극적으로 지원되고, 조직의 모든 측면으로 완전히 통합되어지는 것이다.

핵심용어

편견의 행동성향 수준
편견의 인지적 수준
편견의 감정적 수준
흑인차별법
상대적인 박탈
선택적 지각
사회적 규범
고정관념
권위주의적 성격
전치된 공격성
타민족혐오주의
편견
희생양
자기정당화
사회화 과정

연습문제

1. 편견은 무엇인가? 편견의 징후에는 어떤 것이 있는가?
2. 편견의 원인에는 어떤 것이 있는가?
3. 고정관념을 강화하거나 극복하는 데 있어서 텔레비전은 어떤 역할을 하는가?
4. 광고는 어떤 점에서 소수자들에게 해로운가?
5. 랩 음악과 뮤직비디오에 대한 비판은 무엇인가?
6. 우리는 편견을 어떻게 줄일 수 있나?

읽을 거리

Delgado, Richaed, and Jean Stefancic. *Understanding Words That Wound.* Boulder, Colo.: Westview Press, 2004.

심각한 사회문제로서 차별적인 편파발언의 문제점과 사회문제를 규제하거나 억제하는 데 대한 찬반양론을 밝혀줌.

Kilbourne, Jean, and Mary Pipher. *Can't Buy My Love: How Advertising Changes the Way We Think and Feel*. New York: Free Press, 2000.

광고의 맹공격이 젊은 사람들, 특히 소녀들에게 어떻게 영향을 미치고 성인기에 걸쳐서 자주 지속되는 중독적인 정신상태를 만들어 내는가에 관한 하나의 흥미 있는 자화상.

Lester, Paul M. (ed.). *Images That Injure: Pictorial Stereotypes in the Media*, 2d ed. New York: Praeger, 2003.

미디어 고정관념, 개인과 사회에 관한 미디어의 영향, 그리고 이미지를 만드는 사람들의 동기를 논의하는 수필집.

Perlmutter, Philip. *Legacy of Hate: A Short History of Ethnic, Religious, and Racial Prejudice in America*. New York: M. E. Sharpe, 1999.

식민지시대부터 현재까지 다양한 집단에 반대하는 미국에서의 편협과 광신에 대한 광범위한 연구.

Pickering, Michael. *Stereotyping: The Politics of Representation*. New York: Palgrave Macmillan, 2001.

고정관념에 대한 다학제 간 치료, 현대 사회에서의 편견과 광신의 뿌리, 그리고 현대도시에서의 이방인의 수치.

Sowell, Thomas. *Migrations and Cultures: A World View*. New York: HarperCollins, 1999.

독일인, 이탈리아인, 일본인, 중국인, 이스라엘인, 그리고 아시아 인디언의 사례역사에서 가져오고 이민자들의 습관과 신념이 한 나라의 경제, 문화, 혹은 정치보다 이민자들의 운명에 더 중요하다고 주장하는 있는 흥미를 끄는 책.

인터넷 자료

http://stop-the-hate.org에서 여러분들은 편견과 증오가 생의 아름다움을 어떻게 깍아 먹는가에 대한 통찰을 제공하는 흥미를 돋우고 영감을 불어넣어 주는 인용문과 시를 발견할 것이다.

Institute for Research on Poverty(www.irp.wisc.edu)에서 여러분들은 빈곤에 관해 아주 흔히 질문에 대한 해답과 현재의 논문에 접근할 수 있을 것이다.

05

차 별*

"결국 반흑인, 반여성, 그리고 모든 형태의 차별은 반인본주의(antihumanism)와 같은 것이다"

- 셜리 치솜

편견(prejudice)은 태도에 관한 체계인 반면, **차별**(discrimination)은 실질적인 행태, 즉 다른 집단의 사람들을 다르게, 동등하지 않게 대하는 행동으로, 보통은 인종적 · 종교적 또는 민족적 노선에 따라서 형성된다. 영어로 "나누는 것 또는 차이를 구별짓는 것"을 의미하는 이 용어는 라틴어의 *discriminatus*에서 유래되었으며, 여기에 내포된 부정적 의미는 수 세기가 흘렀음에도 거의 변화가 없다.

1. 차별의 단계

태도와 같은 행동은 여러 가지 상이한 강도의 단계를 가진다. 결과적으로 차별은 다섯 가지 수준으로 분석될 수 있다.[1] 첫 번째 단계는 *언어적*

* 김도경(부산대학교 사회과학연구소 前 전임연구원)

*표현(verbal expression)*으로서 싫다고 말하는 것 또는 경멸적인 용어를 사용하는 단계이다. 두 번째 단계는 *회피(avoidance)*로서 편견을 가진 사람이 어떠한 집단과 사회적 상호작용을 피하는 단계를 의미한다. 이러한 유형의 행동에는 거주지 선택, 협회 가입자격, 도심에서의 사회적 활동, 그리고 어떠한 사회적 환경에서의 주요한 관계를 포함한다.

세 번째 단계에서는, 특정한 직업, 주택, 교육, 또는 사회적 조직으로부터 *배제(exclusion)*가 발생한다. 미국에서 **법률상의 분리(de jure segregation)**의 관습은 한때 남부지방에 광범위하게 퍼져 있었다. 특히 어린이는 인종적인 분리를 유지하기 위해 특별한 학교에 배정했을 뿐만 아니라 인종차별주의법은 모든 공공장소(영화관, 음식점, 화장실, 교통수단 등)를 인종적으로 분리하도록 했다. 또한 이러한 배제는 거주 유형이 사회적 관습과 제도에서 규정되는 것과 같은 **형식상의 분리(de facto segregation)** 형태를 가진다. 따라서 인종적으로 격리된 공동체에서 이웃한 학교를 만들고 유지하는 관례적인 행위는 분리된 학교를 생산하고 유지하게 한다.

또 다른 형태의 배제는 특별한 거주 지역을 주택담보대출(mortgages)과 주택개발대출에 있어 "채무변제불능"(bad risk)지역으로 규정하는 **특정경계지역지정(redlining)**이다. 이러한 것이 불법적인 행위이지만, 여전히 자성예언(self-fulfilling prophecy*)으로 나타난다. 그들의 건물을 수리하기 위해 담보대출을 받을 수 없고, 구매자가 이 지역에서 부동산 획득을 위한 주택담보대출을 할 수 없어, 시장 가치는 떨어지고, 이웃은 떠나며, 결국 그 지역에서 인종적 분리를 심화시킨다. 이와 같은 담보대출 회수(disinverstment)는 아프리카계 미국인의 지역에서 가장 흔한 현상이다.[2]

네 번째 차별 단계는 *육체적 학대(physical abuse)*로서 싫어하는 집단의 구성원에 대한 폭력적 공격을 의미하며, 불행하게도 이러한 행태는 여전히 미국에서 빈번하게 일어나고 있다. 편견 위원회(The Prejudice In-

* 자성예언이란 인간이 어떤 기대를 제시받고, 그를 확신하게 되며, 그 제시된 기대를 받아들이고 그 기대의 테두리에 알맞은 행동을 하게 된다는 것을 의미한다(김진희, 주제별 교육학 용어사전, 지구문화사, 2001, 182면)- 역자 주

stitute)는 **민족폭력(ethnoviolence)**을 단지 그들의 인종, 종교, 민족적 배경, 또는 성적 성향 때문에 표적이 되는 사람들에게 범해지는 일련의 행동, 즉 괴롭힘(harassment), 집단 모욕(group insults), 야만행위(vandalism), 낙서(graffiti), 나치스 독일의 표장(swastika painting), 방화(arson), 십자가 화형(cross burning), 육체적 폭력(physical assault), 그리고 살인(murder) 등을 포함하는 것으로 정의를 내린다.[3] 다양한 소수자 집단들의 구성원에 대한 수천 건의 민족폭력 사건은 매년 전미국의 대학 캠퍼스와 도시 내, 외곽에서 발생하고 있다.

가장 극단적인 수준의 차별은 *말살(extermination)*인데, 이에는 특정 민족에게 행해지는 대량학살(massacres), 집단학살(genocide), 또는 계획적 학살(pogroms) 등이 있다. 이와 같은 야만적인 행동은 2001년 뉴욕과 워싱턴 D.C.에서의 9/11 테러 공격과 더 최근의 다르푸르(Darfur)에서의 살인 그리고 아시아, 유럽, 중동에서의 테러리스트 폭탄 테러처럼 산발적이면서 계속적으로 일어나고 있다.

2. 편견과 차별의 관계

어떤 것 다음에 다른 어떤 것이 일어난다는 어떤 확실성은 존재하지 않지만, 편견은 차별을 일으킬 수 있고, 차별은 편견의 원인이 될 수 있다. 우리의 태도와 명백한 행태는 서로 긴밀하게 관련되어 있지만, 이러한 것이 똑같은 것은 아니다. 우리는 말과 행동을 통해 그들에 대해 아는 것도 없이 어떤 집단을 향해 적대적 감정을 품을 수 있다. 반대로 우리의 명백한 행태가 우리의 실질적인 태도를 효과적으로 숨길 수 있다.

편견을 가진 사람은 다른 사람들보다 차별적인 행동을 할 가능성이 크다; 따라서 차별은 곧잘 편견의 명백한 표현을 의미한다. 그러나 차별이 종종 편견으로부터의 단순한 행동이라고 가정하는 것은 잘못된 것이다. 그보다는 합법적인 이민이 경제적 이유로 줄어들 때 일어나는 것처럼 다수자 집단의 이익을 보호하기 위한 정책 결정의 결과일 수도 있다. 사람들이 그들의 개인적인 견해에도 불구하고 외부의 압력에 굴복할 때처럼 사회적 동조 때문일 수도 있다.[4] 차별자는 특별한 집단에 대한 편견보다는 다른 이유로 그들의 행동을 설명할 수 있으며, 이러한 이유들은 차별자(discriminators)에게 타당한 것이 될 수 있다. 예를 들어, 모든 입사 지원자가 중산층의 경험에 근거한 적성 테스트나 IQ 테스트를 보고 난 다음 좋은 점수를 얻지 못한 저소득층의 사람들에 대해 부정적 평가를 가진다고 경영진이 단언할 때와 같이 때때로 차별적 행태는 편견적 태도에 앞서 일어날 수 있다.

로버트 머튼(Robert Merton)은 편견과 차별 사이에서 일어날 수 있는 가능한 관계를 보여주는 모델을 만들었다(그림 5.1). 머튼은 편견을 가지고 있지 않은 사람도 차별적 행동을 할 수 있으며, 편견을 가진 사람이 그렇게 하지 않을 수도 있다는 것이 가능하다고 설명한다. 머튼은 그의 이론적 틀에서, 어떻게 그들이 미국의 신조(American Creed)인 "인종 또는 종교, 혹은 출신민족에 상관없이 정의, 자유와 기회에 동등하게 접근할 권리"를 받아들이고 거부하는가에 따라서 4가지 유형의 사람으로 분류했다.[5]

비편견적인 비차별자. 편견을 가지고 있지 않은 비차별자는 편견을 가진 행위자도 차별을 하는 행위자도 아니다. 물론 머튼이 관찰한대로 이러한 것은 위임이 아닌 누락의 미덕이다. 이런 분류의 구성원은 다른 사람들을 계몽하려는 어떠한 성향도 보이지 않으며 어떤 형태의 차별에도 적극적으로 싸우려고도 하지 않는다고 머튼은 비판한다. 그들은 주로 다른 사람과 그들의 의견을 공유하기 위해 이야기하며, 그들이 공동체의 합의를 대표한다고 생각하는 것으로 그들 스스로를 기만한다. 더군다나, 그들 "자신의 정신적 집은 정돈이 잘되어 있기" 때문에, 그들은 그러한 문제에 그들도 함께 집단적 노력을 기울여야 한다는 압력에 대해 어떠한 양심의 가책도 느끼지 않는다. 반면에, 비편견적인 비차별자의 일부는 명확하게 행동주의자이며, 다른 견해를 가진 사람들과의 대화에 관여하기도 하며, 그 때문에 믿음을 행동으로 옮긴다.

그림 5.1 편견과 차별의 관계

편견	차별	
	아니오	예
아니오	강한 자유주의자	편의적 자유주의자
예	소심한 편견자	적극적인 편견자

비편견적인 차별자. 편의(expedience)는 편견을 가지지 않은 차별자 범주에 속하는 사람들의 전형이다. 왜냐하면 그들의 행동이 종종 자신의 믿음과 충돌하기 때문이다. 예를 들어, 그들은 인종적 편견이 없으나, 외부 집단에 소속된 사람들을 배제하는 클럽에 가입하며, 만일 이러한 것으로부터 물질적으로 이익을 얻을 수 있으면 퇴보하는 정책에 찬성투표를 하며, 그리고 자산가치의 하락에 대한 두려움으로 그들의 거주지역에서 아프리카계 미국인을 내쫓는 노력에 지지를 보낸다. 이러한 사람들은 빈번하게 죄의식을 느끼고 부끄러워한다. 왜냐하면 그들은 그들의 믿음에 반하는 행동을 하고 있기 때문이다.

편견적인 비차별자. 머튼의 용어인 소심한 *편견자(timid bigots)*는 편견을 가진 비차별자를 가장 잘 설명하고 있다. 그들은 다른 집단에 대해 많은 고정관념(stereotypes)을 믿고 있으며, 이러한 집단에 대해 확실하게 적대감을 가지고 있다. 그러나 그들은 많은 관용을 가진 사람 앞에서는 침묵한다; 그들은 그렇게 해야만 하기 때문에 순응한다. 만일 어떤 행동에서 선입견을 피하기 위한 어떤 법이나 압력이 없다면, 그들은 차별을 할지도

모른다.

편견적인 차별자. 편견을 가진 차별자는 적극적인 편견자(*active bigots*)이다. 그들은 태도와 행태 사이에 어떤 갈등도 보이지 않는다. 그들은 자신의 믿음을 공개적으로 표현하고, 차별을 실행하며, 그리고 필요하면 법을 무시할 뿐만 아니라 그와 같은 행동을 고결한 것으로 생각한다.

두 번째와 세 번째 범주 — 비편견적 차별자와 편견적 비차별자 — 는 사회학적으로 가장 흥미 있는 분류이다. 왜냐하면 사회적-상황적 변수들이 차별적 행태의 발생 여부를 결정한다는 것을 증명하기 때문이다. 집단 규범의 압력은 개인이 자신의 믿음과 불일치하는 방법으로 행동하게 만든다.

3. 사회적이고 제도적인 차별

차별적 행위는 종종 은밀히 행해지고, 행위를 한 사람에 의해 부인되지만, 고용과 거주의 영역에서 빈번하게 발생한다. 자주 깨닫지 못하는 다른 차원의 차별은 집단 간의 "사회적 거리감"의 산물인 **사회적 차별**(social discrimination)이다. 간단하게 말하면, 주로 밀접한 관계에서 사람들은 비슷한 민족적 배경과 사회경제적 수준의 사람들과 관계를 맺는 경향이 있으며; 따라서 지배 집단의 구성원들은 그들과 가까운 관계로부터 소수자 집단의 구성원을 항상 배제시키려고 한다.

하지만 차별은 개인이 선입관을 가지고 하는 행동과는 또 다른 것이다. 스토커리 카미컬(Stokely Carmichael)과 찰스 해밀튼(Charles Hamilton)의 유명 저서인, *흑인의 힘(Black Power)* 에서 이들은 보다 큰 해악이 **제도적 차별**(institutional discrimination)로부터 발생한다는 사실에 주목하는데, 여기서 제도적 차별은 지속되어 온 사회 제도에 내재한 복종 집단에 대한 불평등한 대우를 의미한다.[6] 관습, 법률, 그리고 관행에 둘러싸인 이러한 차별 유형은 은행, 형사정의, 고용, 교육, 의료서비스, 주택, 그리고 사적이고 공적인 부분의 많은 다른 영역에 존재할 수 있다. 이러한 관행이 지속될 수 있도록 돕는 개인들이 그것의 존재를 완전하게 인식할 수 없을 정도로 차별적 관행이 확산되어 있다는 사실은 이러한 개념을 이해하는 데 있어 대단히 중요하다. 그 예로서 소수자의 주택구입모기지 지원서에 대한 은행의 높은 거부율, 미국 사법체계에서 불평등한 선고, 저임금 일자리로의 소수자 집중, 남부지방에서 이전의 "분리되지만 평등"(separate but equal)한 교육 구조, 그리고 분리된 주거 등이 있다.

갈등 이론을 제공한 허버트 블레락(Hubert Blalock)은 주류 집단이 소중이 여기는 가치의 우선권과 보호와 같은 그들의 이익이 위협받는다고 느낄 때, 극단적 차별이 항상 발생한다고 주장한다.[7] 주류 집단은 만일 이러한 접근이 사회적 경쟁자로서 소수자 집단을 효과적으로 약화시킨다고 생각하면, 차별적으로 행동하는 것을 주저하지 않을 것이라고 블레락은 주장한다(첨부된 국제적 상황 5.1 참조). 게다가 사회의 신성한 전통을 위협하는 일종의 사회적 일탈로서 소수자가 문화적 규범으로부터 벗어나게 되면, 주류 집단은 공격적으로 차별을 가한다(예로서, 19세기 프로테스탄트가 지배적인 미국에 가톨릭 이민자의 엄청난 유입 또는 "예절바르고 성실한" 사람 중에서 "정직하지 못한" 집시인의 출현 등). 이러한 관점에서 차별은 "소수자 집단의 노력을 무력화시키기 위해 고안된 기법"이다.[8]

4. 소수자 우대 정책에 관한 논쟁

일상생활에서 한 집단이 다른 집단의 권리를 침해하는 것에 대해 정의와 기회균등을 보장하기 위해서는 어떠한 노력을 기울여야 하는가? 정의는 최대다수의 최대행복이라는 공리적인 개념인가? 또는 모든 사람과 공유하는 공공선이라는 도덕적 개념인가? 직업과 보상의 경쟁 체계에 참여하는 사람들이 동등한 기회를 누리도록 해 주는 것이 정부의 정당한 역할인가 또는 어떤 경쟁에서도 동등한 결과를 정부가 보장해야 하는가? 수 세기 동안 도덕적·정치적 철학자들은 이러한 쟁점에 관심을 기울여 왔고, 그들은 소수자 우대 정책에 관한 논쟁의 중심에 있다.

1) 정의, 자유, 그리고 평등의 개념들

2,300여 년 전, 플라톤(Plato)은 *국가론(Republic)*에서 정의란 봉사하는 사람들의 의지가 아니라, 봉사 받을 사람들의 필요성에 따라야 한다고 적고 있다. 예를 들어, 의사가 정의롭다면, 환자의 건강이 그들의 주요한 관심사여야 한다. 존 롤스(John Rawls)는 *정의론(A Theory of Justice)*에서 정의(justice)를 모두를 위해 동등한 자유를 최대화하는 공평함(fairness)으로 설명하고 있다.[9] 최소한의 이득에 최대한의 혜택을 부여하기 위해, 사회는 사회적·경제적 불평등을 제거해야 하며, 소수자를 공평한 기회 균등의 조건하에서 모두에게 열려진 직무와 직위에 놓일 수 있도록 해야 한다. 그러나 주거 차별을 해소하기 위한 법안의 통과와 같이, 정부가 평등을 보장하기 위한 조치를 취할 경우, 임대 또는 판매를 위한 재산 소유자의 자유가 소수자의 선택으로 인해 제약받는다. 반차별법의 목표가 고귀하더라도, 그 결과는 정부가 사람들에게 그들의 재산(또는 직업 차별을 우려할 경우는 기업)을 가지고 무엇을 할 수 있고 또는 무엇을 할 수 없는가를 말하는 것이다. 따라서 정의의 요구는 다른 사람의 자유를 축소하고 "정부가 우리를 돕지 않도록"(get the government off our backs) 요구하는 "빅브라더"(big brother)의 간섭을 비난하는 결과를 가져온다. 비판자들은 "최대의 선"(the greater good)이 때때로 개인 선택보다도 중요하다는 것에 반대한다. 왜냐하면 이것은 전시의 제한이나 재개발을 위한 사유 재산의 공적 몰수("토지수용권"[eminent domain])도 할 수 있기 때문이다.

사회 변화의 주요 원동력인 수정헌법 제14조의 법 아래 동등한 보호(equal-protection-under-the-law) 조항 신설에 기대를 가지고, 조셉 투스만(Joseph Tussman)과 제이코버스 텐브록(Jacobus tenBroek)은 1954

년 대법원의 인종적 학교분리 원칙이 있기 5년 전에 평등주의 문제를 연구했다. 미국인은 항상 평등보다 오히려 정부의 간섭이 없는 자유에 대해 더 많은 관심을 가진다고 그들은 주장했다:

> 그러면 정부가 어디에나 존재하게 될 때 어떤 일이 일어날까? 활동의 영역을 정부의 통제와 규제 내로 제한하게 되면, 평등은 지배적인 가치와 헌법적 요구로서 어느 정도 자유를 대체한다.[10]

모든 사람의 헌법적 권리를 주장하는 사람들은 정부 규제의 철폐를 요구하기보다, 오히려 "대중 광란의 시기에 너무 쉽게 희생되고 또는 무시되었던 소수자 집단, 정당, 조직의 권리"를 동등하게 대우하는 긍정적인 정부 조치를 요구한다는 점에 투스만과 텐브록은 주목했다.[11] 개인의 권리를 향상시키기 위한 책임은 점점 더 연방정부에 맡겨지고, 소수자 우대 정책을 통한 그러한 노력들은 보수적 반대운동을 촉발하였다.

국제적 상황 5.1
북아일랜드에서의 차별

북아일랜드는 신교도가 압도적으로 많은 영국에 충성하는 약 1백만의 신교도와, 구교(가톨릭)가 지배적인 아일랜드 공화국과의 통일에 우호적인 약 600,000명의 구교도로 구성되어 있다. 1998년 평화협정 체결 이후 화해를 향한 몇 가지 진보에도 불구하고, 오늘날까지 수 세기 동안 깊게 드리워진 호전성에 의해 간헐적인 폭력이 발생하는 극단적인 사회를 유지하고 있다.

사회학적으로, 구교도는 제한적인 정치권력을 가진 소수자 집단이다. 그들은 신교도보다 더 가난한 경향이 있으며, 더 높은 실업률에 고통을 받고 있으며, 그리고 격리된 공동체에서 평균 이하의 주택에서 살고 있다. 구교도는 낮은 지위와 저숙련 기술의 직업을 가지는 경향이 있으며 신교도는 높은 지위와 고숙련 기술의 지위를 가지는 경향이 있다. 그러나 이러한 고용 패턴이 명확한 직업 차별, 격리된 공동체의 구조적 요인, 교육, 그리고 계급, 또는 이 모든 것으로부터 발생되는지를 판단하는 것은 어렵다.

신교도의 우월성을 유지하기 위해 이용되는 실질적인 차별의 정도가 불명확하지만, 신교도들은 구교도에 대한 일련의 부정적 믿음을 통해 그러한 상황을 합리화한다. 많은 신교도는 구교도를 더럽고, 미신적이며, 그리고 게으른 복지 사기꾼이라는 고정관념을 가지고 있다. 그들은 또한 구교도를 (전형적으로 구교도 대가족에 의해 "증명되는") 과도한 섹스행위자와 그리고 그들이 말하는 외국인 — 교황(Pope) — 에게 헌신적인 충성을 하는 성직자에 의해 세뇌된 사람으로 간주한다. 더군다나 많은 신교도들은 구교도가 아일랜드 공화국과의 재통일을 위해 얼스터 정부(Ulster government)를 약화시키려는 의도를 가지고 있다고 의심한다. 대부분의 신교도는 직업, 주택, 그리고 다른 사회 영역에서 종교에 바탕을 둔 어떤 차별도 보이지 않는다. 구교도들은 그들의 가치, 태도, 그리고 불충성 때문에 "그들이 당연히 받을 만한 것을 가진다"(get what they deserve).

북아일랜드의 대부분 구교도들은 그들 종교의 직접적인 결과로 인한 차별을 당하고 있다는 강한 믿음을 가지고 있다. 그들은 신교도들이 정치권력을 강력하게 유지하고, 그들이 가진 어떤 것도 양도하려는 의지가 없는 협소한 마음을 가진 편견자로 생각한다. 평화협정에도 불구하고, 편견과 차별의 옳지 않은 반복은 권력을 공유하기 위한 신교도의 저항과 정부를 지지하는 구교도의 못마땅한 심경을 강화시키고 있다.

아직까지 완벽하게 실행되지 않고 있지만, 강력한 투쟁을 하는 실용주의와 1998년의 평화협정의 약속은 정치적 기회주의와 변덕스러운 여론, 또는 그들의 정치적 목적을 달성하기 위해 폭탄의 사용과 살인을 이용하지 않겠다는 것에 결코 동의하지 않는 양진영 극단주의자의 악의적인 의도에 여전히 희생물이 될 수 있다.

반대로, 아일랜드 공화국에서 단지 인구의 3%를 차지하고 있는 신교도는 그들 주위의 구교도와 조화롭게 살고 있다. 그들은 사회경제적으로 완전히 통합되어 있으며, 대부분은 아니지만, 편견을 경험하고 있지 않다.

비판적 사고를 위한 질문: 북아일랜드에서 폭력의 씨앗을 뿌리는 편견과 차별을 줄이기 위해서 무엇을 해야 하는가?

2) 소수자 우대 정책의 시작

정부의 소수자 우대 정책의 기원은 프랭클린 루즈벨트(Franklin D. Roosevelt) 대통령이 1941년 7월에 공표한 행정명령 8802에서 찾을 수 있는데, 행정명령 8802(Executive Order 8802)는 고용주들이 "인종, 신념, 피부색, 또는 국적으로 인해 어떤 노동자도 차별 대우를 할 수 없도록" 의무를 부과하고 있다. 사실상 모든 대통령에 의해 실시된 연이은 행정명령들은 고용정책에서 차별을 규제하기 위한 정부의 노력으로 계속되었으며 확대되었다. 1961년 케네디 대통령의 행정명령 10925에서 처음으로 **소수자 우대 정책**(affirmative action)이라는 용어가 사용되었다; 여기에서 정부 고용주들은 "인종, 신념, 피부색, 그리고 국적에 관계없이, 지원자를 고용하고, 그리고 고용할 동안 피고용인을 소수자 우대 정책에 따라 처우해야 한다"라고 명시하고 있다.

소수자 우대 정책의 법적 기반은 두 가지에 기반을 두고 있다. 스탠포드 리만(Stanford M. Lyman)은 노예제를 폐지한 수정헌법 제13조의 조항이 인종 차별을 통해 어떤 노예제의 흔적을 드러내는 것에 반대하는 행동의 선례가 된다고 주장했다.[12] 그러나 찬성자와 반대자 모두, 소수자 우대 정책에서 소수자 지위의 전환점을 가져온 것은 1964년의 민권법(Civil Rights Act)의 제 7 조 703절(Title VII Section 703(j))이라고 지적한다.

제 7 조(Title VII)는 공평성과 공개성 그리고 피부색과 무관한 기회균등의 필요성을 논하는 것으로 보인다. 특히 기업과 정부 영역에서 인종, 민족, 성별, 그리고 종교에 의한 선호를 금지하고 있다. 반대자는 선호를 위법화하는 이러한 명시적 언어가 소수자 우대 정책을 불필요하고 비합법적인 것으로 만들고 있다고 주장한다.[13] 린든 존슨 대통령의 행정명령 11246은 기존의 결점을 바로잡고자 특정목표와 최종 기한을 통해 고용주에게 소수자 우대 정책을 준수하도록 강제함으로써 제 7 조(Title VII)와 연계성을 가진다고 지지자들은 주장한다. 지지자들에 따르면 이것은 평등한 권리에 대한 관심에서부터 실질적으로 평등한 기회에 대한 관심으로의 논리적 진전 단계였다.[14]

확대된 보호 범주의 리스트(아시안계, 흑인, 히스패닉계, 원주민, 여성, 노인, 장애인, 그리고 동성애자)를 발표하면서, 일련의 주와 연방정부의 정책 지침은 기업, 교육, 정부 운영의 많은 부분을 규제하기 시작했다. 1964년 민권법을 수정한 1972년 법률은 사법부에 소수자 우대 정책의 기준을 시행할 수 있는 권한을 부여했다. 우대프로그램은 소수자 기업에 대한 정부 보조사업의 체결뿐만 아니라, 대학과 대학원의 입학, 그리고 고용 및 승진에서 지정된 소수자 할당(quotas)을 통해 규칙이 되었다.[15]

3) 사법 논쟁과 결정들

"역차별"(reverse discrimination)에 대한 백인들의 분노는 미 연방 대법원이 미국의 대학에서 입학결정을 할 때 할당은 허용되지 않지만 인종은 고려 요인이 될 수 있다고 판결했던 1978년 *Regent of the University of California v. Bakke* 재판 때 구체화되었다. 소수의견에서 판사 해리 블랙문(Harry A. Blackmun)은 다음과 같이 진술한다:

> 인종주의를 극복하기 위해 우리는 인종을 우선적으로 고려해야 한다. 다른 방법은 없다. 몇몇 사람을 동등하게 대우하기 위해서 우리는 그들을 다르게 대우해야 한다. 우리는 평등 보호 조항(Equal Protection Clause)이 인종적 우선권(racial superiority)을 영속화하게 할 수도, 그럴 용기도 없다.

다음 11년 동안 법원은 일련의 판결을 통해 소수자 우대 정책의 근본 방침을 확정했다(165면의 소수자 우대 정책 참조). 그러나 1989년 이후 더 보수화된 법원은 소수자를 돕는 것으로 과거 차별의 결과를 치유하기 위한 노력의 조치인 "인종 고려 구제책"(race-conscious remedies) 사용에 머뭇거리는 경우가 많아졌다. 이것은 고용과 계약과 관련된 소수자 우대 정책 소송뿐만 아니라 학교 분리 폐지와 투표권에서 그대로 나타났다. 1995년 *Adarand Constructors v. Pena* 판결에서는 단지 "국가에서의 인종차별의 일반적 역사"가 아니라 과거 차별의 "엄격한 조사와 증거"를 명령하는 연방정부 원래의 소수자 우대 프로그램으로 돌아갔다. 또 다른 1995년 판결에서는, 대법원은 의회 선거구 획정 또는 함축적으로 교육위원회에서부터 주 의회까지 어떤 정부 조직에 대한 판결에서도 인종은 더 이상 "주요한 요인"(predominant factor)이 아니라고 선포했다.

1995년 캘리포니아 주 교육이사회(California Board of Regents)는 대학원과 학부 입학 과정에서 소수자 우대 정책을 금지했다. 다음 해에 캘리포니아 유권자는 인종, 민족, 또는 성별을 "어떤 개인 또는 집단에 대한 차별 또는 특혜적인 대우를 부여하는 범주로서"의 사용을 금지시켰고, 결과적으로 주(州) 소수자 우대 프로그램을 소멸시키는 The California Civil Rights Initiative를 압도적으로 통과시켰다. 또한 1996년 *Hopwood v. Texas* 판결에서 미 항소 순회 법원에 의한 포괄적인 결정은 텍사스 검찰총장이 입학, 장학금, 그리고 복지 프로그램에 소수자 우대 정책 적용을 금지하는 의견을 할 수 있도록 했다.

소수자 우대 정책 없이, 캘리포니아와 텍사스 대학은 먼저 학부와 대학원 과정에서 소수자 등록이 줄어드는 결과를 초래했다. 그러나 두 지방정부는 지정된 할당이나 낮게 정해진 입학 기준의 오점이 없이 고등 교육기관에서 인종/민족의 균형을 달성하기 위해 실행 가능한 대안으로서 퍼센트 계획(percentage plans)을 실행했다. 캘리포니아는 대학 입학에 고등학교 졸업자 상위 4%를 보장했으며, 텍사스는 상위 10%를 보장했다. 플로리다 주가 소수자 우대 프로그램을 폐지했을 때, 만일 학생들이 외국어와 다른 이수 학점을 최소 2년 동안 끝내면 상위 20%에게 대학 입학을 보장했다.

소수자 우대 정책: 40년간의 활동과 판결

1964	1964년 민권법이 공공시설, 교통수단, 공공 교육, 그리고 연방 지원 프로그램 등에서 인종, 피부색, 종교, 성별, 또는 국적에 근거한 차별에 대해 법적 의지를 확립했다.
1972	법률은 사법부에 소수자 우대 정책의 기준을 강제할 수 있는 권한을 부여한다.
1978	법원은 인종 할당은 불법적이지만, 2년제와 4년제 대학에서 입학을 결정하는 하나의 요인으로 인종을 고려할 수도 있다고 판결했다.
1980	법원은 소수자 계약자를 위해 비용의 10% 특혜를 보장하는 연방 공공 일자리 프로그램이 합헌이라 판결했다.
1981	코네티컷 주의 하트포트 시(city of Hartford)는 시의 재정이 투입되는 프로젝트에 모든 근로자의 15%를 여성 또는 소수자로 요구할 수 있다고 판결한다.
1987	법원은 회사가 더 균형 잡힌 노동력을 창출하기 위해 여성을 고용하고 승진시키기 위한 특혜 정책을 실시할 수 있도록 규정한 여성을 위한 소수자 우대 계획을 처음으로 판결했다.
1989	법원은 시 건축물 계약에 관한 프로젝트에서 최소 30%의 가치를 최소 1/2의 소수자를 고용한 회사의 계약자에게만 줄 수 있도록 한 버지니아 주의

리치몬드(Richmond)의 보장 프로그램(set-aside program)을 폐지했다.

1990 법원은 방송 허가를 보장할 때 여성과 소수자를 우대하는 연방 정책을 지지했다.

1995 법원은 소수자를 돕기 위해 고안된 주정부의 프로그램 또는 법률에 대해 엄격한 기준을 정했다. 과거 차별을 확인할 수 있는 것이 첨부되어 있는 경우의 인종에 근거한 우대책만이 합법적일 수 있다.

1996 법원은 소수자 우대 정책에 의한 입학 계획을 폐지하는 법대에 학생 입학을 결정한 텍사스 대학(University of Texas)에 대해 "인종 그 자체는 고려될 수 없다"라고 판결한 미 제 5 순회 항소법원의 상고를 기각했다.

1996 법원은 버지니아 군사 학교가 여성의 입학을 허용하거나 또는 주정부의 재정지원을 포기할 것을 명령했다. 더불어 이 결정은 사우스 캐롤라이나 주 The Citadel의 주립군사학교에도 영향을 주었다.

1996 캘리포니아 주민은 주 내에서 고용 또는 학교 입학에 인종, 성, 또는 국적에 대한 어떤 고려도 금지하는 것에 찬성 투표했다.

1997 법원은 인종 또는 성이 주정부 내에서 정부 고용 또는 학교 입학을 하는 데 하나의 요인이 되는 것을 금지한 캘리포니아 주민투표 209(California's Proposition 209)에 대한 이의신청을 기각했다.

1998 워싱턴 주정부 유권자는 주정부 고용과 학교 입학에 있어 인종 또는 성에 근거한 모든 특혜대우를 제거하는 투표에 찬성했다.

2000 플로리다는 대학 입학과 주정부 발주 계약에서 인종에 대한 고려를 폐지했으며, 대신 재정적 필요성에 기반을 두어 더 많은 보조를 실시했다.

2003 법원은 미시간 대학 법대의 약자 보호법 프로그램은 지지했지만, 점수에 기반을 둔 입학정책에서 소수자에게 여분의 점수를 부여하는 대학 정책은 중지시켰다.

2003년 주요한 대법원 판결은 찬성 5 반대 4로 미시간 대학의 법대에 대학 입학에 소수자 우대 정책을 유지할 것을 결정한 반면, 다른 한편으로 인종에 부분적으로 기반을 둔 포인트 시스템(point system)을 사용하는 학부 입학 프로그램은 없애기로 결정했다. 보다 평등한 사회를 달성하는 데 있어서 대학 캠퍼스에서 인종적 다양성의 역할을 강제로 담보하기 위한 법원의 판결은 모든 입학 프로그램에 적용되는 광범위한 것이다. 게다가 이러한 판결은 인종적 다양성에서 "주 이익을 강제하는" *배키(Bakke)* 판결 당시 루이스 파웰(Lewis Powell) 판사의 견고한 의견을 강화시켰다. 그와 동시에 법원은 "인종적 우대조치를 사용하는 지금부터 25년 후에는 오늘

날 증명되는 이익이 더 이상 필요치 않을 것임을 예상한다"는 판사 센드라 데이 오코너(Sandra Day O'Connor)의 다수의견과 함께 이와 같은 프로그램의 시간적 한계를 제한했다.[16]

이러한 판결에 중요성을 더하는 것은 더 많은 여성과 소수자를 고용하기 위해 소수자 우대 계획이 계속되어야만 한다는 것을 고용주에게 알리는 강력한 신호라는 사실이다. 아마 대학 지원에서 65개의 회사(General Motors와 Microsoft를 포함하여)에 의해 제기된 일련의 법정조언자 보고서는 소수자 우대 조치에 대한 기업의 위임을 입증하였다.[17]

그러나 이러한 판결은 여러 집단이 여전히 여기에 반대하고 있기 때문에 소수자 우대 정책에 대한 마지막 언급은 아니다. 여러 대법원 판사가 법원에서 자기 임기가 끝나가는 것과 함께 다르게 구성되는 법원에 대한 새로운 도전은 다른 판결을 만들지도 모른다.

4) 소수자 우대 정책은 작동하고 있는가?

소수자 우대 프로그램의 성공에 대한 증거는 그 주제에 대한 공적 토론만큼이나 뒤섞여 있다. 1990년 존 그풀(John Gpuhl)과 수잔 웰치(Susan Welch)는 *배키* 판결이 의대와 법대에서 아프리카계 미국인과 히스패닉계의 입학에 어떠한 영향도 주지 않았다는 것을 밝혀냈다; 이들의 입학은 1978년 판결 2-3년 전에 벌써 평준화되었다. 그러나 1995년 연구에서, 알프레드 블룸로젠(Alfred Blumrosen)은 5백만 소수자 노동자와 6백만 여성은 우대정책과 반차별법이 없을 경우에 가졌을 직업보다도 더 좋은 직업을 가졌다는 것을 발견했다.[18]

소수자 우대 정책에 대한 도전의 배후에 있는 동기가 인종주의자 또는 성차별주의자일지도 모르지만, 백인 우월주의와 보수 정치 이념의 보호가 더 중요한 지지기반으로 나타난다.[19] 소수자 우대 정책의 좀 더 명확한 방어의 하나로서 이러한 점을 지적하는, 팀 와이즈(Tim J. Wise)는 역차별이 백인 광기자에 의해 점화되는 일종의 신화라고 주장하며, "인종주의가 미국에서 일반적으로 행해지고 또 유색인종의 장래에 피해를 주기 때문에 소수자 우대 정책은 중요하고 꼭 필요하다"고 단언한다.[20]

여전히 소수자 집단을 대변하는 보수적인 사람의 일부는, 그들 자신의 공동체에 파괴적 영향을 준 소수자 우대 정책에 반대하고 있다. 토마스 소웰(Thomas Sowell)과 린다 차베즈(Linda Chavez)는 대학당국이 매우 잘할 수 있고 학점 경쟁이 치열한 환경을 가진 지역 대학에서 재능 있는 소수자 학생들을 충원하지 않고 있다고 주장한다. 또 반대자들은 소수자 우대 정책은 인종관계를 악화시키는 "잘못된 겸손"(misplaced condescension)이라고 주장하는데, 이것은 미국에서 소수자 우대 정책이 출현하기 전을 인종관계의 황금기로 단정하는 관점이다. 이러한 일련의 추론에 따르면, 소수자 집단의 업적은 장점에서 얻을 수 있는 것보다 오히려 특혜적 대우로부터 발생했을 가능성에 의해 피해를 입었다는 것이다.[21]

5) 여 론

소수자 우대 정책에 대한 부정적 여론은 미국이 낮은 경제 성장을 하고, 중산층의 수입이 정체하고, 그리고 회사가 다운사이징(downsizing)을 겪고 있을 때인 1990년에 더 강화되었다. 이러한 것들은 누가 해고되고 또는 고용되는가의 문제로 매우 불안정하다. 소수자 우대 정책에 대한 백인의 장기적 분노는 국가적 의제를 만드는 사람에게 마침내 그 처방책의 효과가 닿을 때만 정책에 영향을 주었다고 제임스 윌슨(James Q. Wilson)과 세이무어 마틴 립셋(Seymour Martin Lipset)은 비판했다. 그러나 중산층과 상류층은 노동조합원 중에서 소수자 고용을 강제하고 또는 노동자계급에서의 강제버스통학(busing) 명령을 내리는 것에 거의 관심이 없었다고 이 두 사람은 주장한다. 그러나 지금 여성과 소수자는 한때 엘리트가 지배했던 관리 위치와 엘리트의 아들과 딸들이 입학하기를 희망하는 대학에서 경쟁하고 있다.[22]

2006년 CBS 뉴스의 여론조사에서 소수자 우대 정책은 어떻게 되어야

하는가에 대한 질문에, 12%는 즉각 폐지되어야 한다고 응답한 반면, 31%는 단계적으로 폐지되어야 한다고 응답했다. 다른 36%는 계속되어야 한다고 응답한 반면, 19%는 확신을 가지고 있지 않았다.[23] 그러나 인종과 종교에 기반을 둔 특혜에 대해서는 상이한 결과가 나온 반면(백인보다는 흑인이 더 적게 반대를 보임), 대부분의 미국인은 경제적 계급에 기반을 둔 소수자 우대 정책을 지지하려 하는 듯 했다.[24] 예를 들어, 이와 같은 조항하에서, 서버지니아(West Virginia)에 사는 가난한 백인 석탄 광부의 아들은 특별한 도움이 필요하지만, 부유한 아프리카계 미국인 주식중매인의 딸은 아닐 것이다.

2003년 미시간 대학 사건에 대한 대법원의 판결이 나기 몇 주 전에 AP통신(Associated Press)에 의해 실시된 또 다른 여론 조사에서, 다섯 명의 미국인 중 네 명은 대학이 인종적 다양성을 가지는 것이 중요하다고 말했다. 그러나 단지 51%는 소수자 우대 프로그램이 흑인, 히스패닉계, 그리고 다른 소수자를 돕기 위해 여전히 필요하다고 응답한 반면, 43%는 그렇지 않다고 응답했으며, 그리고 35%는 이 법이 폐지되기를 바랐다. 흑인 중에서 89%는 이 프로그램이 필요하다고 응답했다. 18-35세 사이의 젊은이 중에서 약 10명 중 6명은 소수자 우대 정책이 여전히 필요하다고 응답했다.[25] 이러한 문제에 인종과 세대에 따른 명확한 격차는 존재한다.

일부 주에서 소수자 우대 정책이 약화되고 있지만, 다른 주에서는 계속 실시되고 있다. 의회에 연방 입법으로 제출된 곳에서는 폐지될지도 모른다. 소수자 우대 정책을 지지하는 사람은 "소수자 우대 정책을 폐지하지 말고 수정하라"고 주장하는 반면에 반대자들은 완전히 폐지하라고 역설한다. 의심할 여지없이 다음 몇 년 간 논쟁은 계속될 것이고, 이미 알고 있는 바와 같이 소수자 우대 정책에 중대한 변화가 있을 것이다.

5. 인종적 프로파일링

인종적 프로파일링이 오랜 역사를 가지고 있지만, 정부와 공공 영역이 여기에 관심을 가진 것은 최근의 일이다. **인종적 프로파일링**(racial profiling)은 한 인종 또는 민족의 개인이 다른 인종 또는 민족의 개인들보다도 비합법적 행동에 개입할 가능성이 크다는 가정에 근거하여 법을 집행하는 공직자에 의해 행해지는 행동을 말한다. 이러한 생각은 당국자가 흑인과 라틴인의 소지품에서 마약을 찾기 위해 그들이 운전하는 자동차를 세우는 일을 일상화시키는 결과로 이어진다.

어떤 사람은 인종 집단들 사이의 범죄율에 있어서의 전체적 불일치가 비교통 위반(예로서, 마약복용자)에 대한 많은 수의 체포자를 양산하는 교통 단속 활동에서의 프로파일링을 정당화한다고 주장한다. 비판자들은 소수자 집단의 마약 사용에 대한 강조는 자연적으로 더 많은 소수자를 체포하는 결과를 낳을 것이나, 사실상 모든 불법 마약 사용자의 약 75%는 백인임을 주장한다.[26]

1990년대 인종적 프로파일링은 미디어 노출, 특집 보도, 위원회, 그리고 입법 제안을 통해 큰 관심을 받았다. 2001년에는 부시 행정부가 연방법 집행에서 이러한 것을 처음으로 금지하는 조치를 취했다. 그러나 테러리스트 공격 이후 국가 안보를 위해 필요한 것 중의 하나로 바람직스럽지 못한 경찰 행동으로부터 인종적 프로파일링에 대한 정부 입장을 변경했다. 그 결과 비행 안전, 세관원, 그리고 경찰은 아랍과 무슬림계 미국인을 특별히 조사할 수 있게 되었으며, 이민 공무원은 그들을 다른 민족적 배경의 외국인 거주자의 경우 종종 무시되는 경미한 범죄로 기소한다.

2003년 미 법무부는 인종적 프로파일링을 거절하는 지침을 만들었다. 그와 같은 행동은 비도덕적이며, "우리의 다양한 민주주의에 해를 입히며, 공평하고 정의로운 사회를 유지하기 위한 우리의 노력을 본질적으로 손상시키는" 부정적인 인종 고정관념을 영구화한다고 주장했다. 그러나 동일한 그 진술에서는, "국가 안보"가 중요할 때는 광범위하고 주로 불명확한 예외를 포함한다.[27] 따라서 현재 인종적 프로파일링 태도와 행동 사이에는 이분법이 존재한다.

6. 요 약

차별적 행태는 다섯 단계의 강도로 작용하는데: 언어적 표현(verbal expression), 회피(avoidance), 배제(exclusion), 육체적 학대(physical abuse), 그리고 말살(extermination)이 그것이다. 차별은 반드시 편견으로부터 나오는 행동이 아니다. 사회적 압력은 비편견적인 개인들이 차별하게 강요하고 또는 편견적 사람이 차별을 못하게 할 수 있다.

소수자 우대 정책에 대한 논쟁은 다음과 같은 질문과 관련된다: 기회균등을 위한 환경을 조성하는 것이 민주주의 정부의 책임인가 또는 동등한 결과를 보장하는 것이 민주주의 정부의 책임인가? 만일 후자라면, 한 집단이 다른 집단의 권리를 침해하는 평등을 보장하기 위해 어떠한 노력을 기울어야 하는가? 법 실행 수십 년 후에, 소수자 우대 정책이 법원의 결정과 정부 주도 활동, 그리고 각 주(state)의 활동 등을 통해 지지되고 파괴되는 복잡한 양상에 직면한다.

인종적 프로파일링은 2001년 테러리스트 공격 이후 법의 혼란한 해석에 대해서 심각한 근심거리로 남아 있다.

핵심용어

소수자 우대 정책	형식상의 분리
법률상의 분리	차별
민족폭력	제도적 차별

인종적 프로파일링 특정경계지역지정
사회적 차별

연습문제

1. 차별이란? 차별의 징후에는 어떤 것이 있는가?
2. 편견과 차별 사이에는 어떤 관련성이 있는가?
3. 제도적 차별은 제거하기가 왜 어려운가?
4. 소수자 우대 정책이 의도하는 바는 무엇인가?
5. 소수자 우대 정책에 대한 찬반양론에 대해 토의하시오.
6. 법을 집행하는 데 있어 인종적 프로파일링은 중요한 수단이 되는가?

읽을 거리

Cohen, Carl, and James P. Sterba. *Affirmative Action and Racial Preference: A Debate*. New York: Oxford University Press, 2003.

과거와 현재의 사건과 법원의 결정에 의해 형성된 소수자 우대 정책에 대한 찬반양론의 유익한 설명.

Harris, David A. *Profiles in Injustice: Why Racial Profiling Cannot Work*. Nevada City, Cal.: New Press, 2003.

인종적 프로파일링의 역사, 범죄 예방에서의 실패, 그리고 개선에 대한 최근의 진전들에 대한 사려 깊고 세밀한 분석.

Irons, Peter H. *Jim Crow's Children: The Broken Promise of the Brown Decision*. New York: Viking Press, 2002.

가난, 인종, 그리고 교육의 상호연관성뿐만 아니라 우리의 이상, 법률, 그리고 사회적 현실 사이에서의 갈라진 틈을 명확하게 드러냄.

Lott, Bernice E., and Dianne Maluso (eds.). *The Social Psychology of Interpersonal Discrimination*. Guilford, Conn.: Guilford Press, 1995.

태도와 믿음보다는 오히려 행태에 초점을 맞추어 현재 연구의 전체를 조망하고, 어떻게 그리고 왜 사람들이 일상적 생활에서 다른 사람들을 차별하는지를 탐구함.

Wang, Lu-In. *Discrimination by Default: How Racism Becomes Routine*. New York: New York University Press, 2006.

어떻게 그리고 왜 우리 사회에서 차별이 강력한 역할을 여전히 하는지를, 어떻게 이런 잘못된 과정을 극복할 수 있는지를 제안하는 것과 더불어 흥미 있는 설명을 함.

Wise, Tim J. *Affirmative Action: Racial Preference in Black and White*. New York: Routledge, 2005.

소수자 우대 정책에 대한 통찰력 있는 변호를 제공하는 인종, 특권, 그리고 교육에 대한 잘 쓰이고, 주목할 만한, 흥미 있는 책.

인터넷 자료

http://results.about.com/affirmative_action/에서 당신은 소수자 우대 정책에 관한 찬성과 반대 주장을 찾을 수 있으며, 또한 이 주제에 관한 풍부한 다른 자료도 찾을 수 있다. 미 법무부는 인종적 프로파일링에 관한 자료 지침(Resource Guide on Racial Profiling)을 공개했다(www.ncjrs.gov/pdffiles1/bja/184768.pdf). 그리고 이곳에서 소수자 우대 정책에 대한 특징과 범위에 대한 안목을 얻을 수 있으며, 또한 이러한 영역에서 여러 국가의 경험에 대한 자료도 얻을 수 있을 것이다.

06

주류와 소수자의 관계*

"우리는 새처럼 하늘을 나는 법을 배웠고 물고기처럼 수영하는 법도 배웠지만, 형제자매로서 세상을 살아가는 법을 배우지 않았다"
-마틴 루터 킹

지금까지 우리는 이방인에 관한 사람들의 행동 패턴, 인지와 상호작용의 형성에서 문화와 사회 구조의 역할, 편견과 차별의 복잡성에 대해 살펴보았다. 이 장에서는 지배 집단과 소수자 집단의 서로에 대한 대응 패턴을 고찰한다.

다음 페이지는 인종(race), 민족(ethnicity) 혹은 시기(time period)와 상관없이 대부분의 집단에서 대응 패턴에 많은 차이가 있다는 것을 보여준다. 대응 패턴은 서로 배타적인 범주가 아니며, 집단들이 반드시 이러한 패턴을 동시에 따르는 것은 아니다. 그러나 어느 사회에서든 각각의 소수자 집단 혹은 주류 집단은 어느 정도 이러한 패턴의 공통성(pattern commonalities)을 공유한다. 우리는 그 패턴을 고찰하기 전에 반드시 두 가지를 신중하게 고려해야만 한다. 첫째, 모든 집단은 동일하지 않으며 각각은 그들의 독특한 신념과 습관, 그리고 역사를 가지고 있다. 둘째, 집단 *내부*

* 장임숙(부산대학교 사회과학연구소 전임연구원)

의 다양성이 동질적인 독립체가 되는 것을 막는다.

1. 소수자 집단의 대응

호의적이지 않는 상황에서 개인이 대응 패턴을 결정할 때 성격특성(personality characteristics)이 중요한 역할을 하지만, 일반적으로 집단의 행동 패턴은 비슷한 환경에 처한 다른 집단의 대응 패턴과 유사하다. 외부적 요인이 중요한 역할을 하지만, 사회적 해석(social interpretation)도 중요한 결정요인이다. 이것은 다음의 민족·인종집단 정체성에서 설명한다. 그 권력자원에 대한 소수자 집단의 인식은 — 어떤 중요한 방법으로 주류집단과의 기존관계를 변화시키는 그 권력 — 그것이 만들어 내는 대응을 크게 결정한다.[1] 그 대응은 회피(avoidance), 일탈(deviance), 저항(defiance), 수용(acceptance), 그리고 부정적인 자아상(negative self-image)을 포함한다.

2. 민족·인종 집단 정체성

주류 사회에 완전히 참여할 수 없는 집단은 일반적으로 그 집단만의 정체성을 발달시킨다. 이것은 내집단-외집단관계(ingroup-outgroup relationships)에서 정상적인 패턴이다. 인종·민족관계에서 집단정체성은 긍정적인 만남을 위한 기초로서, 안정과 힘의 원천으로서, 혹은 주류로의 진입에 도움이 될 수 있다. 또한 그것은 편견과 차별의 근거, 부정적인 자아 이미지, 사회적 수용의 방해물(a detriment to social acceptance), 또는 갈등의 원천이 될 수도 있을 것이다.

*민족 집단 정체성(ethnic-group identity)*은 개인의 중요한 사회적 상호작용과 자아의식의 근거로서 문화적 혹은 국가적 결속(cultural or national ties)을 강조할 때 존재한다. 이민자들은 당연시하던 그들의 모국을 떠나면서 — 낯선 땅의 이방인으로서 — 집단정체성을 더욱 의식하게 된다. 문화적응과정(acculturation process)과 민족 생성(ethnogenesis)이 이루어질 때, 이러한 집단 구성원들은 주류 사회가 그러하듯이 스스로를 자신의 민족성 때문에 특수성을 지니는 것으로 여기는 "문화적 짐"(cultural baggage)을 계속 간직한다.

많은 요인들이 민족 집단 정체성의 지속기간을 결정짓는다. 뉴커머들(newcomers)의 꾸준한 유입으로 활기가 유지되는 결속력 있는 민족공동체는 강한 탄력성을 유지할 것이다. 소수민족 미디어(Ethnic-minority media)는 그러한 정체성에 대한 인식을 강화시키는 데 중요한 역할을 할 수 있다. 실제로 소수자 미디어는 19세기 후반과 20세기 초반에 유대인 이민자들 사이에서 뉴욕 *Daily Forward* 신문이 했던 것처럼 동화과정을 촉진하거나, 혹은 자신들의 언어 · 관습 · 가치의 유지를 강조하여 그 과정을 지체시킴으로써 동화과정에 영향을 미칠 수 있다.

또한 자기민족 집단으로의 사회화는 민족정체성을 불러일으킨다. 종종 소수자의 성장과정 일부에는 주류 사회의 정체성과 자기 집단의 정체성이라는 이중의 정체성이 존재한다. 이러한 다중적인 현실은 사회적 환경과 다른 참가자에 따라 스스로의 역할과 행태, 자아의식에 영향을 미친다.

민족 집단 정체성은 특히 종교를 토대로 할 때 오래갈 수 있다. 2장에서 언급된 Amish, Hutterites, Hasidic Jews와 같은 끈질긴 하위문화(subcultures)가 그 좋은 예이다. 어떤 신념의 신봉자들 사이에서는 집단정체성이 꾸준하게 남아 있지만, 그 존재는 민족계열에 따라 인종과 동화 중에 어느 것을 더 고려하느냐에 달려있다. 예를 들면, 19세기의 가톨릭 이민자들과, 20세기 초의 다른 가톨릭과 유대인 이민자들은 한때 종교적으로 다를 뿐 아니라 다른 하위문화의 특성도 달랐다. 오늘날 미국에 반가톨릭과 반유대인의 자취가 남아 있긴 하지만, 이들 종교 집단의 구성원들 대부분은 종교적 정체성과 주류 집단의 정체성을 동시에 가지는데, 이것은 몇 세대 전의 사례가 아니다. 보다 최근의 이민자들 — 불교인들, 힌두교들, 이슬람교도, 시크교도들과 같이 — 은 미국에서 주요한 세 개의 종교와 종교적으로 다를 뿐 아니라, 인종적 · 문화적으로도 다르다. 현재 그들의 민족 집단 정체성은 이러한 모든 측면(종교, 인종, 문화)을 구현하고 있으며, 집단정체성이 어떻게 진화할지는 시간이 지나야 알 수 있다.

전부는 아니지만 대부분의 유럽인 집단들은 일상적인 민족성이 여러 세대가 지나면서 결국에는 동화되고, 민족 집단 정체성은 쇠퇴한다. 그러한 변화는 지배적인 백인문화로의 흡수에 의해 사회 나머지 집단과의 구별이 약해지면서 집단정체성이 주류 사회에 점점 더 동일화되고 하위문화의 "특징"(marks; 의복, 언어, 관습, 행태, 주거지 군집)이 사라지기 때문에 가능하다.

인종에 대한 사회적 정의 때문에, 피부색을 의식하는 사회(color-conscious society)에서 비유럽인들에게 이러한 탈바꿈(metamorphosis)은 힘든 일이다. 따라서 피부색, 얼굴 특징, 그리고 머릿결을 통한 신체적 정체성(Physical identification)은 주류 인종 집단과 다른 집단 사이의 차이를 지속시킨다. 사회적 수용과 상호작용패턴에 영향을 미치는 피할 수 없는 인종적 특징을 가진 비유럽인들은 일반적으로 *인종집단 정체성(racial-group identity)*을 발달시킨다. 이러한 내집단 유대(ingroup bonding)는 인종적 · 문화적 자부심의 근거가 되는 동시에 소속감에 대한 인간의 욕구를 충족시킨다. 그러한 어떤 조정(arrangement)은 만일 그렇지 않으면 사회적으로 이류신분으로 밀려난 인종 소수자들 사이에서 생겨나는 자아정체성보다 더 건강하고 더 긍정적인 자아정체성을 촉진시킬 수 있다.

검정, 갈색, 황색, 혹은 붉은 색 어떤 것이든 간에 사람의 피부색은 다양한 방법으로 그들의 정체성과 유산을 강조한다. 이것은 고정관념과 싸우고, 젊은 세대에게 인종의 역사와 업적을 가르치며, 슬로건을 채택하고(예를 들어, "블랙은 아름답다," "멕시코계 미국인"[La Raza]), 또 그들의 이중적 현실의 긍정적인 표시(designator)로서 이중정체성의 사용(예를 들어, 아프리카계 미국인, 멕시코계 미국인, 한국계 미국인, 아메리카 원주민)을 모두 포함하는 것이다. 보다 공격적인 인종 집단 구성원들은 "백인처럼 생각하거나 행동하기"(thinking or acting White)를 비판하고, 인종 집단에 따라 그들을 "오레오," "코코넛," "바나나," "사과"(즉, 겉은 하나의 피부색이지만 속은 백인이라는 의미에서) 등과 같은 타민족 경멸표현(ethnophaulisms)을 사용한다.

따라서 민족 집단 혹은 인종 집단 정체성은 긍정적이고 부정적인 결과를 가져올 수 있다. 사회적・역사적 맥락에서 고찰하면 이러한 사회 현상을 보다 충분히 이해할 수 있을 것이다.

1) 회 피

차별적인 관행에 대처하는 한 가지 방법은, (만일 이러한 방법이 효력이 있다면) **회피(avoidance)**를 통한 것이다. 역사적으로 소수자 집단—순례자인 고대 히브리(Herbrews)인들로부터 오늘날 새 이주자들에 이르기까지—은 차별 관행들을 뒤로 하고 떠남으로써 그들의 문제를 해결하려고 하였다. 당시 이주의 한 동기는 차별을 피하고자 하는 것이었다. 만약 떠나는 것이 가능하지 않다면, 소수자들은 아마도 그들의 사회경제적 활동의 전부 혹은 대부분을 자기 집단 내부로 향하게 했을 것이다. 이러한 접근법은 주류 집단의 적대적 행동으로부터 소수자 집단을 보호할 수 있으나, 이는 역시 "배타성"(clannishness), "비동화"(nonassimilation)라는 비난을 촉진시킬 수도 있다. 그러나 경제적・법적・정치적 권력의 부족으로 소수자 집단은 도움이 되는 유일한 선택으로 회피를 택할 수 있다.

작은 하위공동체(subcommunities)에 모여 사는 방식으로 소수자들은 그들에게 익숙한 세상의 축소판을 만들 뿐 아니라, 그들의 필요와 관심을 이해하는 그들 자신과 유사한 다른 사람들과 함께 살고, 휴식하고, 상호작용할 수 있는 안전한 장소를 만들어 낸다. 일부 소수자 집단에게는 편견으로부터 은신처를 찾는 것이 아마도 자기들끼리 살고픈 첫 번째 욕구 다음에 오는 두 번째 동기일 것이다.

예컨대, 아시아 이민자들은 이런 방식을 따랐다. 중국인들이 미국에 처음 왔을 때, 그들은 직장 가까운 곳에서 주로 무리지어 살면서 노동자들을 필요로 하는 많은 업종에서 일하였다. 미국에서 중국인에 대한 편견적 태도(prejudicial attitudes)는 흔한 것이었으나, 남북전쟁 후에 그들은 경제적인 이유와 다른 이유로 인해 더 극심한 반감과 차별의 표적이 되었다. 인종공격적인 노조파업의 결과로 그들은 일자리에서 쫓겨났고, 제한적인 주택계약에 따른 거주선택의 제약으로 인해 다수는 큰 도시 안에 한정된 범위의 차이나타운 내에 살 수밖에 없었다. 중국인들은 백인들과 경쟁하지 않는 사업을 시작하였고(골동품점, 세탁소, 식당 등), 정부 당국에 판결을 호소하기보다는 분쟁을 진정시키는 그들 고국의 전통을 따랐다.

2) 일 탈

어느 집단이 지속적으로 거부와 차별을 경험할 때, 그 구성원 중 일부는 주류 사회와 일체감을 느낄 수 없거나 그 규범을 받아들일 수 없을 것이다. 사회경제적 지위(socioeconomic ladder)가 낮은 사람들은 — 특히 괴롭힘 당하는 인종·민족 집단의 구성원들 — 다른 사람들은 **일탈(deviance)**로 보지만 자신들은 온당하다고 여기는 방법으로 일상생활에 가하는 압력에 대응할지도 모른다. 특히 이러한 상황은 다른 집단의 행태에 대해 주류 집단의 도덕규범을 법률로 강요할 때 발생한다.

아일랜드인, 독일인, 중국인, 이탈리아인, 아프리카계 미국인, 아메리카 원주민, 스페인계 사람 등 미국의 많은 소수자 집단은 이른바 개인적 무질서라는 죄목과는 어울리지 않을 정도로 빈번히 체포되고 처벌받곤 했다. 주류 집단의 도덕에 대한 위반 중에는 대중 앞에서의 만취(public drunkenness), 약물 남용, 도박, 간통(sexual misconduct) 등이 있었다. 이러한 불균형이 위법행위의 빈도나 선택적인 체포 양식을 반영하는 것인지는 명확하지 않다. 게다가 투계(cockfighting), 여성할례(female genital mutilation)와 같은 일부 행위는 다수자 집단의 관점에서 일탈인 데 반해, 아내에 대한 폭력(wife beating) 등과 같은 다른 유형은 소수자공동체 내에서도 일탈일 수 있다.

법률 강화에 따른 문제는 법의 주관적 속성(subjective nature)과 위반의 임의적 처리(the discretionary handling of violations)에 있다. 많은 사람들은 중상위층에 비해 가난한 사람과 소수자 집단 구성원들이 미국의 형법재판체계에서 공정하고 평등하게 취급받지 못하는 것을 비판해 왔다.[2] 그 비판은 (1) 임의적 판단이 가능한 상황에서 다수자 집단에 비해 소수자 집단에 대한 경찰의 높은 비율의 용의자 체포 경향; (2) 배심원단에서의 지배적인 사회적 · 민족적 · 인종적 집단의 과잉대표성(overrepresentation); (3) 보석금 석방(affording bail)에서 가난한 사람들이 직면하는 어려움; (4) 무료 법률변호의 낮은 질; (5) 주류 집단 구성원과 소수자 집단 구성원에 대한 선고의 불일치(disparities) 등을 포함한다. 사회적 배경은 경찰과 법원이 고려하는 요인 중의 하나이므로, 부정적인 고정관념을 지니고 있는 인종이나 민족 집단에 속한 개인들은 자기가 심한 불이익을 받을 것이라고 생각한다.

특정 인종적 혹은 민족적 집단이 비행(delinquency), 범죄, 만취, 또는 공적 불법방해(public-nuisance) 등과 같은 상식에서 벗어난 범죄를 눈에 띄게 많이 저지를 때, 그것이 몇몇에게만 적용될지라도 대중은 종종 그 집단에 대한 모든 구성원에게 부정적인 이미지를 확장한다. 예컨대, 그러한 공통 연상(associations)은 '이탈리아인과 갱스터', '아일랜드인과 폭음과 싸움', '중국인과 아편', '아프리카계 미국인과 강도 · 소매치기 등의 거리 범죄', '푸에르토리코인과 칼싸움' 등이다. 비록 집단의 극소수만 그러한 행태를 할지라도, 집단 전체가 부정적으로 정형화될 수도 있다. 모국뿐만 아니라 이주국가에서의 가치, 행동패턴과 구조적 상황을 포함하는 수많은 요인들은 상이한 소수자 집단 간의 다양한 유형의 일탈을 설명해 준다. 일탈을 멈추는 적절한 수단은 교정책(corrective measures) 대 예방책(preventive measures)의 지지자 간에 논쟁이 되기 쉽다.

소수자 집단의 일탈행태는 편견을 가진 사람들이 생각하듯이, 인종이나 민족성 때문이 아니라 일반적으로 가난과 기회의 부족이 원인이다. 클리포드 쇼(Clifford Shaw)와 헨리 맥케이(Henry McKay)는 시카고의 청소년비행에 관한 연구(a classic study)에서, 비행과 범죄율은 특정 소수자 집단의 소속 여부에 의해 결정되는 것이 아니라 구조적 상황에 의해 결정된다고 주장하였다.[3] 이 연구에서 청소년 범죄는 열악한 주택, 저조한 취업기회, 만연한 매춘, 도박, 마약 복용이 있는 지역에서 가장 많이 발생한 것으로 나타났다. 비록 5개의 다른 민족이 30년 동안 이들 지역에 유출입하였지만, 그 기간 동안 비행비율은 지속적으로 높았다. 국적은 중요하지 않았고, 바뀌지 않는 구조적 상황이 그러한 바뀌지 않는 결과를 가져왔다. 또 다른 연구들은 청소년·성인의 높은 범죄율과 소득수준 및 거주지 간에 상관관계가 있음을 증명하였다.[4]

많은 소수자 집단들은 주로 저소득인구를 대표하기 때문에, 사회계층변수(social-class variables)를 강조하는 연구들은 소수자 경험에 대한 통찰력을 제공한다. 가장 공통적인 결과는 기회의 부족이 하위계층 남성의 범죄를 촉진한다는 것이다.[5] 사회적 열망은 사회 모든 계층에서 비슷할 수 있으나, 기회는 그렇지 않다. 갱에 속하는 것은 젊은이에게 권력감(sense of power)을 주고 무능력감(feelings of inadequacy)을 극복하게 도울지도 모른다; 깡패행위(hoodlumism)는 승인된 규범을 따르는 것이 불가능해 보이는 사회에 대해 분노를 표출하는 통로(conduit)가 된다.[6] 인종적·민족적 다수자들은 그들이 직면하는 경제적·환경적 어려움에도 불구하고 갱에 들어가거나 죄를 범하는 일탈행위를 하지 않는다. 그러나 일부 소수자 집단이 그러한 일탈행위들로 불균형하게 대표되기 때문에 그 집단에 대한 대중의 이미지는 전체로 받아들인다.

특히 교육과 사회적 상승에 관한 부모의 태도와 같은 일부 사회적 요인들은 범죄율과 관련이 있는 것으로 나타난다. 일반적으로 자녀의 학교교육의 학문적 성취와 열중에 대한 부모의 강조는 교육적으로 전념하는 청소년을 만든다. 더 열심히 전념할수록 범죄율은 더 낮아질 것이다. 역으로 해도 마찬가지이다.[7]

3) 저 항

만약 소수자 집단이 응집성이 강하고 경제적 혹은 정치적 힘이 증대하고 있음을 안다면, 그 구성원들은 불공평한 관습에 도전하고 이를 제거하기 위해 공공연히 행동할 것이다 — **저항**(defiance). 소수자 집단은 차별에 도전함에 있어서 그 사회에서 집단의 지위에 관해 강력한 태도를 취한다. 이전에, 그 집단의 어떤 사람들은 법정에서 법에 도전하는 것과 같은 방식으로 운동을 개척하여 왔는지도 모른다.

가끔 저항은 장기적인 조건에서 생겨남에도 불구하고, 때때로 폭력적이고 즉흥적인 것으로 보인다. 남북전쟁 당시 1863년 뉴욕에서 일어났던 아일랜드인의 드래프트폭동이 한 예이다. 연방정부는 의용군이 부족하여 필요한 군인을 확보하고자 징병제를 도입하였다. 당시 징병대상이 되는 나이의 유복한 남자는 군복무를 대체할 사람을 사서 징병을 합법적으로 피할 수 있었다. 반면에 아일랜드인은 대부분 가난하고 도시지역에 집중되어 있었기 때문에 그들 중 다수는 징집되었을 때 의지할 게 없었다. 흑인들이 목숨을 잃고 재산이 파괴되거나 손해를 입게 될 때, 불공정한 관행(an unfair practice)에 대한 그들의 저항은 폭동(riot)으로 이어졌다. 마찬가지로, 흑인 여경이 엘살바도르출신 이주자에게 총을 발사한 이후 발생한 1991년 워싱턴 DC의 스페인계 폭동과 로드니 킹(Rodney King)을 폭행하는 상면을 비디오로 녹화한 경관에 대한 무죄평결 이후 발생한 1992년 로스앤젤레스 폭동은 모두 즉흥적인 반응(spontaneous reactions)이었다. 그러나 그것은 마음속에 쌓이고, 뿌리 깊이 오래 지속된 분노(resentments)라는 큰 맥락에서의 일일뿐이었다.

상징적인 장소를 점령하는 것과 같은 과격행동(militant action)은 저항의 대표적인 호전적 행동이다. 1960년대 후반 아프리카계 미국인들과, 불만을 품고, 화가 나고, 소외감을 느끼는 학생들이 대학의 많은 건물을 점거하였다. 대부분의 경우, 그 행동의 목적은 자신들에 대한 사회적 무관심과 차별에 관해 대중의 관심을 불러일으키기 위함이었다. 비슷한 행동은 당시 베트남전쟁을 반대하기 위해 일어났다. 1970년대 아메리카 원주민(Native Americans)의 소집단은 그들의 생활환경에 항의하기 위해 이러한 접근방식을 취했고, 다른 시기에 그들은 캘리포니아의 앨커트래즈섬(Alcatraz Island)과 워싱턴 DC의 인디언 사무국(the Bureau of Indian Affairs)과 사우스 다코타(South Dakota)의 운디드 니(Wounded Knee) 마을*을 점거했다. 언론의 관심은 집단의 의제를 장려하기 위해 과격행동을 취하는 이념을 정당화하고 확산시키는 데 기여했다.

그럼에도 불구하고 덜 공격적이기는 하나, 시위행렬, 행진, 피켓라인, 군중집회, 보이콧, 시위 등과 같이 현재의 상황에 도전하기 위한 평화적인 행동도 저항이다. 또 다른 형태의 평화적 항의는 시민 불복종(civil disobedience)으로 이루어져 있다. 즉, 차별적인 법률을 의도적으로 어기고, 합법성에 이의를 제기하거나, 차별적인 관행을 깨뜨리는 것이다. 1960년대 연좌농성(sit- ins), 연와농성(lie-ins), 프리덤라이드(freedom rides)** 등의 민권운동(civil-rights actions)은 남부에서 공공시설에 대한 흑인의 접근을 제한했던 수십 년된 짐 크로우법(Jim Crow laws)에 도전했다. 상점에서 가게농성(Shopins)은 오직 백인고객만을 상대하는 상점의 전통적인 관행을 깨뜨리기 위한 노력을 보여주었다.

4) 수 용

종종 소수자의 지도자나 지지자들에게는 실망스럽게도, 많은 소수자들은 자신이 처한 상황을 받아들인다. 집단의 일부는 미묘한 합리화로 그들의 결정을 정당화시켜 매우 냉철하게 수용한다. 그 밖에 다른 이들은 분개하지만 개인의 안전이나 경제적 필요성에 의해 그 상황을 받아들인다. 하지만 다른 이들은 정보원천에 대한 주류 집단의 통제의 결과인, 허위의

* 미국 주 남서부의 마을 이름. 1890년, 백인들에 의한 인디언 대학살이 일어난 곳- 역자 주
** 인종차별철폐를 위한 남부지방에의 버스여행- 역자 주

식(false consciousness)을 통해 그것을 수용한다. 비록 **수용(Acceptance)**이 주류 집단의 우월한 지위와 소수자 집단의 종속적 지위를 유지하는 것이기는 하지만, 이는 두 집단 간의 노출된 긴장과 갈등을 감소시켜 주는 역할을 한다.

주류 집단과 소수자 집단 간의 지배적인 상호작용패턴에 따르는 것은 사회적 조건화의 결과로서 무의식적으로 발생한다. 사회화가 편견을 심어줄 수 있듯이, 그것은 소수자 집단 구성원들이 대안적인 신분(alternative status)의 가능성을 무시하거나 인식하지 못하게 만들 수도 있다. 낮은 지위의 수용이 얼마나 많은 이러한 수용형태를 채택했는지와 분개에 찬 복종과 심리적 거부에 의해 얼마나 특성화되었는지는 완전히 결정되지 않았다.

아프리카계 미국인, 멕시코계 미국인, 아메리카 원주민들은 여러 세대 동안 미국에서 종속적인 지위를 경험해 왔다. 1960년대까지 구조적 차별, 인종의 계층화(racial stratification), 무력함(powerlessness), 변화시도의 무의미함(the futility of trying to change things) 등의 결합은 많은 사람들이 그들에게 강요된 상황을 묵인하게 만들었다. 이와 유사하게, 진주만 폭격 직후 반일감정(anti-Japanese sentiment)으로 격앙되었을 때, 1942년 미국 정부는 일본계 미국인 11만 명의 재산을 박탈하고, "임시 강제수용소"(temporary relocation centers)에 수용하였을 때, 그들이 선택할 수 있는 것은 거의 없었다.[8]

소수자의 대응으로서 수용은, 미국에서 예전에 비해 흔하지 않다. 언론에서 제시한 대안적인 삶의 방식에 대한 인식이 증가하고 있고, 오늘날 소수자들은 그것을 공유할 수 있다는 점에서 보다 희망적이다. 소수자들은 다른 사람들이 즐기는 편안한 삶과 여가활동을 부인하는 현재의 상황을 더 이상 수동적으로 받아들이지 않는다. 동시에 법원판결, 입법, 새로운 사회서비스, 기타의 노력들을 통해 사회는 소수자 집단의 지위를 향상시키는 데 보다 호의적인 분위기를 만들어 왔다. 또한 텔레비전으로 방송된 특집기사(Televised news features)와 행태과학과정(behavioral-science courses)은 대중의 사회적 의식을 고취시켰을지 모른다.

3. 소수자 집단 지위의 결과

지속적인 불평등을 경험하는 소수자 집단은 부정적 자아상, 계속되는 차별의 악순환, 주변성, 중간상인 소수자(middleman minority)라는 네 가지의 가능한 결과에 직면한다.

1) 부정적 자아상

과격한 지도자들이 자기국민들에게서 발견하는 무관심은 편견과 차별의 일반적인 결과인 **부정적인 자아상(negative self-image)**에서 비롯될 수 있다. 계속 열등하게 취급당하면 자신감을 상실하게 된다. 만일 개인의 지위와 경험에 대한 모든 것—낮은 월급의 직장과 표준 이하의 주택, 타인에 대한 적개심, 정부기관들로부터 지원의 필요성—이 자긍심과 희망을 파괴한다면, 그 사람은 아마도 무관심해질 것이다. 사방에서 지속적으로 부정적인 경험을 겪게 되면 낙관적이고 단호하기란 매우 힘들다.

쿠르트 레빈(Kurt Lewin)은 소수자 집단 구성원들이 부정적인 자아상을 발전시키는 경향을 매우 보편적으로 가지고 있음을 관찰하였다.[9] 소수자 집단에 대한 부정적인 고정관념을 포함하는 주류 집단의 가치와 태도의 편재성(pervasiveness)은 소수자 집단 구성원으로 하여금 지배적 가치와 태도를 흡수하도록 만들 수 있다. 따라서 개인의 자아상은 인종, 종교, 국적을 포함하는데, 개인들은 만약 그들이 지닌 하나 이상의 속성이 사회로부터 경멸당하게 되면 당황스럽고 열등하다고 느끼게 될 것이다. 실제로 소수자 집단 구성원들은 원래 주류 집단이 그랬듯이 자신을 부정적으로 인식하기 시작한다.

부정적 자아상, 혹은 자기혐오(self-hatred)는 많은 면에서 나타난다. 사람들은 주류 집단의 구성원으로 "통과"하기 위해 노력할 것이고, 얕보이는 집단의 일원임을 부인할 것이다. 소수자들은 주류 집단의 편견을 수용할 것이고, 평가 절하된 지위를 받아들이고자 할 것이다. 사회가 별로 존경하지 않는 다른 집단의 구성원들을 비난함으로써 자기방어를 시작할 것이다:

> 일부 유대인들은 다른 유대인들을 "kikes"(유대인을 모욕적으로 부르는 말)라고 부르는데, 이는 모두 똑같이 고통받는 반유대주의에 대한 비난을 그들에게만 전가시키는 것이다. 집단 내의 계층구별은 흔히 전체로서 집단이 겪는 불이익에 대한 책임에서 자유롭기 위한 것이다. 중산계급(Lace curtain) 아일랜드인은 "오두막집"(shanty) 아일랜드인을 경멸한다. 부유한 스페인과 포르투갈 유대인들은 오랫동안 자신들을 헤브라이민족의 최상위층으로 여겨왔다. 그러나 독일 출신의 유대인들은 풍부한 문화를 가지고 있는 자신들을 귀족계층이라고 여기고, 종종 호주인, 헝가리인, 발칸 제도의 유대인들을 무시하며, 폴란드인과 러시아 유대인들을 최하층으로 간주한다.[10]

부정적인 자아상은 사람들로 하여금 그들의 운명을 수동적으로 받아들이게 만든다. 그것은 또한 바라지 않는 성질을 가진 것에 대한 개인적인 수치심, 혹은 그 집단의 다른 구성원이 그것을 가진 것에 대한 반감을 키울 수도 있다. 소수자 집단 구성원들은 그들의 이름이나 종교를 바꾼다든지, 성형수술을 한다든지, 고정관념이 덜 한 곳으로 이주함으로써 그들의 부정적인 자아상을 극복하고자 할 수도 있다.

그러나 부정적 자아상이 소수자 집단 구성원들 사이에서 매우 일반적인 추세라는 레빈의 견해는 지나치게 포괄적이다. 예를 들면, 응집력이 매우 강한 종교 집단 구성원들은 그들의 신념과 구성원 서로로부터 감정적인 지지를 이끌어 낼 수 있다. 하나의 민족공동체에서 사는 것과, 강한 내집단 충성 혹은 문화적 유산을 유지하기 위한 결정은 소수자 집단 구성원들이 부정적인 자아상을 발전시키는 것을 막을 수 있다.

최근의 실험에서 낙인찍힌 사람들은 그들이 받는 부정적인 피드백의 원인을 편견의 탓으로 돌림으로써 자존감을 지킬 수 있는 것으로 나타났다. 자기 집단에 대한 소수자 아동의 태도를 분석한 연구에서, 프란세스

아부드(Frances E. Aboud)는 집단의 가시성(group visibility)이 긍정적인 자아상과 관련될 수 있다고 보았다. 또 다른 분석에서 마가렛 빌 스팬서(Margaret Beale Spencer)는 부모가 어린이의 "자아의식"의 첫 번째 근원이기 때문에, 부모가 주입시키는 인종적 자부심은 회복에 기여하고, 긍정적 결과를 지닌 편견에 대한 전략을 세우게 한다.[11]

2) 악순환

가끔 편견과 차별의 관계는 순환한다. 군나르 미르달(Gunnar Myrdal)은 이런 방식을 누적된 **인과관계(cumulative causation)**라고 언급하는데, 이는 편견과 차별이 서로 영속되는 **악순환(vicious cirle)**을 의미한다.[12] 주류 집단과 소수자 집단 간의 역동성은 자극과 대응의 상호영속순환운동을 만들어냈다. 예를 들면, 취업에서의 차별적인 행동은 소수자의 반발과 빈곤을 가져오고, 나아가 소수자 집단이 열등하다는 주류 집단의 태도를 강화시켜 더 많은 차별을 초래하게 된다.

미르달은 예상(expectation)과 대응패턴이 바람직한 혹은 바람직하지 않은 결과를 낼 수 있다고 지적한다. 뉴커머(newcomers)에 대한 예상이 앞으로 나타날 대응패턴을 결정짓는다.[13] 만약 주류 집단이 뉴커머를 반갑게 환영하면, 그들도 또한 긍정적인 태도로 반응을 할 것이고, 이것은 주류 집단의 우호적인 반응(reception)을 강화시킨다. 만약 새 집단이 무시당하거나 환영받지 못한다고 느끼면, 그 구성원들은 부정적으로 반응할 것이고, 이는 원래의 태도와 행동을 재차 확인해 줄 것이다. 알포트(Allport)가 말한 것처럼, "만약 우리가 우리 동포 안에서 악(evil)을 예견하면 악을 불러올 수 있고, 만일 선을 예견하면 선을 끌어낼 수도 있다."[14] 바꿔 말하면, 부정적 예상은 부정적 반응을 낳고, 집단 간의 사회적 거리를 더욱 확대시키며, 악순환을 지속시키는 원인이 될 것이다.

19세기에 미국의 많은 휴양지에서 유대인의 접근이 거부되었을 때, 그들의 반응은 그들 마음에 부정적인 고정관념을 강화시켜 주었고, 그들의 차별적인 행태를 강화시켰다. 일부 유대인들이 동등한 접근을 요구했을 때, 휴양지 운영자는 유대인들이 "주제넘다"(pushy)고 받아들였다. 유대인들이 뉴욕의 캐츠킬(Catskill) 산에 그들의 휴양지를 설립하고 단골이 되는 형태로 차별 정책에 대응했을 때, 주류 집단은 유대인에게 "배타적"이라는 꼬리표를 붙였다. 이와 유사하게 아일랜드인은 19세기 중엽에 극심한 고용차별을 경험했는데, 그로 인한 빈곤은 그들 중 다수를 도시 빈민가에 살게 하였고 그곳에서 그들은 종종 법적으로 곤경에 처했다. 소수자 집단의 "열등성"과 "바람직하지 않음"의 증거가 제시되자, 주류 집단의 고용주들은 소수자의 취업기회를 더욱더 박탈하였다. 같은 방식으로, 많은 흑인들이 감수해 온 낮은 생활수준을 고려할 때, 흑인에 대한 백인의 차별은 빈곤문제를 악화시키고 흑인에 대한 백인의 반감을 더욱 고조시킨다.

3) 주변성

소수자 집단 구성원들은 가끔 자신의 정체성이나 가치가 주류 집단이 수용할 수 있는 방식으로 행동할 필요성과 갈등하고 있음을 깨닫는다. 이런 상황을 **주변성(marginality)**이라 하는데, 이는 보통 소수자 집단의 한 구성원이 과도기를 거치면서 생기게 된다. 사회주류에 들어가고자 시도할 때, 주변인(maginal person)은 완전히 받아들여지지 못한 채 주류 집단의 문화적 양식을 내면화한다. 그러한 개인은 불명확한 지위를 갖게 되어, 더 이상 자기 집단 내에서도 마음이 편하지 않고, 그들 자신과 자신의 행태를 평가하는 기준이 되는 *준거 집단(reference group)*의 완전한 일원도 되지 못한다.

수년 동안, 사회학자들은 주변성의 효과에 대해 다르게 해석해 왔다. 이러한 사회현상을 명명한 로버트 파크(Robert E. Park)는 이것이 개인에게 많은 긴장과 어려움을 유발시켰다고 확신하였다. 그가 관찰하기에 주변인이란 "두 사회 속에서, 그것도 단지 다른 것이 아니라 적대적인 문화 속에서 살도록 운명 지워진 사람"을 말한다.[15]

파크에 따르면, 이러한 상황은 주변인이 성인이든 어린이든지 간에 가치와 충성심의 갈등에 대한 우려를 겪도록 한다는 것이다. 성인들은 그들의 문화적 집단이 주는 안전감에서 벗어나 자신의 민족으로부터 배신자라는 꼬리표를 다는 위험을 감수한다. 주변성의 성인들은 주류 집단 구성원들과 지속적인 사회적 접촉을 모색하지만, 주류 집단은 그들을 아웃사이더로 간주할 수도 있다. 주변성의 성인들은 모국 방식이 더 이상 편안하지 않는데도 불구하고, 민족 집단에 영향을 받고 또 그들과 동일시함으로써, 종종 좌절, 과민증, 자의식을 경험하게 된다.

마찬가지로 이주아동들은 자신들이 두 세계 사이에 끼여 있음을 알게 된다. 집에서 부모들은 모국의 방식에 따라 아이들을 그들의 사회적 유산(social heritage)에 의해 양육하고자 한다. 그러는 동안 학교와 다른 외부적 경험을 통해 아이들은 미국문화에 노출되고 사회의 다른 아이들처럼 되기를 원한다. 게다가 이주아동들은 주류 집단이 자기 부모의 방식을 열등한 것으로 여기고, 자신의 배경 때문에 자신 또한 사회적으로 거부당한다는 사실을 빨리 배운다. 결과적으로 과도기에 있는 많은 젊은이들은 감정적 문제로 발전하고, 그리고 급우를 집에 데려오는 것을 창피하게 여긴다.

이러한 관점에서 주변성은 개인 내부의 가치 충돌에 의해 발생하는 문화갈등의 예이다. 그러나 지금 많은 사회학자들은, 주변성의 지위에 대한 반응은 주로 개인이 주위 사회로부터 자존심을 확신하느냐에 따라 크게 좌우된다고 믿는다. 따라서 성공적으로 그 상황을 정의하고 그것에 적응하는 것은 커뮤니티 내에서의 개인의 안정감에 달려 있다.[16] 민족 집단 구성원들 사이의 지지적인 민족 하위공동체와 제도들, 그리고 민족 구성원들 사이의 연대감이 그러한 행복감(well-being)에 기여한다. 이러한 관찰들을 통해 몇몇 사회학자들은, 과도기적 양상은 주류문화 속의 주변성보다 주변성문화 속의 안정적인 개인에게서 나타난다고 지적한다. 주변성문화 속의 개인은 주요 집단관계에서, 제도적 활동에서, 그리고 그들의 바람과 실제 간에 분리 없이(without encountering any dichotomy) 주류 사회의 구성원들과 상호작용하는 데 있어서 그들의 문화적 이중성을 많은 이들과 공유

한다.[17]

이러한 동화과정의 양상이 감정적으로 스트레스를 받은 경험으로 나타나든, 편안하게 보호받은 경험으로 나타나든 간에, 소수자 집단 구성원들은 그렇더라도 어느 한 세계에 완전한 일부가 되지 못하는 동안 과도기를 겪게 된다. 이주민 집단은 이민 첫 세대가 살아 있는 동안 미국 사회의 주류로 옮겨갈 수도 있고, 그러한 선택을 하지 않을 수도 있으며, 혹은 그것이 용인되지 않을 수도 있다. 보통 주변성은 한 세대 혹은 두 세대의 현상이다. 그 이후에 소수자 집단 구성원은 동화되거나 혹은 독특한 하위문화를 만들 것이다. 그들이 어떤 길을 택하든 간에 더 이상 두 세계 사이에 끼어 있지 않다.

4) 중간상인 소수자

주변성 이론(theories of marginality)을 기반으로, 휴버트 블레록(Hubert Blalock)은 **중간상인**모델(the model of **middleman minorities**)을 제시하였다.[18] 이 모델은 지배-복종의 계층체계(dominant-subordinate stratification system)에 근거하는데, 중간상인 소수자의 신분적 지위를 하층 지위에 두기보다 중간에 둔다.[19] 통치엘리트와 대농(large peasant masses)을 가진 봉건·식민 사회는 양자 간의 무역거래 구축을 중간상인 소수자들에게 의지하였다. 결국 그러한 소수자들은 보통 유대인, 그리스인, 아르메니아인처럼 종교적 박해의 역사를 가지거나, 혹은 중국인, 일본인, 한국인과 같이 체류자 성향을 가진 무역상들인데, 필요시 자산을 쉽게 정리하도록 허용된 이들은 위험한 주변인 과업을 수행할 수밖에 없었다.[20]

중간상인 집단은 종종 완충제의 역할을 하기 때문에, 위와 아래로부터 갈등과 적대감을 경험하기도 한다. 예를 들면, 나치 독일하에 있었던 유대인들과 1970년대 초반 우간다의 아시아인들은 그 당시 사회에서 경제적 혼란의 희생양이 되었다. 적대 의식과 주류 사회에 비동화(nonassimilation)하기 쉬운 그들의 성향은 내집단의 높은 연대의식을 촉진시킨다.

중세시대 유럽의 유대인의 경우와 같이 체계적인 차별은 중간상인 소수자의 지위를 지속적으로 연장시켜준다. 때때로 상업과 무역으로 발달한 기업가적인 역량은 중간상인 소수자들에게 적응력과 경쟁적인 이점을 제공하여 그들이 상향이동하고 또 더 쉽게 동화될 수 있게 해 준다; 이러한 예가 미국에 온 유대인 이민자들에게서 나타났고, 한국계 미국인에게서도 유사하게 나타났다. 다른 사례로, 어떤 집단은 거주패턴의 변화로 인해 중간상인 소수자가 되기도 한다. 한 예로, 일찍이 자기 민족을 위해 일하던 도시근교의 유대인 가게 주인들은 원래 이웃들이 이사할 때 그들을 따라갈 수 없는 것을 깨닫게 되었고, 이 도시의 상인들은 사회경제적 단계에서 보다 낮은 신분인 새로운 도시 소수자 집단들을 위해 일하였다.

4. 주류 집단의 대응

주류 집단 구성원들은 소수자들에게 적의를 갖거나 무관심하거나 따뜻하게 환영을 하거나 겸손하게 반응할 것이다. 보다 우호적인 반응들은 소수자들이 수적으로 적어서 위협으로 받아들여지지 않을 때 나타난다. 소수자 집단의 인구증가로 직업에 대한 미국토박이의 독점과 문화자원에 대한 특권이 위협당하게 되면, 주류 집단의 태도는 소수자 집단을 의심하거나 두려워하게 된다. 두려움이 더 커지면 주류 집단은 소수자 집단에 대해 조치를 취할 수도 있다.

주류 집단은 종종 소수자 집단에 대한 공격적인 방법을 다양화하는 데 있어 종교를 이용한다. 주류 집단은 종교적 박해 외에도(세계 역사를 통해 많은 이주의 중요한 요인), 소수자들을 개종시키기 위해 선교사를 이용한다. 주류 집단이 소수자 집단을 동화시키려는 의도로 반드시 강제로 개종시키는 것은 아니다. 예컨대, 남부백인들은 노예들에게 기독교를 가르쳐 그들의 운명을 받아들이고, 오직 그들의 주인을 기쁘게 하기 위해서 열심히 일해야만 하는 자신의 운명을 받아들이도록 아프리카인들에게 허위의식

(false consciousness)을 만들어 냈다. 아메리카 원주민의 경우, 연방정부는 "이교도인들"(heathens)을 개종시키고 그들을 백인의 이미지로 만들기 위해 인디언보호구역을 몇몇 프로테스탄트교(Protestant religious)에게 주었으나, 그들의 고립과 분리된 감금은 지속되었다.

1) 법적 통제

만약 주류 집단에게 어떤 인종적·민족적 집단이 등장하게 되고, 그러한 집단의 등장이 너무 커서 한 나라가 받아들일 수 없게 되거나 또는 선입견적 두려움이 만연하게 된다면, 국가는 그들의 유입을 규제하고 제한할 조치들을 가할 수도 있다. 호주, 캐나다와 미국은 — 국제이주에 있어서 3개의 최대 허용국가들 — 한때 북유럽과 서유럽 국가들 외에 다른 국가들에서 들어오는 이민자들의 수를 제한하거나 줄이는 차별적인 이민법을 갖고 있었다. 이와 유사한 유형의 정책변화를 통해, 캐나다(1962년)와 미국(1965년) 그리고 호주(1973년)는 전 세계의 모든 곳으로부터 오는 유입을 허용하기 시작했다.

가부장적인 사회시스템을 유지하기 위해, 주류 집단은 종속 집단의 교육받을 기회와 투표할 기회를 종종 제한한다. 이러한 제재(denial)는 주류 집단이 옛 미국 남부지역에서의 흑인과 옛 소련에서의 소수민족과 같은 국내 소수 집단 또는 벨기에인, 영국인, 네덜란드인, 프랑스인, 일본인과 포르투갈인들에 의해 지배를 받았던 소수민족과 같이 식민 지배를 받았던 민족들에 대한 통제시스템을 유지할 수 있도록 보장해 준다. 대부분의 식민지 권력자들은 식민지에 인프라의 발전이나 자치를 위한 준비보다는 그들 자신의 안정과 무역, 그리고 식민지의 천연자원을 이용하는 데 전념하였다. 결과적으로, 식민지배하에서 원주민들의 일상적 경험은 중요한 문제에 대해 실권을 갖지 못한 식민통치당국에 의해 임명되고 승인된 명목상의 최고위자에 의한 의례적 리더십하에서 이루어진 것이었고, 그래서 교육받을 기회가 제한되었고, 정치적인 참여는 한정되어 왔다. 정치권력을 부인하는 또 다른 수단에는 많은 재산을 가진 자(영국의 서인도)나 트리니다드(Trinidad)와 인두세 납세자(미국)들에게만 투표권을 주는 것이었다. 그러나 이러한 관행은 오늘날 이 지역에서 존재하지 않는다. 가장 엄격한 사회통제의 최근의 사례는 남아프리카이다. 남아프리카의 법제화된 아파르트헤이트(apartheid)*는 흑인에게 동등한 교육과 투표권뿐만 아니라 거의 모든 다른 권리들을 차단하였다.

2) 분 리

봉쇄정책(policy of containment)을 통하여 — 소수자 집단 구성원과의 사회적 상호작용을 가능한 한 피하며, "현재 그대로의 위치에"(in their place) 그들을 그대로 묶어두는 — 주류 집단은 공간적 분리와 사회적 분리를 효과적으로 창출할 수 있다.

공간적 분리(Spatial segregation)는 소수자들을 나머지 사회로부터 물리적으로 분리시킨다. 이 분리는 대부분 주거상의 유형에 따라 흔히 발생한다. 그러나 이것은 또한 교육과 공공시설의 이용 그리고 직업과 관련하여 발생하기도 한다. 다수자 집단은 이러한 분리 형태를 법률로 제도화하거나(de jure segregation), 또는 만연된 관행을 통해 비공식적으로 확립할 수도 있을 것이다(de facto segregation).

소수자들에 대한 공간적 분리는 긴 역사를 지니고 있다. 이질적인 인구들로 구성된 전산업화도시(the preindustrial city) 시대 이래로, 주류 집단은 인종적·민족적 소수자를 그 도시에서 가치가 가장 낮은 특별지구(special sections)로 추방시켜 왔다.[21] 유럽에서, 이 중세식의 생태적 유형은 소수자 집단이 원형의 성벽에서 가장 가까이에 위치한 도시 변두리에 거주하게 되는 결과를 낳았다. 오늘날 이러한 유형이 유럽의 많은 곳에서

* 남아프리카공화국의 극단적인 인종차별정책과 제도로서, 원래는 분리 혹은 격리를 뜻하는 아프리칸스어이다. 백인우월주의에 근거한 이 인종차별은 17세기 중엽에 백인의 이주와 더불어 제도로서 확립되어 갔는데, 네덜란드계 백인인 아프리카나를 기반으로 하는 국민당의 단독정부 수립 이후 더욱 강화되어 아파르트헤이트라고 불리게 되었다- 역자 주

그대로 남아 있기 때문에, 미국에 거주하는 사람들과는 달리 유럽인들은 도시중심지역근처에 사는 것을 상류층의 표식으로 생각한다.[22]

주류 집단은 소수자 집단을 공간적으로 분리시키기 위해 비공개적인 혹은 공개적인 수단들을 사용할 수 있을 것이다. 비공개적인 수단의 예에는, (토지사용) 제한조약과 "신사협정"(gentlemen's agreements), 그리고 "바람직하지 않은"(undesirable) 소수자를 특정지역으로 몰아내려는 지역사회와 부동산업자 사이의 공모가 있다.[23] 공개적인 수단에는 구역제한(restrictive zoning), 분리법률, 그리고 협박이 있다. 비공개적 분리수단과 공개적 분리수단은 모두 1970년대 중반 이후부터 미국법정에 의해 비합법적인 것으로 규정되고 있다.

공간적 분리의 중요한 차원은 주류 집단이 회피를 통해 또는 주거이동성을 통해 공간적 분리를 얻을 수 있다는 것이다. 보통 "침입과 계승(繼承)의 생태적 패턴"(invasion-succession ecological pattern)*으로 불리는데, 이 보편적인 과정에는 상이한 인종뿐만 아니라, 종교・국적이 관련되어 있다. 미국에서 가장 널리 알려진 예는 기존의 모든 백인주민들이 흑인으로 바뀌어 버린 경우이다. 그러나 옛날의 도시거주민들에 관한 연구는 이민자들의 연이은 증가세가 수년 동안 계속되면서 똑같은 패턴이 여기서도 나타나고 있다는 것을 보여주고 있다. 지역거주자들은 소수자 집단의 유입에 반대하지만, 결국 그들의 노력이 성공하지 못할 때에는 그 지역을 떠나 버리고 만다. 이 패턴은 새로운 인종적 또는 민족적 집단의 집중화로 인해 그 지역이 새로운 분리지역이 되는 결과를 가져오게 된다.

사회적 분리는 사회, 서비스, 정치, 그리고 여러 다른 유형의 활동들에 대한 참여를 내집단 구성원들로 국한시키는 것을 내용으로 한다. 주류 집단은 중요한 1차 집단 활동과 2차 집단 활동에의 참여에 외부 집단을 배제시킨다. 조직들은 원하지 않는 유형들을 배제하기 위해 선별절차를 이용

---

* 생태학에서 나온 현상을 도시현상에 적용한 이론이며, 특히 도시사회학에서 많이 사용되는 용어. 일정지역의 인구나 토지이용 패턴이 흐름에 따라 대치되는 현상을 의미한다(건설용어대사전; 건축・도시연구정보센터 http://www.auric.or.kr)- 역자 주

하고, 조직구성을 보존하기 위한 비공식적인 집단 활동을 이용한다.

공간적이든 사회적이든, 분리는 자발적일 수도 비자발적일 수도 있다. 소수자 집단 구성원들은 주류 집단 사이에서 살기보다 차라리 그들끼리만 사는 것을 선택할지도 모른다. 이것이 앞에서 언급되어진 회피 대응이다. 반면에 소수자 집단 구성원들은 경제적 또는 거주의 차별 때문에 그들이 사는 장소에 대한 선택권을 가지지 못할 수도 있다.

자신의 선택에 의해서든 혹은 의지에 반해서든, 소수자 집단은 민족적 하위공동체를 형성하게 되는데, 하위공동체의 존재는 결국 그들과 사회의 다른 구성원과의 사이에 사회적 거리를 촉진하고 이를 유지시켜 준다. 소수자 집단 구성원들은 물리적으로 한 지역에 분리되어짐으로써, 자신들이 공간적으로 분리되어 있다는 것을 발견하게 될 뿐만 아니라, 자기 집단 외부의 다른 사람들과의 더 많은 사회적 상호작용을 하지 못하게 된다.

올바른 조건하에서, 잦은 상호작용은 편견을 줄여주는 역할을 한다. 그러나 상호작용이 심하게 제한되는 경우에는 문화적응과정이 상당히 느려진다. 반면, 표준적인 것 또는 상이한 것에 관계되는 가치들이 강화되어, 고정관념 형성, 사회 비교와 상류계급(prestige ranking)으로의 길을 열어 준다.

3) 추 방

소수자 집단을 다루는 다른 방법들이 실패했을 때 — 그리고 때로는 최후의 수단이 아닐 때 — 참을성이 사라져 버린 주류 집단은 소수자 집단을 박해하거나 자신들의 거주 영역에서 쫓아내었다. 이것이 **추방(expulsion)**이다. 헨리 8세는 16세기에 영국으로부터 집시들을 추방하였고, 스페인 지도자는 17세기 초에 무어인(Moors)들을 몰아내었으며, 영국은 18세기 중반에 노바스코샤(Nova Scotia)로부터 프랑스 아카디아인(Acadians)을 쫓아냈다. 더 많은 최근의 예들로서, 이디 아민(Idi Amin)*이 포함되는

* 우간다의 군인 · 정치가. 쿠데타를 일으켜 정권을 장악하고 경제면에서의 우간다화정책을 내세워

데, 그는 1972년에 모든 아시아인들은 우간다를 떠나야 한다고 공표한 바 있었다. 또한 무아마르 알 카다피(Muammar Ghadafi)*는 1970년에 리비아에 있는 이탈리아 민족공동체를 추방하였으며, 세르비아인들은 1999년 아라비아인들을 코소보로부터 강제추방하였다.

미국 또한 집단추방의 예를 갖고 있다. 식민지 시절, 청교도들은 로저 윌리엄스(Roger Williams)와 그의 추종자들을 비국교주의(nonconformity)를 이유로 매사추세츠에서 추방하였다. 그 집단은 이후 Rhode island가 된 지역에 정착하였다. 체로키인들을 풍요로운 Georgia 땅으로부터 강제이주시킨 것과 연이은 "눈물의 길"(Trail of Tears)** — 이 사건 동안에 4,000명이 오클라호마 지역으로 1,000마일에 이르는 강제적 행진을 이어갔다 — 이 또 다른 예이다.

집단추방은 협력적으로 문제를 해결하려는 시도라기보다는 사회적 문제로 비춰지는 어떤 집단을 몰아내려는 노력이다. 이 정책은 종종 동화나 말살(extermination)과 같은 다른 수단들이 실패한 이후에 나타난다. 주류집단이 소수자 집단을 제거하기 위해 말살에 의한 방법을 선택할 것인지 혹은 추방에 의한 방법을 선택할 것인지는 부분적으로 그 국가가 세계의 이목에 얼마나 민감한지에 달려 있다. 그런데 그것은 결국 그 국가의 다른 국가에 대한 경제적 의존성과 관련되어 있다.

독재자로 군림해 국내외적으로 비난받았다(두산백과사전)- 역자 주

* 무아마르 알 카다피는 리비아의 군인출신정치인으로, 철저히 반미주의를 주창하며 미국 군사기지를 철수시키고, 이탈리아인을 추방했다. 외국의 석유회사들을 추방하고, 석유를 국유화했다. 1970년부터 총리·국방장관을 겸하다가 1972년 이들 자리를 내놓고 완전한 이슬람 국가를 건설하는 문화대혁명을 주도했다(위키백과)- 역자 주

** 미국 중동부지역 등에 거주하던 체로키족과 플로리다의 세미놀족 등 5개 부족은 백인문화를 재빨리 받아들여 개화된 인디언족으로 불렸다. 특히 체로키족은 독자적인 표음 문자를 만들어 신문을 발간했으며, 플랜테이션 목화 농장을 경영하기도 했다. 체로키 농장의 흑인들은 노예 신분이었다. 당시 100명 이상의 흑인 노예를 소유한 가족도 있었다. '잘 나가던' 체로키족도 결국 백인들에게 땅을 뺏기고 오클라호마로 강제로 쫓겨 갔다. 1838년 가을부터 1839년 봄까지 이어진 유명한 '눈물의 길' 도중 무려 4천 명의 체로키족이 숨졌다. 남북전쟁 뒤인 1866년 미국 중앙정부와 체로키족이 맺은 협약에 따라 체로키의 흑인 노예가 해방됐다(한겨레신문, 2007. 3. 6)- 역자 주

4) 외국인혐오증

만일 주류 집단의 소수 집단에 대한 의심과 두려움이 더욱 심각해지면, 그들은 폭발적이고 비합리적인 감정과 행동을 취하게 될지도 모른다. 이 과민반응은 이방인이나 외국인에 대한 적절하지 못한 두려움 또는 경멸감이 되는 **외국인혐오증(Xenophobia)**으로 알려져 있다. 인쇄물, 연설, 설교, 입법, 그리고 폭력행동 등에서 드러나는 이러한 거의 히스테리적인 반응은 자민족중심주의(ethnocentric views)라는 입장에서 시작한다. 자민족중심주의는 결국 편견과 차별을 초래하는 부정적 고정관념이 생겨나도록 부추기고, 어떤 기폭제를 통해 대단히 감정적인 반응으로 급속하게 발전해 나간다(첨부된 국제적 상황 6.1 참조).

외국인혐오증의 많은 예들이 미국역사 속에 존재한다. 1798년, 연방주의자들은 사나운 아일랜드인(wild Irishmen)과 급진적인 프랑스인들(French radicals)에 대한 두려움과 자국안보에 대한 외국인의 위협을 제거하고자, 외국인과 폭동에 관한 법령(the Alien and Sedition Acts)을 통과시켰다. 1886년 시카고의 헤이마켓(Haymarket) 광장의 무정부주의자 모임에서 폭탄이 터지는 사건이 발생했을 때, 그로부터 많은 미국인들은 외국인들을 급진주의자들과 연계시켰다.* 1917년의 볼셰비키혁명은 파머 습격(Palmer raids)으로 이어졌고, 여기서 외국 출신 미국거주자들은 근거 없이 공산당가입이라는 이유로 불법적으로 구금되었다. 심지어 몇몇 사람은 강제추방당하기도 하였다. 1942년, 11만 명의 일본계 미국인들은 — 이들 중 많은 사람들이 제 2, 제 3 세대 미국인이었는데 — 제 2 차 세계대전 기간 중에 독일계와 이탈리아계 미국인들보다 덜 충성스러울 것이라는 비합리적인 의심 때문에 특정지역에 강제수용되었다. 영어만을 사용하게 하

---

* 1886년 남북전쟁 후 미국 시카고에서 일어난 노사 간의 분쟁사건으로, 경찰관의 노동자 살해에 항의하는 집회가 무정부주의자들의 주동으로 5월 4일 헤이마켓 광장에서 열렸는데, 집회는 평온하게 진행되었으나 경찰이 해산을 명령하자 누군가가 폭탄을 던져 난투가 벌어지면서 많은 사상자를 냈다(엔싸이버 두산백과사전)- 역자 주

국제적 상황 6.1
프랑스에서의 분리와 저항

2005년 후반, 여러 달 동안 발생한 파리의 폭동과 소요는 프랑스의 다른 도시로 퍼져나가 결국에는 그 나라의 15개 대도시를 휩쓸었다. 폭동이 끝나갈 즈음에, 1명이 사망하고 약 2,900명이 체포되었으며, 수천 대의 자동차와 로마 가톨릭교회를 포함한 많은 수의 공공건물이 불탔다.

이 소용돌이치는 사건들은, 서아프리카 이민자의 한 아들과 튀니지 이민자의 한 아들에 대한 우발적인 전기감전사로 시작되었는데, 이 두 명의 십대들은, 그들 중의 한 명에 대해 잦은 신원확인을 하던 경찰로부터 도주하여 전기변전소에 숨었었다. 터키 쿠르드족인 이민자의 아들인 또 다른 세 번째의 십대아이는 부상당하고 병원에 입원하였다. 이 세 명의 희생자는 프랑스에 살고 있는 아랍계, 흑인계와 무슬림이라는 주요 소수자 집단을 대표하고 있었으며, 이로써 이전부터 존재하던 긴장에 불을 지피는 도화선이 되었다.

몇십 년 동안 프랑스 정부 정책은 이민자와 그들의 가족들을 도시외곽의 열악한 공공주택사업의 명확한 제한구역에 밀집시켜 왔다. 이러한 사실상의 민족게토들은 도심으로부터 고립되어 있었기 때문에 밤이나 일요일에 거의 활동할 수 없었으며, 도심으로 가는 대중교통수단도 제한되어 있었다. 게다가, 본국출신자에 비해 외국인출신의 보다 높은 실업은 대학졸업자들 사이에서 더욱 심각했는데, 이것은 엄청난 좌절과 불만을 일으키는 데 일조하였다.

고용 차별과 경찰에 의한 괴롭힘에 대한 비난이 쏟아지는 가운데, 프랑스에서 태어난 제 2 세대까지 포함하는 "이민 2세대"라는 표현에 대한 대중매체와 일반국민의 일반적 사용은 "진짜" 프랑스인과 구별시켜 주는 문화적 사고방식(a cultural mindset)을 보여주었다(프랑스에서 태어난 18세의 이주아동은 시민이 되기 위한 관료적 적응과정을 겪을 수 있다; 미국과 달리, 프랑스에서의 출생이 자동적인 시민권 부여를 의미하지는 않는다는 것이다).

전문가들은 흑인이나 어두운 색의 피부를 가진 이들(dark skin), 아랍인들, 그리고 아프리카-사운드(sound)의 이름을 가진 이들도, 폭동지역 내에서 불행을 일으키는 주원인으로 불리면서 인종적 · 사회직 차별을 받고 있나고 말한다. 비록 그러한 차별이 불법적이기는 하지만, 이민자의 자손들은 단지 그들의 이름과 피부색 때문에 종종 경제적 분리와 취업 혹은 아파트를 빌리는 데에 있어서, 심지어 나이트클럽에 입장하는 데에 있어서도 어려움을 겪고 있다고 주장한다.

비판적 사고를 위한 질문: 이들이 겪는 경험과 오늘날 미국의 소수자들이 겪는 경험 사이에는 어떠한 유사점 혹은 차이점이 있는가? 프랑스와 미국 시민권법의 차이는 소수자의 사회적 통합과 수용에 어떠한 영향을 끼치고 있는가? 왜 그러한가?

려는 영어전용법(English-only laws)을 통과시키려는 현재 미국 영어운동의 흐름은 외국인들이 영어를 배우려 하지 않을지 모른다는 외국인공포증을 반영하고 있다.

5) 절 멸

6백만 명 이상의 유대인에 대한 나치의 학살은 영어에 *집단학살(genocide)*이라는 용어를 만들었다. 그러나 — 특정 집단의 남자, 여자, 그리고 어린이들 모두를 죽이는 — **절멸**(annihilation)의 실행은 고대시대로 거슬러 올라간다. 고대 아시리아인, 바빌로니아인, 이집트인, 히브리인과 다른 민족들 사이의 전쟁에서 보통의 관행은 승자가 모든 적들을 살해하거나, 부분적으로 적들의 자손들이 복수하지 못하도록 한 것이었다. 예를 들어, 신명기에는 모세의 다음과 같은 말들이 기록되어 있다:

> 시혼이 제 모든 백성을 거느리고 우리와 맞서 싸우러 야하츠로 나왔다. … 주 하느님께서는 그를 우리에게 넘겨 주셨으므로, 우리는 그와 그의 아들들과 그의 모든 백성을 쳐부수었다. 그때에 우리는 시혼의 모든 성읍을 점령하고, 남자, 여자, 아이 할 것 없이 성읍 주민들을 모조리 절멸시켜, 생존자를 하나도 남기지 않았다. 다만, 가축과 우리가 점령한 성읍들에서 약탈한 물건들만 전리품으로 거두었다.
> … 바산 임금 옥이 우리에게 맞서 싸우려고 온 백성을 거느리고 에드레이로 나왔다. … 우리 주 하느님께서 바산 임금 옥과 그의 온 백성을 우리 손에 넘겨주셨으므로, 우리는 생존자 하나 남기지 않고 그들을 모두 쳐부수었다. … 우리는 헤스본 임금 시혼에게 한 것처럼 그들을 절멸시켰다. 모든 성읍에서 남자, 여자, 아이 할 것 없이 절멸시켰다. 그러나 성읍들의 모든 가축과 노획물은 전리품으로 거두었다.[24]

현대에도 많은 나라들이 소위 인종문제를 해결하기 위한 수단으로 말살(extermination)을 사용해 왔다. 아놀드 토인비(Arnold Toynbee)는 한때 "정착의 영국식 방식"(English method of settlment)이 이러한 패턴을 따랐다라고 말했다.[25] 영국은 말살과 생존자들에 대한 철저한 억류를 통해 1803년과 1876년 사이에 호주 태즈메이니아의 원주민 전부를 절멸시켰다.[26] 네덜란드인들은 남아프리카의 San(부시먼)을 인간 이하로 생각하고 그들을 말살하려고 하였다.[27] 브라질의 원주민들이 포르투갈인의 정착을 막으려 했을 때, 백인들은 원주민을 체계적으로 살해함으로써 그 문제를 해결하였다. 그렇게 하는 데 있어서 즐겨 사용되는 방법 중의 한 가지는 천연두로 죽은 최근 시신의 옷을 원주민 마을에 놔두어 전염병이 원주민을 파멸시키도록 만드는 것이었다.[28] 1890년대와 1915년에 다시, 터키 정부는 체계적으로 수십만 명의 아르메니아인들을 대량 학살하였다. 이 사건은 매년 아르메니아계 미국인들에 의해 엄숙하게 기억되고 있다. 미국역사에서 가장 대규모 집단학살 중의 한 가지는 1890년 운디드 니(Wounded Knee)에서 발생하였는데, 그때 미국 제 7 기갑병들은 약 200명의 아메리카 원주민 남녀와 어린이들을 죽였다. 지난 50년 동안 집단학살의 캠페인은 수단, 부룬디, 르완다, 나이지리아, 캄보디아, 인도네시아, 이라크, 방글라데시, 보스니아와 코소보에서 발생하였다.

린치(Lynchings)는 그 목적이 집단 전체를 말살하려는 것이 아니라 선별적이면서도 극단적인 처벌을 통해 본보기를 보여주려는 것이기 때문에 절멸의 한 형태는 아니다. 그럼에도 불구하고, 희생자들은 보통 소수자 집단 구성원들이다. 린치가 미국의 전 역사를 통해 지금껏 발생하여 왔지만, 오직 1882년 이후에만 그 발생빈도에 대한 믿을 만한 통계가 있을 뿐이다(그림 6.1). *시카고 트리뷴지(Chicago Tribune)*와 터스키기(Tuskegee) 연구소의 자료는 이런 주제에 대한 데이터를 지금까지 보관해 왔는데, 이들에 의하면 최소한 5,000건의 교수형이 1882년 이후에 발생했다. 그러한 린치는 텍사스를 포함한 최남부 지역*에서 최고의 희생사를 기록한 가운데, 뉴잉글랜드 주를 제외한 모든 주에서 발생해 왔다. 사실, 이 기간 중에 일어난 모든 린치의 90%가 남부의 주에서 발생하였으며 흑인들이 희생자

* 특히 조지아, 앨라배마, 미시시피, 루이지애나, 사우스 캐롤라이나 주- 역자 주

의 80%를 차지하였다. 그러나 그 통계는, 많은 미국 원주민들과 히스패닉들 또한 이러한 운명을 맞이했을 당시에 서부개척지에서 그들에게 발생했던 린치를 포함하여 미국의 초기 100년 동안에 있었던 린치들을 모두 다루지는 않는다.[29]

백인들이 우연히 미국과 캐나다에 살던 원주민들과 에스키모인들 그리고 폴리네시아인들에게 구 대륙병(Old World sicknesses)을 퍼뜨렸던 때와 같이 절멸은 때때로 의도하지 않은 가운데 발생한다. 원주민들은 이전에 홍역(measles), 유행성 이하선염(mumps), 수두(chicken pox), 천연두(smallpox)와 같은 병에 노출된 적이 없었기 때문에, 이러한 병에 대한 생리학적 면역을 가지지 못하였고 이로 인해 비정상적으로 많은 수의 원주민들이 이러한 질병에 굴복할 수밖에 없었다. 보통 의도적인 절멸의 다른 형태는 집단폭행(mob violence), 과도한 경찰활동(overzealous police actions)과

그림 6.1 1882년 미국의 사적 처형행위*

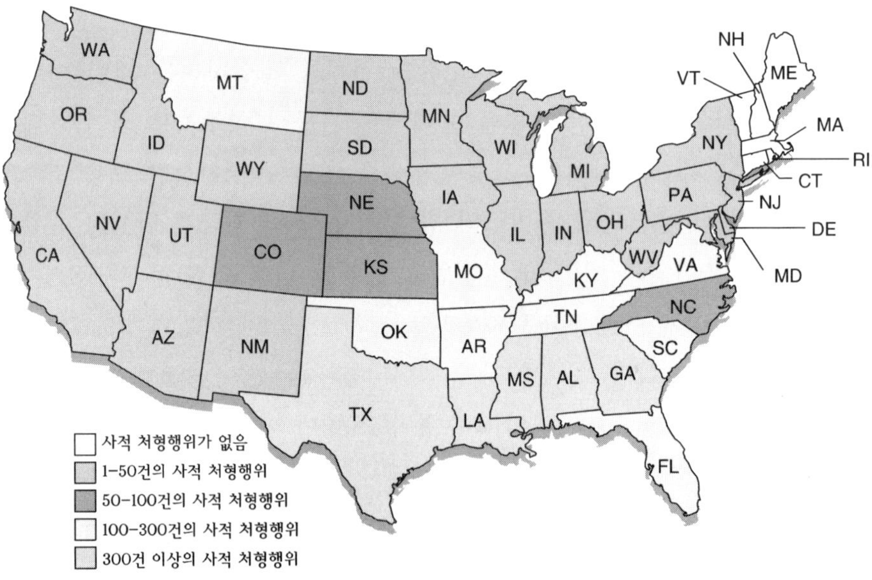

* 인종적 편견과 증오에서 비롯된 사적인 처형행위- 역자 주

소규모 사적 집단의 고의적인 행동이 이루어지는 동안에 발생한다.[30]

6) 증오 집단들

대부분의 국가와 마찬가지로 미국에도 어느 정도 증오 집단들과 증오에 의한 범죄가 있었다. 과거 증오 집단들(hate groups) 중에 가장 두드러진 집단은 19세기 중반 (비밀 정치 집단이었던) 순아메리카당(Know-Nothings)*과 19세기 후반과 20세기 초의 KKK(Ku Klux Klan)단이었다. 실제로 유럽인, 미국 원주민(인디언), 아시아인 및 수많은 종교 집단에 대한 편견범죄(bias crimes)가 19-20세기에 흔히 일어났다. 통탄스럽게도, 이런 추한 양상은 21세기 미국 사회에서도 여전히 야만적인 세력으로 남아 있다.

미국인의 극단주의에 대한 분석가이자 국가의 탁월한 감시원인 남부빈곤퇴치 법률센터(Southern Poverty Law Center)의 정보분과(The Intelligence Project)는 미국에서 활동하는 증오 집단의 수가 2000년과 2005년 사이에 33% 증가했고 전체 수치는 803개에 이른다는 보고서를 내놓았다(그림 6.2).[31] 센터는 여러 가지 요인들이 이러한 증가에 박차를 가하게 된다고 보고하였다. 여기에는 인터넷상에서 증가한 집단들 — 2004년 468개에서 2005년 12% 증가한 524개 — 그리고 주로 스킨헤드족이 압도적으로 많은 인종차별적인 음악 집단도 포함된다. 2004-2005년 학교 아이들에게 인종차별 노래가 담긴 10만 개의 무료 CD를 나누어 준 "운동장작전"(Operation Schoolyard)과 같은 캠페인에 분명히 영향을 받은 인종차별적

* 부지당이라고도 불리는 이 정당은 이민자들의 참정권을 제한하고 공무담임권을 제한함으로써 순수한 미국출신 백인들이 정권을 잡아야 한다고 믿는 북부 백인의 조직으로 이주민들인 아일랜드 출신들을 싫어하는 반아일랜드(Anti-Ireland) 정서와 반천주교(Anti-Catholic)가 강한 결사체였다(Gould 2003, 박찬욱. 2004에서 재인용). 순아메리카당은 원래 루이지애나에서 미국토박이당(Native American Party)으로 출발하였으나 점차 북진하여 1844년에는 뉴욕시장과 6명의 의원들을 배출하였다. 이들이 순아메리카당으로 불리게 된 이유는 정당의 활동에 대한 질의에 대해서 응답을 잘 모르겠다(I don't know)고 대답한 데서 기원하였다(박찬욱, 미국의 정치개혁과 민주주의, 오름, 2004, 103면)- 역자 주

그림 6.2 미국의 증오집단들: 2005

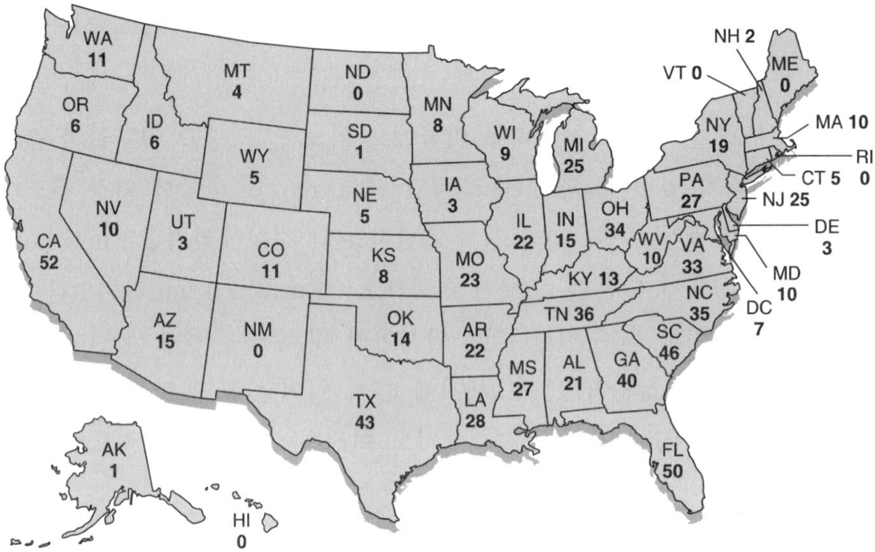

출처: Southern Poverty Law Center Intelligence Project.

인 음악과 연주회도 새로운 젊은이들을 이런 운동에 계속 끌어들이고 있다.

또한 이렇게 증오 집단 가입을 부채질하는 요인으로 이 집단들의 공격적인 전술을 들 수 있는데, 이들은 반복해서 도시 한복판의 흑인거주지역을 통과하는 행진을 시도한다든지, 또는 동성애를 허용한 데 대해 하느님이 미국을 벌하고 있다는 문구가 담긴 피켓을 병사들의 장례식에서 들고 있으면서 광범위한 언론 취재를 이끌어 내고 있다. 그러나 이런 집단이 계속 세력을 얻는 데는 히스패닉 인구의 유입이 일차적인 이유가 되고 있어서, 인구 구성 비율의 변화를 반대하는 많은 사람들과 연관된 논쟁거리를 이들 집단에 제공해 주고 있다. 또 다른 요인은 이라크전쟁인데, 많은 증오 집단들은 이를 유대인들에 의해 미국이 마지못해 휘말린 전쟁으로 잘못 인식하고 있다.

2005년에 803개의 증오 집단들 중 KKK 집단이 179개, 신 나치주의 집단이 157개를 차지했고, 구성원 대다수가 반백인주의와 반유대주의자들인 106개의 흑인 분리주의 집단이 그 다음을 차지했다. 총 99개에 이르는 신 남부분리주의집단(neo-Confederate groups), 특히 대부분의 남부 연맹(League of the South)들도 인종차별적 의제를 갖고서 소수자들이 남부의 “앵글로 셀틱”(Anglo-Celtic: 유럽출신의 백인)문화를 파괴하고 있다고 주장한다. 유대인을 사탄으로 간주하는 기독교정체성집단(Christian Identity groups)의 수도 35개가 된다. 학교에서의 인종차별폐지를 반대하면서 1950년대와 1960년대에 생겨난 백인시민협회(White Citizens Councils)가 이름을 새롭게 바꾼 보수주의 시민협회(Council of Conservative Citizens)를 위시하여 여러 무리가 혼합된 집단들도 171개에 달했다.

캘리포니아 주가 가장 많은 수의 활발한 증오 집단들을 가지고 있고(52개), 그 다음이 플로리다(50개), 사우스 캐롤라이나(46개), 텍사스(43개), 조지아(40개), 테네시(36개), 노스 캐롤라이나(35개), 오하이오(34개), 루이지애나(28개), 펜실베니아(27개), 뉴저지(25개) 등의 순이다. 44개 주에 하나 또는 그 이상의 집단이 있었고, 예외는 하와이, 메인, 뉴멕시코, 노스 다코타, 로드아일랜드, 버몬트였다.

7) 증오에 의한 범죄

보고된 증오범죄(hate crimes, 이 중 일부분만이 조직화된 증오 집단의 구성원들이 저지름)는 2005년에 8,376건으로 8,804명의 희생자를 낳았다. 이 사건들 중 인종적 편견 55%, 종교적 편견 17%, 성적 취향에 대한 편견 14%, 민족/국적에 대한 편견이 13%에 해당한다(표 6.1). 개인에 대한 범죄가 증오범죄 중 62%를 차지한 반면에 재산에 대한 손상/파괴/야만적 행위가 37%였다.[32]

인종, 종교, 민족/국적, 집단, 성적 취향 등에 대한 범죄자의 편견에 의해 전적으로 혹은 부분적으로 행해지는 개인 혹은 재산에 대한 범죄로 흔히 정의되는 증오범죄와의 전쟁을 치르기 위해 많은 주에서 이런 범죄로

표 6.1 2005년 편견에 의한 증오범죄사건

	범주 비율	전체 비율
인종		54.7
반-흑인	68.2	
반-백인	19.9	
반-아시아인/태평양섬인	4.9	
반-다인종집단	4.9	
반-토착미국인	2.0	
종교		17.1
반-유대	68.5	
반-이슬람	11.1	
반-프로테스탄트	4.4	
반-가톨릭	4.6	
반-다종교 집단	3.2	
기타	7.8	
민족성/국적		13.2
반-히스패닉	57.7	
기타	42.3	
성적 지향		14.2
반-남성 동성애자	60.9	
반-여성 동성애자	15.4	
반-동성애자	19.5	
반-이성애자	2.0	
반-양성애자	2.3	

출처: Federal Bureau of Investigation, "Hate Crimes," *Crime in the United States 2005*, adapted from Table 1. Accessed online at www.gov/ucr/hc2005/incidentsoffenses.htm.

기소된 사람들에게 가혹한 처벌을 부과하는 법을 통과시켰다. 연방법(18 U.S.C. 245) 역시 가해자가 피해자로 하여금 투표 혹은 등교와 같이 "연방에서 보호하는 권리"를 행사하지 못하게 한다면, 증오범죄를 시민권 침해 행위로서 연방에 기소할 수 있도록 한다.

5. 착 취

수많은 문서들은 다양한 국가에서 소수 집단을 **착취(exploitation)**한다는 사례를 기록하고 있다. 때때로 이런 착취를 가하는 가해자들은 동일 집단 구성원인데, 예로서, 미국도시에 있는 아시아인 노동력 착취 공장의(sweatshops) 기능자들, 오래된 이탈리아 이민자공동체의 *파드로니(padroni)**가 있으며 이들 두 집단 모두 동족을 희생시키면서 종종 이윤을 얻었다. 그러나 가장 흔한 경우는 주류 집단 구성원에 의한 소수자 집단의 착취이다.

3장에서 논의한 내부-식민지 이론(internal-colonialism theory)과 같은 중범위 갈등 이론들(middle-range conflict theories)은 종종 특정 형태의 착취를 이해하는 데 도움이 된다. 또 다른 분석적인 설명은 에드나 보나치히(Edna Bonacich)가 내놓았는데, 그는 경제적 착취에서 나오는 인종간의 대립을 이해할 수 있는 수단으로서 **분절노동시장 이론(split-labor-market theory)**을 제시하고 있다.

분절노동시장이 어떤 식으로 작동하는지를 이해하기 위해서 우리는 먼저 이 시장의 구조적 맥락을 이해해야 한다. 인종적 혹은 민족적 차이, 그 자체가 노동력의 가격 차이를 만들지는 않는데, 그 이유는 노동력의 가격 차이는 양측 집단의 자원 조건에서 나오기 때문이다. 보나치히는 다음과 같이 주장한다:

> 체류자를 제외하고는 값싼 노동력이 의도적으로 보다 값비싼 노동력의 가치를 떨어뜨리지 않는다. 기업이 노동력을 더 철저히 통제함으로, 역설적이게도 노동력을 그토록 불리하게 만드는 요인은 바로 노동력의 나약함이다.[33]

보나치히는 고용주의 경제적 착취와, 노동에 대한 임금의 차이를 야기

* 이탈리아인 이민 노동자의 왕초- 역자 주

하는 둘 이상의 노동자 집단 사이의 경제적 경쟁이 결합되어 민족에 대한 증오가 나오는 것이라고 이론화한다. 그녀는 민족에 대한 증오가 인종 혹은 민족성에 기반을 둔 것이 아니라 고임금을 받는 노동력과 저임금을 받는 노동력 사이의 갈등에 기반을 둔 것이라고 주장한다. 이것이 곧 분절노동시장 이론이다:

> 민족에 대한 증오는 특히 가격의 차이에서 발생하는 경쟁에 의해 나타난다. 동일한 대가를 받는 노동력의 공급과잉은 사람들에게 실직에 대한 두려움을 주긴 할지라도, 그런 적대관계를 낳지는 않는다. 그러나 고용관행이 반드시 민족에 기반을 두어 행해지는 것은 아니다. … 모든 노동자들은 동일한 기반 위에서 많지 않은 직장들을 두고 경쟁한다. 한 민족 집단이 다른 민족 집단보다 결정적으로 노동력이 저렴한 경우(즉, 노동시장이 분리될 때) 고임금 노동자는 실직 이상의 것, 즉 모든 직종의 임금기준이 저임금 노동력에 의해 낮아질 가능성에 직면하게 된다.[34]

저임금 집단은 자신의 임금이 그나마 다른 곳보다 높으면 임금 삭감과 교체를 가능하게 함으로써 고임금 집단을 위협한다. 이에 대해 고임금 집단은 다음 세 방식 중의 한 가지로 대응할거라고 보나치히는 주장한다.

첫째, 고임금 집단의 결속력이 충분히 강하다면, 이들은 배제를 통해 저임금경쟁을 막을 수 있을 것이다. 중국인과 일본인 이민노동력에 대한 미국의 제재와 아시아 및 폴리네시아 이민 노동자에 대한 호주의 제재는 저임금경쟁에 대한 어느 정도 노조의 승리로 대표된다.

둘째, 고임금 집단은 직업의 분리라는 카스트 제도를 만들어 낼 수도 있다. 카스트 제도에서, 고임금 노동력은 배타적으로 특정 고소득 직업을 통제하고, 소수자 집단을 (종종 의료보험, 연금도 없는) 다른 저소득 직종에 제한시킨다. 이것은 노동력의 귀족계급을 만들어 내고, 노동자의 임금차별을 고착시킴으로써 노동시장 분절을 은폐한다. 이러한 현상은 흑인과 백인 간의, 그리고 특정 노동조합에서 남녀 간의 고용차별에서도 나타난다.

세 번째의 대응은 노동자들이 고용주에 맞서서 다민족연대를 형성하는 급진주의이다. 이러한 경우의 행위는 대규모 시위와 항의를 포함하는데, 때때로 반대세력의 시위, 고용주에 대한 인종공격 혹은 경찰력 동원으로 인해 폭력 사건으로 이어지기도 한다.

한 집단의 노동력의 가치를 낮추는 요인으로는 경영진에 의한 착취, 임금 기준에 대한 무지함, 언어능력과 관습의 제약, 경제적 자원의 부족 등이 있다. 이 모든 요인 때문에 노동자들은 저임금 직업을 떠맡아야 한다든지, 이민가기 전에 계약서를 작성한다든지 혹은 노조나 정부로부터 정치적 지원을 구하도록 만든다:

> 다른 나라로 이민가는 국민들을 보호하는 정도는 정부에 따라 다양하다. 일본은 하와이와 태평양 연안으로 이주한 자국민들의 운명을 면밀하게 감시했다. 반면에 미국으로 이주한 멕시코인들은 자기 정부로부터 거의 보호를 받지 못했으며, 아프리카 국가들은 미국에 끌려간 노예들을 보호하기 위한 개입이 불가능했다.[35]

노동시장이 민족계열에 따라 분리되면, 인종적·민족적 고정관념이 노동분쟁의 핵심요인이 되고 편견과 민족적 적대감 및 인종주의가 공공연해진다. 이런 갈등은 종교적 차이에 기인하는 것도 아니며, 어느 집단이 해당 지역에 먼저 이주해 왔는지에 달려 있지도 않은데, 그 이유는 이들 변수들(종교적 차이나 이주 시기)이 제대로 통제된 예들을 찾아볼 수 있기 때문이다. 보나치히는 민족 간의 반목이 극심한 모든 사회의 한 가지 공통점은 이민 온 노동사보다 임금이 높은 토착 노동계급이 있다는 점이라고 주장한다.

이러한 공통적인 특성은 반이민정서(anti-immigration sentiments)에 휘발유를 붓는 셈이며, 요즈음 미국에서 수백만의 불법 이주자들에 대한 우려로 인해 이러한 정서가 더욱 강해지고 있다. "그들이 미국인들의 일자리를 빼앗아 간다"라는 여러 세대에 걸친 오래된 불만의 핵심에는 저임금 노동력에 의해 일자리를 잃는 고임금 미국인 노동자들의 공포가 있는 것이다.

고용주들은 인종적·민족적 계열에 따른 고임금 노동자와 저임금 노동자 사이의 충돌을 거의 수동적으로 방관하지는 않는다. 앞서 언급한 바대로, 소수민족노동자에게 주어진 저임금을 통제하는 이가 바로 이들 고용주들이다. 뿐만 아니라 고용주들은 소수자 노동자 집단들을 계속 분리하기 위해 종종 적극적으로 상황을 조작하기도 한다. 예를 들자면, 이들은 관행적으로 *다수에 대한 가부장주의*(*majority paternalism,* 다수자 집단의 충성심을 고취시키기 위한 인종 간의 위계질서 함양) 혹은 *소수자에 대한 가부장주의*(*minority paternalism,* 일자리, 가계 대출, 회사 노조운동을 후원하는 사회 기금을 통한 소수자 집단의 충성심 함양)를 실행할 수도 있다. 좀 더 공격적인 접근방법으로, 소수 집단을 파업방해자로 고용한다든지 혹은 노동자들의 연합을 분쇄하기 위해 국가의 개입을 요구한다든지 하는 분리통치전략(a devide-and-rule strategy)도 있다.[36]

또한 미국에서건 모국에서건 한 집단의 애초의 생활수준이 낮다면, 고용주들은 경제적으로 더 유리한 입장에 있는 다른 집단을 부추기기보다 이 집단을 더 낮은 저임금에서 일하도록 보다 쉽게 설득할 수도 있다. 게다가 어떤 집단의 정치적 자원은 노동자의 시위를 법으로 금지하고 결과적으로 임금인상을 통제함으로써 노동의 가치에 영향을 미칠 수 있다.[37]

6. 요 약

민족 그리고 인종 집단의 정체성은 내집단과 외집단과의 관계에 있어서 보편적인 유형이다. 집단정체성은 그것이 존재하는 사회적 맥락에 따라 긍정적 혹은 부정적인 결과를 낳을 수 있다. 이주자의 지위에 기반한 집단정체성은 지역 또는 인종에 기반한 정체성보다 보통은 지속성이 더 짧다. 소수자들은 전형적으로 더 큰 사회에서의 한 가지 정체성과 그들 자신만의 집단에 국한되는 또 다른 한 가지 정체성의 이중적 정체성을 경험한다.

편견과 차별에 대한 소수자 집단의 대응은 회피, 일탈, 저항, 그리고 현재의 지위를 바꾸기 위한 권력에 대한 집단 인식에 근거한 수용 등을 포함한다. 계속 열등자로서의 취급을 받으면, 사람은 부정적인 자아상을 키우게 된다. 계속되는 불평등은 악순환이나 누적적인 인과관계를 통해 심화되어진다.

주변성(Marginality)은 동화의 과도기적 시기 동안에 나타나는 사회적 현상이다. 그것은 민족공동체를 유지해 주는 지지체계에 따라 억압적인 경험이 될 수도 있고 안정적인 경험이 될 수도 있다. 몇몇 집단은 그들의 역사적 배경이나 체류자 성향 때문에 중간상인 소수자가 된다. 그들은 그들보다 위에 속하거나 아래에 속하는 사람들을 위한 잠재적 희생양으로서, 사회계층에서 중재자적 위치에 계속적으로 남아 있게 되거나 아니면 상위계층으로의 변동과 동화를 달성할 수 있을 것이다.

소수자 집단에 대한 주류 집단의 행동은 호의, 무관심, 적대적인 반응을 포함하는 다양한 형태를 띠고 있다. 그 반응이 부정적일 때, 주류 집단은 소수자 집단에 대해 어떤 제재조치를 취할 수 있을 것이다(예로서, 입법적 통제와 분리). 만약 그 반응이 더욱 감정적이고 외국인증오적인 형태가 된다면, 추방 혹은 절멸이 발생할 수 있다. 세계 여론에 대한 의식과 다른 나라에 대한 경제적 의존성이 그러한 조치를 주저하게 만들 수 있다. 또 다른 지배적인 반응은 착취이다. 또 다른 주류 집단의 대응인 착취는 3장에서 논의하였듯이 내부-식민지 이론, 혹은 차별적 임금격차가 민족적 적대관계를 만들어 낼 수 있다는 분절노동시장 이론으로 설명된다.

핵심용어

수용	주변성
절멸	회피
누적된 인과관계	저항
착취	추방
중간상인 소수자	부정적 자아상

사회적 분리 | 공간적 분리
악순환 | 외국인혐오증
분절노동시장 이론

연습문제

1. 일부 공통적인 소수자 집단은 편견과 차별에 어떻게 대응하는가?
2. 일부 공통적인 다수자 집단은 소수자에 대해 어떻게 대응하는가?
3. 주변성은 무엇인가? 왜 어떤 경우에는 스트레스를 받은 경험으로 나타나지만 다른 경우에는 그렇지 않은가?
4. 중간상인 소수자는 무엇인가? 그들은 수용에 어떠한 영향을 미치는가?
5. 소수자에 대한 착취와 관련된 분절노동시장 이론에 대해 논하라.

읽을 거리

Bender, Daniel E., and Richard A. Greenwald (eds.). *Sweatshop U.S.A.: The American Sweatshop in Historical and Global Perspective*. New York: Routledge, 2003.

국제이주와 경제에 대한 소수자의 역할과 미국의 노동착취공장(sweatshop)에서 소수자의 착취에 대한 조사는 노동착취를 근절하고 규제하기 위해 노력한다.

Gourevitch, Philip. *We Wish to Inform You That Tomorrow We Will Be Killed with Our Families*. New York: Farrar Straus Giroux, 1999.

1994년 르완다에서 100일 동안 80만 명의 투치족(Tutsi)*의 후트

* 르완다와 부룬디에 거주하는 부족. 르완다와 부룬디 총인구의 약 9-14%(후투족 약 85%)를 차지한다. 원주민인 후투족(Hutu)을 정벌하고 왕국을 건설한 이후, 이들에 대항하는 후투족과 오랜 투쟁의 역사를 지속해 왔다- 역자 주

족(Hutu)*대학살—그 역사, 여파, 그리고 난민캠프에서의 복수의 유혹—에 대한 저널리스트의 극적인 내러티브.

Knobel, Dale T. *"America for the Americans": The Nativist Movement in the United States.* Boston: Twayne, 1996.

미국의 외국인혐오증적인 정신과 미국문화를 위협하는 뉴커머들을 두려워하는 미국토박이에 대한 구체적인 설명.

Levin, Jack, and Jack McDevitt. *Hate Crimes Revisited: America's War on Those Who Are Different.* Boulder, Colo.: Westview Press, 2002.

외견상으로 무작위의 증오범죄들이 어떤 특성을 얼마나 공유하는지와 고정관념, 증오의 문화, 그리고 경제적 위기로 인해 얼마나 고무되었는지에 대한 분석.

Mahler, Sarsh J. *American Dreaming: Immigrant Life on the Margins.* Princeton, N.J.: Princeton University Press, 1995.

보다 나은 삶을 찾아서 힘든 모국을 떠난 이민자들의 투쟁은 그들이 원했던 미국 사회가 그들을 수용함으로써 주변화되었을 뿐이다.

Massey, Douglas S., and Nancy A. Denton. *American Apartheid: Segregation and the Making of the Underclass.* reprint ed. Cambridge, Mass.: Harvard University Press. 1998.

다른 문화로부터 분리와 분열의 정도와 오늘날 아프리카계 미국인이 직면한 많은 문제들의 근원에서 비롯된 삶의 방식에 관해 풍부하게 기록된 설명.

Wachtel, Paul L. *Race in the Mind of America: Breaking the Vicious Circle between Blacks and Whites.* New Haven, Conn.: Yale University Press, 2000.

흑인과 백인이 자신도 모르는 사이에 그 순환을 부수는 방법에 관한 지침을 제공하고, 해결책을 향한 진전을 저해하는 인종적 문제를 얼마나 유지하고 영속하는지에 대한 검토.

* 아프리카의 르완다·브룬디에 사는 농경민- 역자 주

인터넷 자료

편견에 대해 무언가 하기를 바라는가? 캠퍼스에서 혐오에 맞서 싸우는 10가지 방식을 배우려면 www.tolerance.org/campus/index.jsp로 가라.

07

현대 미국의 다문화 유형과 쟁점*

"궁극적으로, 관용적이지 못한 인간에 대한 미국의 응답은 다양성이며, 이 다양성은 종교의 자유에 대한 우리의 유산을 고무시켜 왔던 바로 그 다양성이다"

- 로버트 케네디

이민의 나라로서 미국은 다양한 이방인들로 이루어진 많은 상이한 집단들이 도착하고 있고 또 그들과의 상호교류가 관찰되고 있다. 이방인들은 미국인들이 당연하게 생각하는 것을 다른 세계로 생각하였고, 그들의 반응들은 어리둥절함에 따른 놀라움에서부터 낙담에 이르기까지, 또 성취에 대한 기대감에서부터 문화적 충격에 이르기까지 걸쳐 있다. 그들의 언어, 외모, 그리고 문화적 배경은 종종 그들을 사람들의 눈에 잘 띄게 만들었기 때문에, 뉴커머들(newcomers)은 개인들로서 확인되고 판단되기보다는 어떤 집단으로서 확인되고 판단되었다. 미국 태생 거주자들의 반응은 수용에서부터 참을 수도 견딜 수도 없다는 데까지 걸쳐 있고, 그 반면에 그들의 행동들은 도움에 대한 무관심에서부터 착취적인 행위에까지 걸쳐 있다.

그리고 미국의 역사를 통틀어서 살펴보면, 다수자와 소수자관계에 있

---

* 지종화(부산대학교 사회과학연구소 전임연구원)

어 다양한 유형들이 존재한다. 자민족중심적(Ethnocentric) 가치는 토착 집단과 이민 집단 사이에 내집단(ingroup)*에 대한 충성심과 외집단(out-group)에 대한 적개심이라는 감정을 자연스럽게 발달시켰다. 희소 자원에 대한 경쟁, 식민정책 및 앵글로 색슨계 핵심 집단들의 정치적 지배 등은 역시 갈등의 단초를 제공했다. 그러나 결과적으로 나타난 편견적 태도와 차별적 행동은 아주 격심하게 변화해 왔다. 게다가, 미국에서 여러 태도들과 사회경제적 상황들은 해가 지나면서 변화되었고, 이것은 뉴커머의 경험에 영향을 미쳤다.

모든 집단들이 똑같은 이유로 혹은 똑같은 배경을 가지고 미국에 온 것은 아니다. 사회적 계급, 교육 및 직업 기술 등에서 오는 다양성 때문에, 모든 이민자들이 사회경제적 사다리의 맨 밑바닥에서 시작하는 것은 아니다. 몇몇은 일시적 체류자로서 왔고, 이들은 그들의 본국으로 돌아가서 보다 나은 삶을 살기 위한 충분한 돈을 벌수 있을 때까지 머물려고 했다. 몇몇은 누가 뭐래도 미국 시민이 되기 위한 욕망으로 왔고, 그에 반해 다른 사람들은 그들 자신의 문화를 유지해 줄 것을 주장하고 있다.

사회학적 분석뿐만 아니라, 주류의 태도들은 선호된 소수자 적응으로서 동화주의(assimilation) 혹은 다원주의(pluralism) 둘 중 하나에 초점을 맞추는 경향이 있다. 문제는 대중들이 주류-소수자관계에서 좀 더 받아들일 수 있는 아주 큰 영향력들을 어느 과정에 두느냐이다. 예를 들면, 만약 동화주의가 '적절한' 목적인 것으로 견지된다면, 비록 다원주의가 1세대 혹은 2세대 미국인들에게 전형적인 주장일지라도, 다원주의에 대한 표명(manifestation)은 아마 부정적인 반응을 이끌어 낼 것이다. 최근 몇 년간, 미국에서 스페인어를 사용하는 사람들이 사는 도시나 교외지역과 비서구적 문화로부터 온 유색인종(people of color)들이 사는 도시나 교외지역이 증가하고 있다는 현실은 국가의 이민 정책에 대하여 많은 다른 미국 거주자들의 의문을 불러일으켜 왔다. 인종과 경제(economics)가 의심할 여지

* 조직이나 사회 내부의 배타적인 소규모 집단으로 우리 집단이라고도 함- 역자 주

없이 영향력 있는 요인들이지만, 이 둘은 역시 미국의 "용광로적인"(melting-pot) 능력들을 압도하는 광범위하게 퍼진 다원주의에 관한 진정한 관심사항들이다.

*소수자 우대 정책(affirmative action), 불법적 외국인(illegal aliens), 다문화주의(multiculturalism)*와 그에 대한 논쟁과 같은 단어들의 뒤섞임은 "백열"(white heat)* 상태에 다다랐다. 집단 간 관계들의 이러한 국면들은 다수 집단과 주류문화가 심각하게 위협받는다는 많은 사실들을 제시한다. 많은 사람들(quarters)에게, 다원주의에 대한 어떠한 표명도 관용하지 않으려는 수준은 경계해야 할 정도로 올라가고 있다.

오늘날 민족성(ethnicity)은 얼마나 중요한가? 이민과 동화에 대한 관심사항들은 정당화되는가? 미국에서 인종과 민족성의 미래는 무엇인가? 이 장에서, 우리는 우리가 민족의식의 개념들, 민족성에서 진화적 변화들, 합법적·불법적 이민에 대한 쟁점들, 이중 언어 교육, 그리고 다문화 사회에서 우리의 미래 등을 탐색함으로써 이들 의문에 대한 답을 찾고자 시도할 것이다.

1. 민족의식

사회학자들은 사람들이 다른 문화를 가지고 어떤 사회 내로 이주를 했을 때 나타나는 태도 유형과 행태 유형에 오래전부터 관심을 가져왔다. 예를 들면, 민족적 자아의식 혹은 문화 보존을 북돋우거나 또는 낙담시키는 요인들은 무엇인가? 만약 세대가 이어지면서 자기들의 모국(country of origin)에 관한 정체성이 감소할 것이라고 가정한다면, 우리는 최근 몇 년 사이에 백인 민족들(White ethnic)** 사이에 민족성이 재출현하는 것을 어

* 기온이나 상태가 최고조에 이름- 역자 주

** 미국 사회학에서 사용하는 용어로 앵글로 색슨계도 아니면서 프로테스탄트계도 아닌 백인들을 의미함. 예를 들면, 가톨릭을 믿는 독일인, 프랑스인, 이탈리아인 등등을 의미함- 역자 주

떻게 설명할 것인가? 심지어 제3세대 미국 시민들 내에서조차도 사회 이동, 사회 변화, 행태 유형에서 민족적 차이성은 있는가? 사회학자들은 민족적 경험의 다양성을 과학적으로 기술하려는 노력의 일환으로 자주 이러한 의문들을 제기하고 또 많은 사회학적 설명들을 제공한다.

1) 한 가지 요인으로서의 모국

이민자와 모국 사이의 관계에 초점을 맞추는 것은 동화의 정도에 대해 더 잘 이해하게 만들 것이다.[1] 비록 이런 사실이 교통과 통신이 제한되었던 제1차 세계대전 이전에 미국에 왔던 집단들에게 더 사실이라고 해도 오늘날 어떤 이민자 집단이 수용국(receiving country) 내에 있는 여러 요인들에 의해 우선적으로 영향을 받는다고 가정하는 것은 부정확하다. 더욱이, 1920년대의 이민에 대한 제한들은 뉴커머들의 수를 아주 심하게 감소시켰고, 뉴커머들이 본국(the old country)의 언어와 관습들을 강화하는 경우가 더욱 줄어들었으므로 동화 과정은 촉진되었다.

그러나 오늘날에 이민 집단은 항공우편뿐만 아니라 (보다 더 중요한 것은) 원거리 통신, 빠른 운송수단, 그리고 계속적인 이주자들의 도착 등을 통하여 본국과의 접촉을 유지할 수 있다. 멕시코인들과 서인도 제도 출신의 이민자 사회들은 지리적 근접성이라는 이점이 있고, 또 모국(homeland)은 과거보다 그들의 유출이주민(emigrants)에 대하여 더 많은 영향력을 발휘할 수 있다. 더 많은 사회적 접촉이 발생하는 곳일수록 문화적 전달은 역시 더 커진다.

그러한 한 개인의 모국 접촉은 역시 정치에도 영향을 미친다. 아시아계 미국인들의 정치적 활동을 분석한 연구에서, 나는 그들의 정치적 활동에서 문화적응(acculturation)*에 대한 세 가지 일반적이고 중복되는 국면들을 확인하였다. 이들에는 (1) *외국인(alien) 국면*으로, 이것은 정치적 장

* 서로 상이한 두 문화가 만나서 서로 접촉하고 그 결과 문화 서로 간에 변화를 일으키는 현상-역자 주

소가 모국과 함께 남겨져 있을 때를 의미하며; (2) *반동적인(reactionary) 국면*으로, 이것은 이민자들이 그들의 이해관계를 보호하고 차별과 싸우기 위해 정치적 조직을 형성할 때를 의미하며; (3) *수용(acceptance) 국면*으로, 그들이 문화적·구조적 차별에 대해 더 많은 정도를 표시할 때와 같이 세 가지가 있다.[2]

도미니카 공화국, 아이티, 엘살바도르 등으로부터 온 이민자들의 정치적 활동에 대한 조사 연구에서, 호세 이찌그손(Jose Itzigsohn)은 첫 번째 국면의 표명들을 발견했다. 이민자들의 초국가적인 정치는 모국의 정부 구조와 정당에 깊은 기반을 두고 있다. 그가 논의하고 있듯이, 초국가적인 정치 유형의 증가는 송금의 지속적인 유입(flow)에 대한 모국의 요구(need), 수용국(the country of reception) 내의 이민자(migrant) 조직들, 민주적 제도 내에서 경쟁적 정치의 통합(consolidation) 여부에 달려 있다.[3]

쉴라 헨리(Sheila E. Henry)는 미국에서 민족적·인종적 불평등에 대한 최근의 수준들과 모국 사이에 한 가지 연결점을 발견했다. 중국인, 일본인, 그리고 아프리카계 미국인에 초점을 맞춤으로써, 그녀는 미국의 계층화(stratification)체제가 전 세계적 경제 계층화 체제를 밀접하게 반영한다는 사실을 보여주었다. 일본은 선도적인 자본 국가들 사이에 위치하고 있기 때문에, 일본의 이민자들은 "백인 사회의 명예회원"(honorary Whites)이라는 지위를 향유하고 있고, 그녀는 중국이 현재의 경제적 붐을 유지한다면, 중국의 이민자들은 곧 어떤 무엇인가를 향유할지 모른다고 제시했다. 그러나 아프리카의 나라는 가까운 미래에 경제적으로 세계적 성공을 성취할 것 같지 않기 때문에, 그녀는 아프리카계 미국인의 민족 집단적 지위가 미래에 바뀔 것이라고는 생각하지 않았다.[4]

메리 셍스탁(Mary Sengstock)이 제시했듯이, 모국의 안정성의 수준이나 혹은 사회적 변화는 이민자 사회의 사회문화적 유형들과 생활양식에 대해 깊은 영향을 미친다.

> 모국이 상대적으로 안정성을 가지거나 혹은 점진적으로 문화를 변화시키는 경험을 해 왔던 곳에서, 이민 사회에 미치는 영향은 민족문화의 유지를 상당히 고취할지 모른다. 이것은 푸에리토리코계와 멕시코계 미국인들에게 나타났던 것과 같은 매우 유사한 사례이다.
> 그러나 몇몇 사회는 최근에 극적인 변화를 경험하고 있다. 그러한 지역에서 온 이민자들의 집단이 지속적인 이민을 경험하고 모국과 또 다른 유형의 접촉을 경험했을 때, 사람들은 이민자 공동체에 대하여 충분한 효과들을 양산하는 그러한 접촉을 역시 기대할지 모른다.[5]

그녀의 주장(position)을 설명하기 위하여, 그녀는 제2차 세계대전 전후로 디트로이트 지역에 정착했던 이라크로부터 온 칼데아(Chaldean)* 이민자에 대한 연구를 이용했다. 현재 미군이 주둔하고 있음에도 불구하고 이라크는 독립 국가이며, 상이한 부족들 모두가 다른 나라의 통제하에 있는 식민지 땅도 아니다. 그것은 오랜 세기 동안 부족들 간의 경쟁이 민족주의라는 이름 아래 단일체로 전환된 곳이고, 이러한 변화들은 방문자들과 이민자들을 통하여 디트로이트 공동체에 이르렀다. 더 많은 교육을 받고 도시 정착과 관료제에 더 많은 경험을 가진 최근의 이민자들은 더욱더 다른 사람들과 상호작용하는 것 같다. 따라서 사람들이 다른 집단의 구성원들과 기꺼이 사회적 접촉을 확대하는 것은, 생스탁이 제시했듯이, 더 많은 동화가능한(assimilable) 집단을 양산한다. 그러면, 이민자 집단의 모국의 사회적 구조는 민족주의적 감정과 적응된 사회에서 타인과의 사회적 상호작용 둘 모두를 설명하는 데 도움을 줄 수 있다.[6]

2) 3대(Three-Generation) 가정

퓰리처상 수상자이자 역사가인 마르쿠스 한센(Marcus Hansen)은 그가 "세 번째 세대의 귀환 법칙"이라고 불렀던 민족 부활의 전형적인 유형을 개념화하였다.[7] 사회경제적 지위와 미국적 정체성이 보다 확실한 세 번

---

* 과거 바빌로니아 지역에 살던 사람- 역자 주

째 세대는 두 번째 세대가 차별과 주변화(marginality)를 극복하기 위한 그들의 노력으로 인해 무시했던 민족적 유산에 관심을 가지게 되었다. 간단하게 말해서, "자식들 세대에서 망각하기를 원했던 것을 손자 세대에서 기억하기를 원한다"는 것이다. 중서부에 살고 있는 스웨덴계 미국인들에 주된 바탕을 두고 그의 결론을 만들었던 한센은 몇 년이 지난 후 그의 입장을 재차 단언했다:

> 어떤 이민자 집단이라도 발전 단계상 제 3 세대의 단계에 도달할 때면 언제나 사람들이 공통으로 갖는 한 가지 요인 속에 스스로 흥미를 느끼도록 삶에서 다른 직업을 가지고, 다른 견해와 다른 관점을 가진 수많은 사람들의 생각을 강요하는 자발적이고 거의 저항할 수 없는 충동을 일으키는데, 이것은 유산이며, 바로 피의 유산인 것이다.[8]

한센은 계속해서 이어지는 미국인 세대들 내에서 민족적 정체성의 흥망성쇠에 대한 한 가지 유형을 주장하였다. 그의 가정은 학문공동체에서 광범위한 논의로 나타났는데, 이것은 그의 견해를 옹호하고 또 비판하는 많은 연구들과 논평들을 창출했다.

한센의 법칙은 두 번째 세대가 그들의 민족성이 미국 사회로 수용되는 데 불이익으로 작용한다는 사실을 인지한다고 가정한다. 그러나 피터 스케리(Peter Skerry)는 집단 간 경쟁과 갈등뿐만 아니라 대학 캠퍼스들에서 사람들의 민족적 정체성을 다시 일깨우는 하나의 상이한 유형을 발견했다. 한센의 가정에 대한 동화적 과정의 상대적인 복잡성과 관련하여, 스케리는 "특정한 민족 집단들 내에서 세대 간의 상이성들에 관한 정확한 예측자(predictor)로서 결함이 있든 어떻든 간에, 한센의 기본적인 통찰력은 타당하다. 즉 동화 과정은 변증법적인 것이다"라고 논한다.[9] 이것에 따라, 그는 동화가 단순한 선형적 진행이 아니라 그보다는 세대를 가로질러 앞서거니 뒷서거니 하는 운동의 과정이라고 말한다. 동화주의는 저항할 수 없는 것은 아니다. 심지어 다른 민족이나 인종과의 결혼(intermarriage)의 소산이기도 한 후속 세대들은 그들의 민족적 정체성을 강조할지 모르고 또 그들의 문화적 유산인 언어를 배울지도 모른다.

이와 대비하여, 닐 샌드버그(Neil Sandberg)의 연구는 LA지역에 살고 있는 폴란드계 미국인들이 몇몇 세대가 지나가면서 민족성이 떨어지게 되는 경향이 있다는 것을 발견했다.[10] 유사한 연구가 로드 아일랜드 프라비던스의 두 교외지역에 살고 있는 이탈리아계 미국인들을 대상으로 한 것이 있는데, 이 연구에서 존 로체(John P. Roche)는 세대가 거듭될수록 동화가 증가되고 또 태도적인 면에서 민족성의 수준이 저하된다는 것을 역시 발견하였다.[11]

보다 최근에 도착한 집단들에 대한 연구들은 제 2 세대 아시아계와 히스패닉계 미국인들 사이에서 그들이 동화를 추구하기 때문에 민족성에서 비슷한 쇠퇴가 역시 발견된다. 사실, 발렌타인(Valentine)은 문화적 동화와 히스패닉계의 정체성 사이에 부정적인 관계를 발견했다. 즉 문화적응 과정은 전통적인 라틴 아메리카 사람들의 경향들과 주류 앵글로 미국인의 관습들(practices) 사이에서 상쇄관계(trade-off)로서 기능했다는 것이다.[12] 마찬가지로, 남플로리다와 남쪽 캘리포니아에서 온 이민 아이들에 대한 조사에서 포르테스(Portés)와 맥클레오드(MacLeod)는 "히스패닉"이라는 호칭(label)을 받아들인 아이들은 동화되는 것이 상당히 어렵다는 것을 알아냈다. 즉 이러한 아이들은 미국인으로 혹은 외국계 미국인들로 스스로 인식하는 아이들에 비해서 영어 기술이 더 떨어지고, 자존감이 더 낮고, 그리고 빈곤의 비율이 더 높았다.[13]

아시아계 미국인들 중에서, 키브리아(Kibria)는 제 2 세대 동아시아계 미국인들(그들의 조상이 중국, 일본, 혹은 한국으로부터 온 사람들)이 교육, 가족, 고된 노동, 그리고 노인에 대한 존경 등과 같은 아시아적 가치들을 그들의 사회화 과정 안에 포함하는 하나의 공유된 아시아계 미국인문화라는 감정을 전개해 왔음을 발견했다. 이러한 사례에서, 통상적인 문화적 배경의 형성에서 "반발"은 동질적으로 여겨지는 백인계 주류문화로부터 그것을 구분하기 위한 하나의 시도였다.[14]

3대(three-generation) 가정을 적용하기 위한 미국 사회의 최근의 부분이 대부분 아시아계 그리고 히스패닉계 미국인들일지라도, 일본계 미국인들의 경험은 — 이들 많은 일본계 미국인들이 제 3 세대, 제 4 세대 그리고 심지어 제 5 세대 미국인에 속한다 해도 — 어떤 통찰력을 제공할지 모른다. 평균 이상의 교육, 직업, 그리고 임금 수준을 가지고 또 평균 이상의 인종 간 결혼 비율을 가지고, 일본계 미국인들은 모든 아시아계 미국인들 중에서 가장 동화되었다고 논의할 수 있다. 아직까지, 그들은 상징적 흔적을 가지고 있고 또 자아 및 집단 정체성에 대한 그들 감정의 부분으로서 앞서 기술한 가치들을 고수한다.[15] 비록 의심할 여지없이 그들의 인종적 경험들이 그들의 정체성 형성에 개재할지라도, 아마 유사한 미래는 우리의 가장 새로운 집단들을 기다리고 있을 것이다.

해롤드 아브람슨(Harold Abramson)은 민족적 다양성의 수많은 국면들이 민족적 자의식으로서 거시사회적 이론을 방해한다고 주장하면서 3대 가정을 버렸다.[16] 시간차원에서의 차이점들 — 이것은 아마 경험, 적응, 그리고 세대 간 갈등 혹은 민족 집단의 일치성에 영향을 끼쳐왔을지 모른다 — 뿐만 아니라 다양성은 집단들 자체 안에 존재한다. 아마, 민족 집단에서 오직 더 나은 교육을 받았던 사람만이 외부세계와 더 넓은 접촉을 하고 또 그들의 정체성에 대하여 더 많은 양면성을 가지며, 하나의 민족적 부활(resurgence)을 경험하지만, 그 반면에 대다수는 어느 정도 지속적인 흐름 속에 조용하게 진행된다. 게다가, 미국 사회 구조에서 거대한 변화는 모든 민족 집난의 손자세대에 영향을 미친다:

> 여기서 나는 지역의 다양성, 사회계층의 다양성, 도시 및 시골 정주생활의 다양성에 대하여 이야기하고 있다. 다른 말로, 구세대 이민자와 신세대 이민자 및 계속 유입되는 이민자들, 북쪽과 남쪽의 흑인들, 미국 원주민 인디언들, 이 모두는 미국 땅에서 매우 상이한 조건들과 만나는 경험을 한다. 뉴잉글랜드의 공장 지대(mill towns)에서 억압받았던 프랑스계 캐나다인들, 펜실베니아의 석탄 지대 회사에 다녔던 헝가리계와 체고계, 그리고 캘리포니아의 노동 현장으로 이민 온 멕시코계들은 보스톤 정치에서 아일랜드계, 뉴욕의 의

류 산업에서의 유대인, 하와이의 전문직업인인 일본인의 사회적 이동성 혹은 사회적 변화를 경험하지 못한다. 이러한 현상들을 설명하기 위한 것으로 전통 문화적 요인들뿐만 아니라, 정주생활, 지역, 그리고 민족적 모자이크의 지방적 구성과 같은 구조적 이유도 있다.[17]

더욱이, 주류 사회에 대한 상이한 문화적 집단들의 반응성도 다양하다. 토마스 소웰(Thomas Sowell)과 같은 보수적인 사회과학자들은 지배적인 문화적 가치들과 조화하거나 혹은 충돌하는 문화적 특징들이 한 집단의 상향지향적 이동성을 결정한다고 주장한다.[18] 스테펀 스타인버그(Stepen Steinberg)와 같은 자유주의적 사회과학자들은 문화적 특징들을 중요하게 여기지 않고 그 대신에 사회 구조적 변수들을 강조한다. 스타인버그는 다원주의가 민족적 경계를 유지하는 집단들에게만 호소력을 갖는다고 주장하지만, 그 반면에 불이익을 받은 집단은 경제적 안정과 사회적 수용을 얻기 위하여 그들의 민족성과 기꺼이 타협한다.[19] 더욱이 문화와 사회적 구조의 상호작용은 집단들이 경제적 성공을 달성하도록 해 주기도 하고 혹은 그들이 그렇게 하는 것을 방해하기도 한다.

2. 민족성의 변화하는 국면

우리는 세 가지 중요한 개념을 고찰함으로써 복잡하면서 다양한 경험들 그리고 상이한 인종적·민족적 집단들의 적응에 대해 유용한 통찰력을 얻을 수 있다. 즉, 초국가주의(transnationalism), 사회 자본(social capital), 그리고 분절된 동화주의(segmented assimilation)가 그것이다.

1) 초국가주의

우리는 이민자들이 주류 국가의 사회적 본류에 뒤섞이고자 의도할 때에도, 새로운 세계에 대한 그들의 적응에 영향을 줄 뿐만 아니라 그들의 모국과 자의식의 연결을 견고하게 하는 데 도움을 주는 많은 "문화적 수화물(baggage)"을 보유한다는 사실을 오랫동안 인지하여 왔다.[20] "모국"(old world)의 영향력에도 불구하고, 사회과학자들의 전통적 견해는 뉴커머들의 정치적·사회적 행태가 주류 사회의 문화적/구조적 틀 속에서 발생했다는 것이다. 그러나 급속한 의사소통 및 여행과 함께 확대 중인 전 세계적 경제는 이민자와 주류 사회 사이의 변화된 상호작용 유형에 대한 인식으로서 전통적 이민 이론을 수정하도록 학자들을 최근에 유도했다.[21]

이러한 새로운 정향은 최근의 전 세계적 변화들이 더 이상 국경에 제약받음이 없이 사회적 유대와 지지(support) 네트워크의 창출을 이끌어 왔다는 것을 인정한다. 따라서 **초국가주의**는 국경을 가로질러 현재의 국제적 이민 유형들과 난민의 유입을 야기하는 사람들의 지속적인 유대, 네트워크, 그리고 조직들로 언급된다.[22] 두 나라 사이를 오가는 사람들의 손쉬운 흐름과 그들의 아이디어들은 많은 사람들에게 두 지역에 기여하는 강력한 문화적 유대와 능력을 가지고, 두 개의 정체성을 유지하도록 하는 능력을 부여해 왔다.[23] 즉각적인 교류와 의사소통은 시간과 공간을 압축해 왔고, 이것은 사람들에게 다수의 장소에 문화적으로 또 사회적으로 정착시키는 것을 허용했다. 한 나라로부터 다른 나라로의 영구적인 이동 대신에, 오늘날의 이민자는 이전보다 더욱더 격심하고, 상호연결적이며, 심지어 합법화된 연결들(문화적·경제적·가족적·정치적)을 계속 유지하게 되었다. 그러므로 몇몇 학자들은 초국가주의가 국가들이 이민을 다루어 왔었던 동화, 통합, 혹은 분리(segregation) 등의 전통적 용어들을 진부한 것으로 만들었다고 주장한다.[24]

2) 사회 자본

사회 자본이라는 용어는 "상호친밀감과 인지의 제도화된 관계들"의 "내구성 있는 네트워크"를 통하여 개인 혹은 집단이 활용할 수 있는 실질적 혹은 가상적 자원으로 언급된다. 따라서 사회 자본은 정보의 잠재적 가치, 사회적 지지, 그리고 사회적 · 경제적 · 정치적 목적들을 달성하는 데 필수불가결한 사회적 네트워크관계에 내재한 개인적 결합관계들로 언급된다.[25]

우리가 사회 자본이라는 관점에서 민족적 공동체들을 조사할 때, 우리는 공동체 중심의 지지체제 및 문화적 정향이 아메리카 드림을 함께 하기 위한 그들의 탐색에서 제 1 세대 및 제 2 세대 미국인들을 어떻게 도와주는지 혹은 도와주지 않는지를 결정할 수 있다. 사회 자본은 하나의 고정된 대상이 아니고 차라리 특정 이민자 집단의 목적을 최고로 적합하게 하는 편익들과 자원들에 대한 접근을 촉진하는 지속적인 변화를 의미한다.[26]

본질적으로, 사회 자본은 연결관계와 지지를 창출함으로써 이들 개인이 도달하기 힘든 자원들을 인종적 혹은 민족적 소수자에게 제공한다. 이들 네트워크들의 존재는 희망, 신뢰, 의사소통, 상부상조, 그리고 협조적이고 집단적인 행위를 통하여 문제의 해결을 촉진한다. 비록 강력한 사회 자본의 현존이 경제적 및 정치적 주류 내에서 어떤 소수자 집단의 성공적 통합을 보장하지는 않을지라도, 그것이 부족한 공동체보다 삶을 확실히 더 쉽게 만든다.

강력한 사회 자본을 가진 민족적 공동체들은 새로운 이주자들(arrivals)에게 신용에 대한 비공식적 자원들의 획득, 보험, 아이 양육, 영어 교육 훈련, 구직 활동 등과 같은 도움을 제공할 수 있다. 보다 성공적이지 못한 공동체들은 그들의 주류 국가에 단기적 순응을 보이고 또 그들의 구성원들에게 중요한 서비스를 제공하는 능력이 떨어진다. 따라서 LA의 한국인들과 샌프란시스코의 중국인들은 뉴욕의 도미니카인들과 샌디에고의 멕시코인들보다 새로운 이민자들에게 더 나은 도움을 줄 수 있다.[27]

3) 분절된 동화주의

이민자 집단들이 상이한 수준의 사회 자본을 보유하고 있다는 개념을 형성함에 있어서, 포르테스와 민 조우(Min Zhou)는 **분절된 동화주의**라는 그들의 이론을 발전시켰다. 그 이름에 함축되어 있듯이, 이 가정은 현대의 이민자 추세 중에서, 심지어 그 내에서도, 결과들의 다양성을 제안한다. 미국에서 더 오래 거주할수록 더 성공적이 된다는 획일적인 적응 과정 대신에, 새로운 이민자 집단들은 이전의 이민자들이 했던 것보다 상이한 동화 경로를 따를지 모른다. 활용가능한 사회 자본의 변량(variants)에 덧붙여서, 모국, 거주지역, 사회계급, 인종, 그리고 교육 등과 같은 요인들은 중요한 역할을 수행한다.[28]

긍정적인 시나리오로 보면, 높은 수준의 인적 자본(human capital)을 보유하고 또 유리하게 제공받는 집단들은 사회경제적 사다리의 위로 재빨리 올라갈지 모르고 또 사회의 주류 흐름 속에 통합될지 모른다. 그 반대로, 두 번째 시나리오에서는 그들 아이들의 교육을 지원하기 위한 충분한 수입을 얻을 수 있는 안정된 고용을 찾기 어려운 제한된 자원을 가진 집단들을 볼 수 있다. 더욱이, 도심 환경에 더 오래 거주한 자들은 다른 소수자 친구들에 대한 그들 아이들의 문화적응을 야기할지 모르고, 이것은 더 낮은 교육적 열망과 하향적 이동성, 어떤 의미에서 "새로운 무지개 모양 하층민"(new rainbow underclass)*을 야기할지 모른다.[29] 그러나 세 번째 시나리오는 이민자 부모들이 그들 아이의 교육적 성공을 위해 후원하지만 전통적 문화 가치들을 강화하는 곳에서는 동화가 제한되고 그래서 미국 젊은이의 하위문화 속에 그들의 문화적응이 제한된다.[30]

분절된 동화주의 가정은 미국에서 최근 이민자들과 이민자 자녀들의 교육 입학에 관한 조사연구의 발견들에서 나타난 차이를 이해하는 렌즈를 제공한다. 예를 들면, 레이놀즈 페얼리(Reynolds Farley)와 리처드 알바(Richard Alba)는 많은 제 2 세대 집단들을 위한 교육적 성과(attainment)에서 중요한 세대 간(intergenerational) 진전을 발견했다. 실제로 몇몇은 제 3 세대 혹은 그 이상 세대의 미국인과 아프리카계 미국인들을 능가했다. 그러나, 멕시코 및 푸에르토리코 유산을 가진 사람들은 다른 집단들에게

* 다인종・다문화 국가에서 다양한 인종이나 민족들이 그 사회의 최하층을 구성하는 것- 역자 주

뒤처졌다.[31] 찰스 허쉬만(Charles Herschman)은 카리브에서 온 히스패닉계 젊은이들의 하향적 이동성 유형이 분절된 동화주의 가정의 두 번째 가능한 결과와 일치한다는 사실을 발견했고, 그 반면에 아프리카계 카리브 젊은이들은 세 번째 유형의 결과를 설명하는 것으로 나타났다.[32] 마찬가지로, 뉴올리언스의 베트남계 공동체 연구에서, 민 조우와 칼 뱅크스톤(Carl Bankston)은 학교에서 좀 더 성공적인 학생들은 그들의 모국어와 전통적인 가치들을 유지할 수 있는 사람들이라는 사실을 발표했다.[33] 또 다른 연구에서 메리 워터스(Mary Waters)는 카리브계 이민자들이 아프리카계 미국인 공동체 속으로의 문화적응을 지연시키는 이민자 혹은 민족 정체성을 그들의 아이들에게 전달하는 것을 자주 발견했다.[34]

그러므로 만약 우리가 오늘날의 이민자들 가운데에서 문화적응 유형을 더 완전하게 이해한다면, 분절된 동화주의 가정은 하나의 모형이 모든 집단에 맞지 않으며 혹은 심지어 어떤 집단의 모든 구성원들에게조차 맞지 않다는 사실을 우리에게 알려준다. 집단들은 미국의 계층 체제 내에서 그들 집단들의 편입에서 차이가 나고, 그리고 이 이론은 그들이 어떻게 하고 왜 하는지에 대한 설명을 시도한다.

4) 귀 화

미국에서 5년간의 지속적인 합법적 거주 이후, 이민자들은 귀화된 시민이 되는 자격이 주어지는데, 그들은 좋은 도덕을 가진 인물이라는 것을 제시해야 하고 또 미국 역사와 정부에 대한 지식뿐만 아니라 영어 구사능력을 증명해야 한다. 미국 시민이 되는 사람들이 이러한 공식적인 절차를 통하여 미국 사회 내에 완전하게 합류하고 싶은 욕구를 증명한다는 것은 합리적인 가정이다.

그림 7.1에서 보는 바와 같이, 미국에서 더 오래 동안 거주하면 할수록, 미국 시민으로 귀화하는 비율이 더 높다. 예를 들면, 1970년대에 도착한 사람들은 1980년대에 도착한 사람들에 비하여 귀화한 사람들의 비율이

그림 7.1 진입 기간에 따른 귀화한 시민의 비율(단위: %): 2004

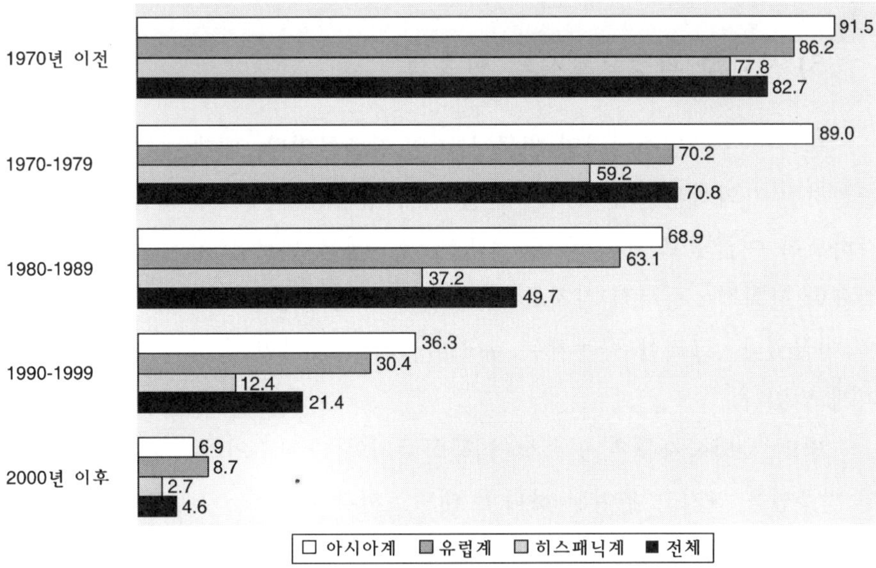

출처: 미국 이민통계국.

훨씬 더 높고, 1990년대에 도착한 사람들에 비하여 결과적으로 훨씬 많다. 더욱이, 아시아계 이민자들은 미국 시민이 되는 사람들의 비율에서 모든 시기에 걸쳐 모든 다른 그룹의 선두에 서 있다. 초국가주의 혹은 분절된 동화주의가 집단들 사이에서 귀화(naturalization)의 수준에 얼마나 많은 역할을 하는가에 대한 문제가 사회과학자들의 지대한 관심사이다.

우리는 시민권에 대한 자료를 조심스럽게 분석해야만 한다. 첫눈에 볼 수 있듯이, 귀화 시민이 되는 데 있어서 초창기 이민자들과 비교하여 더 늦게(newer) 도착한 사람들의 보다 낮은 비율은 뉴커머들이 "미국인이 되는" 비율이 떨어질 것 같다는 주장을 지지하는 것일지 모른다. 그러나 미국 거주 기간과 시민이 되는 사람들의 비율 사이의 상관관계는 상당히 오랜 기간 동안 거의 변하지 않고 있다. 예를 들면, 1970년대에 도착한 모든 이민자들의 70%는 현재 시민이 되었지만, 1990년대 초기에 시민이 된 사람들의 비율은 50%에 못 미친다.

5) 사회적 과정으로서의 민족성

민족성은 다원주의적인 미국 사회의 창출물이다. 대개, 문화적 충격과 출현하는 자의식은 이민자 집단들을 민족 정체성에 대하여 그들 스스로 생각하도록 이끌었고 또 그들이 선택한 국가에서 새로운 삶을 시작하고 또 필요한 사회적·정서적 지지를 얻기 위하여 민족 공동체의 한 부분이 되도록 이끌었다. 그러한 공동체는 뉴커머들의 지속적인 유입과 함께 생기를 띠게 되었다.

몇몇 사회학자들은 민족성이 동화주의와 다원주의라는 두 개로 분리된 범주만을 가지고 부여된 하나의 태도로서가 아니라, 지속적인 변수로서 고려되어야만 한다고 주장해 왔다. 문헌 검토에서, 윌리엄 얀키(William L. Yancey), 유진 에릭슨(Eugene P. Erickson), 그리고 리처드 줄리안(Richard N. Jullian)은 민족적 행태가 직업, 거주, 그리고 제도적 제휴(affiliation)—집단들이 스스로 발견한 구조적 상황—에 의하여 조건 지워진다는 결론을 내렸다.[35] 산업 혁명 이전에 이주한 오래된 이민자들은 새로운 이민자들 보다 거주 유형에서 더 많은 곳으로 흩어져 있었는데, 새로운 이민자들은 집중되고 거대한 규모의 도시 고용으로 인하여 또 직장 근처에 저렴한 주택을 얻어야 하는 욕구 때문에 함께 무리를 짓게 되었다. 마찬가지로, 새로운 이민자들이 도착했을 때, 그들은 경제적 팽창 지역에 모여들게 되었고, 또 이민자의 연결고리—친척들과 친구들의 계속적인 도착—는 집중적인 주거 유형을 계속 발생하게 했다(그림 7.2를 보라).

> 훨씬 초기에 이민을 온 독일인들과 아일랜드인들은 필라델피아와 세인트루이스와 같은 더 오래된 도시로 모여들었다. 그와 대비해서, 폴란드, 이탈리아, 러시아로부터 온 새로운 이민자들은 기회를 확장할 수 있는 더 오래된 도시들을 포함하여 버팔로, 클리블랜드, 디트로이트, 밀워키 등으로 집중하였다.

> 상이한 이민 유형은 이민자들이 기술을 가졌느냐와 가지지 않았느냐에 따라 나타났다. … 기술숙련적 직업에 대한 보상은 더욱더 컸고, 그리고 기술 이민자들은 그의 거래를 실천하는 기회가 있는 도시로 갔다. 중간 수준의 기술(less highly skilled)을 가진 노동자들은 넓어진 기회들을 가지고 여러 도시로 갔다. 따라서 건설현장에 집중한 이탈리아계와 철강공장에 집중한 폴란드계는 이들 집단들이 도착함으로써 이러한 산업의 확장과 연관되어 있다. 의류 산업에서 유대인의 집중은 재봉사로서 그들의 이전 경험이 작용했을지 모르지만, 그것은 19세기 후반에 있었던 의류의 대량생산의 출현에 역시 의존했다.[36]

저자들은 집단의식이 작업관계, 일상적 거주 지역, 흥미, 그리고 노동계급적 조건들의 삶의 양식 안에서 일어나고 구체화한다고 결론을 내렸다. 더욱이, 거대도시 수준에서 민족 조직들 내의 일상적 의사소통과 참여는 민족적 정체성을 강화할 수 있는데, 심지어 주거지역이 흩어져 살고 있는 집단들 내에서조차도 그렇다.[37]

3. 이민 유형

스탠리 리이버슨(Stanley Lieberson)과 메리 워터스(Mary C. Waters)는 미국에서 국내의 이민 유형과 기반에 관하여 민족적・인종적 위치를 검증했다. 그들은 미국에서 더 오래 거주한 집단일수록, 지리적으로 집중하는 정도가 떨어진다는 것을 발견했다. 이것은 하나의 놀라운 발견이라고 할 수 없지만, 국내(internal) 이민 유형에 대한 분석은 여전히 민족성이 변화하는 주거 유형에 영향을 준다는 것을 밝혀 주었다:

> 비록 현재의 국내 이민 유형들이 미국에서 어느 정도 독특한 지리적 집중들을 줄이는 경향을 보이고 있을 지라도, 이것이 독특한 민족적 집중들을 아직까지 완전하게 제거하는 것이 아니라는 결론을 우리는 내렸다. 이것은 집단들이 그 지역의 현존하는 민족적 구성을 반영하는 방법에서 각각의 지역을

그림 7.2 우리가 정착했던 곳

가자 서부로, 가자 동부로

맨 처음 그들은 뉴잉글랜드, 남북 캐롤라이나 그리고 지금의 중부 대서양의 여러 주로 왔다. 그다음 그들은 애팔래치아 산맥을 가로질러 서부로 향했다. 현재, 많은 이민자들의 목적지는 캘리포니아이고, 그리고 대부분은 동쪽으로 혹은 북쪽으로 감으로써 그곳에 다다른다. 2005년에, 새로운 이민자의 21%가 캘리포니아에 정착했고, 이는 뉴욕의 12%와 대비되는데, 뉴욕은 1976년도까지 새로운 도착자들의 첫 번째 선택이었다.

이들 지도들은 2000년 인구조사에서 확인된 것으로 민족 집단의 가장 큰 집중—한 주에서 500,000명 혹은 그 이상—을 보여준다. 캘리포니아는 중국, 엘살바도르, 과테말라, 홍콩, 인도, 이란, 한국, 멕시코, 필리핀, 그리고 베트남으로부터 온 이민자들을 위한 최고의 선택이다. 뉴욕은 방글라데시, 콜롬비아, 도미니카 공화국, 에콰도르, 가이아나, 자메이카, 파키스탄, 그리고 구 소련으로부터 온 사람들이 대부분이다.

지도 아래의 표제는 특정의 민족 집단이 그 주 인구의 가장 큰 점유를 구성하고 있다는 것을 보여주는데, 예를 들면, 사우스 다코타 주는 독일계 사람이 가장 큰 비율을 차지하고 있다는 것이다.

■ 진하게 표시된 주들은 가장 최근의 인구조사에서 제시된 민족 집단들에서 적어도 50만 명 이상이 거주하는 주들이다.

영국인

영국인의 인구밀도가 가장 높은 주들: 유타 30%, 메인 25%, 아이다호 22%, 뉴햄프셔 21%, 와이오밍 19%, 버몬트 18%, 오리건 15%, 델라웨어 14%.

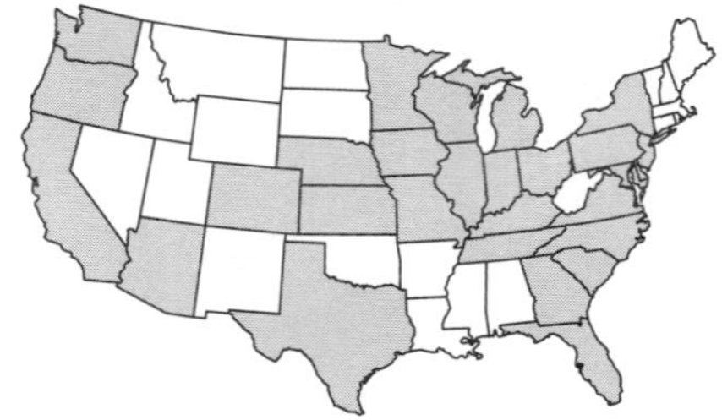

독일인

인구밀도가 가장 높은 주들: 노스 다코타 46%, 사우스 다코타 46%, 네브라스카 43%, 위스콘신 43%, 미네소타 38%, 아이오와 37%, 캔자스 33%, 오하이오 30%, 인디애나 27%.

이탈리아인

인구밀도가 가장 높은 주들: 로드 아일랜드 20%, 코네티컷 20%, 뉴저지 18%, 뉴욕 15%, 매사추세츠 14%, 앨라배마 11%, 뉴멕시코 8%.

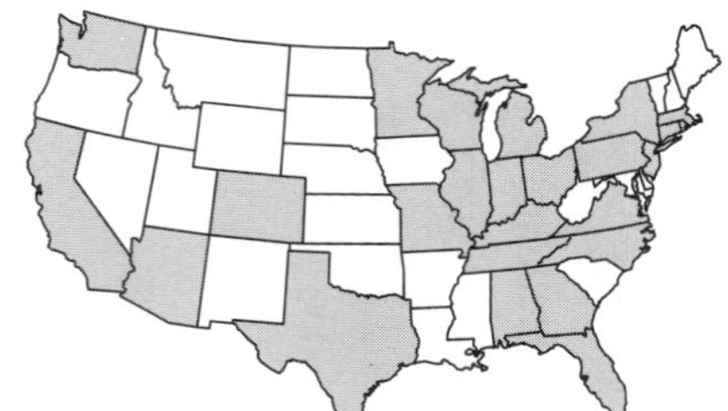

아일랜드인

인구밀도가 가장 높은 주들: 매사추세츠 23%, 뉴햄프셔 21%, 로드 아일랜드 20%, 델라웨어 19%, 코네티컷 18%, 뉴저지 17%, 미주리 14%, 뉴욕 14%, 웨스트 버지니아 14%.

히스패닉

인구밀도가 가장 높은 주들: 뉴멕시코 42%, 캘리포니아 32%, 텍사스 32%, 애리조나 25%, 콜로라도 17%, 플로리다 17%, 뉴욕 15%, 뉴저지 13%, 일리노이 12%.

아프리카계 아메리카인

인구밀도가 가장 높은 주들: 미시시피 36%, 루이지애나 33%, 사우스 캐롤라이나 30%, 조지아 29%, 앨라배마 26%, 메릴랜드 25%, 노스 캐롤라이나 22%.

프랑스인 또는 프랑스계 캐나다인

인구밀도가 가장 높은 주들: 버몬트 27%, 뉴햄프셔 27%, 메인 25%, 로드아일랜드 20%, 루이지애나 18%, 매사추세츠 14%, 코네티컷 11%.

폴란드인

인구밀도가 가장 높은 주들: 위스콘신 9%, 미시건 9%, 코네티컷 8%, 일리노이 7%, 뉴저지 7%, 펜실베니아 7%, 뉴욕 5%.

멕시코인

인구밀도가 가장 높은 주들: 캘리포니아 25%, 텍사스 24%, 애리조나 21%, 뉴멕시코 18%, 네바다 14%, 콜로라도 11%, 일리노이 9%.

아시아인

인구밀도가 가장 높은 주들: 하와이 42%, 캘리포니아 11%, 뉴저지 6%, 뉴욕 6%, 워싱톤 6%, 네바다 5%, 메릴랜드 4%, 매사추세츠 4%, 버지니아 4%.

떠나는 그들의 성향에서 차이가 나고 또 각 지역에 입주하는 그들의 성향에서 차이가 나기 때문이다. 따라서 미국에서 국내 이민에 대한 거대 수준에서조차도, 지역에 대한 민족적 연계성이 사라지고 있다는 아무런 증거도 없다.[38]

리이버슨과 워터스는 수적으로 작은 어떤 집단이, 만약 작은 수의 지방에 집중되어 있었다면, 좀 더 획일적으로 퍼져 있는 집단에 비해 더 많은 정치적·사회적 영향력을 소유한다는 점을 관찰하였다. 그렇기 때문에 인구통계학상의 크기와 위치 사이의 연결은 가시성(visibility), 직업 유형, 상호작용 유형, 인종 간 결혼, 그리고 동화에 영향을 미칠 것이다.

2005년에, 미국으로 왔던 이민자 1백 1십만 명 중 62%가 단지 6개 주를 통해서 들어왔다.[39] 그와 동시에 이들 관문(gateway) 주들 중 3개 — 캘리포니아, 뉴욕, 그리고 텍사스 — 는 다른 주에 대비하여 외국에서 태어난 그들 인구 중 순수한 유출이민자(outmigration)가 상당할 정도이다. 외국에서 온 이민자들의 선도적인(leading) 목적지이기 때문에, 캘리포니아와 뉴욕은 이러한 국내 이민에서 다른 주와 대비하여 5년이 넘는 기간 동안 역시 선두를 차지하고 있는데, 이들 주는 각각 237,000명과 205,000명을 유출하였다.[40]

연쇄 이민이 외국에서 온 이민에서 하나의 중요한 요인인 것과 마찬가지로 다른 주들에서 온 외국 태생(foreign-born) 사람들이 이러한 인구 재분배에서 중요한 역할을 아주 잘 수행하는 것 같다. 그 결과, 리이버슨과 워터스가 20년 전에 발견했던 것으로 국내 이민 유형에서 민족적 차원은 아직까지 중요하다. 단연코, 주간(interstate) 이동자의 가장 큰 숫자는 아시아계(667,000명)이고 그 뒤를 멕시코계(472,000명)와 다른 라틴계 미국인들(438,000명)이 뒤따른다. 이러한 국내 이민이 인구 구성에 가장 극적인 충격을 주는 주들은 네바다, 노스 캐롤라이나, 조지아, 아칸사스, 미네소타, 네브라스카, 그리고 인디애나이다.[41]

민족적·인종적 정주 유형에 대하여 초점을 맞추는 것은 동화 과정의 부분을 이해하는 데 도움이 된다. 시카고의 성장과 발전에 관한 생태학적 모형에서, 로버트 박(Robert Park)은 사회적·공간적 이동 사이의 연결성을 적시했다. 사람들이 어디에 사느냐가 임금, 교육 및 직업 등과 같은 상향적 이동성의 하나의 지표로서 타당하다는 것이다.[42] 주택시장은 계급과 인종의 계선들(lines)을 따라 분리되어 있고, 그리고 가장 호감이 가는 이웃으로 비히스패닉계 백인들이 사는 지역인 경우가 있기 때문에, 소수자 구성원에 의한 재배치는 전형적인 통합의 과정을 내포한다.[43] 그러한 공간적 이동성이 문화적·경제적·육체적 그리고 사회적 자원에 대하여 더 많은 접근성을 내포하고 또 사회적 그리고 경제적 동화를 나타내기 때문에, **공간적 동화주의**라는 용어는 이러한 과정을 확인하는 데 자주 사용된다.

상징적 민족성

미국 이민 제1세대 중에서, 민족성은 모든 사람들이 당연하게 여기는 매일 일상의 현실이다. 대부분의 이민자들이 민족 공동체 혹은 네트워크 안에 살고 있기 때문에, 공유된 공동 사회의 상호작용들은 매일의 삶에 있어서 중요한 요인으로 민족 정체성을 형성한다. 아직까지 구조적으로 동화가 된 것은 아니지만, 이들 이민자들은 그들의 민족성이 그들이 말하거나 행동하는 것, 그들이 함께하는 것, 그리고 그들이 친구가 되는 사람 혹은 결혼하는 사람과 같은 실질적인 모든 것에 대한 연결을 제공한다는 것을 발견한다.

이어지는 세대들의 민족성에서 무엇이 발생하는가 하는 점은 인접한 환경에 달려있다. 리처드 알바(Richard D. Alba)가 1990년에 뉴욕 알바니에 대한 연구에서 재확인하고 있듯이, 가까이에 민족적 이웃들이나 조직들이 존재하는 것은 민족 정체성의 강력한 감정을 유지하는 데 도움을 준다.[44] 대부분의 유럽계 백인들에 있어서, 가시적인 민족적 연결들로부터 벗어나 사는 것과 또 사회의 주된 흐름의 부분이 되는 것은 그들의 직업적·사회적 정체성과 비교하여 그들의 민족적 정체성의 중요성을 감소시키는 것이다. 이러한 점에서, 민족성은 매일의 삶과 관련된 것이 아

니라 몇몇 민족적 상징에 대한 애착을 통하여 혈통을 인정하는 것에 달려 있다.[45]

알바는 백인 민족들(White ethnics) 사이에서 민족성이 황혼기의 단계에 있다고 말한다. 높은 인종 간·민족 간 결혼 비율은 독특한 문화적 특성들에 대한 세대 상호 간의 전달을 감소해 왔을 뿐만 아니라 제3세대 및 제4세대 유럽계 미국인의 민족적 혈통을 다양화시켜 왔다. 융합된 새로운 민족 집단, 즉 유럽계 미국인들이 출현하고 있다. 이들의 민족성은 약화되었고 또 이들의 민족성은 "교회와 참석, 성 패트릭 날의 행진이나 콜럼버스 날의 퍼레이드, 유사한 민족성을 가진 정치적 후보자 투표하기, 혹은 모국과 연관된 정치적 주장(cause)에 지지하기, 러시아계 유대인의 이스라엘로의 이민(emigration) 혹은 아일랜드의 재통일" 등과 같은 그러한 활동 속에 있는 표현에서 발견되는 상징적·개인적 및 자발적 정체성이 되었다.[46]

비록 중산층 사회 안에서 사회적으로 동화되었고 통합되었다 할지라도, 제3세대 및 제4세대 유럽계 미국인들은 그들의 기원에 대해 이러한 조용한 연결을 유지하고 있다. 갠스(Gans)가 주장했듯이, 그것은 가정에 있는 민족적 의미를 가진 여러 물건들, 모국의 의례에 대한 간헐적 참석, 혹은 민족 요리에 대한 애정과 같은 작은 섬세한 형태로 발견될 수 있다.[47] 개인들은 이민 경험, 민족적인 정치적·사회적 활동에의 참석, 혹은 심지어 조상의 모국 방문하기 등에 대한 흥미를 유지하고 있을지 모른다. 모든 이러한 개인적이고, 여가적인 활동은 상징적 방법들 안에서 민족성을 보전하는데 도움을 주는데, 즉 백인 미국문화의 균질화된 세계에서 특별한 자의식 감정을 사람들에게 주는 것이다.

아프리카계 미국인들은 음악 양식, 패션과 복장 양식(아프로[Afros],* 브레이즈[braids],** 드레드락스[dreadlocks],*** 부족적 상징물을 머리 속에 넣

---

* 아프로 헤어스타일, 흑인들의 둥근 곱슬머리 모양- 역자 주

** 실로 꼬아서 만든 장식용 수술- 역자 주

*** 레게 스타일의 머리 양식- 역자 주

기, 대형 스카프로 머리묶기, 쿠피 모자,* 하렘팬츠[harem pants],** 아프리카 구슬장식), 요리법(soul food),*** 축제(크완자[Kwanzaa]****와 같이 전통적인 아프리카의 추수 감사에 기반을 둔 공휴일) 등과 같은 상징적 민족성을 표현한다. 가끔 *문화 민족주의의 표명*—아프리카계 미국인의 일치단결을 향한 운동으로 아프리카의 문화와 가치를 북돋우는 것에 기반을 두고 있다—으로 불리는 것과 같은 이러한 활동들은 그들의 유산을 자랑스럽게 회고하는 다른 민족 집단의 자손들과 닮았다.

4. 현재의 쟁점들

미국에서 인종과 민족관계에 구두점을 찍는 두 가지 민감한 논쟁적 쟁점들이 있는데, 이민과 이중 언어 교육이 그것이다. 비록 후자가 아주 새로운 쟁점일지라도, 이 둘에 대한 논쟁들은 19세기 후반과 20세기 초반에 뜨겁게 논의되었던 수많은 반대들을 되풀이하고 있다. 너무 많은 "비미국적 유형들"이 확산되는 것과 그들의 문화적 다원주의의 결과로서 사회적 단결을 잃어버리는 것에 대한 이민 배척주의자(nativist)의 두려움은 과거 세대들의 지배적인 구성원에 의해 제기된 관심사항들과 매우 유사하다. 이러한 두 가지 쟁점들과 매우 연관되어 있는 것은 제 3 의 것으로 바로 다문화주의이다. 이 주제는 이것을 주장하는 사람들과 동화를 주장하는 사람들 사이의 지속적인 논쟁을 유발하고 있다.

1) 이민에 대한 두려움

이민 물결의 밀물과 썰물(the ebb and flow)은 많은 면에서 주류 국가에

* 흑인 종교인들이 쓰는 챙 없는 모자-역자 주

** 통이 넓은 여성용 바지로 발목 부분을 끈으로 묶는 바지-역자 주

*** 미국 남부 흑인들의 전통 음식-역자 주

**** 아프리카계 미국인들 중 일부가 12월 26일부터 1월 1일 사이에 여는 문화 축제-역자 주

게 어떤 충격(impact)을 주고 있다. 그들의 문화적 충격은 그 사회를 비옥하게 할 수 있지만—몇 가지 이름을 대면 건축, 예술, 음식, 그리고 음악 등에서—언어 유지(retention)와 비동화에 대한 몇 가지 두려움은 사회적 단결의 토대를 침식할 것이다. 이주 노동자는 경제에 대하여 하나의 혜택일 수 있지만, 미국 태생 노동자들을 위한 직업의 손실과 임금 저하에 관한 여러 비판들이 나오고 있다. 대부분의 이민자들이 현재 유색인종이고 또 본토 태생의 미국인들에 비하여 높은 출생률을 가지고 있기 때문에, 몇몇 사람들은 변화하는 인종적 인구통계에 관하여 걱정하고 있다. 게다가, 현재 주된 송출 지역인 개발도상국들과 함께, 새롭게 귀화하는 시민들의 이익들은—그리고, 결과적으로, 미국의 외교 정책은—세계 개도국 지역의 발전들과 점점 더 밀접하게 연결되어 있다(표 7.1을 보라).

많은 이민자들은 아직까지 유럽 국가들에서 오고 있지만, 그들은 이제 매년 전체 숫자의 16% 미만으로 나타나는데, 이는 아시아계와 히스패닉계의 이민이 대규모로 증가했기 때문이다. 연쇄 이민과 가족과의 재결합—그리고 아시아와 라틴 아메리카와 대비해 보면 유럽의 출생률은 현저히 떨어짐—에 대한 과정들이 계속 진행되면서, 우리는 추가적으로 이민을 송출함에 있어 개발도상국의 지속적인 우세를 확실하게 추정할 수 있다.

거의 9백 1십만 명의 합법적 이민자들(계속해서 사면이 될 것이라고 여

표 7.1 미국에 들어오는 뉴커머들의 주요 원천: 2005

1. 멕시코	161,445	9. 콜롬비아	25,571
2. 인도	84,681	10. 우크라이나	22,761
3. 중국	69,967	11. 캐나다	21,878
4. 필리핀	60,748	12. 엘살바도르	21,539
5. 쿠바	36,261	13. 영국	19,800
6. 베트남	32,784	14. 자메이카	18,346
7. 도미니카 공화국	27,504	15. 러시아	18,083
8. 한국	26,562	16. 과테말라	16,825

출처: 미 이민통계국.

기는 미등록[undocumented] 이민자를 포함하여)은 1990년대 미국으로 왔는데, 이는 1901년에서 1910년 사이의 이전의 기록적인 세트를 초과하는 것이고, 그때는 8백 8십만 명이 도착했다. 현재의 경향들은 이 십년이 좀 더 높은 기록적인 이민자의 수를 형성할 것임을 제시한다. 현재 1천 2백만 명을 초과하는 것으로 생각되는 미등록 이민자에 더해서 이민에 대한 쟁점은 맹렬한 논쟁거리가 되었다.

현재의 이민에 대한 몇 가지 반대는 그렇게 많은 이민자들을 흡수하기 위한 미국의 능력에 대한 우려를 불러일으킨다. 초기 세대의 외국인 혐오증(xenophobia)이 울려 퍼지는 가운데, 이민을 반대하는 사람들은 미국 시민들이 외국인에 대한 국가의 통제력을 상실할 것이라고 우려한다. 종교적으로 상이한 가톨릭과 유대교 혹은 어두운 안색을 가진 신체적으로 상이한 지중해계 백인들에 대한 두려움 대신에, 요즘의 새로운 반이민 집단들은 유색인종이면서 종교적으로 상이하고 신체적으로 상이한 이민자들이 현저하게 증가하는 현실을 두려워하고 있다. 영어 외의 언어들의 우위와 함께, 시각적인 차이점들은 그들의 중심에 낯선자들이 들어오는 것을 여러 세대의 미국 주민들에게 지속적으로 상기시키는데, 몇몇 사람들은 그들이 알고 있듯이 미국 사회에 위협이 된다고 인식하고 있다. 이것은 아랍계와 무슬림 미국인들에게 특히 사실인데, 이민 반대 주장자들은 미국의 중심에 테러리스트를 허락하는 지나친 자유주의적 이민 정책을 설명하면서 그들을 지적한다. 실질적으로 모든 아랍계와 무슬림 미국인들이 테러리즘을 맹렬히 비난한다는 현실은 대중의 두려움을 진정시키지는 못한다.

그것은 이러한 반발을 조장하는 이웃, 학교, 작업장에서의 아주 많은 “낯선자들”의 증가하는 가시성(visibility) 때문만은 아니다. 국가의 안정적인 출생률은 이민자들이 이전 시기보다 인구성장의 더 큰 부분을 점유하고 있음을 의미한다. 인구조회국(Population Reference Bureau)에 따르면, 그러한 점유는 현재 44%에 이른다.[48] 이와 일치하여, 인구조사국(Census Bureau)은 미국의 인종 구성이 다음 두 세대에서 극적으로 바뀔 것이라고 예측했는데, 이러한 예상은 몇몇 사람들을 기분 나쁘게 하는 것이다.

이민에 대한 또 다른 염려는 경제이다. 대중들은 이민자들이 직업을 빼앗아 가 버리고, 임금을 감소시키고, 그리고 납세자의 지출(expense)에서 너무 많은 정부서비스를 이용하고 있다고 우려를 표한다. 이러한 두려움이 얼마나 현실적으로 나타날 수 있는가?

직업. 통상적인 믿음은 이민자들이 미국인들로부터 직업을 빼앗아 간다는 것이며, 이런 두려움은 100년 이상 계속 언급되고 있다. 그 반면, 이민자들은 새로운 사업을 시작함으로써(전체의 약 18%) 그리고 다른 사람들이 그들의 새로운 직업들을 통해 수행하는 재화와 서비스에 대한 수요를 증가시킴으로써 새로운 많은 직업들을 창출한다. 그와 동시에, 2000년과 2004년 사이에, 미 본토 태생 사람들의 고용 감소는 이민자들이 노동자들에 대한 그들의 점유가 가장 늘어났던 주들에서 제일 현저했다. 이민은 노동 시장의 더 낮은 부분—특히 빌딩 유지보수, 건설현장, 그리고 요식업—에서 자체로 가장 큰 충격을 미쳤는데, 이 부문은 이민자 고용의 증가와 미 본토 태생 실업자 숫자의 증가와 밀접하게 연결되어 있다. 다른 노동 분야에서는, 충격이 아주 낮은 것으로 나타났다.[49]

임금. 대부분의 경제학자들은 이민이 낮은 교육과 미숙련공인 본토 태생 미국인의 임금을 더 낮춘다는 것에 동의한다. 예를 들면, 20세기를 통틀어서 멕시코 이민에 대한 연구에서, 보르자스(George Borjas)와 카츠(Leonard Katz)는 고교중퇴자들이 만약 멕시코 이민이 없었다면 8% 정도 이상 더 수입을 벌어들일지 모른다고 결론을 내렸다.[50] 그러나, 모든 다른 미국의 노동자들에 있어서, 그 충격은 중요하지 않았다.[51]

비용과 기여. 여기서도, 역시 결과는 뒤섞여 있다. 지방과 주 수준에서, 이민자들은 그들이 지방세를 납부하는 것보다 더 많은 서비스를 이용한다(대다수 미 본토 태생의 시민들에 대해서도 역시 사실이다). 교육과 직업기술이 아주 낮은 수준에 있는 사람들이 대부분의 비용을 사용하며, 특히

건강 보험과 교육에서 그러하다. 미국 국립과학원(A National Academy of Sciences)의 연구는 평균적인 이민자가 이러한 서비스들을 위하여 25,000달러의 주 및 지방정부의 재정비용을 하나의 전체 일생에 부과한다는 것을 발견했다.[52]

연구조사는 그 상황(picture)이 국가적 수준에서 매우 다르다는 것을 보여준다. 사회보장지불(Social Security payments)을 포함하여 이민자들이 내는 세금은 그들이 받았던 연방 편익을 충분히 초과한다. 더욱이, 정부의 모든 수준이 결합된다면, 이민자들은 그들이 받았던 편익보다 실질적으로 더 많이 지불했다.[53] 또 다른 중요한 사실은 사회보장과 의료보험(Medicare)시스템에서 미래의 재정적 확장에 대한 이민의 가치이다. 이민이 없었다면, 미국의 총노동력은 아주 느리게 성장하는 것으로 예측되는데, 베이비 붐 세대가 그들의 연금시기(golden years)에 도달했을 때에 은퇴한 인구의 크기보다 훨씬 더 느리다는 것이다. 이민자들이 사회보장과 의료보험시스템에 자금을 조달하는 급료총액세(payroll taxes)에 기여하는 더 젊은 노동자의 공급을 추가했기 때문에, 그들은 하나의 중요한 이유가 되는데 이는 그러한 프로그램들이 사회보장을 위해서는 2042년까지 또 의료보험용 병원보험 프로그램을 위해서는 2019년까지 완전한 편익을 제공할 수 있을 것이라는 예상치들 때문이다. 사회보장 수탁자들의 예상은 미래에 더 높은 수준의 이민이 장기적으로 사회보장의 재정 상황을 개선할 것이고, 그 반면에 더 낮은 수준은 반대의 효과를 가질 것이라는 것을 보여준다. 이민자들의 더 높은 출생률은 전체 인구의 평균나이가 높아지는 비율을 역시 느리게 할 것이고, 사람의 증가가 균등화에 기여하고 있는 셈이다.[54]

요약하면, 이주 노동자는 많은 재화와 서비스를 보다 값싸게 생산하는 것을 허용하고 또 그렇지 않으면 존재하지 않을 수도 있는 몇몇 사업들을 위해 노동력을 제공한다. 이러한 것들은 식당 및 국내 가사서비스뿐만 아니라, 미국 방직산업과 농업을 포함한다. 그들은 우선적으로 서로 경쟁하고 또 고등학교 졸업장이 부족한 미국 시민들과 경쟁하는데, 후자의 임금은 지난 15년 동안 약 5% 정도 하락해 왔다. 캘리포니아와 같이 낮은 기술자, 낮은 임금의 이민자들이 대규모로 집중된 몇몇 지역에서, 주와 지방 수준의 납세자들은 이들 이민자들이 필요로 하는 공적 기금 서비스들을 후원하는 데 평균보다 더 많이 지불한다. 경제학자들이 말하기를, 아직까지 이민자들과 그들의 아이들은 대부분의 미국 납세자들을 위하여 장기적인 편익을 가져오는데, 이는 대부분의 미국 거주자들과 마찬가지로 이민자들과 그들의 후손들이 그들의 전 생애를 걸쳐서 받았던 것보다 더 많은 것을 정부 재원(coffers)으로 추가할 것이기 때문이다.

공공의견 여론조사(Public Opinion Polls). 여러 통계에도 불구하고, 미국인들의 이민에 대한 의견은 뒤섞여 있다. 국영 공공 라디오(National Public Radio), 카이저 패밀리 재단(Kaiser Family Foundation), 하버드 정책대학원(Harvard's Kennedy School of Government) 등이 공동으로 실행했던 2004년의 여론조사는 응답자의 52%가 미국에서 너무 많은 이민자들이 있다고 생각했고, 오직 31%만이 미국이 이민자에 대하여 너무 개방적이라고 생각했다는 것을 발견했다. 그러나 2005년 갤럽의 여론조사에서 거주자의 61%가 대체적으로 이민자들이 미국에 좋은 일이라고 생각한다고 응답했다.[55]

2) 미등록 이민자

이민에 대한 공적인 논쟁에 기름을 붓는 것은 미국에서 승인되지 않은(unauthorized) 외국 태생의 사람들의 수가 증가하고 있다는 것인데, 현재 약 1천 2백만 명에 이르는 것으로 추정된다. 제프리 파셀(Jeffrey Passel)은 1980년대에 1백 8십만 명의 미등록 이민자들이 도착했고, 1990년대는 5백만 명, 2000년과 2003년 사이에는 4백 4십만 명이 도착했다고 추정한다. 미국에 들어온 약 2/3가 10년 미만이었다.[56]

멕시코인들은 미등록 이민자들의 가장 큰 부분을 차지하는데, 전체의

57%에 이르는 것으로 추정되고, 이 비율은 10년 동안 꾸준하게 유지되고 있다. 또 다른 24%는 라틴 아메리카의 다른 지역에서 왔다. 아시아에서는 약 9%, 유럽과 캐나다에서는 6%, 그리고 세계의 나머지 지역이 4%를 차지한다(그림 7.3을 보라).[57]

손쉽게 미국에 들어온 다음, 미국 내에서 종적을 감추어 버리기 때문에, 이들 미등록 외국인들은 미국의 국경을 순찰하는 이민 관세 집행국(Immigration and Customs Enforcement)의 직원들에게 쉽게 발각되지 않는다. 남서부 지역에서, 그 문제는 대중의 관심을 가장 많이 끌었는데, 이 지역은 미등록 외국인에 대한 대부분의 체포가 발생하고 있는 곳이다(매년 약 1백만 명).

9.11 공격의 여파로, 미국으로 들어오는 외국인에 대한 불충분한 차단막과 또 증가하는 미등록 외국인의 존재에 대한 관심의 중심에서, 미국 정부는 2003년 3월에 재조직화되었다. 많은 비판을 받고 있는 이민과 귀화

그림 7.3 밀입국 이민자: 2005

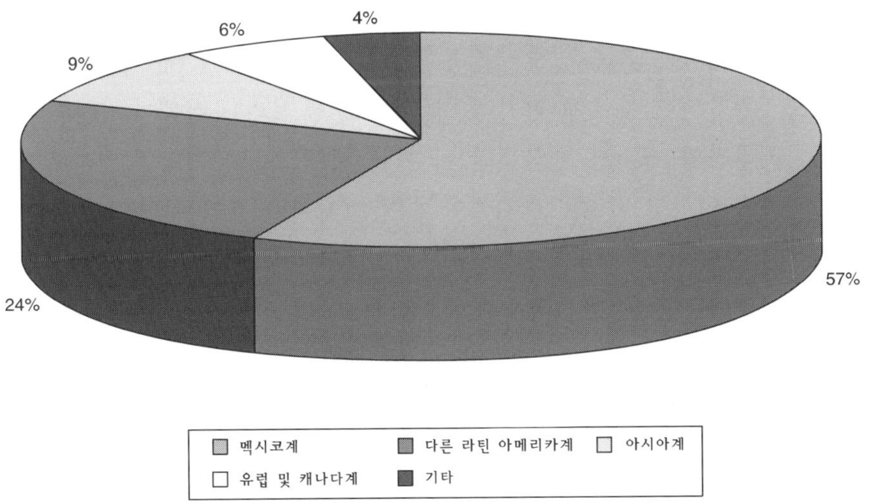

출처: 퓨(Pew) 히스패닉 센터.

서비스청(Immigration and Naturalization Service)에 의해 한때 제공되었던 서비스들은 현재 미 시민권 및 이민청(the U.S. Citizenship and Immigration Services, USCIS) 산하의 국토안보부(Department of Homeland Security)에서 나온다. 즉각적인 우선순위들은 "국가안보를 조성하고, 이민 판결(adjudication)의 정체들(backlogs)을 계속하여 제거하고, 그리고 이민과 시민권의 전달을 개선하는 것이다."[58] 테러리즘에 대한 더 많은 행동들에 관해 현재 진행 중인 대중과 정부의 관심과 함께, 국가안보 우선순위들은 무슬림 국가들에서 온 사람들만이 아닌, 모든 미등록 외국인에 대하여 더 강력한 시행을 아마 이끌지 모른다.

확실히 2006년에 미국 국경의 안전을 위해 또 이미 미국에 와 있는 미등록 이민자를 다루기 위해 무언가 해야 한다는 대중적 압력이 증가했다. 정치적 논쟁들, 입법적인 제안(proposals)에의 반대, 국경을 따라 700마일 장벽의 요청, 의회 청문회들, 많은 미국의 도시에서의 대규모 시위 등 이 모든 것은 이 상황을 어떻게 다루어야 하는지에 관한 근본적인 의견 불일치를 설명하는 것이다.

개혁에 대한 요청들은 미국 경제의 여러 부분들이 미등록 이민자들의 노동력에 의존하는 그 순간에 다가온다. 미숙련 노동자가 대부분인 라틴계들은 광범위한 산업분야에 퍼져 있다(그림 7.4를 보라). 더욱이, 몇몇 여타 중앙 아메리카와 카리브 제국뿐만 아니라, 멕시코 노동력의 약 10%는 미국에서 현재 일하고 있고, 그 지역의 재정적 지원의 주된 원천으로서 고향에 돌아가 그들의 가족들에게 돈을 보내고 있다.[59]

미등록 외국인에 대한 적개심은 강력하고 또 종종 합법적 이민을 향하여 부정적인 반응을 가져오기도 한다. 몇 가지 해결책을 찾을 때까지, 이러한 합법적 이민에 대한 신중하지 못한 반응은 계속될 것이다.

그림 7.4 미국 노동력에서 밀입국 이민자의 비율: 2005

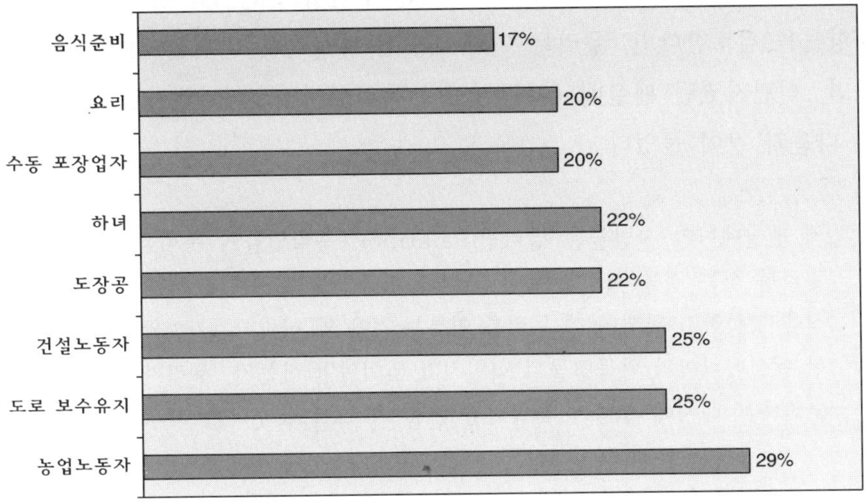

출처: Jeffrey Passsel, "The Size and Characteristics of the Unauthorized Migrant Population in the United States," *Pew Hispanic Center Research Report* 61 (2006).

5. 언어 유지

다수와 소수의 관계들에서 가장 분열을 초래하는 쟁점들 중의 하나는 언어 유지(Language Retention)이다. 많은 본국 태생의 미국인들에게, 영어를 말하지 않는 십난들의 존재는 뉴커머들이 심지어 동화하려고 노력하지 않는다는 그들 가정의 핵심으로 다가가는 것이다. 이민 집단의 대규모의 존재는—히스패닉계와 같이 국가적 수준이든 혹은 캘리포니아의 베트남계와 같이 지방 수준이든 간에—이러한 인식을 더욱 높인다. 개인적 수준에서, 외국에서 태어난 부모님이 공공장소에서 그들의 아이들에게 그들의 모국어를 말하는 것을 목격하거나, 혹은 영어보다 다른 언어로 텔레비전 프로그램이나 간판들(signs)을 보는 것은 사회의 통합에 관한 개인의 관심을 역시 심화시킨다.

그러나 만약 우리가 과거의 이민자들에 관하여 언어 유지에 대한 관심사항들을 검토한다면, 우리는 이와 비슷한 유형들을 발견할 것이다. 예를 들면, 식민지였던 펜실베니아는 1/3이 독일인이었으며, 벤자민 프랭클린은 다음과 같이 물었다.

> 왜 펜실베니아 사람들은 팔라틴(Palatine)* 독일인들이 우리의 거주지에서 무리를 짓는 것을 허락하는가, 그리고 미국인을 배제하고 그들의 언어와 방식을 형성하기 위해 함께 무리를 이루는 것을 왜 허락하는가? 왜 영어에 기초한 펜실베니아가 외국인들의 식민지가 되어야만 하는가, 우리가 그들을 앵글로화하는 대신에 우리가 독일화할 만큼 곧 그들의 숫자가 다수인가?[60]

그들의 영어에 대한 빈약한 구사력과 해석의 필요성에 관한 관심사항 때문에, 프랭클린은 "나는 몇 년 안에 그들이 주 의회(Assembly)를 역시 필요로 할 것이고, 그곳에서 나머지 의원 절반이 말한 것을 우리 의원들의 절반에게 이야기하는 것을 상상한다"라고 역시 말했다.[61] 한 세기가 지난 후, 수십만의 독일인들이 신시내티, 밀워키, 그리고 세인트루이스로 경계가 지워진 지역 안에 살았고, 그 지역은 "독일인 삼각지대"라고 알려지게 되었다. 여기서, 독일어로 매일 말하는 것은 그 지역의 몇몇 주들이 공립학교 내의 모든 수업 교육에서 독일어의 사용을 허락하는 법안을 통과했기 때문에 너무 일상적이었다.[62] 말할 필요도 없이, 많은 미국인들은 그들이 생각했던 것이 비동화적인 독일인을 고취하는 것이라는 데 소스라치게 놀랐다.

유사하게, 20세기의 처음 20년 동안 수백만 명의 이탈리아 이민자들은 많은 미국의 도시에서 작은 이탈리아(Little Italys)**가 되었던 곳에 정착했고, 그곳에서 이탈리아 언어의 사용, 이탈리아 간판들, 이탈리아 신문, 이탈리아 라디오 프로그램의 우세는 "비동화적인" 이탈리아인들에 대한 많은 미

* 자기의 영토 안에서 권한을 행사하는 영주를 일컬음. 이는 그 지역에 공동체를 만들어 자신들의 언어로만 대화를 하는 것을 빗대어 말하는 것임- 역자 주

** 차이나타운, 한인타운과 같이 이탈리아 사람들이 집중적으로 모여 사는 지역- 역자 주

국인들의 비난을 이끌었고 또 이곳에 더 이상 오는 것을 막기 위해 제한하는 입법을 모색하도록 미국인을 이끌었다. 많이 들어본 이야기 아닙니까?

비록 스페인어가 현재 집에서 두 번째로 많이 사용하는 언어일지라도 (약 3천 1백만 명이 그렇다), 역시 다른 언어들도 현저하게 증가해 오고 있다. 이러한 것들 가운데 주요한 것은 아랍어, 러시아어, 타갈로그아어(필리핀), 그리고 베트남어이다. 1990년에 프랑스어는 세 번째 많이 사용하는 언어였으며, 오늘날은 중국어가 되었다(그림 7.5를 보라).

약 1백만 명 혹은 그 이상의 이민자들이 미국으로 매년 들어오는데, 다른 언어들의 광범위한 사용은 많은 미국 본토인들을 불안하게 한다. 물론, 많은 아시아인과 다른 비영어권 이민자들은 토착주의자들의 관심사항으로 추가되었다. 미국인들 중 거의 1/5이 집에서 영어를 거의 사용하지 않거나 사용하지 않는다고 미 인구통계국 추정치는 보여준다. 사실, 1천 5

그림 7.5 영어와 스페인어보다 가정에서 가장 빈번하게 말하는 10가지 언어 (5세 이상, 단위: 100만 명): 2000

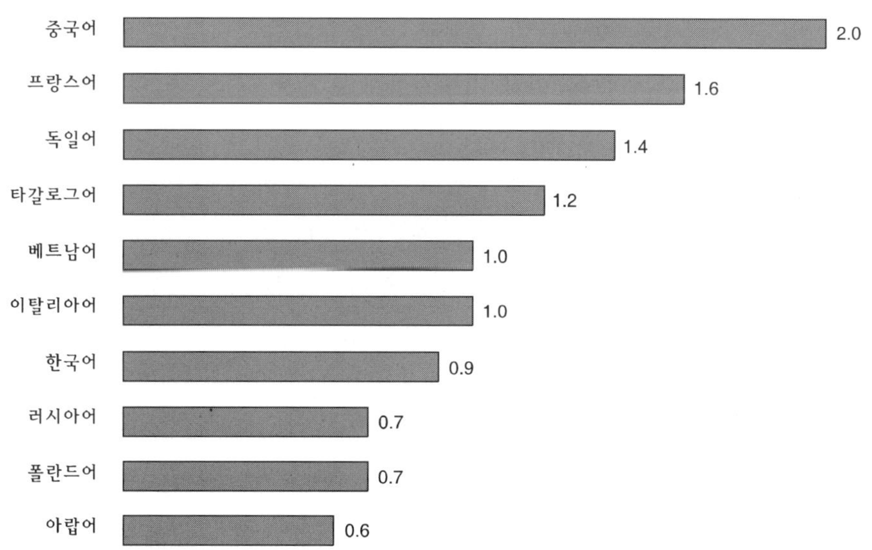

출처: 미 인구조사국.

십만 명 이상은 영어를 거의 사용하지 않거나 사용하지 않는다고 말했으며, 이는 1990년의 6백 5십만 명보다 상승한 것이다. 전문가에 따르면, 어느 정도 이러한 상승은 불법적으로 미국에 왔던 수백만 명의 사람들을 포함하여 새로운 이민인구의 급속한 성장에 기인한다고 말한다. 영어를 거의 사용하지 않는 사람들의 점유는 18세에서 64세 사이인 노동 활동 기간에 있는 사람들 사이에서 가장 높다.[63]

1) 이중 언어 교육

이중 언어 교육(bilingual education)을 — 영어와 학생의 모국어 둘 모두를 과목으로 가르치는 것 — 제공하는 것은 과도기적인(transitional) 프로그램(여러 해에 걸쳐서 완전하게 영어를 익히기 위해 점진적으로 단계를 높이는 것)의 형태나 혹은 보유(maintenance) 프로그램(영어 숙달에 관해 동시적이지만 상대적으로 제한된 강조와 함께 학생의 유산을 유지하기 위하여 계속적으로 모국어를 가르치는 것)의 형태를 취할 수 있다.

영어를 사용하는 학교들이 용광로 모형(melting pot)에 대한 열기를 제공하도록 가정하는 많은 미국 거주자들에게 있어, 이중 언어 교육에 대한 인기는 — 특히 보유 프로그램에서 — 괴로운 일이다. 몇몇 사람들은 그것들이 동화를 감소시키는 경향이 있고 또 미국 사회의 단결을 감소시키기 때문에 역효과로서 이들 노력을 보고 있는데, 그러는 동안 민족 집단들 서로 간에 동시적으로 고립되어 버린다고 한다. 이중 언어 프로그램들을 주장하는 사람들은 그것들이 **이중 언어주의**(bilingualism) — 영어와 학생의 모국어 둘 모두에 있어서 유창하게 말하기 — 를 개발하고 있음을 강조하고 있고 그리고 많은 청소년들이 그들이 학교에 처음 갔을 때 두 언어에서 문맹이었다는 사실도 강조한다.

미 의회에서 이중 언어 교육법(Bilingual Education Act)을 통과시켰던 1968년에 시작된 이중 언어 교육을 위한 공적 기금은 오직 저임금 가족을 위해서 고안되었다. 2년이 지난 후, 보건부, 교육부, 그리고 복지부는 학생 수의 5% 이상이 어떤 민족적 기원을 가진 집단으로 구성되어 있는 지역의 학교 지구들(districts)에게 저소득층을 위한 이중 언어 프로그램을 제공하기 위한 합법적 의무를 지도록 구체화하였다.

1974년에, 두 가지 법이 이중 언어 프로그램을 눈에 띄게 확장시켰다. 이중 언어법(Bilingual Act)은 저소득층이라는 요구조건을 제거하였고 또 아이들이 그들의 문화적 유산에 대한 공감을 제공하는 다양한 과정을 받도록 촉구하였다. 기회평등법(Equal Opportunity Act)은 동등한 교육적 기회에 대한 불법적 거부의 형태로서 학교에서 동등한 참여를 방해하는 언어 장벽을 극복하기 위한 "이용가능한 조치(action)"를 취하는 데 있어 실패를 인정하였다. 그 이래로 **제 2 언어로서의 영어(English as a Second Language, ESL) 프로그램**은 20개 미 본토 언어를 포함하여 약 125개의 언어로 기능하도록 확장되어 왔다. 1천만 명의 이민자 아이들은 현재 공립학교 — 도시와 교외 지역 — 에 등록되어 있어서, 학교는 그들에게 교육을 제공하기 위하여 문화적·언어적, 그리고 문자의 장벽을 극복해야만 한다.

따라서 학교는 많은 학생들이 부딪치는 언어장벽을 극복하기 위한 거대한 도전에 직면하고 있다. 1979년과 2004년 사이에, 집에서 영어보다 다른 언어를 사용하는 재학생 아이들(5-17세)의 수는 비율로 보면 9%에서 19%로, 인구수로 보면 3백 8십만 명에서 9백 9십만 명으로 증가하였다. 만약 현재의 경향이 계속된다면, 2010년까지 이민자의 아이들은 전체 K-12*학생수의 25%에 달할 것이다.[64]

모든 이민자 아이들의 95%가 도시학교에 다니기 때문에, 이러한 도전은 이들 도시 지역에 우선적으로 할당되었고, 이민자들이 가장 집중되는 지역인 6개 주, 캘리포니아, 뉴욕, 플로리다, 텍사스, 뉴저지, 그리고 일리노이즈에서 특히 그러했다. 예를 들어, 캘리포니아에서 학교에 다니는 모든 학생들의 거의 절반은 이민자의 아이들이다. 그러나 새로운 이민자 유형들은 두 배로 늘어나고 있으며, 심지어 네바다, 노스 캐롤라이나, 조지아, 그리고

---

* 미국에서 유치원에서 초등학교까지의 학생을 통칭하는 것임- 역자 주

네브라스카와 같은 주들에서 이민자 아이들의 입학은 세 배에 이른다.[65]

모든 제한된 영어능력(limited-English-proficient, LEP) 과정에 있는 학생들의 3/4이 제 2 의 언어 교육(instruction)으로 영어를 받았고, 그리고 오직 1/4만이 모국어 학업(academic) 교육으로 짝지어진 이러한 수업을 받았는데, 이것은 이중 언어 프로그램으로 더 잘 알려져 있는 것이다.

모국어 교육 이상으로 ESL 프로그램이 가지는 실용적인 가치는 그것이 실용적으로 그렇게 많은 언어로 모국어 수업을 제공하는 것이 불가능하기 때문에 아주 뚜렷하다. 현 상황에서, 도시와 교외 학교들은 그들의 다양한 이중 언어 프로그램을 위하여 기금, 공간(space), 자격 있는 교사들을 차지하기 위해 다투고 있다.

나이가 들어 귀화했던 미국 시민들은 그들이 학생들이었을 때 미국에 적응하고 또 가입허가(acceptance)를 얻는 데 있어서 그들이 가장 힘들어 하는 측면들 중의 하나는 영어에 대한 어려움이었다고 종종 토로하고 있다. 이중 언어 제안자들은 그들의 프로그램들이 그러한 적응에 손쉽고 또 배움의 과정을 촉진한다고 말한다. 1970년대 이래로, 미 교육협회(National Education Association)는 미국의 주류 사회 속에서 소수자 학생의 언어 통합을 조성하기 위해 그리고 또 세계 경제에서 기능을 수행하도록 미국 본토 출신 학생들의 외국어 경쟁력을 발전시키기 위해 **잉글리시 플러스 프로그램(English-plus program)***을 지지해 왔다.[66]

아이들이 영어를 배우는 데 이중 언어 교육이 얼마나 효과적인가? 크리스틴 롯셀(Christine H. Rossel)과 케이스 베이커(Keith Baker)는 이러한 질문을 추적하기 위해 3백 개의 연구들을 검토하였고 그리고 오직 22%만이 방법론적으로 받아들일 수 있는 연구들이었으며 그 결과를 확인했을 때 정규수업교육보다 과도기적인(transitional) 이중 언어 교육이 더 낫다는 것을 발견하였다; 그러나 수학에 있어서, 그것은 겨우 9%였다.[67] 대부분의 최근 연구들은 결론이 나지 않고 있으며, 다른 것에 비하여 우월하다는 면

* 영어에 더하여 다른 언어도 같이 배우는 프로그램으로 영어만을 강요하기보다는 개인의 모국어를 보장해 주고, 여기에 영어를 추가로 배우도록 유도하는 프로그램- 역자 주

에서 이중 언어 교육과 영어 몰입 둘 모두 아니라는 것을 보여준다. 몇몇 연구는 문제가 교육 모형이 아니라 질(quality)이라고 결론을 내렸다. 다른 연구자들은 미 교육부의 자료를 포함하여 읽고 쓰는 능력에 관한 모든 가용한 조사연구를 종합했는데, 아이들은 만약 그들이 영어와 더불어 그들의 가정 언어에 대해 약간의 교육을 받는다면 어느 정도 더 낫다는 결론을 내렸지만, 얼마나 많이 또는 어떤 종류의 가정 언어 교육이 가장 최선인가에 대해서는 불분명했다.[68]

이중 언어 프로그램들이 접근방법과 질적인 면에서 너무 광범위하고 다양하기 때문에, 그것들의 전체적인 효과성을 평가하는 것은 어렵다. 그러나 여러 연구들은 영어의 숙련도를 얻기 위해 잘 짜여진(well-taught) 이중 언어 프로그램 안에서 충분한 시간을 가진 학생들이 어떤 이중 언어 프로그램도 이전에 준비하지 않고 시험을 본 학생들보다 11학년에서 시험을 더 잘 본다는 것을 보여준다.[69]

2) 영어 전용 운동(The English-Only Movement)

이중 언어 교육의 반대자들은 그 프로그램이 "민족적 부족중심주의"(ethnic tribalism)를 고취시키고, 단결된 사회 대신에 분리를 불러일으킨다고 주장한다. 그들의 반대들은 인종 국가 평의회 및 라틴 미국 시민 연합 연맹(the National Council of La Raza and the League of United Latin American Citizens, LULAC)과 같은 집단들의 히스패닉계 지도자들에 대한 반응(reaction)으로 나왔는데, 이들 지도자들은 히스패닉계 사람들에게 학교와 작업 현장 둘 모두에서 공적 지출이 유지되어 그들의 언어와 문화를 가지는 "언어 권리"가 인정되도록 해 달라고 주장한다. 가장 오래된 히스패닉의 민권운동자(civil-rights) 단체가 아직까지 존재하는데, 그것은 LULAC로 1929년에 설립되었다. 역설적이게도, 이 단체는 동화주의자 조직으로 시작되었는데, 이 단체는 구성원으로서 오직 미국 시민들만을 받아들였고, 그것의 공식적인 진행은 영어로 집행되었고, 그리고 "미국

의 공식적 언어의 취득과 손쉬운 사용을 촉진하는 것"이 그 단체의 목적들 중 하나로 표명되었다.[70]

이에 대한 반응으로서, 미국 이민 배척주의자는 영어를 모든 공적 업무에서 공식적 언어로 채택할 것을 요구해 왔다. 미국에서 가장 규모가 큰 로비단체인, "U.S. English"는 전직 캘리포니아 상원의원이었고 샌프란시스코 주립대학교의 전 총장이자 언어학 교수였던 일본계 이민자 하야카와(S.I. Hayakawa)에 의해 설립되었다. 2006년까지, 그 단체는 1백 8십만 명의 회원이 있다고 주장했고, 그리고 이 단체의 성공은 이 단체가 반이민, 인종주의자, 이민 배척주의자, 그리고 위험한 존재라면서 이 단체를 공격하는 비판들을 촉발시켰다.[71] 이 단체의 목적은 이중 언어를 줄이고 감소하는 것이고, 다중언어적 투표용지를 폐지하는 것이고, 그리고 도로표지판과 정부문서를 해석하고 또 공공병원에서 영어를 사용하지 못하는 환자들을 도와주기 위해 통역을 제공하는 것에 주정부와 연방정부의 지출을 막는 것이다.

2007년까지, 28개 주들은 오직 영어만을 사용하도록 하는 입법안을 통과해 왔지만, 13개의 다른 주들은 유사한 계획안들을 거부해 왔다. 뉴멕시코의 입법부는 그러한 거부 이상으로 갔는데, 1989년에 이 주는 "잉글리시 플러스"(English Plus)를 승인했고, "하나의 언어보다 더 많은 언어의 숙련은 미국의 주와 국가에 경제적 그리고 문화적 편익이다"라고 선언했다. 그다음, 1998년에, 애리조나 주 최고법원은 그 주의 공식적 영어법(English law)을 헌법에 위배되는 것이라고 해서 폐지했다. 그럼에도 불구하고, 대중 여론조사는 미국인들이 영어가 공식적 언어가 되어야만 한다고 생각하고 있음을 지속적으로 보여주고 있다. 예를 들어, 2006년 라스무센 리포터(Rasmussen Reports)사의 여론조사에서 미국인의 85%가 그렇게 말하는 것으로 조사되었다.[72] 1981년 이래로, 50개 이상의 법안들이 영어를 미국의 공식적 언어로 만들기 위해서 미 양원에 제출되고 있다. 이들 법안 중 5개가 양원 중 한 의회에서 통과되었지만 다른 의회에서는 통과되지 않았다. 이 책이 인쇄되고 있는 와중에도, 유사한 법안이 다시 미결인 채로 남아 있다.

불필요한 조치(Unnecessary Action). 오직 영어 전용 법안에 대한 제안자들이 그러한 조치가 일상적인 언어를 유지하고 또 미국 내에서 광범위해지고 있는 언어 장벽을 가로지르는 데 필요한 다리를 제공하는 것이 필수불가결하다고 주장할지라도, 많은 여론조사와 연구들은 이러한 조치가 불필요하다는 것을 증명한다. 25년이 넘도록, 공공 의견에 대한 여론조사는 대규모의 외국 태생 미국인들이 영어를 배운다는 것이 미국 사회의 한 부분이 되고 또 직업을 찾는 데 중요하다고 믿고 있다는 점을 지속적으로 보여주고 있다.[73]

그러한 태도는 그 자체로서 명백히 진행 중이다. 오늘날, 제1세대 및 제2세대의 미국인들은 과거의 이민자들이 했던 것에 비하여 더 빠른 속도로 영어를 유창하게 구사하고 있다. 제2세대 미국인(마이애미와 샌디에고에서 5,200명의 이민자 아이들)을 대상으로 한 가장 대규모의 장기적인(longitudinal) 연구에서, 루벤 럼바우트(Rubén Rumbaut)와 포르테스는 99%가 영어를 유창하게 말했고 또 1/3이 17세까지 그들 부모님의 언어를 유창하게 말할 수 있었다는 사실을 발견했다.[74] 이와 유사하게, 럼바우트의 다른 연구는 남부 캘리포니아에서 둘 모두 외국 태생의 부모님과 함께 살고 있는 제2세대 이민자의 73%가 그들 자신의 모국어 대신에 가정에서 영어를 말하는 것을 더 선호한다고 밝혔다. 제2세대까지, 이들 이민자들(중국계 필리핀인, 과테말라인, 한국인, 멕시코인, 살바도르인, 그리고 베트남인)의 95% 이상은 가정에서 오직 영어만을 사용하는 것을 선호했다.[75]

미 인구조사국(Census Bureau)은 다음과 같이 보고했는데, 즉 2000년에 아시아 지역 혹은 태평양 섬 지역의 언어를 말하는 18세에서 64세 사이의 미국 거주자들을 대상으로 한 더 광범위한 규모의 연구에서 이들 거주자들은 78%가 영어를 역시 "매우 잘" 혹은 "잘" 말한다는 것이다. 2000년에 스페인어를 말하는 같은 나이의 친구(cohort) 중 68%가 역시 영어를 "아주 잘" 혹은 "잘" 말한다는 것이다.[76] 럼바우트는 영어를 잘 말하지 못하거나 전혀 못하는 사람들은 나이가 많은 사람(마이애미의 쿠바인들과 같이, 이들은 특히 인구밀도가 조밀한 민족적 소수 집단[enclaves]에 살고 있다), 가장 최근에 도착한 사람, 미등록자, 그리고 최소의 교육을 받은 사람들로 불균형을 이루고 있다고 보고한다.[77]

3) 다문화주의

다문화주의의 초창기 국면인 1970년대에, **다문화주의**는 미국 역사에서 비유럽계 사람들의 기여들과 연관하여 학교 교과과정의 소재(material)에 포함되는 것을 의미했다. 그 다음에 미국 사회의 다양성을 반영하기 위하여 초등학교와 중학교 그리고 대학교 교과과정의 모든 영역들을 변화하기 위한, 그리고 미국 문화에 대하여 비유럽계 문명의 충격에 대한 학생들의 의식과 이해를 발전시키기 위한 노력들이 뒤따랐다. 이러한 운동의 의도는 과거의(heritage) 그리고 현재의 현실 둘 모두를 포함하여 전체의 필수적인 구성요소들인 이전에 배제된 집단들을 인정했던 확장된 미국의 정체성을 조성하는 것이었다(첨부된 국제적 상황 7.1 참조).

몇몇 다문화주의자들은 뚜렷이 구별되는 소수자 집단들 사이에 공통적으로 연결되는 정체성을 거부하는 동화주의 혹은 통합적 접근방법으로부터 계속해서 벗어나고 있다. 새로운 다문화주의자들은 하나의 집합적인 국가 정체성을 목적으로 하지 않고, 특정적이고 분리된 집단 정체성이라는 목적을 가지고, "소수자 민족주의"와 "분리주의적(separatist) 다원주의"를 주장한다.[78]

긍정적인 집단 정체성을 만들어 내기 위하여, 이들 다문화주의자들은 집단 고유의 문화적 관습, 역사, 가치, 그리고 축제를 가르치고 유지하기 위한 주장 이상으로 나아간다. 그들은 주류 문화의 관습, 역사, 가치, 그리고 축제를 역시 거부한다. 두 가지 예가 있는데, 하나는 콜롬버스 데이 시가행진(Columbus Day Parades)을 반대하는 미국 원주민(Native Americans)이고, 다른 하나는 서구 문화가 단지 아프리카-이집트(Afro-Egypcian) 문화에 기원을 두고 있다고 주장하는 아프리카중심주의자들(Afrocentrists)이다. 또 다른 충격적인 사례는 권력을 가진 집단들만이 오직 인종차별주의자(racist)가 될 수 있을 것이라고 주장하는 것이다. 이러한 관점은 백인이 권력을 가지고 있기 때문에, 그들은 본래적으로 인종차별주의자이고, 그 반면에 유색인들은 권력이 부족하기 때문에 인종차별주의자일 수 없다는 견해를 견지한다.[79]

반대자들은 인종주의가 어떤 집단 내에 존재할 수 있고 또 존재한다고 생각하고, 그 집단이 얼마나 많은 권력을 가졌는지는 상관없다고 본다. 장기적인 친 이민(pro- immigration)을 주장하면서, 존 밀러(John J. Miller)는 다문화주의가 민족적 동화를 약화시키고, 미국의 동화적 노력을 더 약하게 하며, 미국이 수용할 수 있는 이민자의 수를 더욱더 적게 한다고 주장한다. 그의 10개항으로 된 "미국화 성명"(Americanization Manifesto)은 민족 집단적 우선권(preferences)의 종말, 이중 언어 교육의 종말, 그리고 다언어 선거의 종말을 포함하는데, 이는 미국화 과정을 강화하기 위한 것이고, 불법 이민을 감소하기 위한 것이다.[80]

국제적 상황 7.1
불법적 이민에 대한 이탈리아와 스페인의 투쟁

이탈리아와 스페인은 아프리카 해안 근처에 자국 소속의 섬들을 가지고 있는데 이 지역은 이민자들이 모국의 빈곤 때문에 떠나는 곳으로 유명하다. 그 결과, 이 두 나라는 매년 불법적으로 도착하는 수만명의 사람들(arrivals)로 인해 압도당하고 있다.

이탈리아의 긴 해안선과 다른 나라들과의 밀접한 근접성은 이탈리아를 특히 취약하게 만들었다. 아프리카인들을 위한 가장 인기 있는 은밀한 해상루트는 리비아 혹은 튀니지로부터 이탈리아의 람페두사(Lampedusa)섬까지 혹은 시칠리아까지이다. 스페인령의 카나리(Canary) 제도의 섬들은 모나코와 모리타니로부터 오는 배들(boatloads)의 매력을 끄는 곳이다. 뒤집어질 듯한(지금까지 수백 명이 물에 빠져 죽었다) 그들의 허름한 배들의 위험에도 불구하고, 승선인원을 과다하게 초과한 배들은 계속 오고 있다. 많은 사람들이 중간에 가로막히지만, 칠흑같은 어둠 아래에서, 다른 사람들은 통과한다.

이탈리아를 목적지로 하는 두 번째 루트가 있다: 즉, 아드리아해를 가로질러 알바니아로부터 오는 밀항자들(smugglers)은 60마일의 속도를 내는 고속모터보트를 타고 다닌다. 알바니아인들, 아프가니스탄인들, 쿠르드인들, 터키인들, 그리고 중국인들은 이런 방법으로 가장 빈번하게 도착하는 사람들이다. 동유럽 사람들은 슬로베니아 국경을 넘어오는 트럭을 통하는 세 번째 루트를 이용하여 밀라노로 온다.

2005년에 경제협력개발기구(OECD)는 이탈리아의 외국 태생의 인구가 전체적으로 2백 50만 명이며, 혹은 이탈리아 전체인구의 4.3%라고 보고했다. EU 구성국 사이에 국경 검문(check)이 없기 때문에, 또 이 두 나라에 도착하는 어떤 불법 이민자는 반드시 유럽에 이르고 있기 때문에, EU의 관리자들은 이러한 불법적 배들을 엄중 단속하도록 아프리카 국가들에 대한 설득을 시도하고 있다.

이탈리아와 스페인은 그들의 경제 체제 안에서 완전하게 참여하지 못하는 수많은 사람에 대처하기 위해 사면 프로그램을 법제화했다. 그러나 이러한 사면들은 그 문제를 해결하지 못했고 그 대신에 불법의 물웅덩이(basin)를 퍼내 없애기보다는 새로운 불법이민을 더욱더 끌어들이는 경향이 있었다.

아프리카인들과 아시아인들은 어디를 가더라도 볼 수 있는데, 길거리에서 제품을 팔고, 교차로에서 자동차의 전면유리(windshields)를 청소하려고 노력하고, 혹은 기름을 주유한다. 그렇게 짧은 기간 동안에 그렇게 많이 신체적으로 문화적으로 구별되는 뉴커머들의 도착은 반이민적 반발을 일으켰고, 상대적으로 개방적인 국가들이 폐쇄된 국가들로 전환하였다. 화염병(firebombings)을 포함하여, 인종적 분쟁들(incidents)은 일상적인 것이 되었고, 증가하는 반발이 반이민적 성향을 가진 정당들의 늘어난 인기를 야기했고, 지배정당은 그들의 강제추방 노력에서 좀 더 공격적으로 되도록 강요받았다.

비판적 사고 질문: 당신이 보기에 미등록 이민자들에 대한 미국과 유럽의 경험들 사이에서 유사한 유형은 무엇인가? 유사하지 않은 면은 무엇인가?

또 다른 다문화주의자들에 대한 논쟁거리는 서구 문명을 교과 과정으로 제공하느냐 혹은 제거하느냐 하는 점을 포함한다. 로드아일랜드의 프라빈스 대학(Providence College in Rhode Island)과 같은 몇몇 기관들은 그러한 과정에 대한 요구조건들을 확장했고 또 그것들을 학제적으로 만들었으며, 그에 반해 스탠포드 대학과 같은 또 다른 기관들은 그 제도들에 대한 포괄성에 상당한 의문을 제기했다. 많은 기관들에서, 교과 과정의 변화를 위한 제안들은 모든 학생들이 그들의 성적(degree) 요구조건들의 부분으로서 비서구적 과정들과 여성연구 과정들을 택할 수 있도록 만드는 것에서부터 그러한 요구조건들에서 모든 서구 역사와 문화 과정을 배제하는 것까지 이르고 있다.

그들의 정향에 관계없이, 대부분의 다문화주의자들은 동화주의자들과 전쟁을 수행하는 다원주의자들이다. 이 둘은 결코 서로를 이기지 못할 것이며, 이는 이 둘의 세력이 미국 사회의 필수적인 부분으로 남겨질 것이기 때문이다. 미국은 모든 곳의 이민자들에게 하나의 희망의 신호등으로 계속해서 제공되고 있고, 살아 있는 그리고 괜찮은 다원주의의 풍부한 전통을 유지하고 있다. 그럼에도 불구하고, 수 세기 동안 변함없이 입증되어져 왔듯이, 동화주의자의 영향력은 강하게 남아 있을 것이고, 특히 이민자 아이들과 그들의 후손에 대해서는 더욱 그렇다. 다문화주의는 민족 내집단의 일치단결에 대한 과거의 많은 표명들이 그랬던 것보다 그러한 과정을 약화시키지 않을 것이다.

분열을 초래하는 것으로서 아프리카중심주의자 운동을 인용하는 사람들은 식민지 시대에서부터 1995년 심슨(O. J. Simpson) 평결에 의해서 드러났던 폭로에 이르기까지, 미국 내에서 분열된 인종세계의 현실을 고려할 필요가 있다. 이러한 분열된 세계는 다문화주의자의 교훈들(teachings)로부터 야기되지는 않고 체계적인 인종차별주의로부터 야기된다. 오직 남아 있는 인종적 장벽들의 타파를 통해서만이, 제도적 차별의 제거를 통해서만이, 그리고 모든 사람들을 위한 하나의 좋은 교육과 직업 기회들에 대한 통로들을 열어주는 것만이 사회에서 인종적 통합을 개선할 수 있을 것이다. 아프리카중심주의자 학파들은 가톨릭 학파, 예시바(yeshivas),* 혹은 다른 종교 학파들이 행하는 것 이상으로 하나의 화합하는 미국을 약화시키지 않는다.

6. 미래의 인종적 · 민족적 다양성

현재의 인구통계적 경향이 계속될 것이라고 가정하는 미 인구조사국은 21세기 중반까지 미국 사회의 구성면에서 하나의 극적인 변화를 예상한

* 정통파 유대교도를 위한 대학 · 학교 – 역자 주

다. 이 부서의 예측치들은 다음 50년 동안 매년 미국으로 평균 1백만 명의 이민자와 4십만 명의 미등록 외국인들이 들어온다고 추산한다. 현재 2.1%인 출산율은 인종에 의해 조정되었고 또 인구 예상치들을 감안하였다.[81]

그러나 인구조사국은 이민자의 누적적 효과들이 미국에서 이미 살고 있는 사람들의 출생률보다 좀 더 중요할 것이라고 보고했다. 21세기 중반까지, 미국 인구의 21%(8천 2백만 명으로 추산됨)가 1991년 이후에 도착했던 이민자들 혹은 이들 이민자들의 아이들일 것이라고 이 부서는 말했다.

2050년까지, 히스패닉계는 약 1억 2백 6십만 명이 될 것이고, 이는 전체 인구의 24.4%를 차지하는 것이다. 인구통계국은 다음으로 아프리카계 미국인들은 약 6천 1백 4십만 명이고, 14.6%를 차지할 것이라고 예측했다(그림 7.6 참조). 모든 자료들은 중범위 예상치이며, 높거나 낮은 추정치가 아니다.

2050년까지, 미국의 아시아계 및 태평양 제도 출신의 인구들은 약 3천 3백 4십만 명이고, 9%로 성장할 것이다. 아메리카 원주민들은 그때까

그림 7.6 미국의 증가하는 다양성

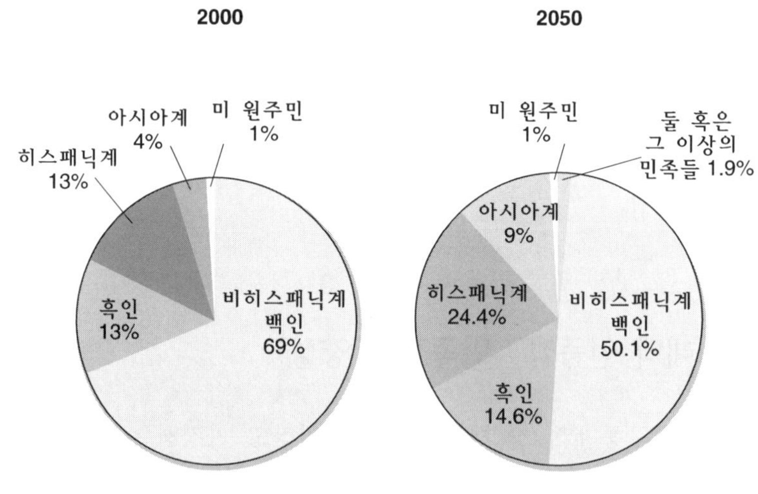

출처: 미 인구조사국의 중범위 예상치.

지 약 4백 4십만 명 증가할 것인데, 전체의 1%보다 약간 높다. 비히스패닉계 백인들은 2050년까지 2억 1천 3십만 명이 될 것이고, 전체에서 50%를 차지할 것이다.

몇몇 관찰자들은 불안한 마음으로 이들 예상치들에 반응해 왔는데, 이민 제한을 위한 주장으로 그것들을 이용했다. 다른 사람들은 좀 더 다양해지고 있는 미국 사회에 대한 생각으로 즐거워 하고 있다. 그러나 이러한 예상들은 몇 가지 한계들이 있는데, 전 세계에 걸친 조건들이 50년 혹은 그 이상 지속적으로 미래에 유지될 것이라는 그들의 가정이 최소한 아니라는 것이다. 확실히, 50년 전에, 어느 누구도 현재의 출생, 죽음, 그리고 현재 미국에 영향을 미치는 이민유형을 예상하지 못했다. 그러면 2050년에 대한 예측은 확실한 것은 아니지만 뭔가 시사하는 바가 있다.

심지어 더욱더 중요한 것은 이들 인구통계국의 예상치들이 **딜링햄 오류(Dillingham Flaw)***에 대한 희생으로 추락할 확률이 높다는 것이다. 오늘날의 집단 범주들이 21세기 중반에도 똑같은 의미를 가질 것이라고 누가 말할 것인가? 50년 전에, 이탈리아계, 폴란드계, 그리고 슬라브계 미국인들은 경제적 · 정치적 그리고 사회적 권력이 부족했던 여전히 구별되는 소수 집단들의 구성원이었다. 그들은 소수자 집단들의 모든 고전적 특징들을 보여주고 있다. 즉, 태생적 지위, 동족결혼, 불공평한 대우, 그리고 가시성(visibility) 등이 그것이다. 오늘날, 그들은 대부분 주류흐름 속에 있으며, 시민적 동화, 결혼상의 동화, 그리고 구조적 동화의 특징들을 보여주고 있다. 초기에 타인종 간 결혼(intermarried)을 했던 유럽계 미국인들과 같이, 그들의 조상이 이탈리아계, 폴란드계, 그리고 슬라브계 사람들은 이제 대부분 다른 민족들의 혼혈(blend)이 되었다. 지금으로부터 50년 후, 똑같은 것이 히스패닉계와 같은 다른 집단들에게 적용될지 모른다. 지금으로부터 두 세대가 지난 후, 미국인들은 현재 우리가 어떻게 보는가와는 아주 다르게 서로를 볼 것이다.

* 파릴로(Vincent N. Parrillo)가 고안한 개념으로 사람들이 현재 살고 있는 한 시대의 시각으로부터 사람들을 비교하는 잘못된 방법- 역자 주

1) 민족종교적(Ethnoreligious) 변화의 지표들

비록 출산율, 사망률, 그리고 이민에 대한 인구통계상의 유형들이 예측치를 만드는 데 도움이 될지라도, 다른 유형들은 미래를 예측함에 있어 주의해야 하는 이유가 있다.

다른 민족 간 결혼(Interethnic Marriages). 유럽계 미국인들이 그랬던 것처럼, 히스패닉계 미국인들이 그들의 민족 집단 밖에서 결혼할 것이라는 우리의 기대는 이미 진행되고 있는 과정이라는 점에서 지지를 얻고 있다. 2005년에, 거의 2백 2십만 명의 히스패닉계 미국인들은 조상이 히스패닉계가 아닌 어떤 사람들과 결혼을 했는데, 1980년의 891,000명에 비하여 246%가 상승된 것이다.[82] 이것은 성인인 히스패닉계 미국인 인구의 대략 5% 정도이고, 이는 압도할 만한 비율은 아니지만 그럼에도 불구하고 증가하고 있다. 이들 족외혼(exogamous marriages)으로 태어난 아이들은 분명히 뒤섞인 민족 유산을 가지고 있고, 이것은 어느 날 히스패닉계 미국인이 지금의 이탈리아계, 폴란드계, 혹은 슬라브계인 것보다 더 이상 분리된 민족적 범주가 아닐지 모른다.

다른 인종 간 결혼(Interracial Marriages). 지금까지, 우리는 인종 간 장벽을 제거함에 있어서 성공해 오지 못했고, 그리고 50년 동안 그 장벽은 여전히 지속될지 모른다. 그럼에도 불구하고 오늘날의 경향은 현재 우리의 단순한 인종적 범주들이 이미 쓸모없는 것이 되어 버렸다는 것을 제시한다. 2005년에 미국대륙에서 모든 결혼의 3.8%가 인종 간 결혼이었고, 1980년의 1.3%와 비교할 수 있다. 2005년까지, 인종 간 결혼한 커플들의 숫자는 약 2백 3십만 명이고, 이들 중 거의 1/5(422,000명)이 흑백 커플이었고, 1970년의 65,000명보다 6배가 많은 것이다. 흑인을 제외한 다른 비백인계의 다른 인종(주로, 아시아계)의 배우자와 결혼했던 백인들의 숫자는

233,000명에서 1백 7십만 명으로 증가했다. 백인을 제외하고 비흑인계의 다른 인종의 배우자와 결혼했던 흑인들로 구성된 커플들의 숫자는 12,000명에서 145,000명으로 증가했다.[83]

연구자들은 인종 간 관계에 관한 몇 가지 흥미 있는 발견들을 발전시키고 있다. 조지 얀키(George Yancey)와 세럴린 얀키(Sherelyn Yancey)는 두 인종 간의 관계들이 똑같은 인종의 관계들처럼 똑같은 방식들(lines)을 따라 형성되는 것 같다고 발표했는데, 즉 인종은 오직 하나의 심미적 요인이며, 이는 머리색깔 혹은 눈색깔에 대한 다른 사람의 선호와 유사하다는 것이다.[84] 그들은 인종상호 간에 데이트를 하는 것은 상이한 문화로부터 개인들이 오는 것이기 때문에, 그러한 관계들은 파트너의 문화에 대한 평가가 증가할지 모르고 또 결혼상의 동화를 통하여 건전한 인종 간 관계들을 조성할지 모른다고 역시 주장했다.[85] 리처드 루이스(Richard Lewis, Jr.), 조지 얀키, 그리고 시리 블레쩌(Siri S. Bletzer)는 결혼 전에 두 인종 간 데이트를 하는 역사를 가진 사람들이 인종을 뛰어넘어서 개인적이고 성적인 매력과 함께 대화의 편안함에 대해 언급했고, 이것들은 중요한 배우자 선정 요인들이라는 것을 발견했다.[86] 아담 트로이(Adam Troy), 제이미 루이스 스미스(Jamie Lewis-Smith), 그리고 쟝 필립 로렌쇼(Jean-Philippe Laurenceau)는 흥미를 자아내는 한 연구에서 인종상호 간 관계들 속에 있는 파트너들이 인종 내부 간 관계 속에 있는 파트너들에 비하여 훨씬 더 높은 관계 만족도를 보인다는 것을 발견했다.[87]

인종상호 간 결혼 유형들은 우리가 민족성을 통제한다면 다양하다. 예를 들어, 수잔 모델(Suzanne Model)과 진 피셔(Gene Fisher)는 서인도 제도 남성들의 어떤 세대에서도 족외혼의 비율이 아프리카계 미국인 남성들보다 더 낮다는 것을 발견했고, 그 반면에 어린 시절에 도착했거나 혹은 미국에서 태어난 서인도 제도 여성들 사이의 족외혼의 비율이 아프리카계 미국 여성들 사이의 족외혼의 비율보다 더 높았다.[88] 이 연구에서, 인종 간 결혼에서 남녀 모두의 차이점들과 인종 간 차이점들은 민족성 때문에 발생했다.

조지 얀키가 주장했듯이, 인종 간 로맨틱한 관계들은 미국 사회에서 인종관계들과 구조적 동화에 대한 유용한 척도이다. 아프리카계, 아시아계, 유럽계, 그리고 히스패닉계 미국인들로 구분하여 분석한 한 연구에서, 그는 인종 집단들에 걸쳐서 구시대적이라고 예측했던 유사한 인구 통계적 · 사회적 요인들을 발견했다. 남자들은 여성들보다 좀 더 인종 상호 간 데이트를 했던 것 같고, 특히 그들이 다인종 학교에 다닐 때는 더 그렇다. 종교적 선호 혹은 지리적 지역은 중요한 요인들이 아니며, 다수 집단의 구성원들이 더 높은 경제적 · 교육적 성과를 가진 인종적 소수자들과 데이트를 함으로써 "사회적 지위를 높이는" 것에 인종 간 데이트관계를 이용한다는 인식을 그의 발견들이 지지하는 것도 아니었다.[89] 저자가 1장에서 사회적 거리연구에서 논의하면서 역시 제시했던 것처럼, 친밀한 사회적 관계들로 다가올 때 인종적 장벽이 더 낮아지는 것으로 보여질지 모른다.

3백만 명이 넘는 두 인종 간 혼혈 아이들은 현재 미국에 살고 있고, 또 많은 흑인과 백인 성인들은 역시 인종적으로 혼혈된 조상을 가지고 있다고 한다. 만약 우리가 다인종 조상을 가진 라틴계, 아메리카 원주민계, 그리고 하와이계와 같은 사람들과의 결혼으로 인종 간 혼혈 자손을 추가한다면, 우리는 과거의 인구조사국의 단일 인종적 분류가 왜 부적절한지를 쉽게 이해할 수 있을 것이다. 운이 좋게도, 2000년에 처음 실시한 인구조사는 사람들이 하나의 인종 집단보다 더 많은 인종 집단의 구성원들로서 그들 스스로를 확인하도록 가능하게 하였고, 미국의 다양성에 기여하고 또 인구통계학자들이 미국 지역에서 예측치들을 만드는 데 도움을 주도록 보다 정확한 다인종적 현실을 그 부서가 보고할 수 있도록 했다. 그 결과, 6백 8십만 명의 미국인들은 2000년 인구조사에서 그들이 하나의 인종보다 더 많은 인종에 속해 있다고 말했다. 캐슬린 코르겐(Kathleen Korgen)이 보고한 바와 같이:

> 오늘날 혼혈(Biracial) 미국인들은 이전의 세대에서 아무런 쓸모도 없는 인종적 정체성에 대한 선택들에 직면하고 있다. 이제 미국은 그들의 인종적 유산에 대한 양쪽 측면을 확인하려는 그들의 늘어나는 결심을 해결해야만 한다.[90]

종교와 이민 초기의 이민 물결들은 가장 배타적인 프로테스탄트 국가인 미국을 세 가지 주요 신앙들(faiths): 즉 가톨릭, 유대교, 프로테스탄트의 땅으로 변모시켰다. 종교는 종종 민족과 밀접하게 서로 작용하기 때문에, 현재의 이민 유형은 만약 현재의 경향이 지속된다면 미래의 미국인들의 종교적 선호에 관한 실마리를 제공한다.

라틴계와 필리핀계 이민은 현재의 22%에서 2050년에 40%까지 가톨릭의 인구를 증가시킬지 모른다. 아프리카, 아시아, 그리고 중동으로부터 온 이민은 무슬림을 전체의 1%에서 5%로 증가시킬지 모른다. 다른 예측치들은 유대인의 인구가 2%에서 1%로 감소할 것이고 또 프로테스탄트의 인구도 56%에서 49%로 감소할 것이다. 그러나 다른 종교(불교, 힌두교, 그리고 시크교)의 인구들은 4%에서 5%로 증가할 것이다. 이러한 예측치들이 어느 정도 부정확한 것으로 밝혀지더라도, 미래는 현재의 변화보다 더 큰 종교적 변화를 보여줄 것이다.

물론, 이러한 예측치들을 받아들이는 데 주의가 요구되는데, 이는 지나치게 단순화된 일반화에 대한 딜링햄 오류와 오늘 현재의 지각들(sensibilities)의 도입이 궁극적인 현실의 오도로 이끌지 모르기 때문이다. 종교적 상호결혼이 모든 신앙들의 추종자들 사이에서 현재 증가하고 있기 때문에, 그리고 사회의 비종교적 분할이 역시 증가하고 있기 때문에, 우리는 우리가 정확하게 예측할 수 있는 것보다 종교적 관점에서 보면 아주 다른 미래를 발견할지 모른다.

2) 내일을 넘어서

*다양성*은 미국의 과거, 현재, 미래를 가장 잘 묘사하는 단어이다. 하나의 핵심적인 문화로 결합되어 있고 또 어떤 이상들 안에서 신념들을 공유하고 있기에, 미국 국민들은 그들의 일상적인 유대를 항상 이해해 왔던 것은 아니며 혹은 평등으로서 서로를 열린 마음으로 항상 받아들였던 것은 아니었다. 동화주의와 다원주의의 이중적 현실들이 외형적으로 사람들을

동시에 두 가지 방향으로 계속하여 강요하고 있기 때문에, 그들이 역사적인 유형들에 대한 하나의 순환하는(recurring) 집합(set)을 목격하고 있다고 인식하는 사람들은 거의 없다. 그 대신, 이민에 대하여 몇 가지 목소리들이 다시 울려 퍼지고 있고, 뉴커머들에게 "비동화적"(unassimilable)이라는 낙인을 찍고 있으며, 그리고 사회의 특징과 통합에 대하여 두려움을 표시한다.

몇 가지 진전에도 불구하고, 미국은 인종관계문제를 완전하게 해결하지 못하고 있다. 예전보다 좀 더 다인종 사회가 되어감에 따라, 그것은 하나의 악화된 인종관계로 보일지 모른다. 우리는 여기서 몇 가지 지표들을 보아 왔다. 즉, 심슨 재판과 평결을 하는 동안 흑인들과 백인들 사이의 양극화된 상반된 인식들을 비롯하여, 흑백갈등에 더해서 흑인 대 아시아계와 흑인 대 라틴계 사이의 갈등들을 보아 왔다. 비록 아마 그 상황은 현재 더 큰 사회적 거리를 조성하고 있는 엄격한 인종적 범주들을 제거함으로써 그리고 선출직 공무원들과 여타 정책결정 지위들에서 비백인계 미국인들의 증가된 현실을 통해 좀 더 권력을 공유함으로써 개선될 것이다.

우리가 미래로 다가감에 따라, 우리는 모든 미국인들의 교육적 성과가 증가함에 따라 그렇게 할 것이다. 만약 지식이 권력이라면, 아마 그러한 현실은 우리를 서로에 대해 더 큰 이해와 관용으로 이끌 것이다. 이 책은 그러한 이해를 강화하기 위한 시도였다. 우리는 집단 간 관계들의 역동성들이 내재하는 더 넓은 맥락과 유형들을 깨달을 필요가 있다. 우리는 다원주의가 미국 경험의 일부분으로 항상 있어 왔고 그리고 동화 과정이나 사회의 통합 둘 모두에 위협이 되지 않는다는 것을 깨달을 필요가 있다. 우리는 인종과 민족성이 단순히 다른 사람들의 인간성(humanity)이라는 것을 인식할 필요가 있다. 우리가 그러한 이해의 수준에 이르렀을 때, 우리는 다양성이 그 국가의 약점이 아니라 강점(strength)이라는 것을 인지할 수 있을 것이다. 즉 다양성이 일어날 때, 우리 사회는 더욱더 강해질 것이다.

핵심용어

이중 언어 교육
이중 언어주의
딜링햄 오류
사회 자본
제 2 언어로서 영어 프로그램
잉글리시 플러스 프로그램
다문화주의
분절된 동화주의
공간적 동화주의

연습문제

1. 민족적 자의식에 대한 몇 가지 설명들은 무엇인가? 어느 것이 그럴듯해 보이는가? 이유는?
2. 사회적 과정으로서 민족성을 논하고, 여러분의 논의에 동화주의와 다원주의의 개념들을 적용하라.
3. 현재 이민 유형들이 가리키는 것은 무엇인가? 이민은 미 본토 태생의 미국 거주자들에게 어떤 문제인가? 설명하라.
4. 이중 언어 교육의 장단점은 무엇인가?
5. 다문화주의와 정치적 적절성(correctness)에 관한 다양한 관점들을 기술하라.
6. 미국에서 민족성의 미래는 무엇인가?

읽을 거리

Bean, Frank D. and Gillian Stevens. *America's Newcomers and the Dynamics of Diversity.* New York: Russell Sage Foundation, 2005.

미국에 관한 이민의 영향의 사회과학적 평가 그리고 다민족 및 다인종적 사회로의 미국의 변화를 고찰.

Graham, Otis L, Jr. *Unguarded Gates: A History of America's Immigration Crisis.* Rowman & Littlefield, 2006.

현재의 이민 위기에 역점을 두기 위한 분석틀로서 과거의 제한적인 이민에 대한 흥미를 끄는(provocative) 고찰.

Hollinger, David A. *Postethnic America: Beyond Multiculturalism*, rev. ed. New York: Basic Books, 2006.

역사적 관점으로부터 다문화주의자 대 이민 배척주의자의 논쟁에서 현재의 쟁점들에 대한 검토. 중범위적 범세계주의적 접근방법을 주장하고 또 서로를 단지 관용하지는 말고, 일상적인 근거에서 발견할 필요가 있음을 주장.

Kivisto, Peter, and Georganne Rundblad (eds.). *Multiculturalism in the United States: Current Issues, Contemporary Voices.* Thousand Oaks, Calif.: Pine Forge Press, 2000.

현대의 인종적 · 민족적 쟁점들에 관한 많은 두드러진 학자들에 의해 작성된 에세이를 담고 있는 문집(Anthology).

Lind, Michael. *The Next American Nation: The New Nationalism and the Fourth American Revolution*, reprinted ed. New York: Free Press, 1996.

민족주의의 힘들과 인종을 초월한(transracial) 용광로(melting pot)가 서로 간에 갈등을 일으킬 필요가 없다는 인식에 기초한 통일성있고(coherent), 그리고 통합된 국가의 정체성을 위한 광범위한 사고를 유발하는 제안.

Miller, John J. *The Unmaking of Americans: How Multiculturalism Has Undermined America's Assimilationist Ethnic.* New York: Simon & Schuster, 1998.

1907년경에 미국의 조직화된 시발점들로부터 현재의 다문화주의에 대한 논쟁에 이르기까지 미국화(Americanization)에 대한 역사 그리고 더 높은 이민을 유지하기 위해 새로워진 미국화 노력들에 대한 요청.

Mindel, Charles H., Robert W. Habenstein and Roosevelt, Jr. Wright (eds.). *Ethnic Families in America: Patterns and Variations*, 4th ed. New York: Prentice Hall, 1997.

미국의 인종적 · 민족적 집단들의 뛰어난 자화상, 그들 가족의 특징들, 그리고 민족적 가족의 삶에 대한 남녀평등주의자(feminist) 운동의 영향을 탐구.

Moen, Phyllis, Donna Dempster-McClain, and Henry A. Walker (eds.). *A Nation Divided: Diversity, Inequality, and Community in American Society*. Ithaca, N.Y.: Cornell University Press, 1999.

선도적인 사회과학자들이 성적인 소수자들, 백인과 비백인 이민자들, 부자와 빈자들이 포함된 지속적인 긴장감들(tentions)과 중압감(strain)의 원천들에 대한 탐구.

Parillo, Vencent N. *Diversity in America*, 2d ed. Thousand Oaks, Calif.: Pine Forge Press, 2005.

이민, 다문화주의, 동화주의 대 다원주의, 그리고 국가의 정체성에 관한 우리의 과거, 현재, 미래에 대해 간략하게 살펴봄: 딜링햏 오류에 대한 완전한 논의가 포함됨.

Sowell, Thomas. *Ethnic America: A History*, reprinted. New York: Basic Books, 1983.

미국 사회에서 그들의 다양한 성공에 대한 이유들의 논의와 함께, 미국에서 주요한 인종적 · 민족적 집단들에 대한 좋은 비교분석.

인터넷 자료

미국 이민 개혁을 위한 연합(Federation for American Immigration

Reform)은 이민을 줄이기 위하여 노력하고 있고 이것의 웹사이트(www.fairus.org)에서 여러분은 한 쪽에 치우친 방대한 자료들(materials)을 발견할 것이다. 하지만, 여기서 여러분은 여러분의 주(state)에 관한 상세한 이민 정보를 찾을 것이다.

라틴 미국 시민 연합 연맹(The League of United Latin American Citizens, LULAC)은 또 다른 옹호(advocacy) 단체이며, 하지만 이민을 선호하는 단체이다. 이것의 웹사이트(www.lulac.org/immigarion.html)에서 여러분은 이민에 관한 많은 정보적 연결(links)을 발견할 것이다.

퍼블릭 아젠다(Public Agenda)*는 비당파적 여론조사와 시민참여조직이다. 이것의 웹사이트(www.publicagenda.org)에서 여러분은 이민과 인종에 관한 쟁점들의 양쪽 측면에 대한 논의를 발견할 것이다.

---

* 미 뉴욕 소재, 정책연구소로서 비영리단체이며 교육에서부터 정부의 리더십연구에 이르기까지 다양한 주제들을 연구함- 역자 주

부 록

이민자 수, 1820-2009

마지막 거주지의 지역과 선별된 국가에 따른 이민자 수: 재정연도 1820-2009

마지막 거주지의 지역과 국가[1]	1820-1829	1830-1839	1840-1849	1850-1859	1860-1869	1870-1879	1880-1889	1890-1899
전체	**128,502**	**538,381**	**1,427,337**	**2,814,554**	**2,081,261**	**2,742,137**	**5,248,568**	**3,694,294**
유럽	99,272	422,771	1,369,259	2,619,680	1,877,726	2,251,878	4,638,677	3,576,411
오스트리아-헝가리[2, 3, 4]	–	–	–	–	3,375	60,127	314,787	534,059
오스트리아[2, 4]	–	–	–	–	2,700	54,529	204,805	268,218
헝가리[2]	–	–	–	–	483	5,598	109,982	203,350
벨기에	28	20	3,996	5,765	5,785	6,991	18,738	19,642
불가리아[5]	–	–	–	–	–	–	–	52
덴마크	173	927	671	3,227	13,553	29,278	85,342	56,671
프랑스[7]	7,694	39,330	75,300	81,778	35,938	71,901	48,193	35,616
독일[3, 4]	5,753	124,726	385,434	976,072	723,734	751,769	1,445,181	579,072
그리스	17	49	17	32	51	209	1,807	12,732
아일랜드[8]	51,617	170,672	656,145	1,029,486	427,419	422,264	674,061	405,710
이탈리아	430	2,225	1,476	8,643	9,853	46,296	267,660	603,761
네덜란드	1,105	1,377	7,624	11,122	8,387	14,267	52,715	29,349
노르웨이-스웨덴[9]	91	1,149	12,389	22,202	82,937	178,823	586,441	334,058
노르웨이[9]	–	–	–	–	16,068	88,644	185,111	96,810
스웨덴[9]	–	–	–	–	24,224	90,179	401,330	237,248
폴란드[3]	19	366	105	1,087	1,886	11,016	42,910	107,793
포르투갈[10]	177	820	196	1,299	2,083	13,971	15,186	25,874

루마니아	–	–	–	–	–	–	5,842	6,808
러시아[3, 11]	86	280	520	423	1,670	35,177	182,698	450,101
스페인[12]	2,595	2,010	1,916	8,795	6,966	5,540	3,995	9,189
스위스	3,148	4,430	4,819	24,423	21,124	25,212	81,151	37,020
영연방[8, 13]	26,336	74,350	218,572	445,322	532,956	578,447	810,900	328,759
다른 유럽 국가들	3	40	79	4	9	590	1,070	145
아시아	34	55	121	36,080	54,408	134,128	71,151	61,285
중국	3	8	32	35,933	54,028	133,139	65,797	15,268
인도	9	38	33	42	50	166	247	102
일본	–	–	–	–	138	193	1,583	13,998
터키	19	8	45	94	129	382	2,478	27,510
다른 아시아 국가들	3	1	11	11	63	248	1,046	4,407
아메리카	9,655	31,905	50,516	84,145	130,292	345,010	524,826	37,350
캐나다와 뉴펀들랜드[15, 16]	2,297	11,875	34,285	64,171	117,978	324,310	492,865	3,098
멕시코[16, 17]	3,835	7,187	3,069	3,446	1,957	5,133	2,405	734
카리브해	3,061	11,792	11,803	12,447	8,751	14,285	27,323	31,480
중앙아메리카	57	94	297	512	70	173	279	649
남아메리카	405	957	1,062	3,569	1,536	1,109	1,954	1,389
다른 아메리카[20]	–	–	–	–	–	–	–	–
아프리카	15	50	61	84	407	371	763	432
이집트	–	–	–	–	4	29	145	51
라이베리아	1	8	5	7	43	52	21	9
남아프리카	–	–	–	–	35	48	23	9
다른 아프리카 국가들	14	42	56	77	325	242	574	363
오세아니아	3	7	14	166	187	9,996	12,361	4,704
오스트레일리아	2	1	2	15	–	8,930	7,250	3,098
뉴질랜드	–	–	–	–	–	39	21	12
다른 오세아니아 국가들	1	6	12	151	187	1,027	5,090	1,594
지정되지 않은 곳[20, 21]	19,523	83,593	7,366	74,399	18,241	754	790	14,112

표의 끝에 있는 각주들을 보시오.

마지막 거주지의 지역과 국가[1]	1900–1909	1910–1919	1920–1929	1930–1939	1940–1949	1950–1959	1960–1969	1970–1979
전체	**8,202,388**	**6,347,380**	**4,295,510**	**699,375**	**856,608**	**2,499,268**	**3,213,749**	**4,248,203**
유럽	7,572,569	4,985,411	2,560,340	444,399	472,524	1,404,973	1,133,443	825,590
오스트리아–헝가리[2, 3, 4]	2,001,376	1,154,727	60,891	12,531	13,574	113,015	27,590	20,387
오스트리아[2, 4]	532,416	589,174	31,392	5,307	8,393	81,354	17,571	14,239
헝가리[2]	685,567	565,553	29,499	7,224	5,181	31,661	10,019	6,148
벨기에	37,429	32,574	21,511	4,013	12,473	18,885	9,647	5,413
불가리아[5]	34,651	27,180	2,824	1,062	449	97	598	1,011
체코슬로바키아[6]	–	–	101,182	17,757	8,475	1,624	2,758	5,654
덴마크	61,227	45,830	34,406	3,470	4,549	10,918	9,797	4,405
핀란드	–	–	16,922	2,438	2,230	4,923	4,310	2,829
프랑스[7]	67,735	60,335	54,842	13,761	36,954	50,113	46,975	26,281
독일[3, 4]	328,722	174,227	386,634	119,107	119,506	576,905	209,616	77,142
그리스	145,402	198,108	60,774	10,599	8,605	45,153	74,173	102,370
아일랜드[8]	344,940	166,445	202,854	28,195	15,701	47,189	37,788	11,461
이탈리아	1,930,475	1,229,916	528,133	85,053	50,509	184,576	200,111	150,031
네덜란드	42,463	46,065	29,397	7,791	13,877	46,703	37,918	10,373
노르웨이–스웨덴[9]	426,981	192,445	170,329	13,452	17,326	44,224	36,150	10,298
노르웨이[9]	182,542	79,488	70,327	6,901	8,326	22,806	17,371	3,927
스웨덴[9]	244,439	112,957	100,002	6,551	9,000	21,418	18,779	6,371
폴란드[3]	–	–	223,316	25,555	7,577	6,465	55,742	33,696
포르투갈[10]	65,154	82,489	44,829	3,518	6,765	13,928	70,568	104,754
루마니아	57,322	13,566	67,810	5,264	1,254	914	2,339	10,774
러시아[3, 11]	1,501,301	1,106,998	61,604	2,463	605	453	2,329	28,132
스페인[12]	24,818	53,262	47,109	3,669	2,774	6,880	40,793	41,718
스위스	32,541	22,839	31,772	5,990	9,904	17,577	19,193	8,536
영연방[8, 13]	469,518	371,878	341,552	61,813	131,794	195,709	220,213	133,218
유고슬라비아[14]	–	–	49,215	6,920	2,039	6,966	17,990	31,862
다른 유럽 국가들	514	6,527	22,434	9,978	5,584	11,756	6,845	5,245
아시아	299,836	269,736	126,740	19,231	34,532	135,844	358,605	1,406,544
중국	19,884	20,916	30,648	5,874	16,072	8,836	14,060	17,627
홍콩	–	–	–	–	–	13,781	67,047	117,350
인도	3,026	3,478	2,076	554	1,692	1,850	18,638	147,997
이란	–	–	208	198	1,144	3,195	9,059	33,763
이스라엘	–	–	–	–	98	21,376	30,911	36,306
일본	139,712	77,125	42,057	2,683	1,557	40,651	40,956	49,392
요르단	–	–	–	–	–	4,899	9,230	25,541
한국	–	–	–	–	83	4,845	27,048	241,192
필리핀	–	–	–	391	4,099	17,245	70,660	337,726
시리아	–	–	5,307	2,188	1,179	1,091	2,432	8,086
타이완	–	–	–	–	–	721	15,657	83,155
터키	127,999	160,717	40,450	1,327	754	2,980	9,464	12,209
베트남	–	–	–	–	–	290	2,949	121,716
다른 아시아 국가들	9,215	7,500	5,994	6,016	7,854	14,084	40,494	174,484

마지막 거주지의 지역과 국가[1]	1900-1909	1910-1919	1920-1929	1930-1939	1940-1949	1950-1959	1960-1969	1970-1979
전체	**8,202,388**	**6,347,380**	**4,295,510**	**699,375**	**856,608**	**2,499,268**	**3,213,749**	**4,248,203**
아메리카	277,809	1,070,539	1,591,278	230,319	328,435	921,610	1,674,172	1,904,355
캐나다와 뉴펀들랜드[15, 16]	123,067	708,715	949,286	162,703	160,911	353,169	433,128	179,267
멕시코[16, 17]	31,188	185,334	498,945	32,709	56,158	273,847	441,824	621,218
카리브해	100,960	120,860	83,482	18,052	46,194	115,661	427,235	708,850
쿠바	–	–	12,769	10,641	25,976	73,221	202,030	256,497
도미니카 공화국	–	–	–	1,026	4,802	10,219	83,552	139,249
아이티	–	–	–	156	823	3,787	28,992	55,166
자메이카[18]	–	–	–	–	–	7,397	62,218	130,226
다른 카리브해 국가들[18]	100,960	120,860	70,713	6,229	14,593	21,037	50,443	127,712
중앙아메리카	7,341	15,692	16,511	6,840	20,135	40,201	98,560	120,374
벨리즈	77	40	285	193	433	1,133	4,185	6,747
코스타리카	–	–	–	431	1,965	4,044	17,975	12,405
엘살바도르	–	–	–	597	4,885	5,094	14,405	29,428
과테말라	–	–	–	423	1,303	4,197	14,357	23,837
온두라스	–	–	–	679	1,874	5,320	15,078	15,651
니카라과	–	–	–	405	4,393	7,812	10,383	10,911
파나마[19]	–	–	–	1,452	5,282	12,601	22,177	21,395
다른 중앙아메리카 국가들	7,264	15,652	16,226	2,660	–	–	–	–
남아메리카	15,253	39,938	43,025	9,990	19,662	78,418	250,754	273,608
아르헨티나	–	–	–	1,067	3,108	16,346	49,384	30,303
볼리비아	–	–	–	50	893	2,759	6,205	5,635
브라질	–	–	4,627	1,468	3,653	11,547	29,238	18,600
칠레	–	–	–	347	1,320	4,669	12,384	15,032
콜롬비아				1,027	3,454	15,567	68,371	71,265
에콰도르	–	–	–	244	2,207	8,574	34,107	47,464
가이아나	–	–	–	131	596	1,131	4,546	38,278
파라과이	–	–	–	33	85	576	1,249	1,486
페루	–	–	–	321	1,273	5,980	19,783	25,311
수리남	–	–	–	25	130	299	612	714
우르과이	–	–	–	112	754	1,026	4,089	8,416
베네수엘라	–	–	–	1,155	2,182	9,927	20,758	11,007
다른 남아메리카 국가들	15,253	39,938	38,398	4,010	7	17	28	97
다른 아메리카 국가들[20]	–	–	29	25	25,375	60,314	22,671	1,038
아프리카	6,326	8,867	6,362	2,120	6,720	13,016	23,780	71,408
이집트	–	–	1,063	781	1,613	1,996	5,581	23,543
에티오피아	–	–	–	10	28	302	804	2,588
라이베리아	–	–	–	35	37	289	841	2,391
모로코	–	–	–	73	879	2,703	2,880	1,967
남아프리카	–	–	–	312	1,022	2,278	4,360	10,002
다른 아프리카 국가들	6,326	8,867	5,299	909	3,141	5,448	9,314	30,917
오세아니아	12,355	12,339	9,860	3,306	14,262	11,353	23,630	39,980
오스트레일리아	11,191	11,280	8,404	2,260	11,201	8,275	14,986	18,708
뉴질랜드	–	–	935	790	2,351	1,799	3,775	5,018
다른 오세아니아 국가들	1,164	1,059	521	256	710	1,279	4,869	16,254
지정되지 않은[20, 21]	33,493	488	930	–	135	12,472	119	326

마지막 거주지의 지역과 국가[1]	1980–1989	1990–1999	2000–2009
전체	**6,244,379**	**9,775,398**	**10,299,430**
유럽	668,866	1,348,612	1,348,904
오스트리아–헝가리[2, 3, 4]	20,437	27,529	33,929
오스트리아[2, 4]	15,374	18,234	21,151
헝가리[2]	5,063	9,295	12,778
벨기에	7,028	7,077	8,157
불가리아[5]	1,124	16,948	40,003
체코슬로바키아[6]	5,678	8,970	18,691
덴마크	4,847	6,189	6,049
핀란드	2,569	3,970	3,970
프랑스[7]	32,066	35,945	44,932
독일[3, 4]	85,752	92,207	122,373
그리스	37,729	25,403	16,841
아일랜드[8]	22,210	65,384	15,642
이탈리아	55,562	75,992	28,329
네덜란드	11,234	13,345	17,351
노르웨이–스웨덴[9]	13,941	17,825	19,382
노르웨이[9]	3,835	5,211	4,599
스웨덴[9]	10,106	12,614	14,783
폴란드[3]	63,483	172,249	117,921
포르투갈[10]	42,685	25,497	11,479
루마니아	24,753	48,136	52,154
러시아[3, 11]	33,311	433,427	167,152
스페인[12]	22,783	18,443	17,695
스위스	8,316	11,768	12,173
영연방[8, 13]	153,644	156,182	171,979
유고슬라비아[14]	16,267	57,039	131,831
다른 유럽 국가들	3,447	29,087	290,871
아시아	2,391,356	2,859,899	3,470,835
중국	170,897	342,058	591,711
홍콩	112,132	116,894	57,583
인도	231,649	352,528	590,464
이란	98,141	76,899	76,755
이스라엘	43,669	41,340	54,081
일본	44,150	66,582	84,552
요르단	28,928	42,755	53,550
한국	322,708	179,770	209,758
필리핀	502,056	534,338	545,463
시리아	14,534	22,906	30,807
타이완	119,051	132,647	92,657
터키	19,208	38,687	48,394
베트남	200,632	275,379	289,616
다른 아시아 국가들	483,601	637,116	745,444
아메리카	2,695,329	5,137,743	4,442,226
캐나다와 뉴펀들랜드[15, 16]	156,313	194,788	236,349
멕시코[16, 17]	1,009,586	2,757,418	1,704,166
카리브해	790,109	1,004,687	1,053,969
쿠바	132,552	159,037	271,742
도미니카 공화국	221,552	359,818	291,492
아이티	121,406	177,446	203,827
자메이카[18]	193,874	177,143	172,523
다른 카리브해 국가들[18]	120,725	131,243	114,385

마지막 거주지의 지역과 국가[1]	1980-1989	1990-1999	2000-2009
전체	**6,244,379**	**9,775,398**	**10,299,430**
중앙아메리카	339,376	610,189	591,130
벨리즈	14,964	12,600	9,682
코스타리카	25,017	17,054	21,571
엘살바도르	137,418	273,017	251,237
과테말라	58,847	126,043	156,992
온두라스	39,071	72,880	63,513
니카라과	31,102	80,446	70,015
파나마[19]	32,957	28,149	18,120
남아메리카	399,862	570,624	856,593
아르헨티나	23,442	30,065	47,955
볼리비아	9,798	18,111	21,921
브라질	22,944	50,744	115,404
칠레	19,749	18,200	19,792
콜롬비아	105,494	137,985	236,570
에콰도르	48,015	81,358	107,977
가이아나	85,886	74,407	70,373
파라과이	3,518	6,082	4,623
페루	49,958	110,117	137,614
수리남	1,357	2,285	2,363
우루과이	7,235	6,062	9,827
베네수엘라	22,405	35,180	82,087
다른 남아메리카 국가들	61	28	87
다른 아메리카 국가들[20]	83	37	19
아프리카	141,990	346,416	759,742
이집트	26,744	44,604	81,564
에티오피아	12,927	40,097	87,207
라이베리아	6,420	13,587	23,316
모로코	3,471	15,768	40,844
남아프리카	15,505	21,964	32,221
다른 아프리카 국가들	76,923	210,396	494,590
오세아니아	41,432	56,800	65,793
오스트레일리아	16,901	24,288	32,728
뉴질랜드	6,129	8,600	12,495
다른 오세아니아 국가들	18,402	23,912	20,570
지정되지 않은 곳[20, 21]	305,406	25,928	211,930

\- 0을 나타내거나 활용할 수 없음.

1 1906년 이전의 연도들에 대한 자료는 모국(country of origin)을 나타낸 것이고; 1906년부터 2009년까지의 자료는 마지막 거주지의 나라를 나타낸 것이다.

2 오스트리아와 헝가리에 대한 자료는 1860년부터 1869년까지, 1890년부터 1899년까지, 1900년부터 1909년까지의 기간 동안에 있는 모든 연도들은 분리해서 작성되지 않았다.

3 1899년부터 1919년까지, 폴란드에 대한 자료는 헝가리, 독일, 그리고 소련(Soviet Union)에 포함되어 있다.
4 1938년부터 1945년까지, 오스트리아에 대한 자료는 독일에 포함되어 있다.
5 1899년부터 1910년까지, 세르비아와 몬테네그로가 포함되어 있다.
6 체코공화국과 슬로바키아 공화국을 현재 포함하고 있다.
7 1820년부터 1910년까지, 코르시카를 포함하고 있다.
8 1926년 이전까지, 북아일랜드에 대한 자료는 아일랜드에 포함되어 있다.
9 노르웨이와 스웨덴에 관한 자료는 1869년까지 분리하여 보고되지 않았다.
10 1820년부터 1910년까지, 카보베르데(Cape Verde)와 아조레스 제도(Azores Islands)를 포함하고 있다.
11 1820년부터 1920년까지는 러시아 제국에 대한 자료를 나타낸 것이고, 1920년과 1990년 사이에는 소련에 관한 자료를 나타낸 것이며, 1991년부터 현재까지는 러시아 연방, 아르메니아, 아제르바이잔, 벨라루스, 그루지아, 카자흐스탄, 키르키즈스탄, 몰도바, 러시아, 타지키스탄, 우크라이나, 우즈베키스탄에 관한 자료를 나타내고 있다.
12 1820년부터 1910년까지, 카나리아 제도(the Canary Islands)와 발레아르 제도(Balearic Islands)를 포함하고 있다.
13 1925년 이후, 영연방에 대한 자료는 잉글랜드, 스코틀랜드, 웨일즈, 북아일랜드를 나타내고 있다.
14 보스니아-헤르체고비나, 크로아티아, 마케도니아, 슬로베니아, 세르비아, 몬테네그로를 현재 포함하고 있다.
15 1911년 이전까지, 영국령 북아메리카(British North America)에 대한 자료를 나타내고, 1911년부터는 뉴펀들랜드 지역을 포함한다.
16 1908년까지 육지에 도착한 사람들을 완전하게 열거하지 못했다.
17 1886년부터 1893년까지 멕시코에 관해 활용할 수 있는 자료는 없다.
18 1953년까지 자메이카에 관한 분리된 자료는 보고되지 않았고, 1953년 이전에, 자메이카는 영국령 서인도제도(British West Indies)에 포함되었다.
19 1932년부터 1972년까지 파나마 카넬 지역(Panama Canal Zone)은 파나마에 포함된다.
20 1925년까지 "지정되지 않은 곳"에 포함되어 있다.
21 미국에서 그들의 모국으로 되돌아간 32,897명의 사람들이 포함되어 있다.

주의사항: 1820년부터 1867년까지, 그림들(figures)은 항구에 도착한 외국 여행자에 해당되고; 1868년부터 1891년까지와 1895년부터 1897년까지, 외국 이민자들에 해당되며; 1892년부터 1894년까지와 1898년부터 2009년까지, 외국 이민자들은 영구 거주를 허락받았고; 1892년부터 1903년까지, 특별 2등석(cabin class)으로 들어온 외국인들은 이민자들로 합산되지 않았다. 1908년까지 육지에 도착한 사람들은 완전하게 열거되지 않았다. 이 표에서 1843년의 재정연도는 9달로 구성되는데, 1943년 9월말에 종료되었다; 재정연도 1832년과 1850년은 각각의 해에 12월 31일에 종료됨으로써 15달로 구성되었다; 그리고 재정연도 1868년은 6달로 구성되었는데, 1868년 6월 30일에 종료되었다.

출처: 미 국토안보부.

다문화주의의 도전과 기회*

미국 가수인 밥 딜런(Bob Dylan, 1941-)은 '변해가는 시간들'(The Times They Are A Changin')이라는 곡을 1964년에 작곡하고 녹음했는데, 그의 곡은 미국에서 1960년대 미국의 정치적·사회적 격변의 시대정신을 간결하게 포착하였다.[1] 그 시절은 사회운동(시민권과 여성권)과 사회적 질서에 대한 도전(히피적 반문화와 반전시위)으로 채워진 10년간의 세월이었다. 또한 그 시절은 역시 폭력(도시 폭동들과 암살들)과 급진주의(블랙팬서[Black panthers]**와 심바이어니스 해방군[Symbionese Liberation Army]***)의 시간이었다. 이러한 혼돈의 시간 동안, 운동가들과 기득권 구성원들은 불안과 불안정에 대해 서로를 비난하였다.

비록 개인들이 개인적 관점으로부터 그들 주변의 변화를 보는 것이 매우 자연스럽다고 하더라도, 미국의 사회학자인 라이트 밀즈(C. Wright Mills)는 우리에게 "한 개인의 삶과 한 사회의 역사 둘 모두를 이해하지 않

* 지종화(부산대학교 사회과학연구소 전임연구원). 본 내용은 2010년 5월 14일에 부산대학교 사회과학연구소가 주최했던 국제학술회의(Mlticultural Societies in Asia: Challenges and Perspectives)에서 발표했던 파릴로 교수의 기조강연을 번역한 것이다.

** 흑표당이라고 불리며, 1965년에 결성된 급진적 흑인단체- 역자 주

*** 1970년대 캘리포니아를 중심으로 활동했던 급진 좌파 도시게릴라 조직- 역자 주

고서는 이 둘을 이해할 수 없다"라는 사실을 알려준다.[2] 그는 대부분의 개인들이 그들의 개인적 어려움들이 더 큰 공적 쟁점들의 틀 속에 존재한다는 사실을 이해하지 못한다고 강조한다. 그가 말한 사회학적 상상력을 사용하면 우리들은 역사와 개인 자전(biography)의 이러한 교차에 대해 이해할 수 있고, 이 둘이 사회 내에서 어떻게 상호관련되는지를 이해하게 한다. 따라서 고전적인 사회분석가는 이러한 방법으로 사회적 현상에 접근할 필요성을 인정하는데, 이렇게 하는 것이 삶의 사회적 역동성에 대한 장래성 있는 통찰력을 발견할 잠재력을 증가시키기 때문이다.

딜런과 밀즈 둘 모두는 우리 시대를 연구하기 위한 적실성 있는 분석틀을 제공한다. 최근 10년간은 60년대에 존재했던 격변과 폭력적 충돌이 적었을지 모르지만, 오늘날 선진국의 경제적·사회적 대변동들은—세계화, 이민, 그리고 극적인 인구변화 등에 의해 야기되었다—특정국가의 대중들 사이에 여타 다양한 종류의 근심걱정들을 양산하는 아주 중대한 것이다. 그래서 딜런의 노래는 요즘의 시기에 적절하고 의미 있는 노래이다. 게다가, 이들 사회력들(social forces)은 사회적 응집력의 유지뿐만 아니라 한 국가의 문화와 정체성의 유지에 관한 관심들을 낳는다. 오늘날, 전 세계의 많은 사람들은 밀즈와 그의 개념들을 듣지 못했지만, 그럼에도 불구하고 사람들은 그들의 개인적 문제들과 세상에서 일어나는 더 큰 힘들 사이의 어떤 관계에 대하여 잘 알고 있다. 사람들은 그들의 한가운데에 증가하는 외국인들을 목격하고 있으며, 인터넷을 통하여 국경이 무너지는 것을 목격하고 있고, 또 그들의 삶이 세계의 다른 부분들과 계속해서 밀접하게 연결되어 있다는 것을 목격하고 있다.

세계화는 세계를 돌이킬 수 없도록 축소시켜 놓았다. 실제적으로 모든 곳의 모든 사람들은 이제 다른 곳의 문화와 사람의 다양성에 대하여 잘 알고 있다. 외국의 땅은 더 이상 그렇게 먼 것처럼 보이지 않으며, 여행이나 이민을 하고 싶은 욕구를 촉진하고 있다. 다국적 기업들이 표준(the norm)이 되고 있는 것처럼, 초국가적 가족들(transnational families)*은 비록

* 가족의 일부는 타국에서, 일부는 모국에서 생활하는 가족들- 역자 주

그들이 정착한 나라에서 새로운 삶을 만들어 가는 동안에도 그들의 모국에 대하여 강력한 연결들을 그들의 가족들과 유지하고 있다. 그들의 새로운 문화에 대한 필수적인 적응에도 불구하고, 기술(technology)은 이민자들에게 그들 자신의 다문화적 실재를 유지하는 것을 가능하게 했는데, 이는 그들이 모국에 남겨 둔 다른 사람들에 대한 심리적 근접성을 통해서, 또 똑같은 이민 여행을 했던 동포들 가운데 그들이 경험했던 강화된 민족적(ethnic) 활력을 통해서 가능했다.

이처럼 아직까지 진화 중인 새로운 세계적 질서 속에서, 다문화주의는 단지 호주, 캐나다, 영국, 그리고 미국과 같이 이민을 받아들였던 나라들에만 관심 있는 주제가 아니다. 아시아와 유럽에 있는 나라들 — 한때 민족적 동질성의 현장이었다 — 은 현재 국제화를 경험하고 있다. 예를 들어, 이탈리아는 현재 5백만 명 이상의 합법적 이민자들이 있고 그리고 2백만 명 이상의 미등록 이민자들이 있는데, 전체 인구 중 7.5%가 외국 태생이다.[3] 일본은 현재 2백만 명이 넘는 이민자들이 있는데, 이것은 전체 인구의 1.6%를 차지한다.[4] 유사하게, 대한민국은 거주 인구가 더욱더 국제화되어 가고 있다. 세계화와 더불어, 인구통계학적 경향은 역시 다문화주의를 확산하는 데 도움을 주고 있다. 이러한 것들은 우리가 사회적 맥락에서 다문화주의의 힘(forces)을 알아보는 데 있어서 이해해야만 하는 것이다.

인구통계학적 요인들(Demographic Factors)

인구통계학적 경향에 대한 분석을 통하여 우리는 미국과 한국의 다문화적 미래에 대해 예상할 수 있다. 비록 우리가 미래를 정확하게 예측할 수 없다고 할지라도, 우리의 결정들과 행동들이 다음 세대의 사회를 창조하기 때문에 우리는 우리의 결정들과 행동들을 통해 미래를 예측해야만 한다. 영어 극작가인 셰익스피어(1564-1616)가 수백년 전에 썼듯이, "지나간

과거는 서막이다"(What's past is prologue)라는 것이다.[5] 오늘날의 실재들은 내일의 가능성들을 제시할 수 있다.

출생률

총출산률(Total Fertility Rate, TFR)은 인구통계학상에서 인기 있는 측정도구이다. 이것은 가임여성 1인당 출생숫자에 대한 국가평균으로 언급된다. 55년의 기간 동안 2.1 TFR을 유지하는 국가는 영(零)의 인구성장(Zero Population Growth, ZPG)에 이르렀다. 더 높은 TFR은 인구가 성장하는 것을 보여주고 더 낮은 TFR은 궁극적으로 인구가 감소하는 것을 나타낸다.

미국은 1972년 이래로 ZPG 아래인 상태를 보이고 있지만, 미국의 현재 2.12 TFR은 약간 높은 전환 비율을 보여준다.[6] 실제로, 미 본토 태생의(native-born) 여성들의 출생률은 2.1 이하지만, 외국 태생(foreign-born) 여성들의 더 높은 출생률이 미국의 국가 TFR을 현재 수준으로 유지하도록 하고 있다. 따라서 이민은 과거 세대보다 미국 인구의 성장에 더 많은 효과를 가지고 있다.

현재 한국의 1.2 TFR은 세계에서 가장 낮은 자연 증가율 중 6번째를 기록하고 있다.[7] 비록 그 비율이 2005년에 1.08이었던 것보다 실제로 더 높다고 할지라도, 한국은 1980년대 이래로 낮은 ZPG를 나타내고 있다.[8] 현재 많은 한국 여성들은 늦게 결혼하거나 혹은 경력을 추구하기 위해서 미혼으로 남는다. 따라서 이러한 지속적인 낮은 TFR은 미래에 상당한 인구감소와 급격한 노인 인구로 나타날 것이라는 신호를 보낸다.

인구 피라미드

한국 출산률의 극적인 감소는 35세보다 적은 사람들의 비율에서 발견되는데, 5년을 각각 하나의 집단으로 할 때 35세과 60세 사이의 사람수가 더 많은 것과 비교된다(표 1을 보라). 낮은 출생률과 더 길어진 수명으로 인해 한국은 인구의 중간(median) 나이에서 심대한 증가를 경험하고 있다. 지금 현재, 한국은 중간 나이가 37.3세(남성은 36.0세이고 여성은 38.5세임)로 노인 인구에서 세계 54번째에 위치하고 있다.[9] 그것은 중간 나이가 1970년대 19.0세, 1990년대 27.0세로부터 증가하고 있음을 보여준다. 만약 현재의 유형이 계속된다면, 인구통계학자들은 2050년에 중간 나이가 53.7세로 엄청나게 증가할 것으로 추정하고 있다.[10]

이와 대조적으로, 표 1에서 보이는 미국의 인구는 5년을 각각 하나로 분류했을 때 60세 이하의 미국인의 분포가 상당히 고른 직사각형(rectangular) 형태를 보여준다. 이것은 1972년 이래 2.1 TFR 대체율(replacement ratio) 주변에 일관되게 머물러 있다. 그러나 더 높아진 기대수명 때문에, 미국의 중간 나이는 역시 증가하고 있다. 1950년대의 중간 나이가 30.0세에서 1970년대는 28.2세로 떨어졌고, 그 다음에 1980년대에 32.8세로 증가했고 오늘날에는 36.6세를 유지하고 있다(남성은 35.4세이고 여성은 38.0세임). 2050년까지 미국의 중간 나이는 41.7세로 추정되는데, 이는

표 1 성별(Gender)에 따른 한국과 미국의 나이 구조

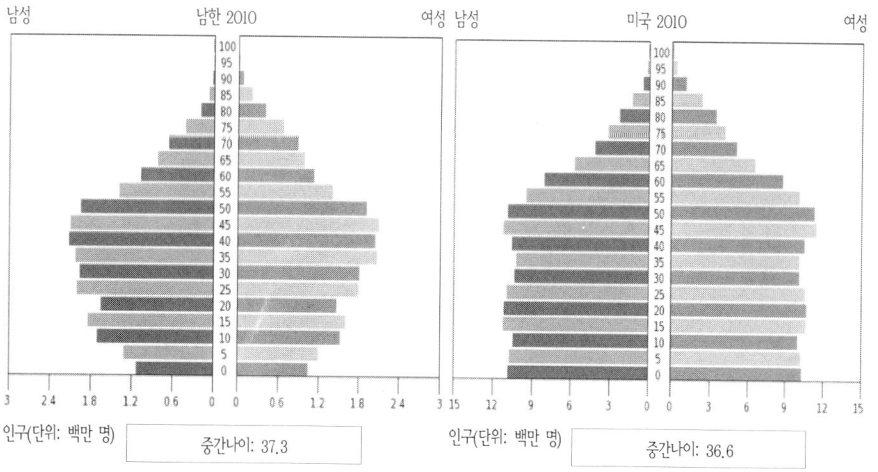

출처: 미 인구조사국. 국제자료은행.

한국보다 현저히 낮은 것이다.[11]

표 1은 과거 출생률로부터 야기된 현재의 나이 구조를 설명하고 있다. 비슷하게, 표 2는 현재의 출생률 경향을 기반으로 21세기 중반쯤의 중간 나이에 대한 예측치를 추론한 것이다. 미국과는 달리 한국 사회는 노인 인구가 많은 "상부가 두터운"(top-heavy) 형태가 될 것인데 이는 한국 출생의 교체 수준이 상당히 낮기 때문이다. 2009년에 65세 이상의 한국인의 숫자는 5백 2십만 명에 이르렀는데, 이는 전체 인구의 10.8%를 차지하는 것으로 베트남의 5.2%와 대비된다.[12]

2025년까지, 미국 인구는 현재 3억 9백만 명에서 2025년에 3억 5천 7백 5십만 명으로 또 2050년에 4억 3천 9백만 명으로 증가할 것인데, 그렇게 되면 세계에서 가장 인구가 많은 나라 중 세 번째가 될 것이다(중국과 인도에 이어서).[13] 현재의 유형이 계속된다면, 대부분의 이러한 성장은 이민자들과 그들의 직계후손으로부터 나올 것이다.

2010년에 4천 8백 7십만 명의 남한 인구는 20세기 전체를 통틀어서 일관되게 성장해 왔다. 그러나 현재의 낮은 TFR 때문에, 한국의 인구는

표 2 성별에 따른 2050년의 한국과 미국의 나이 구조

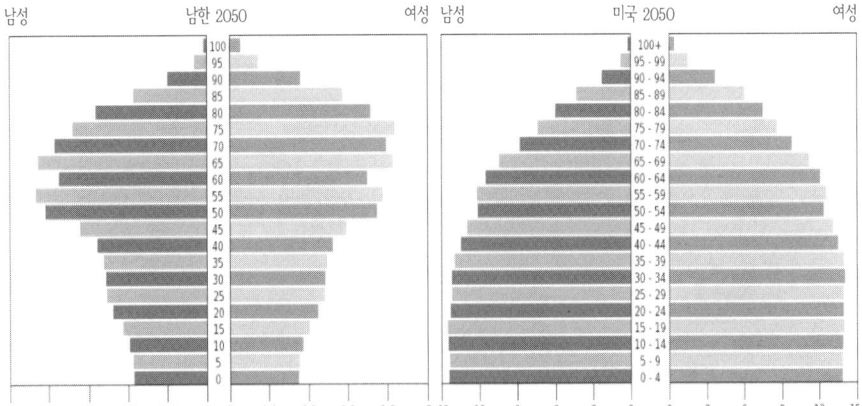

출처: 미 인구조사국. 국제자료은행.

결국 감소할 것이다. 현재의 예측들은 2025년에 4천 9백 1십만 명이 최고치에 이를 때까지 지속적으로 증가하다가, 그다음에 2050년까지 4천 2백 3십만 명으로 계속해서 줄어들 것으로 나타나고 있다.[14]

남한의 인구가 계속해서 고령화되고 또 앞으로 몇십 년에 걸쳐서 은퇴하는 나이의 비율이 증가하기 때문에, 한국의 본토 출신 노동력은 줄어들 것이다. 실제로, 2005년도에 한국 통계청(Korea National Statistical Office, KNSO)은 15세에서 64세까지의 국가 노동력이 2016년에 떨어지기 시작하고 2050년에는 전체 인구의 절반 이하로 떨어질 것이라고 발표했다.[15] 한국의 경제 비활동(inactive) 인구의 비율이 더 증가함에 따라, 경제활동 노동력과 은퇴한 노동력 사이에 대한 의존비율(Dependency ratio)은 증가할 것이다. 이는 노인 인구 연금 프로그램, 건강보험 비용 및 다른 사회 복지 서비스에 영향을 미칠 뿐만 아니라, 한국 경제 체제에 대한 심한 충격을 줄 것이다. 노인 인구가 이미 증가하고 있고 또 증가할 것이라는 예측에 직면한 한국과 다른 나라들이 취할 수 있는 두 가지 접근방법은 은퇴 연령의 상향과 직업을 찾는 고령 노동자가 직면하는 장벽의 제거이다.

이와 함께 이러한 인구통계적 변화들은 한국에서 증가하는 다문화주의의 추동력이 될 것이다. 한국은 더욱더 노동력 부족에 시달리게 될 것인데, 이는 확장하는 경제가 현재의 노동 숫자보다 더 많은 이용가능 노동인력을 요구하기 때문이거나, 혹은 심지어 안정적인 경제도 안정성을 유지하기 위하여 새로운 은퇴자들에 대한 충분한 대체인력을 요구하기 때문이다. 국가 인구 증가가 충부하지 않은 시, 이민자 노동력은 필요한 대안이 될 것이다.

외국 태생 인구(Foreign-Born Population)

한국의 행정안전부(The Korean Ministry of Public Information and Security)*는 2009년 5월에 등록된 외국인의 수가 처음으로 백만 명을 초

* 원래 행정안전부의 정식 영문명은 Ministry of Public Administration and Security인데 저

과했으며, 이 숫자는 전년도에 비하여 24%가 증가한 것이라고 발표했다.[16] 실제 숫자는 1백 1십만 명으로 전체 인구의 2.2%를 구성하지만, 만약 불법체류 외국인을 포함한다면, 그 숫자는 훨씬 더 높을 것이다. 한국계 중국인을 포함하여 중국인들(Chinese nationals)이 가장 많은데, 그 다음 가장 큰 외국 태생 집단인 베트남인과 필리핀인(21.2%)을 포함하여 동남아시아인들보다 두 배 이상(56.5%) 많은 수이다. 미국인, 타이완인, 일본인, 몽골인 역시 외국인 공동체의 상당한 비율을 차지하고 있다.[17]

미국은 약 3천 8백 1십만 명의 외국인 거주자를 가지고 있으며, 대부분은 아시아계와 히스패닉계이다. 이는 전체 인구의 약 12%에 해당된다. 미 본토 출신과 외국 출신을 결합한 전체 인구는 66%가 비히스패닉계 백인이며, 15%는 히스패닉계이고, 13%는 비히스패닉계 흑인이며, 5%는 아시아와 태평양 제도 출신이고, 1%는 아메리카 인디언과 알래스카 원주민들이다.[18] 이러한 비율들은 1990년대와는 아주 다른 것인데, 그때는 흑인이 가장 큰 소수 집단으로 12%를 차지했고, 히스패닉계는 9%를 차지했고, 아시아계는 3%를 차지했다.

두 가지 압출요인 — 송출국가의 높은 출생률과 경제적 핍박 — 과 수용 국가에서 경제적 기회들에 대한 흡인요인은 이러한 외국 태생 인구가 증가하는 주된 추동력이 된다.

사회에 대한 충격(Impact on Society)

항상 이민의 나라였던 미국은 지금 현재가 과거 어느 시기보다 훨씬 더 문화적으로 또 인종적으로 다양하게 되었다. 2007년에, 18세 이하인 모든 미국 어린이들의 약 22%가 적어도 한 쪽이 외국에서 태어난 부모이다.[19] 만약 이러한 추세가 지속된다면, 미국에서 외국 태생자는 현재 12%

자가 한국의 부처명을 잘못 인지하여 다른 영어단어를 사용한 것으로 보인다. 한국의 부처 중 Ministry of Public Information and Security라는 영문명을 가진 부처는 2010년 현재 없다- 역자 주에서 2040년까지 15%가 될 수 있으며, 지금은 전체 인구의 1/3 정도인 소수인종들이 2050년까지는 다수자가 될 것이다.

수 세기 동안 단일민족국가로 살아온 한국은 지금 어느 시기보다도 훨씬 더 문화적으로 다양화되어 가고 있다. 중요하게도, 그것은 도시 근교의 산업 현장에서 부족한 노동력을 채우려는 현재의 외국 노동자들만이 아니라는 것이다. 국제결혼은 극적으로 증가하고 있고 농촌 지역에 특별한 충격을 주고 있다. 예를 들어, 2000년에 국제 결혼은 한국에서의 모든 결혼 가운데 3.7%에 불과했지만, 2005년까지 그 비율은 13.6%로 증가해 왔다.[20]

이처럼 지속적으로 증가하는 국제결혼의 가장 큰 충격은 혼합된 민족 유산을 가지는 다음 세대에서 완전하게 현실화될 것이다. 어떤 한 연구에서 2007년에 겨우 35,000명이었던 것이 2020년에는 약 1백 7십만 명으로 증가할 것으로 조사되었고, 또 그때에는 한국에서 새로 태어나는 3명 중 1명과 20세 이하의 젊은이 5명 중 1명은 다민족(multiethnic) 출신이 될 것이다.[21] 명백히 한국은 다민족 사회로 변화하고 있기 때문에, 두 인종이 섞인(hyphenated) 한국인(예를 들면, 베트남계 한국인, 필리핀계 한국인)은 오늘날 미국에서 한국계 미국인과 같이 흔한 일이 될 것 같다.

"무엇이 한국인인가?"라는 질문은 한때 쉬운 대답이었는데, 상대적으로 단일민족적 인구의 구별적인 표시들이 주로 지역적이고 하위문화적인 차이점들이었을 때 그렇다. 그러나 오늘날 한국의 인구는 단일민족적 성격이 덜 하며 또 한때 쉬웠던 대답도 더 이상 맞지 않았는데, 이는 이민의 유입과 비한국인과 결혼하는 한국인의 증가 때문이다. 한국 남성들과 외국인 여성들 사이의 결혼 숫자는 2000년에 6,945명에서 2008년에 28,163명으로 거의 네 배가 되었고, 한편 한국 여성의 국제결혼은 거의 두 배가 되었는데, 4,660명에서 8,041명으로 증가했다.[22]

다문화주의의 종류는 무엇인가?(What Kind of Multiculturalism?)

다문화주의의 도전과 기회에 관한 어떤 논의도 다문화주의의 유형에 대해 고려해야 한다. 이것은 중요한데, 이는 다문화주의가 모든 사람들에게 똑같은 것을 뜻하는 것이 아니기 때문이고, 상이한 정의를 사용하는 사람들이 종종 다른 행동들과 사회들을 창출하기 때문이다. 심지어 똑같은 사회 내에서도, 다문화 사회가 무엇으로 구성되어 있는가에 대한 다양한 해석들로 인해 사회가 진화함에 따라 여러 긴장들과 사회문제들을 야기한다. 본질적으로, 다문화주의자 주창자들은 세 가지 주된 범주 내에 있다.[23]

포함주의자(The Inclusionists)

1970년대까지 미국에서, 다문화주의자의 운동은 미국의 역사에서 비유럽계 사람들의 기여와 연관된 학교 수업 자료의 포함(inclusion)을 촉진하도록 진화되어 왔다. 다음 단계에서, 다문화주의자들은 미국 사회의 다양성을 반영하고 미국문화에 관한 비유럽 문명의 영향에 대해 개인들이 인식하고 각성시키기 위해서 학교 및 대학 수업 과정의 모든 영역의 변화를 목적으로 삼았다.[24] 이러한 다문화주의에 대한 접근방법은 미국에서 인기를 끌고 있다.

*포함주의자(inclusionists)*라고 일컬어진, 이 접근법의 옹호자들은 동화와 문화의 혼합을 촉진하고 있다. 그들은 하나의 공통된(common) 문화를 강조하고 있지만, 그것은 모든 인종적·민족적 집단들에게 미국의 과거, 현재, 미래에 대한 완전한 인식을 제공하기 위해 모든 인종적·민족적 집단들의 공헌들을 하나로 통합하기 위한 것이다. 포함주의자들은 어떤 특정 인종 집단이나 민족 집단에 대한 충성의 제거를 마음에 두고 있는데, 그 대신 우리의 공통된 인간성, 우리의 공유된 국가적 정체성, 그리고 우

리 개인의 성취 등에 강조를 두고 있다.

이 입장은 사람들의 독특한 특성의 손실과 주류 미국인의 언어, 가치, 그리고 여타 속성들(attributes)에 대한 대체 등을 통해 문화적 차이의 제거를 추구하는 동화주의자들을 넘어선다. 비록 포함주의자들이 공통의 정체성을 통해 국가적 통합에 대한 동화주의자들의 욕구를 공유한다 할지라도, 그들은 역시 다원주의자 혹은 다문화주의자 관점을 촉진한다. 이러한 생각은 미국 역사 전체를 통하여 다양성의 인식과 미국의 예술, 문학, 음악, 요리, 과학적 성취, 스포츠, 그리고 공휴일 행사에서 소수자 기여의 인식에 의한 표현으로 나타난다.

따라서 포함주의적 다문화주의자들은 집단들의 힘과 특징이 다양한 배경들을 상징적으로 반영하지만 그것(우산) 아래에서 함께 단일의 핵심문화를 유지하는 여러 가지 색깔이 있는 하나의 우산을 공유하는 모든 집단들의 상징적인(figurative) 개념과 함께 다원주의로 접근한다.

분리주의자(Separatists)

대부분의 논쟁과 사회적 긴장들을 낳는 다문화주의자들은 "소수자 민족주의"(minority nationalism)와 "분리적 다원주의"(separate pluralism)를 주장하는 사람들이다. 그들은 소수 집단과 주류 집단 사이에 하나의 공통된 정체성의 결합을 형성하는 통합적 접근방법을 거부한다. 집합적인 국가적 정체성 대신에, 그들은 동화과정에 저항하는 특유하ㄱ, 분리된 집단 정체성을 추구한다. 그들의 목적을 달성하고 하나의 긍정적인 집단 정체성을 창출하기 위하여, 이들 다문화주의자들은 그들 자신의 문화적 관습, 역사, 가치들 및 축제들을 가르치고 유지하지만 주류문화의 그것들은 무시하는 것을 추구한다.

다문화주의의 이러한 형태는 다원주의의 가장 극단적인 버전(version)이다. 이민 배척주의자(nativists)와 동화주의자가 유사하게 특별히 관심을 가지는 것은 비판자들이 "민족적 부족주의"(ethnic tribalism)라고 부르는 것을 조장하는 집단 정체성에 관한 그러한 강조이다.[25] 또 다른 용어인, "사회의 소지역분열화"(balkanization)—이전의 유고슬라비아에서 보스니아, 크로아티아, 세르비아 사이에 일어났던 파괴적인 전쟁을 말함—는 분열을 초래하는 정책이 사회복지보다 집단 정체성을 강조할 때 사회구조에 대한 위협이라고 주장하는 비판자들에 의해 역시 공통적으로 사용된다. 그러나 공개적인 전쟁과 인종청소는 이러한 다문화주의 유형의 극단적 형태에 지나지 않는다. 이것의 보다 익숙한(familiar) 표명은 소수 민족주의가 강한—예를 들면, 루마니아의 헝가리인들—유럽의 많은 부분에서 혹은 프랑스에서 무슬림과 같이, 소수자들이 배제당했다고 느끼는 많은 나라에서 발견된다.[26]

분리주의적 다문화주의자들은 여러 가지 색깔로 이루어진 하나의 우산 아래 다른 사람들과 함께 상징적으로 서 있는 것을 원하지 않는다. 그들은 그들 자신의 특별한 우산 아래 있기를 원할 뿐만 아니라, 그들은 그들 자신의 유형만을 공유하기를 원하고 또 다음 세대가 왜 그러한 특별한 우산을 존속시키려 했는지를 이해할 것이라는 것을 확신하기를 원한다. 사람들은 아마 외부인들(outsiders)과 함께 똑같은 태풍 속에서 똑같은 땅위를 걸을지 모르지만, 피난처는 오직 어떤 한 집단의 개인적 우산 아래에서만 발견되는 것이다.

통합적 다원주의자들

미국 철학자 칼렌(Horace Kallen: 1882-1974)은 한 사회에서 다양성의 가치를 설명하기 위하여 교향악단을 비유로 제시했다.[27] 각각의 상이한 악기들은 악보의 다른 부분들을 연주하지만, 다양한 조합과 대비를 가지고 아름다운 음악을 함께 만들어 낸다. 그것은 다원주의 사회에서 사람들의 기여와 똑같은 것이다. 더욱이, 다수 문화는 "추가적(additive) 다문화주의"에 의해 풍부해진다.[28] 사람들은 다른 언어들, 문화적 가치들, 그리고 사회 환경들을 이해함으로써 인생에서 더 많은 것을 얻을 수 있다. 그것은 심지어 사회가 소수자의 정체성을 손실할 것이라는 주장 없이도 공통된 사회목적을 발견함으로써 더욱더 통합적으로 되는 것이 가능해진다.

통합적 다원주의자들은 다른 문화로부터 온 사람들과 함께 친밀하게 상호작용하기 위하여 사회 내에서 존중(appreciation), 상호의존, 그리고 대인관계 기술들이 발전되는 것으로 다원주의의 이상을 추구한다. 만약 다수문화가 다양한 소수자 하위문화의 관점을 적극적으로 고려한다면, 그 다수문화는 풍부해질 수 있다. 만약 그 대신에 다수문화가 "단일문화적 관점, 폄하하려는(impoverished) 관점, 편협한(provincial) 관점"을 소수자들에게 강요하고자 시도한다면, 다수문화는 창조성과 급속도로 변화하는 세상에서 효과적으로 적응하기 위한 능력을 감소시키는 위험을 감수하게 된다.[29]

다양한 하위문화로부터 온 문화적 풍부성은 다양한 문화적 관점을 학생들에게 노출시킴으로써 역시 교육에 새로운 활력을 줄 수 있고, 그렇기 때문에 대화의 역동성과 논쟁의 역동성을 창출한다. 한때 소크라테스(469-399 B.C.E.)가 지적인 충돌들을 통하여 진실을 찾을 수 있도록 그의 학생들에게 용기를 북돋아 주었듯이, 역시 다문화 교육은 학생들에게 세상을 보는 좁은 시각을 극복하는 데 도움을 줄 수 있다.[30] 내가 사용해 왔던 우산에 대한 비유를 확장하기 위하여, 통합적 다문화주의자들은 서로 다른 어떤 한 집단을 각각 담고 있는 다수의 독특한 우산들을 구상하고 있으며, 그 우산들의 끝 모서리들은 서로서로가 붙어 있는데, 그렇게 함으로써, 집합적으로, 그것들이 모든 사람들을 포용한다는 것이다. 같은 방향으로 모두 진행하고 있는 상호 간에 연결된 우산들의 많은 손잡이들(handles)에 의해서 공평하게 인도되기 때문에, 사람들은 또 다른 집단이 전체의 틀 속 어디에서 나오는지를 알기 위하여 둘러볼 수 있다.

새로운 다문화 사회의 미래(The Future of New Multicultural Societies)

오래전부터 어떤 확장된 이민 역사를 가진 나라들은 오늘날 다문화주의가 번창하는 그들 자신의 문화적 환경(milieu)을 각각 창조했다. 그러나 심지어 다문화 국가들조차도, 호주, 캐나다, 프랑스, 영국, 그리고 미국이 현재 경험하고 있듯이, 이민이 중요한 인구통계적 변화들을 가져올 때 새로운 현실들에 적응해야만 한다. 한국과 일본과 같이 오랜 기간 동안 민족적 단일성(homogeneity)을 유지하여 왔지만, 현재 성장하는 이종성(異種性; heterogeneity)을 경험하고 있는 다른 국가들은 어떤 유형의 다문화 사회가 될지에 대하여 결정하는 초기 단계에 있다.

앞서 나는 우리의 현재의 행위들이 미래를 만든다고 말했고 또 세 가지 다문화적 가능성을 언급했다. 한국의 인구 예측들은 숫자를 통하여 무엇이 일어나느냐 하는 것을 우리에게 알려주는지만, 우리에게 집단 내부간 관계들, 민족 정체성, 혹은 사회 통합 등의 미래에 관해서는 아무것도 알려주지 않는다. 수만 명의 터키인들이 독일에 일을 하러 왔지만 독일 시민이 되는 것이 무척 힘들었으며, 따라서 이들 터키인들은 여러 세대 동안 독일 주류 사회의 일원이 되지 못했는데, 이처럼 독일에서 오랫동안 존재했던 분리주의적 다문화주의를 한국은 받아들일 것인가? 혹은 한국은 미국이 다른 나라에서 온 사람들을 미국의 정체성에 포함한 것처럼 주류 정체성을 확장할 것인가? 혹은 한국 시민권은 많은 유럽의 나라들처럼 혈통에 의해 제약될 것인가? 혹은 한국은 어느 날 두 인종이 섞인(hyphenated) 한국인들을 사회의 모든 측면에서 완전하게 참여시키고 또 수용하는 것과 같은 통합적 다원주의의 "교향곡"을 생산할 것인가?

대답은 아직 명확하지 않다. 최근의 한 연구는 탈북자들이 문화적·경제적·사회적 적응에 어려움을 경험하고 있고 또 사실상 기회들과 정보를 제공하는 사회적 네트워크가 전혀 없어서 어려움을 겪고 있다고 밝혔다.[31]

그러나 또 다른 보고서는 지방의 작은 군(郡)인 예천군이 다문화 가족을 위한 지원센터를 열었다는 것을 적고 있다.[32] 이러한 것들은 단지 개별적인 사례일 뿐이다. 더 큰 유형은 아직 형성되지 않았다. 포용(inclusiveness)의 정책은, 이것으로부터 흘러나오는 긍정적인 행위들과 동반되는데, 말은 하지 않지만 분명한 민족적 언명인 "우리는 당신이 우리의 한 부분이기를 원하고 있습니다"라는 의미를 뉴커머들에게 암시하고 있다. 이러한 호의적 환경은 외국인들에게 주류국(host country)에 대하여 더 많은 일체감을 갖도록 동기를 부여할 수 있고, 또 단지 그들 자신의 민족적 하위공동체에 머무르지 않고 궁극적으로 더 큰 사회에서 활동적인 참여자가 되도록 동기를 부여할 수 있다.

한국과 미국 둘 모두는 이전보다 더욱더 다양화되고 있고, 이 두 나라는 그들이 그들의 변화하는 인구 구성에 얼마나 잘 적응하는지에 대해 시험받을 것이다. 역사는 우리에게 문화는 진화하는 것이며 정체된 것은 아니라고 가르쳐 준다. 내부적·외부적 영향력들은 지속적으로 그것의 특징들에 영향을 미친다. 다문화주의는 새로운 것도 아니고 포용을 촉진하여 어떤 사회의 안정과 통합을 위협하는 것도 아니다. 극단주의자들은 나타났다가 사라지지만, 핵심문화는 강하게 남아 있고, 또 꿈은 아메리카 드림이든 코리아 드림이든 혹은 어느 것이든 간에 보편화되어 있다. 남녀 모두는 이주를 하는데 이는 그들이 그러한 꿈의 한 부분이 되고자 하기 때문이고, 그들의 가장 큰 선물인 그들 자신을 그들에게 가져다 주기 때문이다. 다문화주의는 오래되고, 지속적인 세계적 사회 현상이다. 그것의 존재는 약화되지 않고 강화되고 있으며, 소멸하지 않고 풍부해지고 있으며, 그리고 메마르지 않고 자양분이 풍부한 상태이다. 열심히 일할 사람을 기꺼이 받아들일 정도로 충분히 현명한 문명은 뿌리를 내릴 것이고, 뿌리에 제공된 따뜻한 온기 속에서 꽃피우게 될 것이다.

역자 후기

한국은 현재 다문화 사회로 진행되고 있는 중이다. 2000년대에 들어서면서 외국인 노동자를 비롯하여 국제결혼이주자, 유학생, 기업인 등의 수가 급증하고 있으며, 그 비율은 한국 전체 인구의 약 2%를 넘어서고 있다. 이러한 추세는 앞으로도 지속될 전망이다. 계속적으로 늘어나는 다문화 이주자들과 그들에 대한 관심은 지속적으로 증가하고 있으며, 이들에 대한 연구의 중요성도 역시 부각되고 있다.

시대적 변화와 상황에 맞게 본 연구소에서도 다문화와 관련된 연구를 시작하게 되었는데, 특히 한국연구재단(구 학술진흥재단)으로부터 중점연구소 지원사업으로 선정되어 다문화 연구에 박차를 가하고 있다. 본 연구소에서 다문화를 연구한 지가 2년이 지났으며, 다문화와 관련된 많은 연구 성과를 창출하였다.

다문화에 대한 연구의 연장선으로 다문화와 관련된 수업을 2009년 3월에 "다문화 사회와 인권"이라는 명칭으로 개설하였다. 다문화에 대한 학생들의 관심을 높이고 다문화적 현실을 보다 정확하게 전달하기 위해서였다. 강의를 준비하면서 또 강의를 하면서 느꼈던 가장 큰 애로는 다문화와 관련된 자료와 교재가 다소 부족하다는 것이다. 한국에서 다문화에 대한 연구가 본격적으로 시작된 것은 2005년 이후부터이기 때문에 누적된 정보와 축적된 지식이 미약했기 때문이라 여겨진다. 이러한 자료의 부족함과 함께 다문화 관련 교재도 역시 쉽게 국내에서 찾아볼 수 없었다. 설령 있다고 해도 우리가 목표로 했던 강의 내용과 맞는 적절한 교재, 만족할 만한 교재를 찾는다는 것은 쉽지 않았다. 다문화에 대한 주요 내용이나 이론이 본격적으로 보급되지 않은 상황에서 대학교의 고학년이나 대학원 수준의 교재를 찾기보다는 대학교 저학년을 중심으로 다문화에 대한 개론서가 필요함을 절실하게 느꼈다. 여기에 고학년을 어느 정도 아우르는 수준의 교재가 된다면 더욱 좋을 것이다. 그래서 본 연구소 전임연구원들은 다문화와 관련된 교재를 새로이 탐색하였다.

우선적으로 다문화에 대한 많은 경험과 지식을 축적한 여러 나라들의 교재를 살펴보기로 하였다. 전임연구원들을 중심으로 미국, 영국, 캐나다 등 영미계에서 출판된 다문화 관련 서적들을 탐색하였다. 여러 교재들이 물망에 올랐고, 또 그것들을 많은 회의를 통하여 검토하였다. 학생들에게 쉽게 다문화를 설명하고 그러면서 보다 풍부한 다문화 관련 내용을 심도 있게 다루고 있는 서적을 선정하였는데, 이 책이 *Understanding Race and Ethnic Relations*라는 책이며, 우리가 번역한 서적이다. 이 책은 다문화 개론서로서 손색이 없고 또 대학교 고학년에게도 어울릴 수 있는 교재라고 판단된다.

본 저서는 미국 William Paterson University에 재직 중에 파릴로(Vincent N. Parrillo) 교수가 집필한 것이다. 파릴로 교수는 사회학을 전공했으며, 인종 문제, 소수자 권리 문제, 민족과 인종의 갈등 문제, 문화 상호 간 의사소통 문제 등에 많은 관심을 가지고 있는 분이다. 미 본토뿐만 아니라 캐나다, 체코, 독일, 노르웨이, 폴란드, 스웨덴 등에서 이민과 집단 간 긴장관계에 대하여 많은 자문을 하고 있다. 또한 다양성 훈련 과정을 민간 부문을 비롯하여 군 부문에서도 강의하고 있다. 이 책을 번역하고 있는 도중에 본 연구소에서 2010년 5월 14일에 개최한 "Multicultural Societies in Asia: Challenges and Perspectives"라는 주제의 국제학술대회에 파릴로 교수는 어려운 시간을 내어 참석해 주었고, 또 "The Challenges and Opportunities in Multiculturalism"이라는 주제로 기조강연도 해 주었다. 그리고 이때 발표한 기조강연은 본 역서의 끝부분에 실었다. 파릴로 교수의 세심한 배려에 다시 한 번 깊은 감사를 드린다.

본 역서는 다문화에 대한 내용을 미국의 상황을 중심으로 다양한 이론과 사례 등을 풍부하게 설명하고 있다. 이민의 국가인 미국에서 나타나는 다양한 다문화적 문제 상황을 소수인종과 민족의 내용을 중심으로 쉽게 풀이하고 있다. 어려운 용어나 난해한 수식을 통하지 않고 쉬운 언어를 중심으로 미국의 소수인종과 민족관계를 논하고 있으며, 현재 진행 중인 미국의 다문화 쟁점과 향후 전망을 저자의 깊은 통찰력으로 잘 서술하고 있다.

이 책을 번역하면서 한 가지 안타까운 일이 있었다. 원문에 실려 있는 사진을 번역본에 게재하려고 했으나, 각 사진당 저작권료가 별도로 책정되어 있어, 모든 사진을 싣게 된다면 3,000달러가 넘는 저작권료를 지불해야 했다. 즉 사진을 싣게 되면 많은 비용을 추가로 지불해야 하는 상황에 놓이게 되었다. 이 문제를 해결하기 위하여 소장님, 번역자들, 출판사 관계자와 많은 회의를 가졌는데, 사진의 내용이 본문의 내용과 큰 연관관계가 없는 것으로 판단되어 사진은 싣지 않는 것으로 결론을 내렸다. 또 원저자인 파릴로 교수도 사진을 싣지 않아도 무방하다는 답변을 주셨다. 부연하지만 본 역서에서 사진이 빠지더라도 전체적인 내용을 이해하거나 문맥상의 내용을 파악하는 데 아무런 어려움이 없다고 판단된다. 독자들은 이 점을 이해주시기 바란나.

이 책을 번역할 때 본 연구소에 소속된 6명의 전임연구원과 사회복지학과 교수 한 분이 몇 달 간에 걸쳐서 번역을 하였다. 번역이 끝난 후, 번역자들 사이에 서로 수정하여 보완해 주는 작업(Cross Checking 혹은 Cross Reading)을 수차례 시행하였다. 이러한 번역과 수정작업은 상당히 어려운 작업이었다. 특히 어려웠던 것은 용어를 통일하는 것이었다. 수많은 용어들이 논란이 되었다. 일례를 들면 Ethnic의 경우 민족으로 번역할 것인가, 인종으로 번역할 것인가, 아니면 그냥 한글로 에스닉이라고 할 것인가에 대한 치열한 논의 끝에 민족이라는 용어로 통일하기로 하였다. 이러한 용어 통일뿐만 아니라 번역과 관련된 수많은 일들에 대하여 많은 회의와 격론을 통하여 다양한 의견들을 조율하였다.

이 책의 번역을 계기로 보다 많은 외국 서적들이 번역되기를 바란다. 이는 현재 다문화와 관련된 우수하고 좋은 글들이 영미 계통을 선두로 하여 유럽 여러 나라에서 출판되고 있지만, 이에 대한 번역작업은 미진한 편이며, 그 관계로 다문화에 대한 일반화, 대중화 등에 어려움을 겪고 있다고 판단된다.

아직까지 한국에서는 다문화 이주자에 대하여 편견, 고정관념 및 선입견이 상당수 존재하고 있다. 많은 연구와 저술활동, 그리고 다문화에 대한 대중적 인식의 전환을 통하여 다문화 이주자에 대한 관심과 배려가 더욱더 깊어졌으면 한다.

이런 취지에서 본 연구소는 계속하여 다문화와 관련된 연구를 지속적으로 전개할 것이며, 또 외국 서적을 주기적으로 번역하고, 미진한 영역에 대한 추가적 분석을 통하여 한국 다문화 사회의 이론적 영역 및 실증적 바탕을 풍부하게 하고자 노력할 것이다.

본 역서에서 나오는 어색한 표현, 오역 혹은 잘못된 내용 등은 전적으로 저를 비롯하여 번역을 담당했던 사람들의 잘못임을 밝혀두며, 책이 출판된 이후에도 애정어린 질책과 비판을 해 주시기 바란다. 이러한 비판과 수정의 과정을 통하여 본 역서는 더욱더 정확한 내용을 충실히 담을 수 있을 것이다.

끝으로 번역에 많은 도움을 주신 부산대학교 사회과학연구소 박병현 소장님, 각 팀의 책임교수님들께 고맙다는 말씀을 드리고 싶고, 본 역서의 출판을 흔쾌히 허락하여 주신 안종만 박영사 회장님과 박노일 부장님, 엄주양 님을 비롯한 여러 직원들께 감사의 말을 표한다.

2010년 8월 20일 역자를 대표해서

지종화 쓰다

NOTES

1장 소수자 연구

1) Aristotle, *The Rhetoric* (New York: Appleton, 1932), Book Ⅰ, Chapter 11.
2) e.g., Theodore Newcomb, "The Acquaintance Process: Looking Mainly Backward," *Journal of Personality and Social Psychology* 36 (1978): 1075-83를 보라.
3) Donn Byrne et al., "The Ubiquitous Relationship: Attitude Similarity and Attraction. A Cross-Cultural Study," *Human Relation* 24 (1971): 201-7.
4) Emory S. Bogardus, "Comparing Racial Distances in Ethiopia, South Africa, and the United States," *Sociology and Social Research* 52 (1968): 149-56.
5) Tom W. Smith and Glenn R. Dempsey, "The Polls: Ethnic Social Distance and Prejudice," *Public Opinion Quarterly* 47 (1983): 584-600를 보라.
6) Milton Kleg and Kaoru Yamamoto, "As the World Turns: Ethno-Racial Distances after 70 Years," *Social Science Journal* 35 (April 1998): 183-90.
7) Vincent N. Parrillo and Christopher Donoghue, "Updating the Bogardus Social Distance Studies: A New National Survey," *The Social Science Journal*, 42:2 (2005): 257-71.
8) James Dyer, Arnold Vedlitz, and Stephen Worchel, "Social Distance among Racial and Ethnic Groups in Texas: Some Demographic Correlates," *Social Science Quarterly* 70 (1989): 607-16.
9) Patricia Odell, Kathleen Korgen, and Gabe Wang, "Cross-Racial Friendships and Social Distance Between Racial Groups on a College Campus," *Innovative Higher Education* 29:4 (2005): 291-305.

10) Michael J. White, Ann H. Kim, and Jennifer E. Glick, "Mapping Social Distance: Ethnic Residential Segregation in a Multiethnic Metro," *Sociological Methods & Research* 34:2 (2005): 173-203.
11) Mark Fossett, "Ethnic Preferences, Social Distance Dynamics, and Residential Segregation: Theoretical Explorations Using Simulation Analysis," *Journal of Mathematical Sociology* 30 (2006): 185-273.
12) Lyn H. Lofland, *A World of Strangers* reprint ed. (Long Grove, Ill., 1985), p. 16.
13) Georg Simmel, "The Stranger," in Kurt H. Wolff (ed.), *The Sociology of Georg Simmel* (New York: Free Press, 1950).
14) Alfred Schutz, "The Stranger," *American Sociological Review* 69 (May 1944): 449-507.
15) John Solomos and Les Back, "Marxism, Racism, and Ethnicity," *American Behavioral Scientist* 38 (1995): 407-20.
16) Albert Szymanski, "Racial Discrimination and White Gain," *American Sociological Review* 41 (1976): 403-14; Sidney M. Willhelm, "Can Marxism Explain America's Racism?" *Social Problems* 28 (1980): 98-112를 보라.
17) Erving Goffman, *The Presentation of Self in Everyday life* (Garden City, N.Y.: Doubleday, 1959).
18) Barbara Ballis Lal, "Symbolic Interaction Theories," *American Behavioral Scientist* 38 (1995): 421-41.
19) Peter L. Berger and Thomas Luckmann, *The Social Construction of Reality* (Garden City, N.Y.: Doubleday, 1963).
20) Donald Young, *American Minority Peoples* (New York: Harper, 1932), p. viii.
21) Louis Wirth, "The Problem of Minority Groups," in Ralph Linton (ed.), *The Science of Man in the World Crisis* (New York: Columbia University Press, 1945), pp. 347-72.
22) Richard Schermerhorn, *Comparative Ethnic Relations* (New York: Random House, 1970), p. 8.
23) Tamotsu Shibutani and Kian M. Kwan, *Ethnic Stratification* (New York: Macmillan, 1965).
24) Schermerhorn, *Comparative Ethnic Relations*, p. 12.
25) Charles Wagley and Marvin Harris, *Minorities in the New World*

(New York: Columbia University Press, 1964).

26) Ashley Montagu, *Man's Most Dangerous Myth: The Fallacy of Race*, 5th ed. (New York: Oxford University Press, 1974)를 보라.

27) Michael J. Bamshad and Steve E. Olson, "Does Rase Exist?" *Scientific American* 289 (December 2003): 78-85.

28) Maria P.P. Root (ed.), *Racially Mixed People in America* (Newbury Park, Calif.: Sage Publications, 1992). J. C. Brigham and L. W. Biesbrecht, "All in the Family: Racial Attitudes," *Journal of Communication* 26 (1976): 69-74를 역시 보라.

29) Arab American Institute, "Arab Americans: Demographics." Accessed at http://www.aaiusa.org/arab-americans/22/demographics on December 28, 2006.

30) Brewton Berry and Henry L. Tischler, *Race and Ethnic Relations*, 4th ed. (Boston: Houghton Mifflin, 1978), pp. 30-32.

31) Milton Gordon, *Assimilation in American life* (New York: Oxford University Press, 1964), p. 27; Shibutani and Kwan, *Ethnic Stratification*, p. 47; Jerry D. Rose, *Peoples: The Ethnic Dimension in Human Relations* (Chicago: Rand McNally, 1976), pp. 8-12.

32) William Graham Sumner, *Folkways* (Boston: Ginn, 1906), p. 13.

33) Henri Taifel, *Human Groups and Social Categories* (Cambridge: Cambridge University Press, 1981)를 보라.

34) Marc J. Schwartz, "Negative Ethnocentrism." *Journal of Conflict Resolution* 5 (March 1961): 75-81를 보라.

35) Robin M. Williams, Jr., *Strangers Next Door* (Englewood Cliffs, N.J.: Prentice Hall, 1964), p. 23.

36) Robert A. Levine and Donald T. Campbell, *Ethnocentrism: Theories of Conflict, Ethnic Attitudes, and Group Behavior* (New York: Wiley, 1972), pp. 68, 202.

37) Kenneth E. Boulding, *Conflict and Defense: A General Theory* (New York: Harper, 1962), pp. 162-63; Lewis A. Coser (ed.), *Sociological Theory: A Book of Readings* (New York: Macmillan, 1957), pp. 87-100; P. C. Rosenblatt, "Origins and Effcts of Group Ethnocentrism and Nationalism," *Journal of Conflict Resolution* 8 (1964): 131-46; M. Sherif and C. W. Sherif, *Groups in Harmony and Tension* (New York: Harper, 1953), p. 196.

38) Brewton Berry, *Race and Ethnic Relations*, 3d ed. (Boston: Houghton Mifflin, 1965), p. 55.
39) Morton Klass and Hal Hellman, *The Kinds of Mankind* (New York: Lippincott, 1971), p. 61.
40) Molefi Kete Asante, *The Afrocentric Idea*, rev. ed. (Philadelphia: Temple University Press, 1998).
41) Martin E. Spencer, "Multiculturalism, 'political Correctness', and the Politics of Identity," *Sociological Forum* 9 (1994): 547-67.
42) Vincent N. Parrillo, "Diversity in America: A Sociohistorical Analysis," *Sociological Forum* 9 (1994): 523-35를 보라.
43) Vincent N. Parrillo, *Diversity in America*, 2d ed. (Thousand Osks, Calif.: Pine Forge Press, 2005), P. 13.
44) C. Wright Mills, *The Sociological Imagination* (New York: Oxford University Press, 1959), p. 8.
45) Ibid., p. 9.
46) Ibid., p. 146.

2장 문화의 역할

1) 예를 들어, Lee Cronk, *The Complex Whole : Culture and the Evolution of Human Behavior* (Boulder, Colo.: Westview Press, 1999)를 보라.
2) 사회적 상호작용에서 상징들의 중요성은 사회학에서 많은 관심을 끌고 있다. Benjamin Lee Whorf, *Language, Thought and Reality* (New York: Wiley, 1956); Gertrude Jaeger and Philip Selznick, "A Normative Theory of Culture," *American Sociological Review* 29 (1964): 653-59; Herbert Blumer, *Symbolic interaction: Perspective and Method* (Englewood Cliffs, N.J.: Prentice Hall, 1969)를 보라.
3) Center for the Study of Sport in Society, *2004 Racial and Gender Report Card*, available http://www.bus.ucf.edu/sport/public/downloads/2004_Racial_Gender_Report_Card.pdf [December 28, 2006].
4) Harry C. Bredemeier and Richard M. Stephenson, *The Analysis of Social Systems* (New York: Holt, Rinehart & Winston, 1962), p. 3.
5) 나무에 오르는 곰을 다른 측면에서 본 것임. 2층을 지나가는 기린의 모습임. 햄버거 롤에 있는 핫도그임.

6) 립만의 충고들, 드루들 사이의 이러한 연결과 자극들의 정의에 대한 인간의 반응은 Harry C. Bredemier and Richard M. Stephenson, *The Analysis of Social Systems*, pp. 2-3라는 글에서 본래 형성되었다.
7) Edward O. Wilson, *Sociobiology* reprint ed. (Cambridge, Mass.: Belknap Press, 2000), p. 550.
8) Desmond Morris, *Manwatching: A Field Guide to Human Behavior* (New York: Abrams, 1979).
9) William I. Thomas, "The Relation o Research to the Social Process," in *Essays on Research in the Social Sciences* (Washington, D.C.: Brookings Institution, 1931), p. 189.
10) 그에 대한 논의는 188면을 보라.
11) Gregory Razran, "Ethnic Dislike and Stereotypes: A Laboratory Study," *Journal of Abnormal and Social Psychology* 45 (1950): 7-27.
12) Stanley Lieberson, "A Societal Theory of Race and Ethnic Relations," *American Sociological Review* 26 (December 1961): 902-10.
13) Andrew M. Greeley, *The American Catholic: A Social Portrait* (New York: Basic Books, 1977), Chapter 1; Richard D. Alba, *Italian Americans: Into the Twilight of Ethnicity* (Englewood Cliffs, N.J.: Prentice Hall, 1985), pp. 9-12.
14) William M. Newman, *American Pluralism* (New York: Harper & Row, 1973), p. 53.
15) Barbara Solomon, *Ancestors and Immigrants* reprint ed. (Boston: Northeastern University Press, 1989), pp. 59-61.
16) John Higham, *Strangers in the Land* (New Brunswick, N.J.: Rutgers University Press, 2002), p. 248.
17) George R. Stewart, *American Ways of Life* (New York: Russell & Russell, 1971), pp. 23, 28.
18) Milton Gordon, *Assimilation in American Life* (New York: Oxford University Press, 1964), pp. 70-71.
19) Ibid., p. 81.
20) Richard D. Alba and Victor Nee, "Rethinking Assimilation Theory for a New Era of Immigration," *International Migration Review* 31 (1997): 826-74; Min Zhou, "Progress, Decline, Stagnation? The New Second Generation Comes of Age," pp. 272-302, in Roger Waldinger

(ed.), *Strangers at the Gates: New Immigrants in Urban America* (Berkeley: University of California University Press, 2001).

21) Louis Wirth, "The Problem of Minority Groups," in Ralph Linton (ed.), *The Science of Man in the World Crisis* (New York: Columbia University Press, 1945), pp. 347-72.

22) Solomon, *Ancestors and Immigrants*, pp. 59-81.

23) Newman, *American Pluralism*, p. 63.

24) J. Hector St. John de Crèvecoeur, *Letters from an American Farmer* (New York: Albert & Charles Boni, 1925), pp. 54-55. Reprinted from the original edition, London, 1782.

25) Frederick Jackson Turner, *The Frontier in American History* (New York: Henry Holt, 1920), p. 351.

26) Israel Zangwill, *The Melting-Pot: Drama in Four Acts* (New York: Macmillan, 1921), p. 33.

27) 실질적으로, 서구 문명에 대하여 어떤 학생은 18세기 이전은 침략, 정복, 국경 변화의 세기들이었고, 또 그래서 이종 교배를 야기했을지 모르며, 구별적이거나 순수한 민족적 유형은 본질적으로 18세기 훨씬 이전부터 존재하지 않는다고 지적할지 모른다.

28) Gordon, *Assimilation in American Life*, pp. 109-10.

29) Ruby Jo Reeves Kennedy, "Single or Triple Melting Pot? Intermarriage Trends in New Haven, 1870-1940," *American Journal of Sociology* 49 (January 1944): 331-39; 역시 그녀의 후속 연구는 *American Journal of Sociology* 58 (July 1952): 52-59를 보라.

30) Herberg, *Protestant-Catholic-Jew*를 보라.

31) Henry Pratt Fairchild, *Immigration* (New York: Macmillan, 1925), p. 396.

32) Herberg, *Protestnat-Catholic-Jew*, pp. 33-34.

33) Newman, *American Pluralism*, p. 67.

34) Horace M. Kallen, "Democracy Versus the Melting Pot," *The Nation* (February 18, 1915), pp. 190-94; (February 25, 1915), pp. 217-20.

35) Gordon, *Assimilation in American Life*, p. 135.

36) Richard D. Alba, "Assimilation's Quiet Tide," *Public Interest* (Spring 1995): 3-4.

37) Herbert J. Gans, "Toward a Reconciliation of 'Assimilation' and 'Pluralism': The Interplay of Acclturation and Ethnic Retention,"

International Migration Review 31 (Winter 1997): 875-92.

38) Richard D. Alba and Victor Nee, "Rethinking Assimilation Theory for a New Era of Immigration," *International Migration Review* 31 (Winter 1997): 826-74.

39) Jeff Hitchcock, *Lifting the White Veil: An Explanation of White Culture in a Multiracial Context* (Roselle, N.J.: Crandall, Dostie, and Douglass Books, 2003), pp. 115-16.

3장 민족과 인종의 계층화

1) Mary C. Sengstock, "Social Change in the Country of Origin as a Factor in Immigrant Conceptions of Nationality," *Ethnicity* 4 (March 1977): 54-69.

2) W. Lloyd Warner and Paul S. Lunt, *The Social Life of a Modern Community*, Yankee City Series, Vol. 1 (New Haven, Conn.: Yale University Press, 1941).

3) Stephan Thernstrom, "Yankee City Revisited: The Perils of Historical Naiveté," *American Sociological Review* 30 (1965): 234-42.

4) W. Lloyd Warner and Leo Srole, *The Social System of American Ethnic Groups*, Yankee City Series, Vol. 3 (New Haven, Conn.: Yale University Press, 1945).

5) Alan C. Kerckhoff, *Socialization and Social Class* (Englewood Cliffs, N.J.: Prentice Hall, 1972), pp. 126-28.

6) John C. Leggett, "Economic Insecurity and Working Class Consciousness," *American Sociological Review* 29 (1964): 226-47.

7) Richard Centers, *The Psychology of Social Classes: A Study of Class Consciousness* (Princeton, N.J.: Princeton University Press, 1949); Oscar Glantz, "Class Consciousness and Political Solidarity," *American Sociological Review* 23 (August 1958): 375-82; Robert W. Hodge and Donald J. Treiman, "Class Identification in the U.S.," *American Journal of Sociology* 73 (March 1968): 535-47; Werner S. Landecker, "Class Crystallization and Class Consciousness," *American Sociological Review* 28 (April 1963): 219-29; Robert T. Morris and Raymond J. Murphy, "A Paradigm for the study of Class Con-

sciousness," *Sociology and Social Research* 50 (April 1966): 298-313.

8) Stephen Steinberg, *The Ethnic Myth: Race, Ethnicity and Class in America*, 3d ed. (Boston: Beacon Press, 2001).

9) Thomas Sowell, *Ethnic America : A History* (New York: Basic Books, 1983).

10) Colin Greer (ed.), *Divided Society* (New York: Basic Books, 1974), p. 34.

11) Milton M. Gordon, *Assimilation in American Life* (New York: Oxford University Press, 1964).

12) William M. Newman, *American Pluralism* (New York: Harper & Row, 1973), p. 84.

13) Gordon, *Assimilation in American Life*, p. 47.

14) See Patricia L. McCall and Karen F. Parker, "A Dynamic Model of Racial Competition, Racial Inequality, and Interracial Violence," *Sociological Inquiry* 75 (2005): 273-93; Leo Kuper, *Race, Class, and Power: Ideology and Revolutionary Change* (Los Angeles: Aldine Transaction, 2005); Claire J. Kim, "Imagining Race and Nation in Multiculturalist America," *Ethnic and Racial Studies* 27:6 (2004): 987-1005.

15) Thomas M. Pettigrew, "The Changing but Not Declining Significance of Race," *Michigan Law Review* 77 (January-March 1979): 917-24; Charles V. Willie, "The Inclining Significance of Race," *Society* 15 (July-August 1978): 10-15.

16) E. Franklin Frazier, *The Negro Family in Chicago* (Chicago: University of Chicago Press, 1932); *The Negro Family in the United States*, rev. ed. (Chicago: University of Chicago Press, 1932).

17) Daniel P. Moynihan, *The Negro Family: The Case for National Action* (Washington, D.C.: U.S. Department of Labor, 1965).

18) Ibid., p. 5.

19) Ibid., p. 6.

20) Ibid., pp. 30, 47.

21) Bill Moyers, "The Vanishing Family: Crisis in Black America," CBS Special Report, Columbia Broadcasting System, 1986; 모니한(Moynihan)의 보고서와 모이어스(Moyers)의 서류에 대한 분석은 Patricia Hill Collins, "A Comparison of Two Works on Black Family Life," *Signs*

14 (1989): 875-84를 보라.

22) Daniel P. Moynihan, "Families Falling Apart," *Society* (July-August 1990): 21-22.

23) Originally in Daniel Patrick Moynihan, "A Family Policy for the Nation," *America* 113 (September 18, 1965): 280-83. Moynihan, "Families Falling Apart," p. 21; David Gergen, "A Few Candles in the Darkness," *U.S. News & World Report* (May 25, 1992), p. 44를 역시 보라.

24) Oscar Lewis, *The Children of Sanchez* (New York: Random House, 1961); *La Vida* (New York: Vintage, 1966), pp. xlii-lii.

25) Ibid., p. xlv.

26) David L. Harvey and Michael H. Reed, "The Culture of Poverty: An Ideological Analysis, *Sociological Perspectives* 39 (Winter 1996): 465-95를 보라.

27) Edward C. Banfield, *The Unheavenly City: The Nature and Future of Our Urban Crisis* (Boston: Little, Brown, 1970), pp. 210-11.

28) Joe R. Feagin, "Poverty: We Still Believe That God Helps Those Who Help Themselves," *Psychology Today* 6 (November 1972), 101-10, 129; "Black and White: A *Newsweek* Poll," *Newsweek* (March 7, 1988), p. 23; James R. Kluegel and Eliot R. Smith, *Beliefs about inequality* (New York: Aldine de Gruyter, 1986).

29) National Public Radio, Kaiser Family Foundation, and Harvard University, "Poverty and Welfare: People's Chief Concerns," 2001.

30) 예를 들어, William F. Spriggs, "Poverty in America: The Poor Are Getting Poorer," *Crisis* 113 (2006): 14-19를 보라.

31) William Ryan, *Blaming the Victim*, rev. ed. (New York: Vintage, 1976).

32) Charles A. Valentine, *Culture and Poverty* (Chicago: University of Chicago Press, 1968).

33) Ibid., p. 129.

34) Harvey and Reed, "The Culture of Poverty."

35) Michael Harrington, *The Other America: Poverty in the United States* (Baltimore: Penguin, 1963).

36) Ibid., p. 21.

37) Lola M. Irelan, Oliver C. Moles, and Robert M. O'Shea, "Ethnicity,

Poverty, and Selected Attitudes: a Test of the 'Culture of Poverty' Hypothesis," *Social Forces* 47 (1969): 405-13.

38) Eliot Liebow, *Tallys' Corner: A Study of Negro Streetcorner Men*, 2d ed. (Lanham, Md.: Rowman & Littlefield, 2003), pp. 222-23. Ulf Hannerz, *Soulside: Inquiries into Ghetto Culture and Community* (Chicago: University of Chicago Press, 2004)를 역시 보라.

39) Hyman Rodman, "The Lower Class Value Stretch," *Social Forces* 42 (1963): 205-15.

40) L. Richard Della Fave, "The Culture of Poverty Revisited: A Strategy for Research," *Social Problems* 21 (1974): 609-21.

41) David Steigerwald, "Our New Cultural Determinism," *Society* 42 (2005): 71-5; Richard G. Bagnall, "Lifelong Learning and the Limitations of Economic Determinism," *International Journal of Lifelong Education* 19 (2000): 20-35.

42) Robert E. Park, *Race and Culture* (Glencoe, Ill.: Free Press, 1949), p. 150.

43) Seymour M. Lipset, "Changing Social Status and Prejudice: The Race Theories of a Pioneering American Sociologist," *Commentary* 9 (May 1950): 479.

44) Stanford M. Lyman, *The Black American in Sociological Thought: A Failure of Perspective* (New York: Putnam, 1972), pp. 49-50.

45) Warner and Srole, *The Social System of American Ethnic Groups*, pp. 285-86.

46) Michael A. Zarate, Berenice Garcia, and Azenett A. Garza, "Cultural Threat and Perceived Realistic Group Conflict as Dual Predictors of Prejudice," *Journal of Experimental Social Psychology* 40 (2004): 99-105.

47) Peter Burns and James G. Gimpel, "Economic Insecurity, Prejudicial Stereotypes, and Public Opinion on Immigration Policy," *Political Science Quarterly* 115 (2000), 201-25.

48) Ashley W. Doane, Jr., "Dominant Group Ethnic Identity in the United States: The Role of 'Hidden' Ethnicity in Intergroup Relations," *The Sociological Quarterly* 38 (Summer 1997), 375-97.

49) Stanley Lieberson, "A Societal Theory of Race and Ethnic Relations," *American Sociological Review* 26 (1961): 902-10.

50) William J. Wilson, *Power, Racism, and Privilege* (New York: Free Press, 1973), pp. 47–65.
51) Robert Blauner, "Internal Colonialism and Ghetto Revolt," *Social Problems* 16 (Spring 1969): 393–406.
52) Ibid., p. 397.
53) Donald L. Noel, "A Theory of the Origin of Ethnic Stratification," *Social Problems* 16 (Fall 1968): 157–72.
54) Lewis A. Coser, "Conflict: Social Aspects," in David Sills (ed.), *International Encyclopedia of the Social Science* (New York: Macmillan, 1968), pp. 234–35.
55) Ralf Dahrendorf, *Class and Class Conflict in industrial Society* (Stanford, Calif.: Stanford University Press, 1959), pp. 215–18.
56) Max Weber, "Calss, Status, Party," 1922, in Hans Gerth and C. Wright Mills (trans. and ed.), *From Max Weber* (New York: Oxford University Press, 1946), pp. 193–94.
57) Hubert M. Blalock, Jr., *Toward a Theory of Minority–Group Relations* (New York: Wiley, 1967), pp. 199–203를 보라.
58) James M. O'Kane, "Ethnic Mobility and the Lower–Income Negro: A Socio–Historical Perspective," *Social Problems* 16 (1969): 309–11; Leonard Reissman and Michael N. Halstead, "The Subject Is Class," *Sociology and Social Research* 54 (1970): 301–4.
59) Ibid., pp. 303–11.
60) Ibid., p. 397; Stuart L. Hills, "Negroes and Immigrants in America," *Sociological Focus* 3 (Summer 1970): 85–96; Nathan Glazer, "Blacks and Ethnic Groups," *Social Problems* 18 (1971): 444–61.

4장 편 견

1) Hortense Powdermaker, *Probing Our Prejudices* (New York: Harper, 1941), p. 1를 보라.
2) Louis Wirth, "Race and Pubic Policy," *Scientific Monthly* 58 (1944): 303.
3) Ralph L. Rosnow, "Poultry and Prejudice," *Psychology Today* (March 1972): 53.

4) Reported by Daniel Wilner, Rosabelle Price Walkley, and Stuart W. Cook, "Residential Proximity and Intergroup Relations in Public Housing Projects," *Journal of Social Issues*, 3d ed. (New York: Ronal Press, 1972), p. 21.
5) Gordon W. Allport, "Prejudice: Is It Societal or Personal?" *Journal of Social Issues* 18 (1962): 129–30.
6) Bernard M. Kramer, "Dimensions of Prejudice," *Journal of Psychology* 27 (April 1949): 389–451.
7) L. Perry Curtis, Jr., *Apes and Angels: The Irishman in Victorian Caricature*, rev. ed. (Washington, D.C.: Smithsonian press, 1997).
8) Marvin B. Scott and Stanford M. Lyman, "Accounts," *American Sociological Review* 33 (February 1968): 40–62를 보라.
9) Philip Mason, *Patterns of Dominance* (NewYork: Oxford University Press, 1970), p. 7. Phiip Mason, *Race Relations* (New York: Oxford University Press, 1970), pp. 17–29를 역시 보라.
10) T. W. Adorno, Else Frankel-Brunswik, Daniel J. Levinson, and R. Nevitt Sanford, *The Authoritarian Personality* (New York: Harper & Row, 1950).
11) H. H. Hyman and P. B. Sheatsley, "The Authoritarian Personality: A Methodological Critique," in R. Christie and M. Jahoda (eds.), *Studies in the Scope and Method of "The Autoritarian Personality"* (Glencoe, Ill.: Free Press, 1954).
12) Solomon E. Asch, *Social Psychology* (Englewood Cliffs, N.J.: Prentice Hall, 1952), p. 545.
13) E. A. Shils, "Authoritarianism: Right and Left," in *Studies in the Scope and Method of "The Authoritarian Personality."*
14) D. Stewart and T. Hoult, "A Social-Psychological Theory of 'The Authoritarian Personality," *American Journal of Sociology* 65 (1959): 274.
15) H. C. Kelman and Janet Barclay, "The F Scale as a Measure of Breadth of Perspective," *Journal of Abnormal and Social Psychology* 67 (1963): 608–15.
16) 권위주의적 연구와 문헌에 대한 탁월한 요약은 John P. Kirscht and Ronal C. Dillehay, *Dimensions of Authoritarianism: A Review of Research and Theory* (Lexington: University of Kentucky Press, 1967)를 보라.

17) George E. Simpson and J. Milton Yinger, *Racial and Cultural Minorities: An Analysis of Prejudice and Discrimination* (New York: Harper & Row, 1953), p. 91.
18) Ibid., pp. 62–79.
19) Howard J. Ehrlich, *The Social Psychology of Prejudice* (New York: Wiley, 1974); G. Sherwood, "Self-Serving Biasesin in Person Perception," *Psychological Bulletin* 90 (1981): 445–59; T. A. Wills, "Downward Comparison Principles in Social Psychology," *Psychological Bulletin* 90 (1981): 245–71.
20) Jennifer Crocker and Ian Schwartz, "Prejudice and Ingroup Favoritism in a Minimal Intergroup Situation: Effects of Self-Esteem," *Personality and Social Psychology Bulletin* 11 (4) (December 1985): 379–86.
21) Russell G. Green, *Human Aggression*, 2d ed. (Berkshire, England: Open University Press, 2001)를 보라.
22) Leviticus 16:5–22.
23) Gordon W. Allport, *The Nature of Prejudice* (Cambridge, Mass.: Addison-Wesley (1961), pp. 13–14.
24) Carl I. Hovland and Robert R. Sears, "Minor Studies of Aggression: Correlation of Lynchings with Economic Indices," *Journal of Psychology* 9 (Winter 1940): 301–10.
25) Miller and Bugelski, "Minor Studies in Aggression," pp. 437–42.
26) Donal Weatherley, "Anti-Semitism and the Expression of Fantasy Aggression," *Journal of Abnormal and Social Psychology* 62 (1961): 454–57.
27) Leonard Berkowitz, "Whatever Happened to the Frustration-Aggression Hypothesis?" *American Behavioral Scientist* 21 (1978): 691–708; L. Berkowitz, *Aggression: A Social Psychological Analysis* (New York: McGraw-Hill, 1962)를 보라.
28) D. Zillman, *Hostility and Aggression* (Hillsdale, N.J.: Lawrence Erlbaum, 1979); R. A. Baron, *Human Aggression* (New York: Plenum Press, 1977); N. Pastore, "The Role of Arbitrariness in the Frustration-Aggression Hypothesis," *Journal of Abnormal and Social Psychology* 47 (1952): 728–31.
29) A. H. Buss, "Instrumentality of Aggression, Feedback, and Frustration

as Determinants of Physical Aggression," *Journal of Personality and Social Psychology* 3 (1966): 153-62.

30) J. R. Averill, "Studies on Anger and Aggression: Implications for Theories of Emotion," *American Psychologist* 38 (1983): 1145-60.

31) Talcott Parsons, "Certain Primary Sources and Patterns of Aggression in the Social Structure of the Western World," in *Essays in Sociological Theory* (New York: Free Press, 1964), pp. 298-322.

32) 이 지역 Stanford M. Lyman, *The Black American in Sociological Thought: A Failure of Perspective* (New York: Putnam, 1972), pp. 145-69.

33) Herbert Blumer, "Race Prejudice as a Sense of Group Position," *Pacific Sociological Review* 1 (1958): 3-7.

34) John Dollard, "Hostility and Fear in Soicial Life," *Social Forces* 17 (1938): 15-26.

35) Muzafer Sheriff, O. J. Harvey, B. Jack White, William Hood, and Carolyn Sherif, *Intergroup Conflict and Cooperation: The Robbers Cave Experiment* (Norman: University of Oklahoma Institute of Intergroup Relations, 1961). M. Sherif, "Experiments in Goup Conflict," *Scientific American* 195 (1956): 54-58를 역시 보라.

36) Donald Young, *Research Memorandum on Minority Peoples in the Depression* (New York: Social Science Research Council, 1937), pp. 133-41.

37) Andrew Greeley and Paul Sheatsley, "The Acceptance of Desegregation Continues to Advance," *Scientific American* 210 (1971): 13-19; T. F. Pettigrew, "Three Issues in Ethnicity: Boundaries, Deprivations, and Perceptions," in M. Yinger and S. J. Cutler (eds.), *Major Social Issues: A Multidisciplinary View* (New York: Free Press, 1978); R. D. Vanneman and T. F. Pettigrew, "Race and Relative Deprivation in the United States," *Race* 13 (1972): 461-86.

38) Harry H. L. Kitano, "Passive Discrimination in the Normal Person," *Journal of Social Psychology* 70 (1966): 23-31를 보라.

39) Thomas Pettigrew,"Regional Differences in Anti-Negro Prejudice," *Journal of Abnormal and Social Psychology* 59 (1959): 28-36.

40) Jeanne Watson, "Some Social and Psychological Situations Related to Change in Attitude," *Human Relations* 3 (1950): 15-56.

41) John Dollard, *Cast and Class in a Southern Town*, 3d ed. (Florence, Ky.: Routledge, 1998).
42) Joachim Krueger and Russell W. Clement, "The Truly False Consensus Effect: An Ineradicable and Egocentric Bias in Social Perception," *Journal of Personality and Social Psychology* 67 (1994): 596-610.
43) Michael R. Leippe and Donna Eisenstadt, "Generalization of Dissonance Reduction: Decreasing Prejudice through Induced Compliance," *Journal of Personality and Social Psychology* 67 (1994): 395-414.
44) William M. Newman, *American Pluralism* (New York: Harper & Row, 1973), p. 197.
45) Elliot Aronson, *The Social Animal*, 9th ed. (New York: Worth, 2003), p. 197.
46) David Katz and Kenneth Braly, "Racial Stereotypes of One Hundred College Students," *Journal of Abnormal and Social Psychology* 28 (1933): 280-90; G. M. Gilbert, "Stereotype Persistence and Change among College Students," *Journal of Abnormal and Social Psychology* 46 (1951): 245-54; Marvin Karlins, Thomas L. Coffman, and Gary Walters, "On the Fading of Social Stereotypes: Studies in Three Generations of College Students," *Journal of Personality and Social Psychology* 13 (1969): 1-16.
47) 예를 들어, Lee Jussim, Melvin Manis, Thomas E. Nelson, and Sonia Soffin, "Prejudice, Stereotyes, and Labeling Effects: Sources of Bias in Person Perception," *Journal of Personality and Social Psychology* 68 (1995): 228-46; Leonard Gordon, "College Student Stereotypes of Blacks and Jews on Two Campuses: Four Studies Spanning 50 Years," *Sociology and Social Research* 70 (1986): 200-201를 보라.
48) Ehrlich, *The Social Psychology of Prejudice*, p. 22.
49) Erdman Palmore, "Ethnophaulisms and Ethnocentrism," *American Journal of Sociology* 67 (1962): 442-45.
50) Irving Lewis Allen, *Unkind Words: Ethnic Labeling from Redskin to WASP* (New York: Bergin & Garvey, 1990), p. 3.
51) Brian Mullen, "Ethnophaulisms for Ethnic Immigrant Groups,"

Journal of Social Issues 57 (2001): 457-75.
52) Jeffrey H. Goldstein, "Theoretical Notes on Humor," *Journal of Communication* 26 (1976): 102-12를 보라.
53) Louis Leveen, "Only When I Laugh: Textual Dynamics of Ethnic Humor," *MELUS* 21 (1996): 29-55.
54) U.S. Commission on Civil Rights, *Window Dressing on the Set: Women and Minorities in Television* (Washington, D.C.: U.S. Government Printing Office, 1977); *Window Dressing on the Set: An Update*, 1979.
55) George Gerbner, quoted in "Life According to TV," *Newsweek* (December 6, 1982), p. 136.
56) Ibid.
57) Dennis J. Ganahl, Thomas J. Prinsen, and Sara Baker Netzley," A Content Analysis of Prime Time Commercials: A Contextual Framework of Gender Representation," *Sex roles* 49 (2003): 545-51.
58) Shannon N. Davis, "Sex Stereotypes in Commercials Targeted toward Children: A Content Analysis," *Sociological Spectrum* 23 (2003): 407-25.
59) Jennifer J. Henderson and Gerald J. Baldasty, "Race, Advertising, and Prime-Time Television," *Howard Journal of Communication* 14 (2003): 97-112.
60) Children Now, "Why It Matters: Diversity on Television," *Media Now*. Available http://www.childrennow.org/media/medianow/mnsummer2002.htm [August 15, 2003].
61) Ed Palmer, K. Taylor Smith, and Kim S. Strawser, "Rubik's Tube: Developing a Child's Television World View," In Gordon L. Berry & Joy K. Asamen (eds.), *Children and Television in a Changing Socio-Cultural World* (pp. 143-54) (Newbury Park, Calif.: Sage Publications, 1993).
62) Nina Huntemann and Michael Morgan, "Mass Media and Identity Development," Chapter 15, in Dorothy G. Singer and Jerome L. Singer (eds.), *Handbook of Children and the Media* (Thousand Oaks, Calif.: Sage Publications, 2001).
63) 이 프로그램에 관한 전반적인 조사분석은 Stuart H. Surlin, "Five Years of 'All in the Family': A Summary of Empirical Research Generated

by the Program," *Mass Communication Review* 3 (1976): 2-6. J. C. Brigham and L. W. Biesbrecht, "All in the Family: Racial Attitudes," *Journal of Communication* 26 (1976): 69-74를 역시 보라.

64) Neil Vidmar and Milton Rokeach, "Archie Bunker's Bigotry," *Journal of Communication* 24 (1974): 36-47.

65) S. Robert Lichter and Linda S. Lichter, "Television's Impact on Ethnic and Racial Images" (New York: American Jewish Committee, 1988).

66) Scott Coltrane and Melinda Messineo, "The Perpetuation of Subtle Prejudice: Race and Gender Imagery in 1990s Television Advertision," *Sex Roles* 42 (2000): 363-89.

67) Dana E. Mastro and Susannah R. Stern, "Representations of Race in Television Commercials: A Content Analysis of Prime-Time Advertising," *Journal of Broadcasting & Electronic Media* 47 (2003): 683-47.

68) Jean Kilbourne, *Can't Buy My Love* (New York: Touchstone Books, 2000).

69) Gina M. Wingood, Ralph J. DiClemente, Jay M. Bernhardt, Kathy Harrington, Susan L. Davies, Allysa Robillard, and Edward W. Hook, III, "A Prospective Study of Exposure to Rap Music Videos and African American Female Adolescents' Health," *American Journal of Public Health* 93 (2003): 437-39.

70) Allport, *The Nature of Prejudice*, p. 251; Robin M. Williams, Jr., *Strangers Next Door* (Englewood Cliffs, N.J.: Prentice Hall, 1964), p. 150; James W. Vander Zanden, *American Minority Relations*, 3d ed. (New York: Ronald Press, 1972), pp. 460-69를 보라.

71) Brewton Berry and Henry L. Tischler, *Race and Ethnic Relations*, 4th ed. (Boston: Houghton Mifflin, 1978), p. 250. David G. Myers, *Social Psychology*, 2d ed. (New York: McGraw-Hill, 1987), pp. 55-56를 역시 보라.

72) Elliot Aronson and Neal Osherow, "Cooperation, Prosocial Behavior, and Academic Performance: Experiments in the Desegregated Classroom," *Applied Social Psychology Annual* 1 (1980): 163-96.

73) Iain Walker and Mary Crogan, "Academic Performance, Prejudice, and the Jigsaw Classroom: New Pieces to the Puzzle," *Journal of*

Community and Applied Social Psychology 8 (1998): 381-93.
74) The nine articles in the special issue, "Tolerance and Education: Can Schooling Promote Tolerance for Social and Political Diversity?" *Review of Education/Pedagogy/Cultural Studies* 16 (1994): 273-463를 보라.
75) Charles H. Stember, *Education and Attitude Change* (New York: Institute of Human Relations Press, 1961).
76) Blumer, "Race Prejudice as a Sense of Group Position," pp. 3-7.
77) Vincent N. Parrillo, *Diversity in America*, 2d ed. (Thousand Oaks, Calif.: Pine Forge Press, 2005), pp. 139-42.
78) U.S. Department of Defense, *2003 Demographics: Profile of the Military Community* (Arlington, Va.: Military Family Resource Center, 2003), p. v.

5장 차 별

1) Gordon W. Allport, *The Nature of Prejudice* (Cambridge, Mass.: Addison-Wesley, 1954).
2) The Prejudice Institute, "What Is Ethnoviolence?" Available http://www.prejudiceinstitute.org/ethnoviolenceFS.html [July 21, 2006].
3) Robin M. Williams, *Strangers Next Door* (Englewood Cliffs, N.J.: Prentice Hall, 1964), pp. 124-25.
4) Robert K. Merton, "Discrimination and the American Creed," in Robert M. MacIver (ed.), *Discrimination and National Welfare* (New York: Harper, 1949), pp. 99-126.
5) Stokely Carmichael and Charles Hamilton, *Black Power*, reprint ed. (New York: Vintage Books, 1992).
6) Hubert M. Blalock, Jr., *Toward a Theory of Minority Group Relationships* (New York: Perigee, 1973), pp. 204-7. 이 논쟁의 기원에 대한 통찰력은 Stanford M. Lyman, "Cherished Values and Civil Rights," *The Crisis* 71 (December 1964): 645-54, 695를 보라.
7) William M. Newman, *American Pluralism* (New York: Harper & Row, 1973), p. 231.
8) John Rawls, *A Theory of Justice*, rev. ed. (Cambridge, Mass.:

Belknap Press, 1999).

9) Joseph Tussman and Jacobus tenBroek, "The Equal Protection of the Laws," *California Law Review* 37 (September 1949); 341–81.

10) Ibid., p. 381.

11) Stanford M. Lyman, "Asians, Blacks, Hispanics: Confronting Vestiges of Slavery," paper presented at Eastern Sociological Society meeting, Boston, May 1, 1987.

12) John Leo, "Endgame for Affirmative Action," *U.S. News & World Report* (March 13, 1995), p. 18.

13) Gertrude Ezorsky, *Racism and Justice: The Case for Affirmative Action* (Ithaca, N.Y.: Cornell University Press, 1991).

14) Michael Wines, "How Affirmative Action Got So Hard to Sell," *New York Times* (July 23, 1995), p. E3.

15) Linda Greenhouse, Justices Back Affirmative Action by 5 to 4, but Wider Vote Bans a Racial Point System," *New York Times* (June 24, 2003), p. A1.

16) Steven Greenhouse and Jonathan D. Glater, "Companies See Law School Ruling as a Way to Help Keep the Diversity Pipeline Open," *New York Times* (June 24, 2003), p. A25.

17) John Gpuhl and Susan Welch, "The Impact of the Bakke Decision on Black and Hispanic Enrollment in Medical and Law School," *Social Science Quarterly* 71 (1990): 458–73.

18) Evan Thomas and Bob Cohn, "Rethinking the Dream," *Newsweek* (June 26, 1995), p. 20.

19) 예를 들어, Troy Duster, "Individual Fairness, Group Preferences, and the California Strategy," pp. 111–134, in Robert Post and Michael Ragin (eds.), *Race and Representation: Affirmative Action* (Cambridge, Mass.: Zone Books), 1998를 보라.

20) Tim J. Wise, *Affirmative Action: Racial Preference in Black and White* (New York: Routledge, 2005), p. 164.

21) Linda Chavez, "Court Abandons Colorblind Society," *Human Events* 59 (June 30, 2003): 1–2; Thomas Sowell, "How 'Affirmative Action' Hurts Blacks," *Forbes* 160 (October 6, 1997): 64.

22) Wines, "How Affirmative Action Got So Hard to Sell."

23) CBS News (January 5–8, 2006). www.pollingreport.com/race.htm를

참조하라. [December 28, 2006]에 해당 사이트를 방문했음.

24) Sam Howe Verhovek, "In Poll, Americans Reject Means but Not Ends of Racial Diversity," *New York Times* (December 14, 1997), p. A1.

25) Associated Press, "Races Split on Achieving School Diversity" (March 10, 2003).

26) Department of Health and Human Services, *National Household Survey on Drug Use and Health: 2004* (Rockville, MD: U.S. Government Printing Office, 2005), Table 1.28A.

27) Department of Justice, *Racial Profiling Fact Sheet* (June 17, 2003), www.usdoj.gov/opa/pr/2003/June/racial_profiling_fact_sheet.pdf [December 28, 2006]에 해당 사이트를 방문했음.

6장 주류와 소수자의 관계

1) Brent Simpson and Michael W. Macy, "Power, Identity, and Collective Action in Social Exchange," *Social Forces* 82 (2004): 1373-1409; Laura S. Billings et al., "Race-Based Social Judgment by Minority Perceivers," *Journal of Applied Social Psychology* 30 (February 2000): 221-40; Connie M. Kane, "Differences in Family of Origin Perceptions among African American, Asian American, and Hispanic American College Students," *Journal of Black Studies* 29 (September 1998): 93-105를 보라.

2) 예를 들어, A. E. Taslitz (ed.), "The New Data: Over-Representation of Minorities in the Criminal Justice System," *Law and Contemporary Problems* 66 (Summer 2003): 1-298; Rebecca A. Anderson and Amy L. Otto, "Perceptions of Fairness in the Justice System: A Cross-Cultural Comparison, *Social Behavior and Personality* 31 (2003): 557-63; Marvin D. Free, Jr., "Race and Presentencing Decisions in the United States: A Summary and Critique of the Research," *Criminal Justice Review* 27 (2002): 203-32; Jody Clay-Warner, "Perceiving Procedural Injustice: The Effects of Group Membership and Status," *Social Psychology Quarterly* 64 (2001); 224-38; Saundra D. Westervelt and John A. Humphrey (eds.),

Wrongly Convicted Perspectives on Failed Justice (New Brunswick, N.J.: Rutgers University Press, 2001)를 보라.

3) Clifford R. Shaw and Henry D. McKay, *Juvenile Delinquency and Urban Areas* (Chicago: University of Chicago Press, 1942).
4) J. Philippe Rushton et al., "Cross-National Variation in Violent Crime Rates: Race, R-K Theory, and Income," *Population and Environment* 23 (July 2002): 501-11; Per-Olof H. Wikstrom et al., "Do Disadvantaged Neighborhoods Cause Well-Adjusted Children to Become Adolescent Delinquents?" *Criminology* 38 (November 2000): 1109-42; Matthew R. Lee, "Community Cohesion and Violent Predatory Victimization," *Social Forces* 79 (December 2000): 683-706.
5) Ronald L. Simons and Phyllis A. Gray, "Perceived Blocked Opportunity as an Explanation of Delinquency among Lower-Class Black Males: AResearch Note," *Journal of Research in Crime and Delinquency* 26 (1989): 90-101.
6) Paul R. Vowell and David C. May, "Another Look at Classic Strain Theory: Poverty Status, Perceived Blocked Opportunity, and Gang Membership as Predictors of Adolescent Violent Behavior," *Sociological Inquiry* 70 (2000): 42-60. Scott Cummings and Daniel J. Monti, *Gangs: The Origins and Impact of Contemporary Youth Gangs in the United States* (Albany: State University of New York Press, 1993)를 역시 보라.
7) Patricia H. Jenkins, "School Delinquency and School Commitment," *Sociology of Education* 68 (1995): 221-39.
8) Donna K. Nagata and Yuzuru J. Takeshita, "Psychological Reactions to Redress: Diversity among Japanese Americans Interned during World War II," *Cultural Diversity & Ethnic Minority Psychology* 8 (2002): 41-59. 이 글은 정부의 보상 이후 수십 년 동안 전(前) 피억류자들의 승인(acceptance)에 관한 연구임.
9) Kurt Lewin, *Resolving Social Conflicts* (New York: Harper & Row, 1948), pp. 186-200.
10) Gordon W. Allport, *The Nature of Prejudice* (New York: Perseus, 1988), pp. 152-53.
11) Jennifer Crocker, Kristin Voelkl, Maria Testa, and Brenda Major, "Social Stigma: The Affective Consequences of Attributional

Ambiguity," *Journal of Personality and Social Psychology* 60 (1991): 218-28; Frances E. Aboud, "The Development of Ethnic Self-Identification and Attitudes," in Jean S. Phinney and Mary Jane Rotheram (eds.), *Children's Ethnic Socialization* (Newbury Park, Calif.: Sage Publications, 1987), pp. 32-55; Margaret Beale Spencer, "Black Children's Ethnic Identity Formation: Risk and Resilience of Castelike Minorities," in Ibid., pp. 103-16.

12) Gunnar Myrdal, *An American Dilemma* (New York: McGraw-Hill, 1964), pp. 25-28; 1944년에 하퍼사(Harper)에 의해 처음 출판되었음.

13) Gordon W. Allport, "The Role of Expectancy," in H. Cantril (ed.), *Tensions That Cause Wars* (Urbana: University of Illinois Press, 1950), chap. 2.

14) Allport, *The Nature of Prejudice*, p. 160.

15) Robert E. Park, "Human Migration and the Marginal Man," *American Journal of Sociology* 33 (May 1928): 891; Everett V. Stonequist, *The Marginal Man* (New York: Scribner, 1937).

16) Debra Harley, Kristine Jolivette, and Katherine McCormick, "Race, Class, and Gender: A Constellation of Positionalities with Implications for Counseling," *Journal of Multicultural Counseling and Development* 30 (2002): 216-38를 보라.

17) Adam Weisberger, "Marginality and Its Directions," *Sociological Forum* 7 (1992): 425-26를 보라.

18) Hubert M. Blalock, Jr., *Toward a Theory of Minority Group Relations* (New York: Perigee, 1973), pp. 79-84.

19) Edna Bonacich, "A Theory of Middleman Minorities," *American Sociological Review* 38 (1973): 583-94.

20) Edna Bonacich and John Modell, *The Economic Basis of Ethnic Solidarity* (Berkeley: University of California Press, 1981), p. 30.

21) Lyn H. Lofland, *A World of Strangers* (Long Grove, Ill.: Waveland Press, 1985); Gideon Sjoberg, *The Preindustrial City: Past and Present* (New York: Free Press, 1965), p. 50를 보라.

22) John J. Macionis and Vincent N. Parrillo, *Cities and Urban Life*, 4th ed. (Upper Saddle River, N.J.: Prentice Hall, 2007), pp. 43-46를 보라.

23) Allport, *The Nature of Prejudice*, pp. 53-54를 보라.

24) Deuteronomy 2:32-35; 3:1, 3-4, 6-7.
25) Arnold J. Toynbee, *A Study of History*, reprint ed. (New York: Oxford University Press, 1987), p. 465.
26) James Morris, "The Final Solution, Down Under," in Frank Chalk (ed.), *The History and Sociology of Genocide: Analyses and Case Studies* (New Haven, CT: Yale University Press, 1990), pp. 204-22를 보라.
27) Winthrop D. Jordan, *White over Black: American Attitudes toward the Negro, 1550-1812*, reissue ed. (Chapel Hill: University of North Carolina Press, 1995)를 보라.
28) Joseph A. Page, *The Brazilians* (Boston: Addison-Wesley, 1996), p. 95를 보라.
29) 흑인에 대한 폭력적 사적 제재와 해당 미디어에 대한 논의는 Richard M. Perloff, "The Press and Lynchings of African Americans," *Journal of Black Studies* 30 (January 2000): 315-30를 보라.
30) Colin M. Tatz, *With Intent to Destroy: Reflections on Genocide* (New York: Norton, 2003)를 보라.
31) Southern Poverty Law Center, "The Year in Hate, 2005," http://www.splcenter.org/intel/intpro.jsp [December 27, 2006]에 해당 사이트를 방문했음.
32) Federal Bureau of Investigation, "Hate Crime," *Crime in the United States 2004*, http://www.fbi.gov/ucr/hc2005/incidentsoffenses.htm [December 27, 2006]에 해당 사이트를 방문했음.
33) Edna Bonacich, "A Theory of Ethnic Antagonism: The Split Labor Market," *American Sociological Review* 37 (1972): 554.
34) Ibid.
35) Ibid., p. 550.
36) Cliff Brown, "The Role of Employers in Split Labor Markets: An Event-Structure Analysis of Racial Conflict and AFL Organizing, 1917-1919," *Social Forces* 79 (2000): 653-81.
37) Kathleen Auerhahn, "The Split Labor Market and the Origins of Antidrug Legislation in the United States," *Law and Social Inquiry* 24 (1999): 436.

7장 현대 미국의 다문화 유형과 쟁점

1) Mart C. Sengstock, "Social Change in the Country of Origin as a Factor in Immigrant Conceptions of Nationality," *Ethnity* 4(1977): 54-69.
2) Vincent N. Parrillo, "Asian Americans in American Politics," in Joseph S. Roucek and Bernard Eisenberg (eds.), *America's Ethnic Politics* (Westport, Conn.: Greenwood Press, 1982), pp. 89-112.
3) Jose Itzigsohn, "Immigration and the Boundaries of Citizenship: The Institutions of Immigrants' Political Transnationalism," *Internatinal Migration Review* 34 (2000): 1126-54.
4) Sheila E. Henry, "Ethnic Identity, Nationalism, and International Stratification: The Case of the African American," *Journal of Black Studies* 29 (1999): 438-54.
5) Sengstock, "Social Change in the Country of Origin as a Factor in Immigrant Conceptiona of Nationality," pp. 56-57.
6) Ibid., pp. 61, 64.
7) Marcus L. Hansen, "The Third Generation in America," *Commentary* 14 (1952): 492-500.
8) Marcus L. Hansen, "The Third Generation," in Oscar Handlin (ed.), *Children of the Uprooted* (New York: Harper & Row, 1966), pp. 255-71.
9) Peter Skerry, "Do We Really What Immigrants to Assimilate?" *Society* 37 (2000): 57-62.
10) Neil C. Sandberg, *Ethnic Identity and Assimilation: The Polish-American Community* (New York: Preager, 1974).
11) John P. Roche, "Suburban Ethnicity: Ethnic Attitudes and Behavior Among Italian Americans in Two Suburban Communities," *Social Science Quarterly* 63 (1982): 145-53.
12) Sean Valentine, "Self Esteem, Cultural Identity, and Generarion Status as Determinats of Hispanic Acculturation," *Hispanic Journal of Behavioral Science* 23 (November 2001): 459-68.
13) Alejandro Portés and Dag MacLeod, "What Shall I Call Myshelf? Hispanic Identity Formation in the Second Generation," *Ethnic and*

Racial Studies 19 (July 1996): 523-47.

14) Nazli Kibra, "The Constrution of 'Asia American': Reflections on Intermarriage and Ethnic Identity among Second-Generation Chinese and Korean Americans," *Ethnic and Racial Studies* 20 (July 1997): 523-44.

15) Reed Ueda, "American Nationl Identity and Race in Immigrant Generation: Reconsidering Hansen's 'Law'," *Journal of Interdisciplinary History* 22 (1992): 483-91를 보라.

16) Harold J. Abramson, "The Religioethnic Factor and the American Experience: Another Look at the Three-Generation Hypothesis," *Ethnicity* 2 (1975): 163-77.

17) Ibid., p. 173.

18) Thomas Sowell, *Ethnic America: A History* (New York: Basic Books, 1981).

19) Stephen Steinberg, *The Ethnic Myth: Race, Ethnicity, and Class in America* (New York: Atheneum, 1981).

20) 예를 들면, Vincent N. Parrillo, "Asian Americans in American Politics," op. cit.를 보라.

21) Nina Glick Schiller, Linda Basch, and Cristina Blanc-Szanton, "Transnationalism: A New Analytic Framework for Understanding Migration," in N. Glick Schiller, L. Basch, and C. Blanc-Szanton (eds.), *Toward a Transnationalism Perspective on Migration: Race, Class, Ethnicity, and Nationalism Reconsidered* (New York: New York Academy of Sciences, 1992), pp. 1-24.

22) Thomas Faist, "Transnationalization in International Migration: Implications for the Study of Citizenship and Culture," *Ethnic & Racial Studies* 23 (2000): 189-222.

23) "Immigrant Temporalities: Transnationalism, the Diaspora, Exiles, and Refugees," National Center for English Language Acquisition, www.ncela.gwu.edu/pathways/immigrarion/transnationalism.htm [October 31, 2004]에 해당 사이트를 방문했음.

24) Glick Schiller et al., chaps. 1 and 8.

25) Pierre Bourdieu and Loic Wacquant, *An Invitation to Reflexive Sociology* (Chicago: University of Chicago Press, 1992), p. 119.

26) Patricia M. Fernández-Kelly, "Social Capital and Cultural Capital

in the Urban Ghetto: Implications for the Economic Sociology of Immigration," in Alejandro Portés (ed.), *Economic Sociology of Immigration* (New York: Russell Sage Foundation, 1998).

27) Alejandro Portés (ed.), *The Economic Sociology of Immigration*; Ivan Light and Stavros Karageorgis, "The Ethnic Economy," in Neil Smelser and Richard Swedberg (eds.), *Handbook of Economic Sociology* (Princeton, N.J.: Princeton University Press, 1994).

28) Alejandro Portés and Min Zhou, "The New Second Generarion: Segmented Assimilation and Its Variants," *Annals of the American Political and Social Sciences* 530 (1993): 74-96.

29) Roger Waldinger and Cynthia Feliciano, "Will the New Second Generation Experience 'Downward Assimilation'? Segmented Assimilation Re-Assessed," *Ethnic & Racial Studies* 27 (2004): 376-402.

30) Charles Herschman, "The Educational Enrollment of Immigrant Youth: A Test of the Segmented-Assimilation Hypothesis," *Demography* 38 (2001): 317-36.

31) Reynolds Farley and Richard Alba, "The New Second Generarion in the United States," *International Migration Review* 26 (2002): 669-90.

32) Herschman, "Educational Enrollment of Immigation Youth."

33) Min Zhou and Carl L. Bankston, "The Social Adjustment of Vietnamese American Adolescent: Evidence of a Segmented-Assimilation Approach," *Social Science Quarterly* 78 (1997): 508-13.

34) Mary C. Waters, *Black Identities: West Indian Immigrant Dreams and American Realities* (Cambridge, MA: Harvard University Press, 1999).

35) William L. Yancey, Eugene P. Erickson, and Richard N. Juliani, "Emergent Ethnicity: A Review and Reformulation," *American Sociological Review* 41 (1976): 391-403.

36) Ibid., p. 393.

37) Jose Itzigshon, "Immigration and the Boundaries of Citizenship"를 보라.

38) Stanley Lieberson and Mary C. Waters, "The Location of Ethnic and Racial Groups in the United States," *Sociological Forum* 2 (1987):

780–810.

39) Office of Immigration Statistics, "Legal Permanent Residents," *2005 Yearbook of Immigration Statistics* (Washington, D.C.: U.S. Govetnment Printing Office, 2006), Table 3.

40) Marc J. Perry and Jason P. Schachter, "Migration of Natives and the Foreign Born: 1995 to 2000," *Census 2000 Special Reports* (August 2003).

41) Ibid., Table 1, p. 3.

42) Robert E. Park, "The Urban Community as a Spatial Pattern and a Moral Order," in Ernest W. Burgess (ed.), *The Urban Community* (Chicago: University of Chicago Press, 1926), pp. 3–18.

43) Douglas S. Massey and Nancy A. Denton, "Spatial Assimilation as a Socioeconomic Outcome," *American Sociological Review* 50 (1985): 94–105.

44) Richard D. Alba, *Ethnic Identity: The Transformation of White America* (New Haven, Conn.: Yale University Press, 1990).

45) Richard D. Alba, *Italian Americans: Into the Twilight of Ethnicity* (Englewood Cliffs, N.J.: Prentice Hall, 1985), pp. 159–75.

46) Yancey, Ericksen, and Juliani, "Emergent Ethnicity," p. 399.

47) Herbert J. Gans, "Symbolic Ethnicity and Symbolic Religiosity: Towasrds a Comparison of Ethnic and Religious Acculteation," *Ethnic and Racial Studies* 17 (1994): 577–92를 보라.

48) Carl Haub, "Hispanics Account for Almost One-Half of U.S. Population Growth," *Population Bulletin* (February 2006): 1.

49) Steven A. Camarota, "Immigrant Job Gains and Native Job Losses 2000 to 2004," Center for Immigration Studies. www.cis.org/articles/2005/sactestimony050405.html [December 28, 2006]에 해당 사이트를 방문했음.

50) George J. Borjas and Leonard F. Katz, "The Evolution of the Mexican-American Workforce in the United States," National Bureau of Economic Research, NBER Working Paper No. 11281 (April 2005).

51) Greg Anrig, Jr. and Tova A. Wang, "Immigration, Jobs, and the American Economy," The Century Foundation. www.immigrationonline.org/publications.asp?subjetID=1+pubid2491 [December 28, 2006]에

해당 사이트를 방문했음.

52) National Research Council, *The New Americans: Economic, Demographic, and Fiscal Effects of Immigration*, ed. James P. Smith and Barry Edmonston (Washington, D.C.: National Academies Press, 1997), p. 337.

53) Ibid.

54) Greg Anrig, Jr. and Tova A. Wang, op. cit.

55) Public Agenda, "Immigration: People's Chief Concers," www.publicagenda.org/ [December 28, 2006]에 해당 사이트를 방문했음.

56) Jeffrey Passel,"The Size and Characteristics of the Unauthorized Migrant Population in the United States," *Pew Hispanic Center Research Report* (2006).

57) Ibid.

58) U.S. Citizenship and Immigration Services, *This is USCIS*. http://uscis.gov/graphics/aboutus/thisisimm.htm [August 4, 2006]를 참조하라.

59) Philip Martin, "The Battle over Unauthorized Immigration to the United States," Popuation Reference Bureau (April 11, 2006): 1.

60) Quoted in W. C. Smith, *Americans in the Making* (New York: Appleton-Century, 1939), p. 394.

61) Maurice R. Davie, *World Immigration* (New York: Macmillan, 1936), p. 36.

62) Carl Wittke, *We Who Build America*, rev. ed. (Cleveland: Cast Western Reserve Unversity Press, 1967), pp. 196-1999; James S. Olson, *The Ethnic Demension in American History* (New York: St. Martin's Press, 1979), pp. 103-6.

63) Hyon B. Shin and Rosalind Bruno, "Language Use and English-Speaking Ability: 2000," *Census 2000 Brief* [October 2003].

64) U.S. Department of Education, National Center for Education Statistics, *The Condition of Education: 2006* (Washington, D.C.: U.S. Government Printing Office, 2006), p. 34.

65) Michael Fix, "Immigration Children, Urban Schools, and the No Child Left Behind Act," Migration Policy Institute (November 2005).

66) Vickie W. Lewelling, "Official English and English Plus: An Update," *ERIC Digest*. http://www.cal.org/resources/digest/lewell01.

html [December 28, 2003]를 참조하라.

67) Christine H. Rossell and Keith Baker, "The Education Effectiveness of Bilingual Education," *Research in the Teaching of English* 30 (1996): 7-74.

68) Kendra Hamilton, "Bilingual or Immerson?" *Diverse Issues in Higher Education* 23 (2006): 23-6.

69) Alejandro Portés and Richard Schauffler, "Language and the Second Generation: Bilingualism Yesterday and Today," in Alejandro Portés (ed.), *The New Second Generation* (New York: Russel Sage Foundation, 1996), pp. 8-29.

70) Linda Chavez, "Hispanics vs. Their Leaders," *Commentary* (October 1991), pp. 47-49.

71) U.S. English, "Making English the Official language," www.usenglish.org/inc/ [December 28, 2006]를 참조하라.

72) Rasmussen Reports, "85% Support English as Officail Language of U.S." www.rasmussenreport.com/2006/June%20Dailies/EngilshAsNationalLanguage.htm [December 28, 2006]. Nation Kirkham, "Diversity and Dynamics of Opinion"에 해당 사이트를 방문했음. http://web.utk.edu/nkirkham/podynomf99.html [December 28, 2006]를 참조하라.

73) Pew Hispanic Center, "Hispanic Attitudes Toward Learning English" (2006). http://pewhispanic.org/files/factsheets/20.pdf [December 28, 2006]; Public Agenda, "Immigration: People's Chief Concerns"에 해당 사이트를 방문했음. http://www.publicagenda.org/issues [December 28, 2006]에 해당 사이트를 방문했음.

74) Rubén G. Rumbaut and Alejandro Portés, *Ethnicities: Children of Immigrants in America* (Berkeley: University of California Press, 2001).

75) Rubén G. Rumbaut, "A Language Graveyard? Immigration, Generation, and Linguistic Acculturation in the United States," paper presented to the International Conference on the Integration of Immigrants: Language and Educational Achievement, Social Science Research Center, Berlin, June 30-July 1, 2005.

76) U.S. Census Bureau, *Census 2000 Supplementary Survey*, Table PO35.

77) Rubén G. Rumbaut, "Origins and Destinies: Immigration to the

United States since World War Ⅱ," *Sociological Forum* 9 (1994): 615.

78) Martin E. Spencer, "Multicultualism, Political Correctness and the Politics of Identity," *Sociological Forum* 9 (December 1994): 547-67.

79) Jacob Weisbergm, "Thin Skins," *New Republic* (February 18, 1991): 23.

80) John J. Miller, *The Unmaking of Americans: How Multiculturalism Has Undermined America's Assimilation Ethnic* (New York: Simon & Schuster, 1998).

81) U.S. Bureau of the Census, *Projected Population by Race, and Hispanic Origin: 2000 to 2050* (March 18, 2004).

82) U.S. Bureau of the Census, *Statistical Abstract of the United States 2007* (Washing, D.C.: U.S. Government Printing Office, 2006), Table 58, p. 51.

83) Ibid.

84) George A. Yancey and Sherelyn W. Yancey, "Black-White Defferences in the Use of Personal Advertisements foe Indivisuals Seeking Interracial Relationships," *Journal of Black Studies* 27 (May 1997): 650-67.

85) George A. Yancey and Sherelyn W. Yancey, "Interracial Dating: Evidence from Personal Advertisement," *Journal of Family Issues* 19 (May 1998): 334-48.

86) Richard Lewis, Jr., George Yancey, and Siri S. Bletzer, "Racial and Nonracial Factors That Influence Spouse Choice in Black/White Marriages," *Journal of Black Studies* 28 (September 1997): 60-78.

87) Adam B. Troy, Jamie Lewis-Smith, and Philippe Laurenceau, "Interracial and Intraracial Romantic Relationships: The Search for Differences in Satisfaction, Conflict and Attachment Style," *Journal of Social and Personal Relationships* 23 (2006): 665-80.

88) Suzanne Model and Gene Fisher, "Black-White Unions: West Indians and African Americans Compared," *Demography* 38 (2001): 177-85.

89) George Yancey, "Who Interracially Dates: An Examination of the Characteristics of Those Who Have Interacailly Dated," *Journal of Comparative Family Studies* 33 (2002): 179-90.

90) Kathleen Odell Korgen, *From Black to Biracial: Transforming*

Racial Identity among Americans (Westport, Conn.: Praeger, 1999).

다문화주의의 도전과 기회

1) 여러분은 http://www.bobdylan.com/#/songs/times-they-are-changin 라는 사이트에서 밥 딜런의 노래를 들을 수 있고 또 가사를 볼 수 있다.
2) C. Wright Mills, *The Sociological Imagination*, anniversary edition (New York: Oxford University Press, 2000), Chapter 1. Orig. published 1959.
3) Organisation for Economic Cooperation and Development, "Country Statistical Profiles 2009: Italy."
4) "Japan: Immigration." NationMaster.com [March 13, 2010]를 참조하라.
5) William Shakespeare, *The Tempest*, Act II, Scene 1, lines 253-254.
6) U.S. National Center for Health Statistics, *Births: Preliminary Data for 2007*, 57 (March 18, 2009): 3.
7) Population Reference Bureau, *World Population Data Sheet: 2009 UN Population Division, World Population.*
8) Ik Ki Kim, Jersey Liang, Ka-Oak Rhee, and Cheong-Seok Kim, "Population Aging in Korea: Changes since the 1960s," *Journal of Cross-Cultural Gerontology* 11 (1996): 369-88.
9) CIA World Factbook, "Korea, South Demographics Profile 2009." http://www.indexmundi.com/south_korea/median_age.html [March 10, 2010]를 참조하라.
10) "Republic of Korea," *World Population Prospects: The 2008 Revision Population Database.*
11) "United States," *World Population Prospects: The 2008 Revision Population Database.*
12) CIA World Factbook. https://www.cia.gov [March 10, 2010]를 참조하라.
13) Population Reference Bureau, *World Population Data Sheet: 2009.*
14) Ibid.
15) "Korea's Economically Active Population to Drop after 2007," *Yonhap News* Agency of Korea (July 10, 2005).

16) Do Je-hae, "1.1 Million Foreigners Live in Korea," *Korea Times* (August 5, 2009).
17) Ibid.
18) Elizabeth M. Grieco, *Race and Hispanic Origin of the Foreign-Born Population in the United States: 2007*, U.S. Census Bureau, January 2010.
19) U.S. Department of Health and Human Services, "Children of Foreign-Born Parents," *Child Health USA 2008-2009*. http://mchb.hrsa.gov/chusa08/popchar/pages/102cfbp.html [February 15, 2010]를 참조하라.
20) Yean-Ju Lee, Dong-Hoon Seol, and Sung-Nam Cho, "International Marriages in South Korea The Significance of Nationality and Ethnicity?," *Journal of Population Research* 23 (2006): 165-82.
21) Robert Koehler, "Demographic Changes Spell the End of Korea's Ethnic Homogeneity" (April 15, 2007). http://english.seoul.go.kr/gtk/news/reports_view.php?idx=1185&cPage=24 [March 12, 2010]를 참조하라.
22) "Divorce Rates for International Couples Living in South Korea Increase by 29.8 Percent," The Hankyoreh (April 28, 2009).
23) Vincent N. Parrillo, *Diversity in America*, 3d ed. (Thousand Oaks, CA: Pine Forge Press, 2009), pp. 157-60를 보라.
24) Martin E. Spencer, "Multiculturalism, 'Political Correctness,' and the Politics of Identity," ed. Vincent N. Parrillo, "Multiculturalism and Diversity," *Sociological Forum* 9 (December 1994): 547-67.
25) 예를 들어, Arthur M. Schlesinger, Jr., *The Disuniting of America: Reflections on a Multicultural Society* (Knoxville, TN: Whittle Communications, 1991)를 보라.
26) 이 논의는 저자가 직접 획득한 지식에 기반을 두고 있는데, 2006년에 있었던 루마니아 상원의원과 하원의원과의 모임들로부터 부분적으로 얻었으며, 이 모임은 루마니아 의회에서 제공했으며 다양한 민족 소수자들을 대표하고 있었다. 전형적인 예는 저자가 "헝가리계 루마니아인"이라고 부르는 것을 거부했던 루마니아 상원의원으로, 그 자신을 "헝가리인일 뿐이다"라고 답했다. 그와 대조적인 것은 현재의 프랑스 대통령인 사르코지 대통령으로, 헝가리인 이민자 아버지와 프랑스 어머니 사이에서 태어났는데, 정신적 그리고 구조적으로 동화가 된 전형인 예가 된다.

27) Horace Kallen, "Democracy versus the Melting Pot," *Nation* (February 18, 1915): 220.
28) Harry C. Triandis, "The Future of Pluralism," *Journal of Social Issues* 32 (1976): 179-208.
29) Ibid., p. 181.
30) 이러한 입장에 대한 완전한 설명은 Gerald Graft, *Beyond the Culture Wars: How Teaching the Conflicts Can Revitalize American Education* (New York: Norton, 1992)를 보라.
31) In-Jin Yoon and Chang-Kyu Lim, "Social Adjustments of North Korean Migrants in South Korea." 이 논문은 미국 사회학회의 연례모임에서 제출되었음, San Francisco, August 11-14, 2007.
32) Robert Koehler, op. cit.

저자약력

파릴로(Vincent N. Parrillo) 교수는 현재 미국 윌리엄 패터슨 대학교(William Paterson University) 사회학과에 재직 중이며, 미국의 소수 집단 문제, 도시 사회학, 사회 문제, 민족과 인종 갈등 문제 등을 학부에서 가르치고 있고, 대학원에서는 인종적 · 민족적 경험과 문화 상호 간 의사소통의 사회학 등을 강의하고 있다. 미국뿐만 아니라 캐나다, 유럽 등지를 방문하여 소수민족, 소수인종, 다문화주의에 관하여 강연을 하고 있는 파릴로 교수는 *Strangers to These Shores*, *Cities and Urban Life*(공저), *Diversity in America*(이탈리아어로 번역됨), *Contemporary Social Problems*(중국어로 번역됨) 등 10여 편의 저서를 비롯하여 미국의 유명한 학회에 많은 논문을 게재하는 등 왕성한 저술활동을 하고 있다. 그리고 TV 제작자와 작가, 연극배우와 연출가 등으로 활동하는 등 다방면에서 재능을 발휘하고 있다.

역자약력

김 도 경
부산대학교 사회과학연구소 前 전임연구원

김 현 숙
부산대학교 사회과학연구소 전임연구원

나 금 실
부산대학교 사회과학연구소 전임연구원

장 임 숙
부산대학교 사회과학연구소 전임연구원

조 용 완
부산대학교 사회과학연구소 전임연구원

지 종 화
부산대학교 사회과학연구소 전임연구원

최 송 식
부산대학교 사회과학대학 사회복지학과 교수

사사기호 KRF-2007-411-J01102

인종과 민족관계의 이해

2010년 8월 10일 초판인쇄
2010년 8월 20일 초판발행

저 자 Vincent N. Parrillo
역 자 부산대학교 사회과학연구소
발행인 안 종 만
발행처 (株) 博 英 社
서울특별시 금천구 가산동 345-90 한라시그마밸리 211호
전화 (733)6771 FAX (736)4818
등록 1959. 3. 11. 제300-1959-1호(倫)

역자와 협의하여 인지첩부를 생략함

www.pakyoungsa.co.kr e-mail: pys@pakyoungsa.co.kr

파본은 바꿔 드립니다. 본서의 무단복제행위를 금합니다.

정 가 15,000원 ISBN 978-89-6454-074-9